WÖRTER

WÖRTER

Streifzüge durch die Psycholinguistik

George A. Miller

Herausgegeben und aus dem Amerikanischen übersetzt
von Joachim Grabowski und Christiane Fellbaum

Zweitausendeins

Originaltitel: The Science of Words
Herausgegeben und aus dem Amerikanischen übersetzt von
Dr. Joachim Grabowski und Dr. Christiane Fellbaum

Amerikanische Erstausgabe bei
The Scientific American Liberary, A Division of HPHLP, New York
© 1991 Scientific American Liberary, New York

© der deutschen Ausgabe 1993
Spektrum der Wissenschaft mbH
D-69124 Heidelberg
Lizenzausgabe mit freundlicher Genehmigung
durch Spektrum der Wissenschaft für Zweitausendeins,
Postfach, D-60381 Frankfurt am Main.

1. Auflage, August 1995.
2. Auflage, August 1996.

Lektorat: Katharina Neuser-von Oettingen, Margit Conrad (Assistenz).
Buchgestaltung: Karin Kern.
Titelgestaltung: Design-Studio Henri Withner, Gengenbach.
Herstellung der Lizenzausgabe: Dieter Kohler & Bernd Leberfinger, Nördlingen.
Druck und Einband: Klambt-Druck GmbH, Speyer.
Gedruckt auf Recyclingpapier aus 100% bedrucktem Altpapier.
Printed in Germany.

Dieses Paperback gibt es nur bei Zweitausendeins
im Versand (Postfach, D-60381 Frankfurt am Main) oder
in den Zweitausendeins-Läden in Berlin, Düsseldorf, Essen, Frankfurt, Freiburg,
Hamburg, Köln, München, Nürnberg, Saarbrücken, Stuttgart.

In der Schweiz über buch 2000,
Postfach 89, CH-8910 Affoltern a.A.

ISBN 3-86150-115-5

Für Nancy und Donn

Die Keilschrift entstand im 4. Jahrtausend vor Christus; sie war bei verschiedenen Kulturen des Nahen Ostens bis ins 1. Jahrhundert vor Christus hinein in Gebrauch. Sie überliefert die älteste Sprache, von der wir schriftliche Belege haben (das Sumerische), wie auch die ältesten indoeuropäischen Texte, die wir kennen, auf Althethitisch in Keilschrift vorliegen. Diese Inschrift stammt aus der Festung von Van, das nunmehr in der östlichen Türkei liegt; sie wurde eingehauen, als die Zitadelle der Königssitz von Urartu war, wie Armenien bei den Assyrern hieß.

Inhalt

In diesem Aquarell von Paul Klee aus dem Jahre
1918, *Einst dem Grau der Nacht enttaucht ...*,
liefern Worte sowohl das Thema als auch die
Art der Ausführung.

Vorwort

Obwohl ich mein ganzes Leben in einer Gesellschaft verbracht habe, die sich in sehr starkem, manchmal krankhaftem Maße für Kommunikation begeistert, erscheint es mir völlig natürlich, daß diese Gesellschaft relativ wenig Interesse für die Sprache aufbringt, die immerhin das wichtigste Mittel der menschlichen Kommunikation ist. Für den praktisch veranlagten Amerikaner ist Sprache nur ein Mittel zum Zweck. Auf die Botschaft kommt es an; wie man sie vermittelt, ist zweitrangig. Als Kind meiner pragmatischen Kultur halte ich diese Einstellung auch prinzipiell für richtig. Ich habe jedoch Jahre gebraucht, um zu erkennen, daß ich den letztendlichen Zweck der Sprache nie verstehen würde, solange ich nicht mehr über die Mittel wüßte.

So offenkundig wichtig, wie Kommunikation ist, schien sie einen lohnenden Forschungsgegenstand abzugeben, und so stellte ich mich als junger Psychologe dieser Aufgabe. Es war eine glückliche Wahl, an interessanten Fragestellungen hat es mir nie gefehlt. Einen entscheidenden Anstoß für die weitere Ausrichtung meiner Forschungsarbeiten erhielt ich jedoch, als ich mehr über die psychologischen Grundlagen der Kommunikation wissen wollte. Schnell kam ich zu der Überzeugung, daß der Aufbau und die Funktionsweise des menschlichen Verstandes eng mit der Fähigkeit zur Kommunikation verknüpft sind; danach lag der Schluß nahe, daß diese enge Verknüpfung auf der dem Menschen angeborenen Fähigkeit zur Sprache beruht.

Um die psychologischen Grundlagen der menschlichen Kommunikation zu erfassen, war es deshalb notwendig, mehr über Sprache herauszufinden. Was ich jedoch zuerst für eine Umleitung hielt, erwies sich schließlich als der Hauptweg. Dieses Buch ist eine Nachzeichnung einiger wichtiger Stationen entlang dieses Weges — besonders der lexikalischen Stationen. Warum ich gerade den lexikalischen Aspekt und nicht die phonologische oder syntaktische Komponente ausgewählt habe, ist eine persönliche Entscheidung, die ich nur schwerlich begründen kann. Ich konnte nicht alle Aspekte mit einbeziehen, mußte Schwerpunkte setzen. Und Wörter finde ich besonders interessant. Jedes Wort birgt seine eigene Überraschung und bietet dem, der darüber nachdenkt, seine eigene Belohnung. Die erstaunliche Vielfältigkeit von Wörtern erfreut immer wieder aufs neue. Ich glaube nicht, daß es mir allein so geht — den Reiz, der von Wörtern ausgeht, spüren Menschen aus allen Ländern und allen Schichten.

Ein wissenschaftliches Interesse an Wörtern verfolgen aber nur relativ wenige Menschen. Wörter fallen normalerweise in den Bereich der Literaturwissenschaftler. Der Gedanke, daß es eine eigene Wissenschaft der Wörter geben könnte, kommt vielen wie ein Oxymoron vor. Von einer Natur- oder Erfahrungswissenschaft erwartet man, daß sie eine systematische und logisch begründbare Erklärung für natürliche Phänomene leistet. Nun handelt es sich bei Wörtern sicherlich um natürliche Phänomene. Eine Wissenschaft von den Wörtern setzt lediglich voraus, daß man auf diese linguistischen Einheiten wissenschaftliche Methoden anwenden kann. Wie ein solcher Gedanke entstand, wie er sich entwickeln und fruchtbar entfalten konnte, ist nicht weniger Gegenstand dieses Buches wie die Ergebnisse der Wissenschaft selbst.

Im wesentlichen handelt dieses Buch davon, was ein wissenschaftlicher Ansatz über den dreifachen Charakter eines jeden Wortes aussagen kann. Jedes Wort ist die Synthese einer begrifflichen Vorstellung (das heißt eines Konzepts), einer Äußerung und einer syntaktischen Rolle. Jemand, der ein Wort kennt, weiß, was es bedeutet, wie man es ausspricht und in welcher sprachlichen Umgebung (das heißt in welchem Kontext) man es verwenden kann. Dabei handelt es sich nicht um drei voneinander unabhängige Wissensbereiche, sondern nur um verschiedene Sichtweisen desselben Phänomens.

Dennoch werden diese drei Aspekte oft unabhängig voneinander untersucht. Am besten zugänglich ist dabei das gesprochene Wort (oder dessen orthographisches Pendant, das geschriebene Wort). Das 20. Jahrhundert hat erstaunliche Fortschritte in der Kommunikationstechnologie erlebt, Weiterentwicklungen, die sich die physikalische Beschaffenheit von Wörtern zunutze machen. Programmierer können mit einem modernen Sprachsynthesizer die beinahe perfekte Wiedergabe einer menschlichen Stimme hervorzaubern, ohne sich auch nur im geringsten mit der Bedeutung oder der Grammatik der produzierten Mitteilung beschäftigen zu müssen. Ein Mensch, der spricht, ist sich dagegen der erstaunlichen Koordinationsleistung beim Hervorbringen von Sprache größtenteils nicht bewußt und nimmt selten mehr auf als die Bedeutung; nur wenn der Sinn einer Äußerung unklar ist, wird man auf einzelne Laute oder die Grammatik achten. Wenn ein theoretischer Linguist schließlich zu beschreiben versucht, wie Wörter zu Sätzen zusammenspielen, wird er wahrscheinlich sowohl die Ebene der Laute als auch die der Bedeutung ausgeblendet lassen, um sich auf den grammatikalischen Kontext zu konzentrieren, in dem Wörter auftreten können oder nicht.

Forschungsstränge zu jedem der drei genannten Aspekte von Sprache tragen zur Wissenschaft von den Wörtern bei, und alle drei Aspekte werden in diesem Buch besprochen. Das eigentlich Erstaunliche ist aber, daß das Wort eine integrierte Einheit – ein linguistisches Element – darstellt. Wie kann die ganze semantische, phonologische und syntaktische Komplexität in einem so kleinen und handlichen Paket untergebracht sein? Allein dadurch, daß man die drei Stränge in einem Buch zusammenführt, ergibt sich auf diese Frage noch keine Antwort, aber es dürfte dazu beitragen, daß der Leser sich der differenzierten Feinstruktur der ihm vertrauten linguistischen Einheit bewußt wird. Es gehört zum Wesen der Wissenschaft, daß sie das Unerwartete an den Stellen aufdeckt, die einem am vertrautesten sind.

Es könnte keine Wissenschaft von den Wörtern geben, wenn es nicht möglich wäre, komplizierte Systeme mit wissenschaftlichen Methoden zu untersuchen. Sprachen sind Systeme. Sie sind hochkomplexe Systeme aus Lauten und Bedeutungen, deren Wirklichkeitsinstanz letztlich im Kopf der Menschen liegt, die sie beherrschen und verwenden. Die wissenschaftliche Herangehensweise an komplexe Systeme besteht nicht darin, sie auf einen geregelten physikalischen Energieaustausch zu reduzieren, sondern ihre Bestandteile zu beschreiben und die funktionalen Beziehungen innerhalb dieser Bestandteile und zwischen ihnen darzustellen. Unser Sprachvermögen beruht auf unserer angeborenen Fähigkeit, eine bestimmte Art eines komplexen Systems zu erwerben und anzuwenden. Das vorliegende Buch bietet eine Darstellung — und zwar eine systembezogene Darstellung — einer Komponente dieser dem Menschen vorbehaltenen Art eines komplexen Systems.

***

Im Vorwort dürfen Autoren zugeben, daß sie nicht alles allein gemacht haben. Meine Freude über die Gelegenheit, denen, die mir geholfen haben, zu danken, wird nur durch die Erkenntnis eingeschränkt, daß ich in weitaus größerer Schuld stehe, als ein kurzes Vorwort aufzunehmen vermag. Auf jeden Fall ist hier meine Frau Katherine Miller zu nennen, die meine Leidenschaft für Wörter teilt; meine Assistentin Pamela Wakefield, die es mir ermöglichte, dieses Buch trotz anderer Verpflichtungen zu schreiben; meine Mitarbeiterinnen und Mitarbeiter im Princeton Cognitive Science Laboratory, ganz besonders Christiane Fellbaum, aber auch Richard Beckwith, Derek Gross, Dan Teibel und Katherine Miller — die „Lexibande", die mir half zu begreifen, wie wenig ich von der semantischen Organisation des mentalen Lexikons wirklich begriffen habe; und die vielen Studierenden aller Semester in Princeton, die sich mit uns zusammen- und auseinandersetzten. Auch bin ich Mark Aronoff, Steven Pinker und William S. Y. Wang zu Dank verpflichtet, die freundlicherweise eine frühere Fassung des Manuskripts gelesen und viele Berichtigungen und Verbesserungsvorschläge eingebracht haben; mein Dank geht auch an Gene Searchinger, der mich davon überzeugte, daß die Psycholinguistik etwas ist, worüber die Öffentlichkeit mehr wissen sollte.

Ich möchte hier auch meine Unterstützung durch Institutionen anführen. Meine lexikalischen Erlebnisreisen wurden durch die James S. McDonnell Foundation, das Office of Naval Research und das Army Research Institute gefördert — die Unterstützung von John Bruer, Susan Chipman und Judith Orasanu ging weit über finanzielle Hilfen hinaus. Besonderen Dank verdienen schließlich Amy Edith Johnson und Jonathan Cobb von Scientific American Books, die meine Worte so kunstvoll mit ihren Druckerpressen gekoppelt haben. Am meisten jedoch verdanke ich der Princeton University und meinen Kollegen am dortigen Department of Psychology, nicht nur, weil sie mein Schwanken zwischen der Psychologie und der Linguistik erduldet haben, sondern in erster Linie, weil sie eine Atmosphäre geschaffen haben, an der ich teilhaben durfte und in der ernsthafte geistige Arbeit überhaupt erst möglich war.

Ich nehme mit Freude zur Kenntnis, daß mein Buch nun auch dem deutschsprachigen Publikum zugänglich ist; ganz besonders freut es mich, meine Überlegungen zur Wissenschaft von den Wörtern und zum Wesen der menschlichen Sprache auch anhand einer anderen als der englischen Sprache — und dazu mit großer Sorgfalt – dargelegt zu sehen. Ich bin den beiden Herausgebern zu großem Dank verpflichtet, die dieses Ergebnis durch ihre effektive Zusammenarbeit erst möglich machten – Dr. Joachim Grabowski, der den Originaltext äußerst sorgfältig und einfühlsam für das Deutsche bearbeitete, und meiner Mitarbeiterin Dr. Christiane Fellbaum, die dafür Sorge trug, daß die Übersetzung ganz im Sinne des englischen Originals verblieb. Sie konnten sogar einige Fehler bereinigen, die sich in die englische Ausgabe eingeschlichen hatten.

So bleibt mir nur zu hoffen, daß die vorliegende Ausgabe den Studierenden, Unterrichtenden und Forschenden, die sich der wissenschaftlichen Beschäftigung mit Wörtern widmen, einige Anregungen bietet.

George A. Miller
Oktober 1992

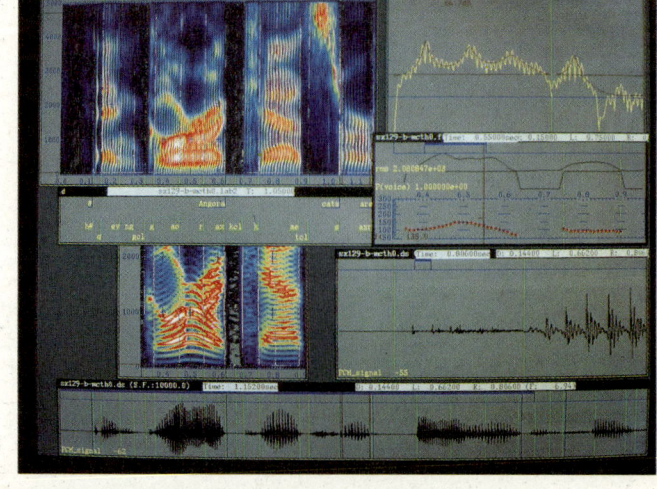

1.1 Technologischer Fortschritt machte die apparative Ausstattung möglich, mit der man Sprache als universelle, angeborene und eindeutig menschliche Fähigkeit untersuchen kann. Zu Beginn dieses Jahrhunderts waren die beiden sich entwickelnden Wissenschaftszweige der Linguistik und der Anthropologie eng miteinander verknüpft; dies kommt in den Arbeiten von Frances Densmore an der Smithsonian Institution zum Ausdruck. Auf dem Bild spielt sie Mountain Chief, einem Schwarzfußindianer, eine phonographische Aufzeichnung von Äußerungen amerikanischer Ureinwohner vor, die dieser erklärt.

1.2 Heutige Computergraphiken leisten mehr als die Konservierung sprachlicher Belege, sie geben Register der fortlaufenden Frequenzen von Schallwellen sowie die Tonhöhe und Intensität von Sprachsignalen aus.

1. Sprachwissenschaftliche Ansätze

Sprache mit wissenschaftlichen Methoden zu untersuchen ist kein gewöhnliches Unternehmen. Wenn man sich mit einer Sprache beschäftigt, bemüht man sich normalerweise zu lernen, wie man sie spricht und wie man sie versteht. So stellt sich eine entscheidende Frage gleich zu Beginn: Warum sollte jemand eine Sprache wissenschaftlich erforschen wollen? Warum *verwendet* man sie nicht einfach und geht seinem geregelten Leben nach?

Bevor ich versuche, eine Antwort auf diese Frage zu geben, bedarf es einer Unterscheidung: nämlich zwischen bestimmten Einzelsprachen und der Sprache an sich. Sprache an sich ist ein stark abstrahierter Oberbegriff; einzelne Sprachen sind beispielartige Konkretisierungen der Sprache an sich, so wie bestimmte Hunderassen Konkretisierungen eines abstrakten Begriffs, eines Konzepts des Hundes an sich sind. Eine bestimmte Einzelsprache ist ein besonderes Gefüge sozialer Konventionen, die die Bildung grammatischer Äußerungen und ihren Einsatz beim Verfolgen persönlicher Ziele regeln. Menschen erlernen einzelne Sprachen – Deutsch, Urdu, Suaheli, Japanisch – und verwenden sie, um mit anderen Menschen zu interagieren. Die wissenschaftliche Beschäftigung mit Sprache ist das Studium der Sprache an sich, die Untersuchung dessen, was allen Sprachen gemeinsam ist.

Warum sollte sich also jemand über die Sprache an sich Gedanken machen? Niemand spricht Sprache an sich. Sie ist nicht kommunikationstauglich; man kann sich mit Sprache an sich keine Pizza bestellen. Gleichwohl führt ein Moment des Nachdenkens die zentrale Rolle vor Augen, die Sprache an sich bei allen menschlichen Belangen spielt. Man will etwas über Sprache an sich wissen, nicht um es bei der sozialen Interaktion anzuwenden, sondern in der Hoffnung, etwas am Menschen zu verstehen, was dem Menschen einzigartig ist.

Es gibt gute Gründe, Sprache wissenschaftlich zu untersuchen. Sprache an sich ist nicht nur wichtig, weil sie den Menschen gegenüber allen anderen Tieren auf der Erde auszeichnet, sondern weil sie – direkt oder indirekt – den differenzierten Aufbau der zivilisierten Gesellschaft ermöglicht. Die Fähigkeit zum Spracherwerb ist dem Menschen angeboren – in jeder Gemeinschaft von Menschen gibt es eine Sprache; deshalb untersucht man, wenn man Sprache erforscht, etwas Universelles, für das es in der biologischen Beschaffenheit des *Homo sapiens sapiens* eine solide Grundlage gibt. Sprache an sich ist auch deshalb interessant, weil zwar jeder eine bestimmte Sprache beherrscht und verwendet, jedoch nur wenige verstehen, was sie da eigentlich können. Es übt einen besonderen Reiz aus, sich selbstbewußt dessen bewußt zu werden, was man, ohne sich dessen bewußt zu sein, kann und weiß.

Ein Skeptiker wird sich diesen Behauptungen natürlich widersetzen. „Es ist nicht die Sprache", könnte der Skeptiker sagen, „sondern die menschliche Intelligenz – die verblüffende Fähigkeit des Menschen, zu lernen und sich anzupassen –, die so außergewöhnlich und einzigartig ist." Und um diesen Einwand zu erhärten, könnte der Skeptiker auf Menschen verweisen, die taub geboren wurden und sich gesprochene Sprache nie aneignen können, sich mit Hilfe von Handzeichen jedoch glänzend verständigen. Sie sind damit genauso erfolgreich und fast genauso schnell wie ihre geräuschproduzierenden Verwandten. Dieses Argument zeigt jedoch nur, daß Sprechen und Sprache zwei verschiedene Dinge sind. Im Gegensatz zum Deutschen stellt das Englische dafür auch zwei verschiedene Wörter bereit, *speech* und *language*. Handzeichensysteme, die als Zeichensprache gelten – die American Sign Language, die dänische Zeichensprache, die britische Zeichensprache –, sind in jeder Hinsicht genauso Einzelsprachen wie jedes System gesprochener Wörter. Es ist wahr, daß von Geburt an taube Menschen ganz gut zurechtkommen, ohne zu sprechen, aber sie können nicht ohne Sprache auskommen.

Man muß kein Kommunikationsfachmann sein, um zu erkennen, daß verschiedene Zeichen für dieselbe Nachricht stehen können, so daß man sich zu dem Schluß verleiten lassen könnte, daß das Entscheidende die Nachricht ist und nicht das Zeichen. Dabei übersieht man jedoch, daß es ohne Zeichen keine Nachricht geben kann. Der entscheidende Punkt besteht darin, daß ganz verschiedene Arten von Zeichen – gesprochene, gestische, geschriebene, beliebige andere – die Möglichkeit bieten, Gedanken und Wahrnehmungseindrücke nach außen zu kehren, zu externalisieren. Ein Gorilla mag noch so intelligent sein, ohne ein Zeichensystem, mit dem er diese Intelligenz mitteilen kann – also ohne Sprache – muß er seine bemerkenswerte Begabung für sich behalten. Intelligenz allein erklärt nicht die Fähigkeit des Menschen, sich zu verständigen.

Ein System zur Externalisierung des Denkens, das sich der Stimme und des Gehörs bedient, hat gegenüber einem System, das mit der Hand und dem Auge arbeitet, viele Vorteile. Gesprochene Sprache ist das von der Biologie vorgegebene Zeichensystem für die menschliche Kommunikation, und das gesprochene Wort soll auf den folgenden Seiten besonders herausgestellt werden. Sind Stimme und Gehör jedoch nicht verfügbar, findet das menschliche Kommunikationsbedürfnis andere Ersatzzeichen. Eine Theorie der Sprache an sich sollte diese Zeichenvielfalt berücksichtigen können.

Die Entwicklung der Sprache ermöglichte vielen Individuen ein gemeinsames Denken. Die Externalisierung, die man durch Sprache leisten kann, ist natürlich nicht vollkommen, aber sie reicht aus, damit viele Menschen die Erfahrung einer einzelnen Person teilen, nachempfinden und nutzen können. Auf diese Weise konnten sich soziale Einheiten bilden, die auf neuartige Weise zusammenwirkten, sie konnten zusammenarbeiten, als ob sie ein einziges übergeordnetes Individuum wären. Der Überlebensnutzen der menschlichen Sprache war sehr groß.

Wenn Sprache wichtig ist, dann müßten Wörter, die Bausteine der Sprache, ebenso wichtig sein. In der Tat bedeutet allein der Umstand, daß etwas ein Wort ist, daß es für jemanden wichtig gewesen sein muß. Oder, um es anders auszudrücken, ein Wort ist eine begriffliche Vorstellung, von der eine Gruppe von

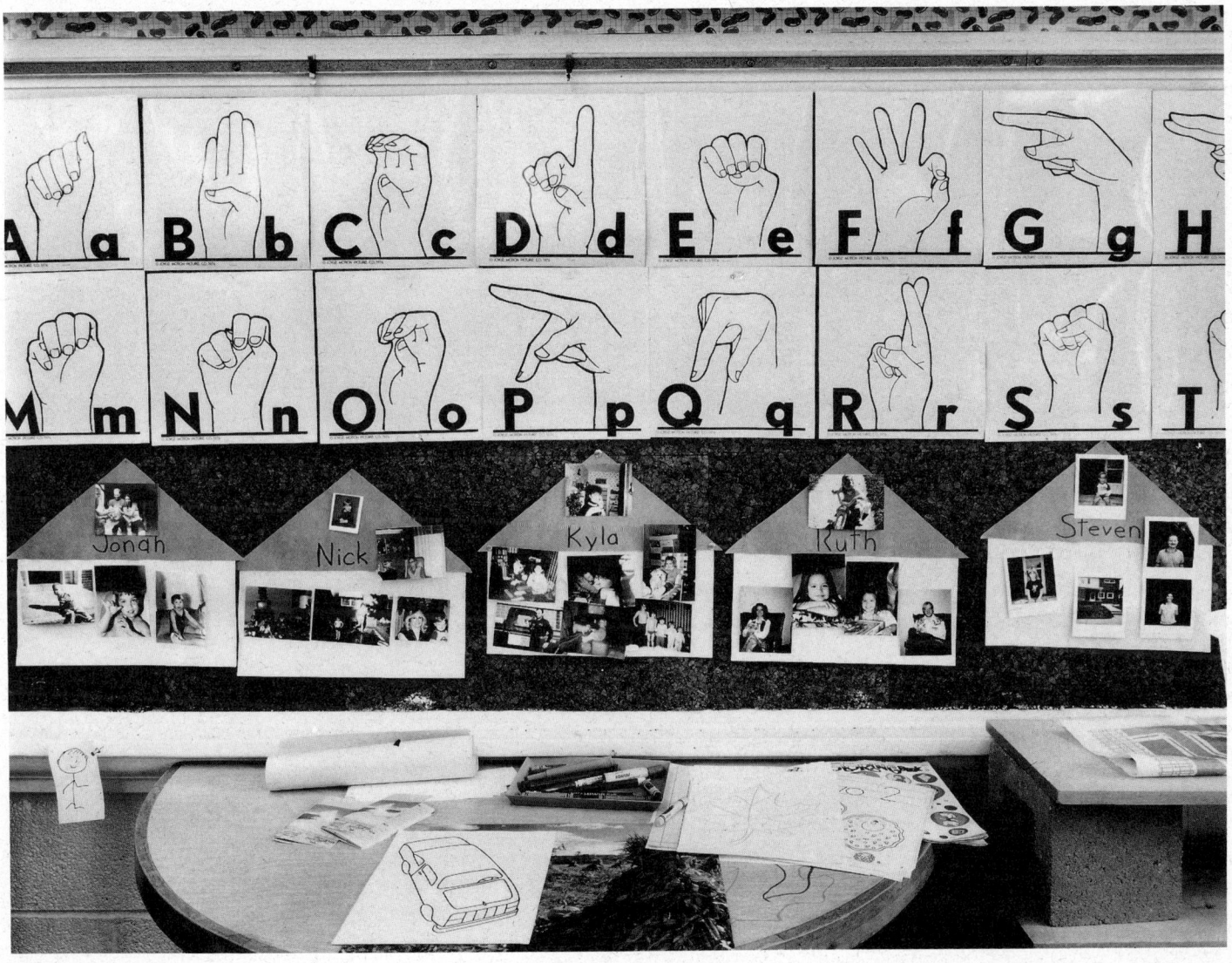

Menschen dachte, sie sei wichtig genug, um in das Lexikon einzugehen. (Diese Ansicht darüber, was ein Wort ausmacht, hält einer sorgfältigen Prüfung nicht stand – dies aufzuzeigen, wird sich Kapitel 2 bemühen –, aber sie ist eher ungenau denn falsch.) Menschen, die ein Wort kennen, können die zugehörige Vorstellung mit anderen Mitgliedern ihrer Bezugsgruppe teilen, und ein gemeinsamer Wortschatz ist ein Teil des Bandes, das Menschen zusammenhält und es ihnen gestattet, eine gemeinsame Kultur hervorzubringen.

Jeder, der sorgfältig über das Funktionieren des menschlichen Verstandes nachdenkt, ist unweigerlich vom Umfang des menschlichen Wissens beeindruckt.

1.3 Das Fingeralphabet, bei dem jedem Buchstaben des Alphabets ein eigenes Zeichen entspricht, wird verwendet, um Eigennamen und seltene Wörter zu buchstabieren. Obwohl sich das mit den den Fingern gebildete American Manual Alphabet völlig von der American Sign Language, der amerikanischen Zeichensprache, unterscheidet, sind viele dieser Handstellungen in die American Sign Language eingegangen, um englische Wörter durch ihren Anfangsbuchstaben zu bezeichnen.

Natürlich wissen und kennen manche mehr als andere, aber insgesamt verfügt jeder über einen großen Wissensbestand. Und eine Sache, die jeder beherrscht, ist eine Sprache, die selbst wiederum sehr viele Kenntnisse umfaßt. Dieses Sprachwissen besteht zum größten Teil aus den Wörtern dieser Sprache. Es sind nicht die Sprachlaute oder die Regeln zur Bildung grammatischer Sätze, die den größten Lernaufwand erfordern – es ist der Wortschatz: Tausende von Wörtern, jedes mit seiner eigenen Aussprache, seiner eigenen Schreibweise, seiner eigenen Bedeutung, seiner eigenen Wortart, seiner eigenen Verwendung, seiner eigenen Geschichte.

Faszinierend an diesem Wissen ist, daß Menschen über so viele Kenntnisse verfügen, ohne sich darüber im klaren zu sein. Im Deutschen wie im Englischen beispielsweise gibt es ein allgemeines Muster für grammatische Sätze in der Form Subjekt-Verb oder Subjekt-Verb-Objekt. (Als grammatische Sätze werden hier und im folgenden Sätze bezeichnet, die den grammatikalischen Regeln einer Sprache entsprechend konstruiert sind, die also im Hinblick auf die jeweilige Grammatik einer Sprache korrekt gebildet oder wohlgeformt sind.) Die Satzglieder oder Phrasen in Subjekt- und Objektrolle enthalten Substantive (Nomina), Verbalphrasen enthalten Verben. Um diesem Muster zu entsprechen, müssen Menschen, die deutsch sprechen, den Unterschied zwischen Substantiven und Verben kennen. Warum ist es dann so schwierig, Schulkindern diese Unterscheidung beizubringen, die sie doch im täglichen Sprachgebrauch durchweg einzuhalten wissen? Offenbar handelt es sich hier um unterschiedliche Wissensarten. Es ist etwas anderes, ob man weiß, wie man grammatisch spricht, oder ob man weiß, wie man grammatisches Sprechen beschreibt.

So wie die Gründe für die wissenschaftliche Beschäftigung mit Sprache nicht in irgendeiner bestimmten Sprache liegen, so liegen die Gründe für die Erforschung der Wörter nicht in irgendwelchen bestimmten Wörtern. Bei der wissenschaftlichen Diskussion von Wörtern geht es weniger um bestimmte Wörter als um die Worthaftigkeit selbst: Warum hat man es in allen Sprachen mit Wörtern zu tun? Warum sind Wörter ein universelles Konstruktionsmerkmal von Sprachen? Es sind Wörter an sich und nicht besondere Wörter, die wissenschaftlich interessieren. Etymologen oder Sprachhistoriker mögen an individuellen Worten interessiert sein, die, in einer bestimmten Sprache geschrieben, in einzelnen Dokumenten vorkommen; ein Natur- oder Erfahrungswissenschaftler muß jedoch um Generalisierungen und regelhafte Invarianten bemüht sein, also nomologisch vorgehen.

Exkurs 1.1: Der Wortschatz für Schnee bei den Eskimos

Für wichtige Dinge haben die Menschen meistens auch ein Wort. Bergvölker haben ein Wort für Berg, Menschen, die im Flachland leben und noch nie einen Berg gesehen haben, werden auch über kein Wort dafür verfügen. Zudem gibt es wahrscheinlich, je wichtiger etwas ist, um so mehr Wörter dafür. Wenn es in einer Sprache beispielsweise viele Wörter für unterschiedliche Bambussorten und für Bambus in unterschiedlichen Bearbeitungsstufen gibt, so weiß ein Anthropologe, daß Bambus im Leben dieses Volkes eine zentrale Rolle spielt. Aber man muß nicht erst fremde Kulturen studieren, um auf lexikalische Spezialgebiete zu stoßen. Maler haben viele Wörter für Farben, unter Chemikern gibt es viele Wörter für chemische Verbindungen, Reiter können viele Pferderassen auseinanderhalten. Jede Berufsgruppe entwickelt ihren eigenen Fachjargon, um über die entscheidenden Belange zu reden.

Es ist deshalb erstaunlich, daß gerade ein bestimmtes Beispiel der lexikalischen Ausdifferenzierung die populärwissenschaftliche Vorstellungskraft fesselte und derart oft in der Presse zitiert wurde — nämlich der Eskimowortschatz für Schnee. Die Annahme, daß Schnee im Leben der Eskimos eine wichtige Rolle spielt, leuchtet ein; entsprechend sollte ihre Sprache mehrere Wörter für Schnee umfassen. Die eigentlich interessante Frage lautet: Wieviele Wörter für Schnee haben die Eskimos genau? In diesem Zusammenhang ist eine Art Mythos entstanden, demzufolge es in der Eskimosprache Hunderte von Wörtern für unterschiedliche Schneearten und -qualitäten gibt, eine sehr exzessive Differenzierung, die zuweilen zur Veranschaulichung dafür herangezogen wird, daß einfache Völker die Wirklichkeit anders einteilen.

Die Anthropologin Laura Martin führt diesen Mythos auf einen Abschnitt im *Handbook of North American Indians* von Franz Boas (1911) zurück, wo dieser anführt, daß die Eskimosprache offenbar verschiedene Wörter für Schnee habe: *aput* für Schnee, der bereits auf der Erde liegt, *qana* für Schnee, der gerade fällt, *piqsirpoq* für ein Schneetreiben und *qimuqsuq* für eine Schneeverwehung. 1940 wuchs diese Anzahl, als Benjamin Lee Whorf einen Aufsatz veröffentlichte, in dem er behauptet, die Eskimosprache verfüge über eigene Wörter für Schnee, der gerade fällt, für Schnee, der liegt, für festen Schnee, für Schneematsch, für verwehten Schnee und für weitere Arten von Schnee. Als das Interesse an der Sache wuchs, wurden die Verlautbarungen zunehmend vage: „In Eskimosprachen gibt es viele Wörter für Schnee." „Viele" wurde daraufhin als neun, achtundvierzig, einhundert oder zweihundert übersetzt.

Der Linguist Geoffrey Pullum riet seinen Lesern, diese eskimologische Unwahrheit zu bekämpfen. Wenn Du diese Behauptung hörst — so lautet sein Rat —, erhebe Dich und tue kund, daß das führende Lexikon der Eskimosprache gerade zwei Wortstämme nennt: *qanik* für Schnee, der fällt, und *aput* für Schnee, der liegt. Damit machst Du Dich nicht gerade beliebt, aber Du setzt Dich für die Wahrheit und für die Maßstäbe gültiger Behauptungen ein.

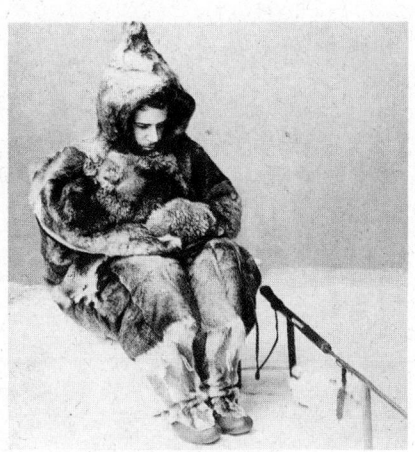

Der Anthropologe Franz Boas (1858–1942).

Schnee, der fällt, Schnee, der liegt.

Ein geschichtlicher Abriß

Die Frage nach dem Ursprung der Sprache und nach den Gründen, warum es so viele verschiedene Sprachen gibt, hat eine lange Geschichte. Der ganze Ansatz, Sprache an sich wissenschaftlich zu untersuchen, ging aus der Erforschung einzelner Sprachen unter historischen Gesichtspunkten hervor.

Der Wunsch, eine Sprache zu erlernen und zu verstehen, ist so alt wie die Geschichtsschreibung selbst. Im klassischen Athen hatte jeder Gebildete Grammatik und Rhetorik studiert, und die gelehrte Auseinandersetzung mit diesen Gegenständen hält heute noch an. Aber es sind nicht die korrekte Sprachverwendung, die Kunst, zu überreden und zu überzeugen, und die exakte Überlieferung wichtiger Texte, aus denen sich die Sprachwissenschaft konstituierte. Zur Begründung einer Sprachwissenschaft bedurfte es erst vergleichender Untersuchungen zu verschiedenen Sprachen.

1.4 Mittelalterliche Handschriften waren oft Kunstwerke. Hier eine Seite einer illuminierten lateinischen Handschrift aus dem Stundenbuch des Alfons von Aragonien, Neapel, 1480.

Die wissenschaftliche Beschäftigung mit Sprache begann vor gerade zweihundert Jahren mit systematischen Versuchen, historische Beziehungen zwischen Sprachen ausfindig zu machen. Im Mittelalter studierten Gelehrte selbstverständlich Latein, und in der Renaissance wurden Griechischkenntnisse wichtig. Aber erst im 18. Jahrhundert ließ die Wiederentdeckung des indischen Sanskrit den Vergleich zwischen Sprachen zu einem regen Untersuchungsgebiet werden. Sir William Jones, der Sanskrit als oberster Richter von Bengalen lernte, schrieb, daß keiner, dem das Sanskrit, das Griechische und das Latein vertraut sind, »alle drei untersuchen könne, ohne zu der Ansicht zu gelangen, daß sie aus einer gemeinsamen Quelle entsprungen sind, die es vielleicht nicht mehr gibt«. Sir Williams Beobachtung aus dem Jahre 1786 gab Anregung zu vielen Phantasien und kennzeichnete einen idealen Ausgangspunkt, um Sprachen zu vergleichen und ihren historischen Wandel nachzuzeichnen.

Dabei stellten sich zwei Fragen: Was war die verlorengegangene „gemeinsame Quelle", aus der das Sanskrit, das Griechische und das Latein entsprungen waren, und welche weiteren Sprachen entstammen derselben Quelle?

Der anfängliche Nachweis einer Verbindung zwischen Sanskrit, Griechisch und Latein war einfach. Schwieriger war es jedoch, ihren gemeinsamen Ursprung zu rekonstruieren. Viele kluge Köpfe mußten die Spur Jones' weiterverfolgen, bevor die Einzelheiten geklärt waren. Der bedeutendste Ansatz bestand darin, die fraglichen Sprachen zu vergleichen und nach gemeinsamen Merkmalen zu suchen. Diese vergleichende Methode beruht auf der Annahme, daß zwei Sprachen, die ein bestimmtes Merkmal gemeinsam haben, dieses wahrscheinlich von einem gemeinsamen Vorfahren geerbt haben. Vergleichende Rekonstruktionen fangen immer beim Wortschatz an, wo sich Ähnlichkeiten besonders deutlich zeigen. Man stellte Ähnlichkeitslisten auf, aus denen die Phonologie und der Wortschatz des Sprachvorfahren erschlossen wurden. Beispielsweise zeigen die Zahlwörter von eins bis zehn, wie ähnlich sich die drei Sprachen sind und wie sehr sie sich vom Japanischen unterscheiden, das nicht mit ihnen verwandt ist.

Zuerst dachte man, Griechisch und Latein stammen vom Sanskrit ab, aber nach ausgiebiger Erörterung und Diskussion der immer zahlreicheren Belege kam man letztlich überein, daß alle drei von einer Muttersprache abstammen, die Proto-Indoeuropäisch (PIE) genannt wurde, einer Sprache, die vor der Erfindung der Schrift gesprochen wurde und die endgültig ausgestorben ist.

Wie treffen Sprachwissenschaftler solche Entscheidungen? Es ist allgemein anerkannt, daß sich Sprachen verändern: Althochdeutsch wurde zu Mittelhochdeutsch und schließlich zu Neuhochdeutsch, das Latein entwickelte sich zu Italienisch, Französisch, Spanisch. Diese Veränderungen sind durch schriftliche Belege gut dokumentiert. Doch was tun Sprachwissenschaftler, wenn die Beweislage weniger zwingend ist?

Nehme man einmal an, jemand wollte behaupten, Italienisch sei in Wirklichkeit nicht eine Schwester des Spanischen, sondern dessen Mutter. Dazu müßte er

1.5 Sir William Jones (1746–1794) wurde 1783 am Obersten Gerichtshof von Calcutta zu einem der drei Richter der Britischen Krone ernannt. Ein Jahr nach seiner Ankunft in Indien gründete Jones die Asiatische Gesellschaft von Bengalen und wurde ihr erster Präsident. Seine berühmte Darlegung der gemeinsamen Quelle des Griechischen, des Lateins und des Sanskrits erfolgte in einer Rede vor der Gesellschaft im Februar 1786. Jones war nicht der erste Gelehrte, der diese Ähnlichkeiten bemerkte, aber die Wirkung seiner aufregenden Behauptung wurde durch seinen sozialen und politischen Status verstärkt.

Obwohl Jones von Beruf Jurist war, war er im Innersten seines Herzens Philologe und beherrschte Griechisch und Latein wie ein klassischer Gelehrter. Sanskrit jedoch war die überlieferte Religions- und Literatursprache Indiens; bevor er diese Sprache als einer der ersten Europäer erlernen konnte, mußte er die Abneigung der Brahmanen-Gurus überwinden, mit einem Nicht-Hindu die Sprache der heiligen Weden zu teilen. Um anderen das Erlernen der Sprache zu erleichtern und um seine eigenen Schlußfolgerungen zu überprüfen, erstellte Jones ein Transkriptionssystem, mit dem man Sanskrit in lateinischen Buchstaben darstellen konnte. Er erkannte die Wichtigkeit phonetischer Vergleiche, aber die Disziplin, an die er solche Fragen hätte richten können, gab es damals noch nicht.

Zahlwörter von Eins bis Zehn in sechs Sprachen

Deutsch	Englisch	Lateinisch	Griechisch	Sanskrit	Japanisch
eins	one	unus	heis	ekas	hitotsu
zwei	two	duo	duo	dva	futatsu
drei	three	tres	treis	tryas	mittsu
vier	four	quattuor	tettares	catvaras	yottsu
fünf	five	quinque	pente	panca	itsutsu
sechs	six	sex	heks	sat	muttsu
sieben	seven	septem	hepta	sapta	nanatsu
acht	eight	octo	okto	asta	yattsu
neun	nine	novem	ennea	nava	kokonotsu
zehn	ten	decem	deka	dasa	to

nachweisen, daß alle Veränderungen, die im Übergang vom Latein zum Italienischen eingeführt wurden, auch im Spanischen vorhanden sind, und außerdem weitere Neuerungen im Spanischen finden, die im Italienischen noch nicht vorgekommen waren. Ein solcher Nachweis ist natürlich nicht möglich, aber gesetzt den Fall, er wäre es, dann würden Sprachwissenschaftler erklären, eine frühe Form des Italienischen sei ein Vorstadium des heutigen Spanisch gewesen. Was dieses erfundene Beispiel jedoch aufzeigen soll, ist, daß solche Einschätzungen immer vergleichend und nicht absolut sind. Es gibt keine absoluten linguistischen Charakteristika, die natürlich, ursprünglich oder unvollkommen wären und deshalb eine Sprache als die ältere von zwei kennzeichnen könnten. Eine linguistische Abstammungsreihe ist nicht etwas schlichtweg „Gegebenes". Als eine besondere Art der Verwandtschaft muß sie indirekt erschlossen werden.

Auf dem Wege einer vergleichenden Beweisführung kamen die Wissenschaftler deshalb überein, daß Griechisch, Latein und Sanskrit Schwestersprachen waren, die von einem gemeinsamen Sprachvorfahren abstammten. Natürlich hielt man solche Schlußfolgerungen für um so verläßlicher, je mehr Sprachen man für einen Vergleich heranziehen konnte. So führte die erste Frage von selbst zur zweiten: Welche weiteren Sprachen stammen von PIE ab? Dieselben Vergleichsmethoden, mit denen man PIE aus den drei heute toten Sprachen rekonstruierte, wurden auch angewandt, um gemeinsame Vorfahren lebender Sprachen nachzuweisen. Die große Familie neuerer Sprachen, die von dem ausgestorbenen PIE abstammen, nennt man indoeuropäische Sprachen; dazu gehören Kurdisch, Persisch, Urdu, Hindi, Neugriechisch, Französisch, Spanisch, Italienisch, Portugiesisch, Englisch, Holländisch, Norwegisch, Schwedisch, Russisch, Ukrainisch, Bulgarisch und neben dem Deutschen noch viele weitere Sprachen. Es war ein spannendes geistiges Abenteuer, die Beziehungen zwischen diesen unterschiedlichen und weitverbreiteten Sprachen nachzuweisen, und die Bedeutung dieser Befunde für die europäische Frühgeschichte wird in der Archäologie noch heute diskutiert.

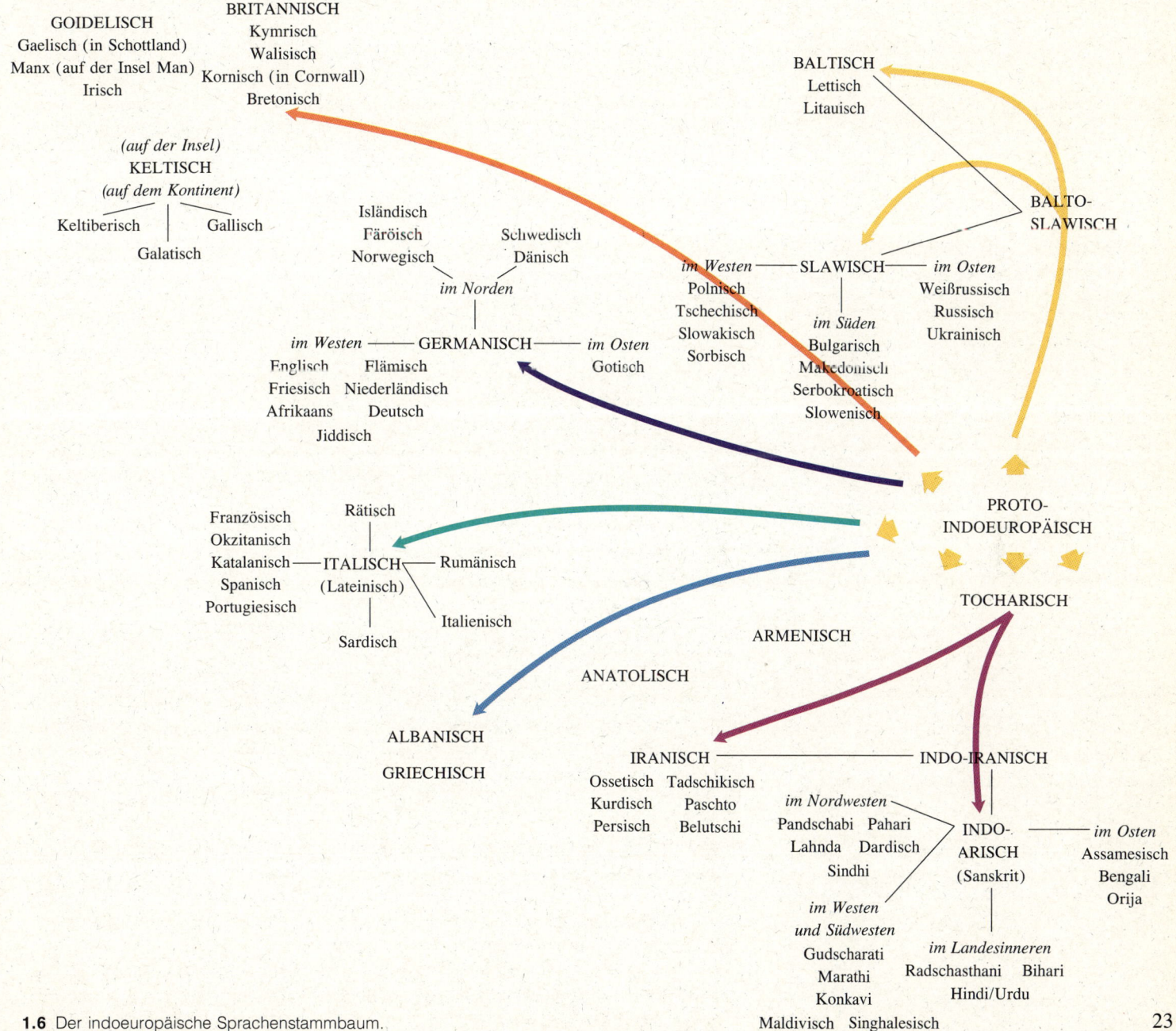

1.6 Der indoeuropäische Sprachenstammbaum.

1.7 Der dänische Philologe und Forscher Rasmus Christian Rask (1787–1832) brachte 1811 eine historische Grammatik der isländischen Sprache heraus; da sie auf Dänisch geschrieben war, erfuhr sie — wie die meisten seiner Schriften — nicht die ihr gebührende Aufmerksamkeit. Wo andere Linguisten aus dieser Zeit versuchten, den Sprachwandel durch Textvergleiche toter Sprachen zu belegen, konnte Rask bedeutsame Vergleiche zwischen germanischen Sprachen anstellen. Und weil er sich mit lebenden Sprachen beschäftigte, erkannte Rask als erster, daß Buchstaben trügen können und daß es die Laute sind, die die Sprachenentwicklung am besten belegen. Meistens wird die Entdeckung der Lautgesetze, mit denen das Germanische als sicheres Mitglied der indoeuropäischen Sprachenfamilie nachgewiesen wurde, dem deutschen Sprachwissenschaftler und Volkskundler Jacob Grimm (1785–1863) zugeschrieben; Rask war jedoch der erste, der das Prinzip der regelmäßigen Lautveränderung erkannt und sowohl für historische als auch für vergleichende Sprachenanalysen systematisch angewandt hatte. Karl Verner, wiederum ein Däne, arbeitete die germanischen Lautgesetze 1875 weiter aus.

Eine der ersten Früchte dieser im Entstehen begriffenen Sprachwissenschaft waren die *Lautgesetze*, die sich aus dem Versuch ergaben nachzuweisen, daß die neueren germanischen Sprachen (darunter das Englische und das Deutsche) zur indoeuropäischen Familie gehören. Das Proto-Germanische war eine Vorform des Deutschen, die sich irgendwann vor dem 1. vorchristlichen Jahrtausend vom PIE abgespaltet haben dürfte; es läßt sich aus frühen gothischen, altenglischen, althochdeutschen und altnordischen Dokumenten aus der Zeit zwischen 200 und 1200 nach Christus rekonstruieren. Gelehrte wie beispielsweise Rasmus Rask stellten fest, daß viele Wörter dieser frühen germanischen Sprachen eine systematische Beziehung zu lateinischen Wörtern aufweisen; dabei wurden die stimmlosen Verschlußlaute [p, t, k] des Lateins im Germanischen zu den stimmlosen Frikativen (Reibelauten) [f, θ, h] wie bei den Anlauten der folgenden Wörter:

lateinisch *pater* → altnordisch *fathir* (mit stimmhaftem *th*, ð)
lateinisch *tres* → altnordisch *thrir* (mit stimmlosem *th*, θ)
lateinisch *cornu* → althochdeutsch *horn*

Rasks Beobachtungen wurden 1822 von Jacob Grimm zu dem zusammengefaßt, was man üblicherweise — ein wenig ungerecht — das Grimmsche Gesetz nennt. Darin sind diese systematischen Lautverschiebungen zusammengestellt, und es wird der Nachweis erbracht, daß die germanischen Sprachen der indoeuropäischen Familie angehören. Die Veränderungen waren jedoch so drastisch, und die Anzahl wichtiger deutscher Wörter, für die keine indoeuropäische Entsprechung bekannt ist, war so groß, daß sich etwas zugetragen haben mußte, was über eine normale linguistische Weiterentwicklung hinausging. Manche Forscher vermuteten, daß sich das Proto-Germanische entwickelt hatte, als Völker, die eine nicht indoeuropäische, an stimmlosen Frikativen reiche Sprache hatten, mit PIE-Sprechern in Kontakt kamen.

Man merkte schnell, daß es beim Grimmschen Gesetz auch Ausnahmen gab. Beispielsweise hätte dem Gesetz zufolge der stimmlose PIE-Verschlußlaut *t* in *pater* zum stimmlosen Frikativ *th* (θ wie im englischen *thin*) werden sollen, statt dessen wurde er zum stimmhaften *th* (ð wie im englischen *father*). Andererseits wurde das *t* im lateinischen Wort *frater* durch das stimmlose θ im gothischen *brothar* ersetzt, ganz in Übereinstimmung mit dem Grimmschen Gesetz. Angesichts solcher Widersprüche mußte man annehmen, daß das Grimmsche Gesetz lediglich eine allgemeine Tendenz beschriebt.

Viele Ausnahmen konnten jedoch 1875 durch das Vernersche Gesetz erklärt werden, welches besagt: Wenn der stimmlose PIE-Verschlußlaut nicht am Wortanfang steht und wenn ihm nicht direkt ein betonter Vokal folgt, dann wird er in den germanischen Sprachen zu einem stimmhaften Frikativ. Mit anderen Worten fand der dänische Sprachwissenschaftler Karl Verner (1846–1896) heraus, daß im Proto-Germanischen eine ganze Reihe von Konsonantverschiebungen im Wortinneren davon abhingen, welche Silbe betont wurde. So konnte man angeben, daß in *Vater* ein *t*, in *Bruder* jedoch ein *d* vorkommt, weil die beiden Wörter vor drei- oder viertausend Jahren unterschiedlich betont wurden; das führte nicht nur dazu, den Respekt vor einer Sprachwissenschaft, die solche Fakten nachweisen kann, zu steigern, sondern verstärkte auch die Ansicht, daß die Welt der gesprochenen Laute genauso strengen Gesetzen unterliegt wie die Welt der Naturwissenschaften.

Gotisch, 4. Jahrhundert

Atta unsar ðu in himinam, weihnai namō ðein.
qimai ðiudinassus ðeins, wairðai wilja ðeins,
swē in himina jah ana airðai.
hlaif unsarana ðana sinteinan gif uns himma daga.
jah aflēt uns ðatei skulans sijaima,
swaswē jah weis aflētam ðaim skulam unsaraim.
jah ni briggais uns in fraistubnjai,
ak lausei uns af ðamma ubilin.

Althochdeutsch, 9. Jahrhundert

Fater unsêr, thu in himilom bist, giuuîhit sî namo thîn.
quæme rîchi thîn. uuerdhe uuilleo thîn,
sama sô in himile endi in erthu.
Broot unseraz emezzîgaz gib und hiutu.
endi farlâz uns sculdhi unsero,
sama sô uuir farlâzzêm scolôm unserêm.
endi ni gileidi unsih in costunga.
auh arlôsi unsi fona ubile.

Mittelhochdeutsch, 14. Jahrhundert

Vater unser, der du bist in den himeln, geheiligt werde dîn name.
Zu kum uns dîn rîche. Dîn wille werde
hie ûf der erden als in dem himel.
Unser tegelîch brôt gib uns, herre, hiute.
Und vergib uns unser schulde
als wir tun unseren schuldnern.
Und verleite uns niht in dehein übel bekorunge,
sunder derlôſe uns vor allem ubel.

Vokale mit Querstrich werden lang, Vokale mit Dach kurz gesprochen.

1.8 Jacob Grimm.

1.9 Karl Verner.

◀ **1.10** Das heutige Neuhochdeutsch entwickelte sich aus alten germanischen Sprachen. Hier sind zum Vergleich drei Versionen des Vaterunsers angeführt. Der gotische Text stammt aus der Wulfila-Bibel, der althochdeutsche aus dem rheinfränkischen Weißenburger Katechismus. Luthers Bibelübersetzung 1522 des Alten beziehungsweise 1534 des Neuen Testaments förderte, zusammen mit dem Buchdruck, die Ausbreitung einer hochdeutschen Schriftsprache im 16. Jahrhundert.

1.11 Ferdinand de Saussure (1857 – 1913) schrieb kein einziges Buch. Bei Ausscheiden eines anderen Professors im Jahre 1906 erhielt er jedoch von der Universität Genf einen Lehrauftrag in Allgemeiner Linguistik. Zwischen 1907 und 1911 hielt er dreimal jene Vorlesungsreihe, aus der dann der *Cours de linguistique générale* wurde. Plötzlich erkrankte Saussure jedoch und starb 1913, weshalb der *Cours* von Studierenden zusammengestellt und herausgegeben wurde, die seine Vorlesung gehört hatten. Die Einschätzung der Studenten, Saussures Ideen seien zu wichtig, um verlorenzugehen, hat sich im weiteren Verlauf voll und ganz bestätigt; diesem Buch war es vorbehalten, das Fachgebiet neu zu bestimmen und Saussure zum „Begründer der modernen Linguistik" werden zu lassen.

Die Unterscheidung zwischen diachroner und synchroner Sprachwissenschaft ist jedoch nur eines der von Saussure eingeführten Prinzipien. Saussure definierte Sprache als ein System willkürlich gewählter Zeichen, wobei ein Zeichen zweierlei Charakteristika aufweist und miteinander verbindet, nämlich die Vorstellung eines Lautbildes, den *signifiant* (Signifikant), und die Vorstellung eines abstrakten Begriffs, das *signifié* (Signifikat). Die Sprachwissenschaft definierte Saussure als die Beschäftigung mit *la langue*, dem formalen System einer Sprache, und nicht als die Beschäftigung mit *la parole*, dem tatsächlichen Sprechen. Indem er auf diese grundlegenden Unterscheidungen bestand und ihre Bedeutung ausführte, ermöglichte Saussure allen Linguisten eine neue und deutlichere Vorstellung von den Aufgaben der Sprachwissenschaft.

Die Strategie, Lautveränderungen in Abhängigkeit von den lautlichen Umgebungen, in denen die Laute ursprünglich vorgekommen waren, zu erklären, war so erfolgreich, daß eine enthusiastische Gruppe, die Neogrammatiker (mit dem Spitznamen der „Junggrammatiker"), den Anspruch erhob, die Sprachwissenschaft sei eine exakte Wissenschaft geworden und es könne absolut keine Ausnahmen von den Lautgesetzen geben. Sie sahen Lautveränderungen nicht als mehr oder weniger willkürliche Vorgänge an, die sich auf manche Wörter auswirken und auf andere nicht. Vielmehr glaubten sie, eine Lautveränderung sei einfach eine Veränderung in der Art, wie Sprecher einen Sprachlaut (oder eine Reihe von Sprachlauten) hervorbringen, und daß diese Veränderung sich deshalb auf diesen Laut (oder auf eine Lautreihe) überall dort auswirken würde, wo er vorkommt. Wenn man eine scheinbare Ausnahme bemerkte, so wurde angenommen, daß der relevante Kontext nicht sorgfältig genug analysiert worden war; eine korrekte Analyse würde letztlich aufzeigen, daß es sich auch hier um einen regelhaften Fall handelt. Diese Haltung führte zu einer erbitterten Debatte über endlose Details in der Aussprache verschiedenster Sprachen, deren Sprecher in den meisten Fällen längst nicht mehr am Leben waren.

1878 publizierte der damals gerade 22 Jahre alte Schweizer Linguist Ferdinand de Saussure ein *Memoir* über den Vokalismus im PIE; darin versuchte er, das irreguläre Verhalten bestimmter Laute in den Tochtersprachen zu erklären. Nach einer streng formalen Analyse kam Saussure zu der Annahme, im PIE müsse es einen weiteren Sprachlaut gegeben haben, dessen Aussprache er durch eine formale Analyse nicht bestimmen konnte. Dieser hypothetische Sprachlaut war in den Tochtersprachen verlorengegangen, nicht jedoch, ohne vorher seine Spuren auf vorangehenden oder nachfolgenden Lauten zu hinterlassen. Saussures Hypothese wurde als die „Kehlkopf-Theorie" bekannt, weil man annahm, der ausgestorbene Laut könnte im Kehlkopf gebildet worden sein; diese Theorie löste eine Reihe von Problemen innerhalb der Entwicklung verschiedener indoeuropäischer Sprachen. Sie blieb jedoch über fast fünfzig Jahre hinweg rein hypothetisch, bis die hethitische Keilschrift entdeckt und entziffert worden war. 1927 konnte man den Nachweis führen, daß es im Althethitischen noch Kehlkopfkonsonanten gab, *h* oder *hh* geschrieben, und zwar genau an den Stellen, an denen Saussures Behauptung zufolge der ausgestorbene Laut im PIE aufgetreten sein sollte. Durch rein formale Analyse hatte Saussure die Kehlkopfkonsonanten des PIE entdeckt – und die Grundsätze der Neogrammatiker hatten weiterhin ihre Gültigkeit.

Notwendigerweise beschäftigten sich diese Sprachwissenschaftler mit schriftlichen Texten. Als sich die neue wissenschaftliche Sparte herausbildete, richteten die Lautgesetze die Aufmerksamkeit jedoch auf die Aussprache und auf die Notwendigkeit einer genaueren Beschreibung von Sprachlauten. Bis zum Ende des 19. Jahrhunderts waren die Grundlagen für die Phonologie geschaffen, die Beschreibung ganzer Systeme von Sprachlauten, die in verschiedenen Sprachen benutzt werden. Zwangsläufig wurde auch versucht, dieses Handwerkszeug für die Beschreibung gesprochener Sprachen bei den vielen Sprachen auf der Welt zur Anwendung zu bringen, für die es keine Sammlung schriftlicher Belege gab, weil sie niemals geschrieben wurden. Für seine Studien vor Ort muß ein Anthropologe wissen, wie er mit der Sprache eines noch so exotischen Volkes, das er erforschen möchte, umzugehen hat. Auf diese Weise entstand ein Bindeglied zwischen den gerade entstehenden Wissenschaftsdisziplinen der Linguistik und der Anthropologie. Schulungen in Linguistik wurden Teil der Fachausbildung eines jeden Berufsanthropologen.

Diese Ausweitung linguistischer Methoden auf die Beschäftigung mit Sprachen, die über kein schriftliches Erbe verfügen, hatte zur Folge, daß die ursprüngliche Definition der Linguistik als der Lehre von den historischen Veränderungen von Sprache abgeändert werden mußte. Natürlich hatten die exotischen Sprachen, an denen die Anthropologen interessiert waren, eine Geschichte, die jedoch niemand jemals kennen würde. Doch kann man über eine Sprache auch viel Interessantes herausfinden, ohne ihre Geschichte zu kennen. So bildeten sich nach und nach zwei Arten heraus, Sprache zu untersuchen. Die traditionelle Beschäftigung mit Veränderungen von Sprachen wurde schließlich historische oder diachrone Sprachwissenschaft genannt. Der neuere Ansatz, die synchrone Sprachwissenschaft, wurde einfach als die Linguistik bekannt; darin geht es um einen querschnittlichen Aufriß einer Sprache, wobei jede Sprache als komplexes Symbolsystem betrachtet wird, welches in einem begrenzten Zeitabschnitt existiert.

Es war Ferdinand de Saussure, der als erster mit Nachdruck auf die Wichtigkeit dieser Unterscheidung zweier unterschiedlicher Ansätze bei der Erforschung von Sprache hinwies. Nach Saussure müssen historische oder diachrone Befunde über Sprache aus nichthistorischen, synchronen Sachverhalten oder aus einer langen Folge synchroner Sachverhalte abgeleitet werden. So wie er die Begriffe definierte, beschäftigt sich die synchrone Sprachwissenschaft mit den logischen und psychologischen Beziehungen, die nebeneinander bestehende sprachliche Elemente im kognitiven Apparat der Sprachbenutzer zu einem System werden lassen. Die diachrone Sprachwissenschaft befaßt sich hingegen mit Beziehungen, die zeitlich aufeinanderfolgende sprachliche Elemente in eine Ordnung bringen; diese Beziehungen sind jedoch bei keinem einzigen Sprachbenutzer kognitiv repräsentiert und bilden somit auch kein System. Indem er dem synchronen Ansatz Priorität einräumte, legte Saussure die zentrale Aufgabe der Sprachwissenschaft fest.

In den dreißiger Jahren hatte sich die synchrone Linguistik als eine achtbare wissenschaftliche Disziplin etabliert, mit Bezügen zur diachronen Sprachwissenschaft und zur wissenschaftlich-historischen Erforschung von Schriftsprachen und ihrer Literatur, aber dennoch unabhängig von ihnen. Synchrone Beschreibungen einer Sprache behandelten drei Hauptgebiete: die Aussprache, die Grammatik und den Wortschatz. Die neue Disziplin der Phonologie beschäftigte sich mit der Aussprache; sie lieferte Systeme zur phonetischen Umschrift, in der man gesprochene Äußerungen transkribieren und analysieren kann. Längere, derart transkribierte Äußerungen wurden in ihre Bestandteile zerlegt — Wörter, Satzglieder oder Phrasen, Sätze —, und man zog eine Syntax-Theorie heran, um die Regeln zu beschreiben, nach denen grammatische Phrasen und Sätze gebildet werden. Schließlich lieferte die Sammlung einer alphabetischen Liste von Wör-

1.12 Diese Tafel wurde in der heutigen Türkei gefunden, sie stammt aus der Zeit um 1400 vor Christus. Sie überliefert ein Ritual gegen die Pest in den anatolischen Sprachen Hethitisch und Luwisch. Obwohl die — heute ausgestorbene — anatolische Sprachengruppe in Kleinasien vor ganzen vier Jahrtausenden gesprochen wurde, konnte erst im Jahre 1915, also nach dem Tod Saussures, nachgewiesen werden, daß ihre Hauptsprache, das Hethitische, eine indoeuropäische Sprache war.

tern und ihren Bedeutungen die Information, die nötig ist, um die Morphologie erkennen zu lassen, die Regeln, nach denen Wortformen gebildet werden.

Auf diese Weise war es linguistisch orientierten Anthropologen möglich, bei ihren Forschungsreisen viele Sprachen zu dokumentieren und zu überliefern, die zuvor niemals schriftlich fixiert worden waren. Sie konnten eine Sprache lernen und in Schriftform überführen, um eine umfangreiche Sammlung von Äußerungen – ein Korpus – zu dokumentieren, die sie nach ihrer Rückkehr in Ruhe auswerten konnten. (Heutzutage ersparen natürlich Tonbandgeräte die langwierige phonetische Umschrift vor Ort.) Da sie ihre Verallgemeinerungen auf das konkret vorliegende Äußerungskorpus beschränkten, konnten diese linguistisch interessierten Anthropologen immer auf handfeste empirische Belege zurückgreifen.

Als Teil ihrer Grundausbildung beherrschten linguistisch ausgerichtete Anthropologen deshalb eine synchrone Theorie der Sprache an sich, allerdings in erster Linie als Hilfsmittel, um einzelne Sprachen zu erlernen. Die linguistische Theorie diente größtenteils als Leitfaden, um für ganz bestimmte Sprachen Verallgemeinerungen zu treffen, und zwar auf der Basis einer eingegrenzten Stichprobe von Aufzeichnungen in dieser Sprache.

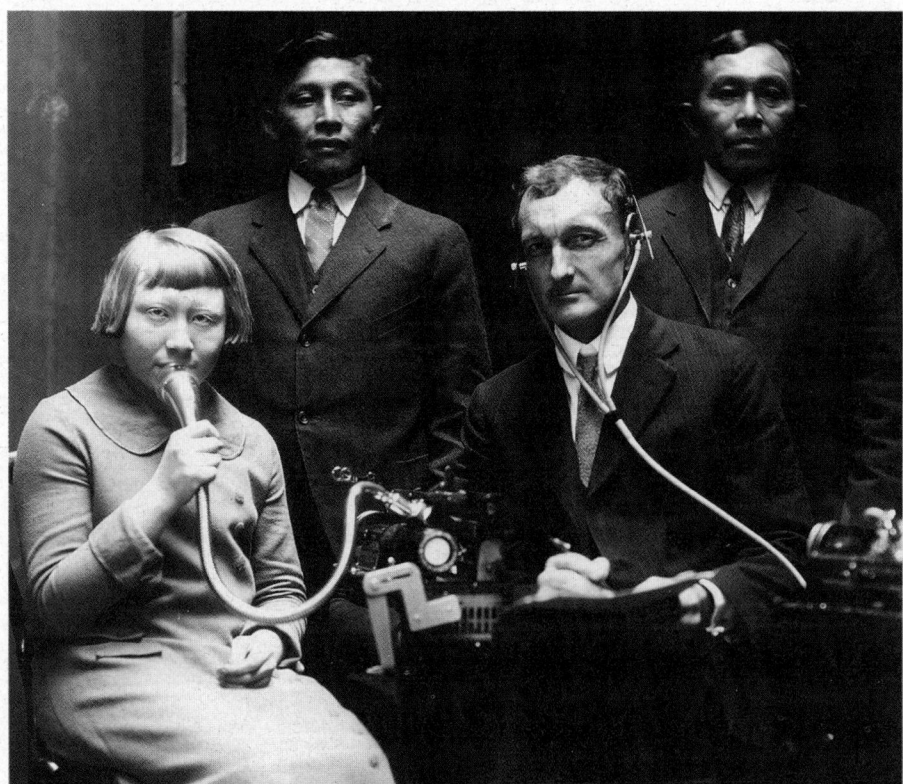

1.13 Sprachwissenschaftlich orientierte Anthropologen haben sich immer der besten, gerade verfügbaren Technologie bedient, um den Klang nichtschriftlicher Sprachen zu überliefern; 1924 waren das Aufnahmen mit dem Diktaphon. Auf dem Bild sieht man J. P. Harrington mit drei amerikanischen Ureinwohnern in der Smithsonian Institution, während er Sprache und Gesänge in der Sprache des panamaischen Cuna-Stammes aufnimmt.

Bis in die fünfziger Jahre hinein bot kein Linguist eine überzeugende Alternative zu diesem anthropologischen Ansatz. Dann brachte Noam Chomsky die These vor, bei genauer Betrachtung sei Sprache nicht eine Sammlung von Texten, die irgend jemand geschrieben hat, oder ein Korpus von Äußerungen, welche irgendwer transkribiert hat. Eine Sprache ist etwas, das Menschen beherrschen, Kinder lernen und Erwachsene benutzen. Jedes beliebige Korpus kann nur eine kleine Auswahl der unendlichen Vielfalt von Sätzen beinhalten, die jemand, der diese Sprache spricht, bilden und verstehen könnte. Kurz gesagt, Chomsky legte den Gegenstand der Linguistik neu fest. Die synchrone Sprachwissenschaft sollte sich nicht länger auf die Untersuchung dokumentierter Beispiele beschränken. Für Chomsky war der Gegenstand der Linguistik die Fähigkeit der Sprachverwender, ihre Kompetenz, und nicht ihr konkretes sprachliches Verhalten, ihre Performanz. Die Performanz liefert lediglich die Belege, aus denen man die gemeinsame Kompetenz der Sprachverwender erschließen kann.

Chomsky setzte die Grammatik ins Zentrum seiner Neuformulierung der Linguistik; den neuen Ansatz nannte er „generative Grammatik". Eine generative Grammatik besteht aus expliziten Regeln, die Sätzen Strukturbeschreibungen zuordnen. Eine ideale generative Grammatik beschriebe alle, jedoch nur die grammatischen Sätze in einer bestimmten Sprache; man könnte sie als (hoch abstrahierte) Beschreibung dessen ansehen, was ein Mensch können und wissen muß, um diese Sprache zu sprechen und zu verstehen.

Fähigkeiten zu beschreiben, fällt in die Zuständigkeit der Psychologie, so daß Chomskys Neudefinition bewirkte, daß die Linguistik zu einem Zweig der kognitiven Psychologie wurde. In den letzten Jahren ergaben sich so starke und für beide Seiten so wertvolle Verbindungen zwischen der Linguistik und der Psychologie wie zuvor zwischen der Linguistik und der Anthropologie. Das vorliegende Buch ist ein Produkt dieser neuen Konzeption der Sprachwissenschaft.

Psycholinguistik

Psychologen lernten diese neue Denkweise unter dem Begriff der Psycholinguistik kennen. Auch schon bevor sich die experimentelle Psychologie im ausgehenden 19. Jahrhundert aus der Philosophie heraus entwickelte, war die zentrale Rolle der Sprache für das menschliche Denken allgemein anerkannt. Aber nur wenige Vertreter der jungen Wissenschaft der Psychologie verfügten über ausreichende sprachwissenschaftliche Kenntnisse, mit denen sie Untersuchungen hätten anlegen und ausführen können, um die Rolle der Sprache und ihre steuernde Funktion bei Prozessen der Aufmerksamkeit, des Gedächtnisses, der Vorstellungskraft, des Denkens und des Verhaltens herauszuarbeiten.

Die ersten Versuche von Psychologen, in ihre Experimente Sprache mit einzubeziehen, waren stark auf Wörter ausgerichtet. Das Lernen beim Menschen wurde untersucht, indem man Personen sich Wortlisten einprägen oder sich an Wortpaare erinnern ließ; der Wortschatz stellte sich als guter Indikator für das geistige Alter eines Menschen heraus; die menschliche Intelligenz wurde mit Vokabeltests gemessen, und von jedem Abiturienten erwartete man, daß er die am häufigsten verwendeten Wörter kannte; die Hörschärfe und die Effekte der akustischen Interferenz wurden dadurch bestimmt, daß Personen die Wörter, die sie hören konnten, aufschreiben sollten; krankhafte Gefühlsregungen wurden mit Hilfe von Wortassoziationstests festgestellt; die Lesefähigkeit wurde in Wörtern pro Minute ausgedrückt. Auf diese und andere Weise zeigten die Psychologen, daß sie die Wichtigkeit der Sprache zu schätzen wußten, wenngleich die einzige sprachliche Einheit, die sie für ihre Arbeit brauchbar fanden, das Wort war.

Die Psycholinguistik widmete sich dem besseren Verständnis sowohl der psychologischen Grundlagen der Sprache als auch der linguistischen Grundlagen der Psychologie; am Anfang fanden sich hier Psychologen und Anthropologen zusammen, die ihr gemeinsames Interesse an einer synchronischen Beschreibung von Sprache entdeckt hatten. In diese neue wissenschaftliche Disziplin brachten die Psychologen ihre Experimentaltechniken und ihre umfangreichen Untersuchungen mit Wörtern ein; die Anthropologen brachten ihre vergleichenden Methoden und eine breitere Perspektive auf Sprache, ihr Wesen und ihre möglichen Funktionen mit. Zusammen erschlossen sie sich schnell die große psychologische Komplexität der menschlichen Sprachen, und etliche Psychologen, die ursprünglich gedacht hatten, Sprechen sei so etwas wie ein konditionierter Reflex, sahen sich angehalten umzudenken. Damit war jedoch keineswegs klar, wodurch die bestehenden Theorien zu ersetzen seien. Die Psycholinguisten waren also für die Art von Theorie bereit, die Chomsky bald darauf lieferte.

Chomsky entwickelte die Konzeption der generativen Grammatik, um damit die linguistische Kompetenz von Menschen zu beschreiben; diese Konzeption reichte deutlich in die Psychologie hinein. Wie kann es sein, fragte er, daß Menschen über dermaßen viele Kenntnisse verfügen, wo ihre Berührungspunkte mit der Welt doch so persönlich und begrenzt sind? Wie können insbesondere Kinder eine Sprache so leicht erlernen, wo sie den Feinheiten ihrer Sprache doch nur so kurz und unter eher dürftigen Bedingungen ausgesetzt sind? Chomskys Antwort bestand darin, daß das Sprachvermögen ein Teil der genetischen Ausstattung aller Menschen ist und daß man diese angeborene Kompetenz in Form eindeutiger Prinzipien darstellen kann, welche die Arten möglicher linguistischer Konstruktionen regeln – und das bedeutet: im Rahmen der generativen Grammatik. Seine generative Theorie kam nicht nur zu veränderten Vorgaben, womit sich psycholinguistische Experimente beschäftigen sollten; sie brachte auch Vorschläge zu den Mechanismen des Sprachverstehens und des Spracherwerbs, die neuartig und spannend waren.

Ein Effekt von Chomskys Vorstellungen bestand darin, daß die psycholinguistische Forschung weg vom Wortschatz und hin zur Grammatik gelenkt wurde.

Man folgte der Behauptung, daß man die unendliche Vielfalt grammatischer Sätze, die ein Sprachbenutzer aufgrund seiner Kompetenz hervorbringen und verstehen kann, nur auf dem Wege generativer Regeln darstellen (und vermutlich auch nur auf diesem Wege lernen) kann. Worin diese Regeln bestehen, wie Kinder sie sich aneignen, wie diese Regeln beim Erwachsenen die Sprache strukturieren, was passiert, wenn Hirnverletzungen diese Regeln beeinträchtigen — das waren neue und herausfordernde Fragestellungen, die sich der Forschung plötzlich zu eröffnen schienen. Wörter dagegen waren uninteressant. Man ging davon aus, daß die Anzahl der Wörter begrenzt sein muß, daß Wörter zu vielen Ausnahmen unterliegen, als daß sie einem erforschenswerten Regelsystem folgen könnten, und daß ein Kind mit Wörtern nichts anderes tun kann, als sie sich einzuprägen. Die psycholinguistische Forschung zu Wörtern kam fast völlig zum Stillstand.

Dem exzessiven Interesse an Wörtern folgte exzessives Desinteresse, und so war es wahrscheinlich unvermeidlich, daß diese grundlegenden Bausteine der Sprache wieder zu Ehren kommen würden. Allmählich erkannten Psycholinguisten, daß es sich bei Wörtern genauso unzweifelhaft um linguistische Universalien handelt wie bei Sätzen, daß ihre Anzahl in den meisten Sprachen nicht endlich ist und daß ihr Erlernen alles andere ist als stures Auswendiglernen. Selbst bei generativen Grammatikern lebte das Interesse an Wörtern wieder auf, als sie zu der Erkenntnis kamen, daß viele der Syntaxregeln, mit denen sie sich befaßten, genausogut als Merkmale von Wörtern aufgefaßt werden könnten und dann als lexikalisches Wissen zu betrachten wären.

Zum Beispiel braucht eine generative Grammatik des Deutschen — wie auch des Englischen — eine Regel, die besagt:

R1. Sätze haben eine Nominalphrase als Subjekt, gefolgt von einer Verbalphrase als Prädikat.

Diese Regel braucht man, um Sätze wie *Der Mann weinte* zu erklären. Man beachte, daß auch *Das Gewehr weinte* dieser Regel folgt, wobei es sich jedoch um einen inakzeptablen Satz handelt. Im Lexikoneintrag für *weinen* muß deshalb angegeben werden, daß dieses Verb an der Stelle des Subjekts eine belebte, vielleicht sogar menschliche Nominalphrase verlangt. Wenn der Lexikoneintrag für *weinen* nun aber schon angibt, daß das Verb eine Nominalphrase als Subjekt erfordert, dann ist R1 schlichtweg redundant und erübrigt sich. Die grammatische Regel ist bereits im Lexikoneintrag eingeschlossen.

Auch die Notwendigkeit, sich mit der Formenlehre, der Morphologie, zu beschäftigen, lenkte die Aufmerksamkeit wieder auf die Wörter. Die ersten Darstellungen der generativen Grammatik bezogen sich weitestgehend auf englische

Beispiele – und das Englische ist in großem Umfang (und mehr als das Deutsche) auf die Wortstellung angewiesen, um die grammatischen Rollen der einzelnen Nominalphrasen anzuzeigen. Es beruht zweifelsohne auf dieser Betonung der Wortstellung, daß die Flexionsformen im Englischen über die Jahrhunderte hinweg zunehmend einfacher wurden; Plural-, Possessiv- und Tempusendungen sind so ziemlich alles, was übrig blieb. Wahrscheinlich war es von Vorteil, daß die ersten Fassungen der generativen Grammatik sich nicht allzusehr mit den Feinheiten der Flexionsformen herumschlagen mußten, aber schließlich mußte man sich auch damit auseinandersetzen; in vielen Sprachen ist die Morphologie komplizierter als die Syntax. Um die Theorie so auszuweiten, daß sie die Wortbildungsregeln genauso erklärt wie die Regeln des Satzbaus, mußte man sich eingehender mit Wörtern beschäftigen.

In den letzten Jahren lebte deshalb in der Linguistik wie auch in der Psycholinguistik das wissenschaftliche Interesse an Wörtern wieder auf. Dieses Buch zeugt davon; es versucht, eine Bestandsaufnahme unseres heutigen Wissens über Wörter zu geben. Die Herangehensweise ist synchron, nicht diachron. Es geht hier also nicht darum, woher Wörter stammen oder wie sie sich verändern können, sondern vielmehr um die weit weniger bekannte Wissenschaft von den Wörtern als lebendigen Bestandteilen im persönlichen geistigen Leben des Lesers.

Überblick

Die Beschäftigung mit Wörtern ist natürlich Teil der Beschäftigung mit Sprache und fällt somit unmittelbar in den Einzugsbereich der Sprachwissenschaft. Jede ernsthafte Erörterung über Wörter ist stark auf linguistische Verallgemeinerungen und Hypothesen angewiesen. Wörter sind jedoch zu wichtig, um sie ausschließlich den Linguisten zu überlassen. Wörter gehen jeden an. Und weil jeder an ihnen interessiert ist, wurden sie auch unter vielen verschiedenen Blickwinkeln untersucht. Eine Vielzahl von Ansätzen wurde in diesem Buch zusammengetragen, in der Hoffnung, daß sie gemeinsam zu einem umfassenden Verständnis dieser allgegenwärtigen und wesentlichen sprachlichen Einheit führen werden. Da eine Eingrenzung des Themas jedoch unvermeidlich ist, wird auf den vorliegenden Seiten ein synchroner Blick auf Wörter gegenüber diachronen Darstellungen ihrer Entstehungsgeschichte bevorzugt.

Am Anfang aller Ausführungen sollte eine Definition von „Wort" stehen. Jeder weiß natürlich, was Wörter sind – und zum Glück ist das so; ist es doch, wie wir in Kapitel 2 sehen werden, schwierig, eine passende Definition zu finden. Dies rührt zum Teil daher, daß Wörter ein Doppelleben führen: Einerseits sind Wörter ganz einfach physikalische Dinge oder Vorgänge – Geräusche, Gesten, Tintenspuren; andererseits bringen sie Bedeutungen zum Ausdruck. Ein Wort zu kennen heißt, (mindestens) zwei verschiedene Dinge zu beherrschen: Zum einen kann man physikalische Symbolträger produzieren und erkennen, die das Wort darstellen; zum anderen versteht man den Bedeutungsgehalt, den man mit Hilfe dieser Symbolträger übermitteln kann. Die Grundstruktur des lexikalischen Wissens besteht deshalb in einer Zuordnung zwischen zwei Mengen: der Menge von Wortformen (dem physikalischen Aspekt der Wörter) und der Menge von Wortbedeutungen.

Entlang dieser kognitiven Struktur ist das vorliegende Buch organisiert. Die Kapitel 3 bis 7 befassen sich eingehend mit den Wortformen an sich: mit den gesprochenen und den geschriebenen. Diese linguistischen Einheiten sind durch formale Eigenschaften und Beziehungen gekennzeichnet — formal in dem Sinne, daß sie die Formen der Wörter und nicht ihre Bedeutung betreffen. Da diese Formen die am besten greifbaren Manifestationen der linguistischen Kompetenz sind, wurden sie mit großer Genauigkeit beschrieben und analysiert, und doch gibt es vieles, was wir an ihnen noch nicht verstehen. Wir wissen jedoch, daß sie wichtige Aspekte der menschlichen Sprache steuern.

Vor diesem Hintergrund wendet sich Kapitel 8 dem System der Wortbedeutungen zu — den lexikalischen Konzepten, die man mit Wortformen zum Ausdruck bringen kann. Auf diese linguistischen Einheiten hat man keinen direkten Zugriff, und man weiß auch noch nicht, wie sie im Gehirn beschaffen sind; ihre Eigenschaften und Beziehungen kann man aber daraus erschließen, wie sie verwendet werden. Erschwerend kommt jedoch noch hinzu, daß die Bedeutung eines Wortes auf komplexe Art und Weise mit seiner grammatikalischen Rolle interagiert. Im Englischen und in anderen indoeuropäischen Sprachen können dieselben Wörter in verschiedenen syntaktischen Klassen unterschiedliche Bedeutungen annehmen; die Kapitel 9 bis 11 behandeln die semantische, das heißt auf die Bedeutung bezogene Struktur von Substantiven, Verben und Modifikatoren, wozu Adjektive und Adverbien zählen.

Das Schlußkapitel verbindet einige dieser Vorstellungen im Hinblick auf unser Wissen über das Erlernen von Wörtern — über die Entwicklung des Wortschatzes beim Kind und beim Erwachsenen.

***

Es bedürfte eines viel umfangreicheren Buches, um alles Berichtenswerte über Wörter zu behandeln. Gleichwohl dürfte dieser kurze Streifzug durch die lexikalische Komponente der Sprache auch manch interessante Erkenntnis über Sprache an sich ermöglichen — und über den menschlichen Verstand, der solches Wissen so gut zur Anwendung zu bringen weiß.

2.1 Wie finden wir die entscheidenden formalen Elemente der Sprache heraus? Juan Mirós Zeichnung *Le Renversement* aus dem Jahre 1924 enthält Einsilber, die in Wörterbücher Eingang finden — wie *jour*; auf deutsch *Tag* — oder auch nicht — wie die Ausrufe *Ah!* und *Hoo!*.

2. Analyseeinheiten

Sprache ist etwas so Geläufiges, daß man selten fragt, warum sie so ist, wie sie ist. Wie könnte es anders sein? Für jemanden, der nicht darüber nachgedacht hat, ist es alles andere als offensichtlich, daß natürliche Sprachen in außerordentlicher und (scheinbar) unnötiger Weise komplex sind, ganz anders, als sie jemand erfinden würde, der die freie Wahl hätte. Um sich der Besonderheiten natürlicher Sprachen bewußt zu werden, ist es notwendig, alternative Sprachsysteme zu betrachten. Das heißt, um natürliche Sprachen als einen Sonderfall innerhalb eines breiten Spektrums alternativer Möglichkeiten anzusehen, ist eine Theorie der Sprache an sich vonnöten. Die Entwicklung einer solchen Theorie der Sprache an sich ist die konstitutive Aufgabe der Sprachwissenschaft. Die Frage „Wie könnte Sprache auch noch beschaffen sein?" ist einer der Schlüssel zu einer Wissenschaft von der Sprache.

Man betrachte ein augenfälliges Merkmal der menschlichen Sprache: Sprechen entsteht durch Verkettung, indem Sprachlaute zu langen Lautströmen zusammengefügt werden. Menschen bellen sich nicht einzelne Laute zu. Wenn jemand anfängt zu reden, dann hält der Lautstrom eine Weile an — manchmal eine lange Weile. Warum? Warum werden Wörter aus Lautketten gebildet? Kurz gesagt, warum ist Sprache so aneinandergereiht, so kettenförmig?

2.2 In der Sprache der Nutka, Ureinwohner der nördlichen Westküste der USA, kann ein einzelnes Wort einem ganzen englischen Satz entsprechen: *Inikwihl'minih'isit* bedeutet ungefähr *Mehrere kleine Feuer brannten im Haus*. Wie sollen wir dann „ein Wort" definieren?

2.3 Paul Klee hatte seine eigene Art, um das Kettenförmige der Sprache auszudrücken.

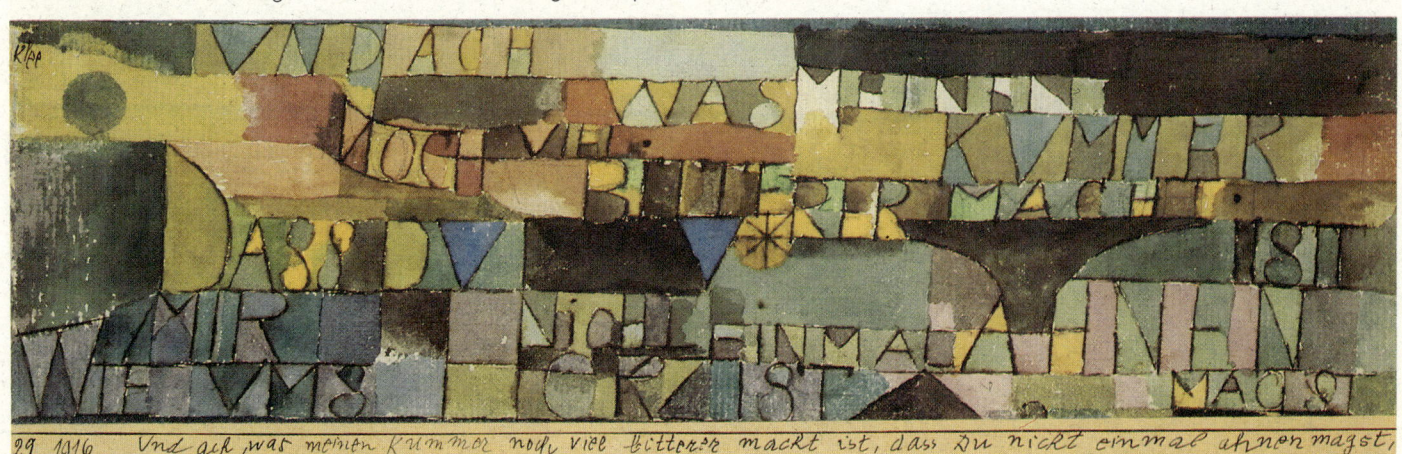

35

Ein allgemeines Konstruktionsprinzip

Leistungsfähigen Kommunikationssystemen liegt ein starkes Konstruktionsprinzip zugrunde. Ein sicheres Beherrschen dieses Prinzips erleichtert das Verständnis dessen, was hinter den linguistischen Kulissen vor sich geht. Das Prinzip lautet:

P1. Die Anzahl N unterschiedlicher Ketten der Länge λ, die aus einem Repertoire (einem Alphabet oder einem Wortschatz) von A alternativen Einheiten gebildet werden können, ist

$$N = A^{\lambda}$$

P1 kann man das Exponentialprinzip nennen; es erklärt die Vorteile kettenförmiger Sprachen.

Man stelle sich eine Sprache vor, in der $\lambda = 1$ ist. Das heißt, man muß sich eine Sprache vorstellen, in der alle Signale eine Einheit lang sind. In diesem Fall ist die Anzahl der unterschiedlichen Signale N einfach gleich A, der Anzahl der alternativen Einheiten, die vorhanden sind. Nun stelle man sich, um bei einem möglichst einfachen Fall zu bleiben, $A = 2$ vor, also etwa lang und kurz beim Morsealphabet. Bei $\lambda = 1$ werden die beiden Einheiten einzeln verwendet, zu einem Zeitpunkt jeweils nur eine, wobei die Sprache nur zwei verschiedene Botschaften übermitteln kann: etwa kurz = „zu Land" und lang = „zu Wasser". Wenn die Benutzer dieses Binärsystems auf einen Luftangriff reagieren müßten, wären sie aufgeschmissen.

Das Exponentialprinzip zeigt auf, wie man viel mehr verschiedene Signale erzeugen kann. Angenommen, man könnte die beiden Einheiten zu Paaren verketten und damit Ketten der Länge $\lambda = 2$ bilden. Dann wäre es möglich, die folgenden Konventionen zu vereinbaren:

kurz	E
lang	T
kurz kurz	I
kurz lang	A
lang kurz	N
lang lang	M

Falls jeder einsieht, daß es für alle von Vorteil ist, diese Vereinbarung einzuhalten, wäre es möglich, Signale zu übermitteln, die jede der sechs Botschaften E, T, I, A, N und M übertragen können. Um E oder T zu übermitteln, verwendet man eine Kette aus einer einzigen Einheit; um I zu übermitteln, verwendet man eine zweigliedrige Kette, nämlich kurz kurz; für die Übertragung von A kurz lang und so weiter. Man beachte, daß N, die Anzahl der verfügbaren unterschiedlichen Signale beim Einsatz von zwei Einheiten in Ketten der Länge 2, 2^2 = 4 beträgt. Und die Gesamtzahl der unterschiedlichen Signale, die zur Verfügung stehen, ist $2 + 4 = 6$.

Da Menschen bekanntlich mehr als sechs verschiedene Botschaften von sich geben möchten, muß ein taugliches Kommunikationssystem die Anzahl möglicher Signale, die es transportieren kann, erweitern. Das Großartige bei der Verkettung ist, daß die Anzahl der verfügbaren Signale – als Funktion der Kettenlänge – exponentiell ansteigt:

λ	N	ΣN
1	2	2
2	4	6
3	8	14
4	16	30
5	32	62
6	64	126

wobei ΣN die kumulative Summe von N ist. Selbst bei einem λ von nicht größer als 6 bringt das Exponentialprinzip 64 verschiedene Sprachsignale mit einer Länge von sechs Einheiten hervor oder eine Gesamtsumme von 126 Signalen, die aus weniger als sieben Einheiten bestehen.

Um in der Größenordnung näher an natürliche Sprachen heranzukommen, sei A = 40 für die ungefähr 40 verschiedenen Sprachlaute im Englischen. Auch das Deutsche verfügt über fast 40 verschiedene Laute. Die Anzahl verfügbarer Signale wächst extrem schnell mit ansteigendem λ. Wenn man die 40 Laute in beliebiger Reihenfolge sprechen könnte, so ergäbe sich ein Repertoire von mehr als vier Milliarden verschiedener Botschaften, wobei keine Äußerung länger wäre als sechs Laute. (Das sind 25 000mal mehr Wörter, als das *DUDEN-Wörterbuch in sechs Bänden* enthält.)

Die Verkettung ist natürlich nicht die einzige Möglichkeit, den Bestand an Wortformen in einer Sprache zu vergrößern. In Tonsprachen muß man die Silben mit unterschiedlichem Tonhöhenverlauf aussprechen. Der chinesische Beijing-Dialekt beispielsweise kennt vier Tonverläufe – gleichbleibend, ansteigend, fallend-steigend und fallend –, wodurch die Zahl der verfügbaren einsilbigen Wörter um den Faktor 4 steigt. Dieselbe Silbe bedeutet etwas anderes, je nachdem, welcher Tonverlauf verwendet wird. Beispielsweise kann *mā* (mit gleichbleibendem Ton) *Mutter* bedeuten, *má* (ansteigende Tonhöhe) kann *Hanf* bedeuten, *mă* (fallend-steigend) kann für *Pferd* stehen und *mà* (fallend) für *schimpfen*. Im Beijing-Dialekt sind diese Tonverläufe von Bedeutung, so wie im Deutschen oder Englischen die Stimmhaftigkeit von Bedeutung ist (dabei schwingen die Stimmbänder während der Artikulation eines Sprachlautes). Stimmhaftigkeit ist jedoch ein Merkmal einzelner Sprachlaute, wogegen Tonverläufe Merkmale ganzer Silben sind. Tonverläufe erhöhen nur A, den Umfang des Repertoires.

Nicht alle möglichen Verkettungen sind jedoch brauchbar. Niemand kann all die theoretisch denkbaren Lautketten aussprechen und noch viel weniger mit allen eine Bedeutung verbinden. Linguistische Signale sind nicht wie Zahlen; jede Ziffernfolge ergibt eine sinnvolle Zahl, aber nicht jede Lautkette vermittelt eine bedeutungshaltige Botschaft. Eine solche hypothetische Sprache erschiene weitaus plausibler, wenn sie der Einschränkung durch eine einfache Regel unterläge, die die Vielfalt von Signalen, die als Botschaften eingesetzt werden können, eingrenzt. Man nehme beispielsweise an, Vokale und Konsonanten müßten einander abwechseln. Mit 25 verschiedenen Konsonanten und 15 verschiedenen Vokalen könnte eine Kette der Länge 6, *KVKVKV*, in $25 \times 15 \times 25 \times 15 \times 25 \times 15 = 52\,734\,375$ verschiedenen Ausprägungen vorkommen. Mit anderen Worten, wenn sich Vokale und Konsonanten abwechseln, um die Lautketten aussprechbar zu machen, und wenn man in der Tat vier Milliarden verschiedene Signale benötigt, dann sind acht oder neun Laute umfassende Ketten erforderlich, um so viele verschiedene Einheiten hervorzubringen, wie sich mit uneingeschränkten Lautketten der Länge 6 bilden ließen. Aus diesem Grund sind aussprechbare Systeme redundant — aussprechbare Ketten sind länger, als es theoretisch gesehen notwendig wäre. Man sollte jedoch nicht übersehen, daß diese Redundanz auch von Vorteil ist: Wenn man jemals ein Signal erhalten sollte, in dem zwei Vokale oder zwei Konsonanten direkt nacheinander vorkommen, so könnte man sofort erkennen, daß ein Fehler vorliegen muß.

Da mit linguistischen Regeln im allgemeinen ein gewisses Maß an Vorhersagbarkeit eingeführt wird, nennt man natürliche Sprachen redundant. Sie sind sogar in stärkerem Ausmaß redundant als in dem betrachteten einfachen Beispiel. Nach einer Schätzung des Kommunikationstheoretikers Claude Shannon sind englische Botschaften mehr als doppelt so lang, wie es theoretisch nötig wäre. Das vorliegende Buch beispielsweise würde sich auf die Hälfte seines jetzigen Umfangs reduzieren, wenn das lateinische Alphabet mit der größtmöglichen Effizienz benutzt würde. Aber die Redundanz aufzuheben, wäre Sparsamkeit an falscher Stelle. Sie bringt bei sprachlichen Ketten eine Sicherheitsmarge, die es bei numerischen Zeichenfolgen nicht gibt. Wenn man in einer mehrstelligen Zahl eine Ziffer ändert, so entsteht wiederum eine absolut gültige Zahl: Man kann die Änderung nicht erkennen. Ändert man in einer längeren Äußerung einen Laut, ist die Chance groß, daß die Änderung bemerkt wird: *Komm zum Frohstück* beispielsweise enthält einen eindeutigen und leicht zu verbessernden Fehler. Das Exponentialprinzip bringt nicht nur eine enorme Vielfalt an Zeichenketten hervor, die als Signale verwendet werden können; es gibt auch Raum für ein gewisses Maß der Fehlererkennung und -berichtigung.

Das Kettenhafte an Sprachen wird somit mit Hilfe des Exponentialprinzips erklärt. Bis hierhin wurde diese Erklärung jedoch anhand künstlicher Beispiele gegeben — anhand von erfundenen Sprachen, die man entwerfen kann, wie man gerade will. Bis hierhin wurde auch nicht einmal etwas darüber gesagt, ob die Signale Wörtern oder Sätzen entsprechen. Um zu sehen, wie das Prinzip bei natürlichen Sprachen genutzt wird, muß man die sprachlichen Einheiten, die in natürlichen Sprachen aneinandergereiht werden, sorgfältiger betrachten.

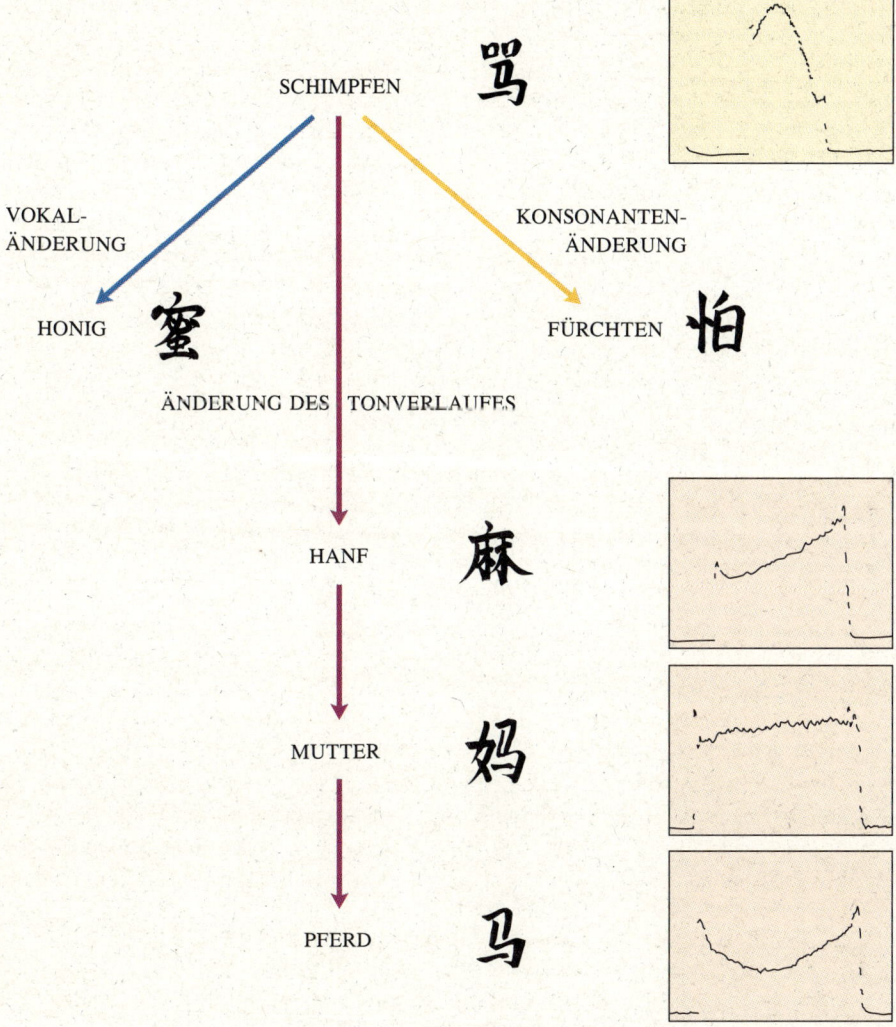

SCHIMPFEN 骂

VOKAL-
ÄNDERUNG

KONSONANTEN-
ÄNDERUNG

HONIG 蜜

FÜRCHTEN 怕

ÄNDERUNG DES TONVERLAUFES

HANF 麻

MUTTER 妈

PFERD 马

2.4 Die Bedeutung chinesischer Wörter hängt von ihrem Tonverlauf ab. Der chinesische Standarddialekt kennt vier Tonverläufe: fallend (*mà*), steigend (*má*), gleichbleibend (*mā*) und fallend-steigend (*mǎ*). Die Bilder des Oszillographen (in der Abbildung rechts) zeigen die Grundfrequenz der Sprecherstimmen bei der Aussprache jedes dieser Wörter.

Sprachliche Einheiten

Wenn man jemanden in einer einem unbekannten Sprache reden hört, klingt das wie ein auf und ab gehender, aber andauernder Lautstrom. Eigenartigerweise kann man eine Sprache, die man versteht, nicht auf diese Weise hören. In einer vertrauten Sprache Gesprochenes nimmt man so wahr, daß es in voneinander getrennte Einheiten aufgeteilt ist: in Laute, Wörter, Phrasen und so weiter. Die Fähigkeit, solche Einheiten zu produzieren und zu erkennen, ist der beste Nachweis dafür, daß man die Sprache beherrscht.

Die Einheit, der in diesem Buch das Hauptinteresse gilt, ist natürlich das Wort; bevor man sich jedoch zu intensiv auf diese Analyseeinheit stürzt, muß man eine naheliegende Frage stellen. Jeder weiß, daß es in den indoeuropäischen Sprachen, die wir kennen, Wörter gibt; aber gibt es in jeder Sprache Wörter? Wenn sich Forscher mit der Sprache an sich beschäftigen wollen, setzt die Wahl des Wortes als Einheit voraus, daß es in der Sprache an sich Wörter gibt. Trifft das zu? Es wäre auf jeden Fall leichter, eine Antwort auf diese Frage zu finden, wenn es eine so brauchbare Definition von „Wort" gäbe, daß man ein Wort immer dann erkennen kann, wenn man einem begegnet. Eine solche Definition herauszuarbeiten, erweist sich jedoch als überraschend schwierig.

Man ziehe als Testfall eine nicht indoeuropäische Sprache heran. Nutka ist eine Sprache der Wakasch, einer Gruppe indianischer Stämme, die auf Vancouver Island und im Gebiet des Flattery Kaps im Nordwesten des Bundesstaates Washington leben. Über die Entstehung des Nutka ist wenig bekannt, auf jeden Fall entwickelte es sich unabhängig vom Englischen. Sprachwissenschaftler sind davon überzeugt, daß Nutka nicht mit dem Englischen verwandt ist, weil es keine Anzeichen dafür gibt, daß die beiden Sprachen in ihrer Vorgeschichte aufeinander eingewirkt hätten, weil sie keine gemeinsamen Wörter haben und weil die Regeln, nach denen in Nutka verständliche Äußerungen gebildet werden, sich stark von denen indoeuropäischer Sprachen unterscheiden. Wie in den meisten Indianersprachen, jedoch anders als im Englischen, sind die Wortbildungsregeln in Nutka sehr kompliziert – und zwar wirklich so komplex, daß ein einziges Nutka-Wort so viel Information zu enthalten scheint, wie man im Englischen – oder in einer anderen indoeuropäischen Sprache – mit vielen einzelnen Wörtern ausdrücken müßte.

Zum Beispiel kann man das Nutka-Wort *inikw-ihl* ungefähr mit *Feuer im Haus* übersetzen – *inikw-* bedeutet *Feuer* oder *brennen*, und das Suffix *-ihl* bedeutet *im Haus*. Hängt man noch das Suffix *-'minih* an, entsteht der Plural; *inikwihl-'minih* heißt *(mehrere) Feuer im Haus*. Dann kann man die Verkleinerungsform *-'is* anhängen; *inikwihl-'minih'is* bedeutet *(mehrere) kleine Feuer im Haus*. Dann kann man noch das Zeitbildungs-Suffix *-it* anhängen. Schließlich entsteht *inikwihl'minih'isit*, ein einziges Nutka-Wort, das aus der Wurzel *inikw-* und einer Aneinanderreihung grammatischer Elemente besteht und so etwas wie *mehrere kleine Feuer brannten im Haus* bedeutet, was im Deutschen einen Satz aus sechs Wörtern ausmacht. Wenn man sich nur kurz mit der Nutka-Sprache beschäftigt, kann man sich auch Sprachen vorstellen, in denen jeder Satz ein einziges, kompliziert abgeleitetes Wort ist — in diesem Fall würde sich jede Unterscheidung zwischen Wörtern und Sätzen auflösen. Wie kann man nun sagen, ob es in Nutka eine linguistische Analyseeinheit gibt, die der Einheit eines Wortes im Deutschen oder Englischen entspricht?

Zu Beginn des 20. Jahrhunderts hat sich Edward Sapir, ein ausgezeichneter, sprachwissenschaftlich orientierter Anthropologe, mit dieser Frage beschäftigt; die angeführten Beispiele stammen aus seinen Arbeiten. Sapir studierte diese amerikanischen Ureinwohner und erlernte ihre Sprache. Um seine Behauptung, daß auch in Nutka den Wörtern psychologische Realität zukommt, zu verteidigen, führte Sapir an: »Man kann sich keinen überzeugenderen Nachweis wünschen als den, daß ein unbefangener Indianer, der überhaupt keine Vorstellung vom geschriebenen Wort hat, dennoch keine ernstlichen Schwierigkeiten damit hat, einem Sprachschüler einen Text Wort für Wort zu diktieren; gewöhnlich zieht er die Wörter natürlich zusammen wie beim normalen Sprechen, aber wenn man ihn bittet, langsam zu machen, und ihm klarmacht, was man will, kann er die Wörter als solche leicht voneinander trennen und sie als Einheiten wiederholen. Andererseits lehnt er es regelmäßig ab, die Wurzel oder ein grammatikalisches Element abzutrennen, da dies für ihn ›keinen Sinn ergibt‹.« Sapir brachte jungen Nutkas bei, ihre eigene Sprache in dem phonetischen Notationssystem, das er benutzte, aufzuschreiben. Sie wurden lediglich gelehrt, wie man die einzelnen Laute möglichst genau überträgt. Es fiel ihnen nicht ganz leicht, ein Wort in seine einzelnen Laute aufzulösen, aber sie hatten überhaupt keine Schwierigkeiten damit, die Wörter abzugrenzen; das taten sie von selbst und mit höchster Genauigkeit, genau so, wie Sapir die Wörter auch abgegrenzt hätte. »Worin besteht dann das objektive Kriterium für ein Wort?« fragt Sapir. »Zugegebenermaßen fühlen Sprecher und Hörer, was ein Wort ist, aber wie sollen wir bestimmen, ob ihr Gefühl richtig ist?« [Übersetzung der zitierten Stellen hier und im weiteren Verlauf des Buches von J.G., sofern nichts anderes angegeben.]

Die Frage bietet heute noch genau dieselbe Herausforderung wie 1921, als Sapir sie stellte. Und doch werden Nutka und Englisch, so wie jede andere, uns bekannte Sprache des Menschen in Sätzen gesprochen, die sich aus Wörtern zusammensetzen, die wiederum aus aneinandergereihten Sprachlauten bestehen. Offenbar sind Laute, Wörter und Sätze die natürlichen Bausteine für mündliche Kommunikation. Da man sie in allen Sprachen des Menschen findet, sind Laute, Wörter und Sätze die Grundbestandteile zur Beschreibung von Sprachen; sie sind Universaleinheiten bei der linguistischen Analyse.

Mit anderen Worten, das Exponentialprinzip ist so effektiv, daß menschliche Sprachen es zweifach nutzen. Zum einen nutzen sie es, um einen Wortschatz von mehreren Tausenden verschiedener Wörter bereitzustellen. Dann nutzen sie es noch einmal, um diese Wörter zu einer unbegrenzten Vielzahl verschiedener Sätze aneinanderzureihen. Es ist unklar, warum es zweier Strukturebenen bedarf

2.5 Edward Sapir (1884 – 1939) wurde vor allem durch seine tiefgehenden Erkenntnisse über die Rolle, die Sprache dabei spielt, eine Kultur in jeglicher Hinsicht zu prägen, bekannt. »Menschen«, schrieb er, »leben nicht nur in der objektiven Welt, auch nicht nur — der üblichen Auffassung nach — in der Welt des gesellschaftlichen Lebens, sondern sie sind in großem Ausmaß ihrer eigenen Sprache unterworfen, die zum Ausdrucksmedium ihrer Gesellschaft geworden ist. Man täuscht sich völlig, wenn man sich einbildet, man passe sich im wesentlichen ohne Sprache der Umwelt an, und Sprache sei lediglich ein nebensächliches Mittel, um bestimmte Kommunikations- und Reflexionsprobleme zu lösen. Tatsache ist, daß die ‚wirkliche Welt‘ in großem Ausmaß unbewußt auf den Sprachgewohnheiten der jeweiligen Gemeinschaft aufbaut. Keine zwei Sprachen sind sich jemals ähnlich genug, als daß man von ihnen annehmen könnte, sie bildeten dieselbe soziale Wirklichkeit ab. Die Welten, in denen unterschiedliche Gesellschaften leben, sind je eigene Welten und nicht dieselbe Welt mit lediglich verschiedener Beschriftung.«

– man kann sich leicht Sprachen vorstellen, die nicht zwischen Wörtern und Sätzen unterscheiden –, aber die Verwendung zweier Strukturebenen ist eines der typischsten Gestaltungsmerkmale natürlicher Sprachen.

Nachdem man also als gegeben voraussetzen darf, daß es in Sprachen Einheiten mittlerer Länge gibt, die Wörtern entsprechen, stellt sich sogleich die Frage: Wie ist diese Einheit genau zu definieren, damit man sie erkennt, wenn man auf sie stößt?

Was ist ein Wort?

Die meisten finden es überraschend, daß es für etwas so Alltägliches wie „Wort" keine einfache und klare Definition gibt. Jeder, der eine Muttersprache hat – und damit wirklich jeder –, hat ein intuitives Verständnis davon, was ein Wort ist. Es ist nicht leicht, diese Intuition in eine präzise Definition umzumünzen, doch weil das Wort ein so grundlegender linguistischer Begriff ist, stellt sich jeder ernsthafte Sprachforscher dieser Herausforderung.

Wörter als Begriffe

Sapir beispielsweise kam zu der Feststellung, daß »unser erster Impuls zweifellos darin bestanden hätte, ein Wort als das symbolische, sprachliche Pendant eines einzelnen Begriffs zu definieren. Wir wissen jetzt, daß eine solche Definition unhaltbar ist.« Ein Problem einer solchen Definition besteht darin, daß man „Begriff" – oft spricht man auch von einem „Konzept" – noch schwerer definieren kann als „Wort". Was man in einem Wort sagen kann und was in der einen Sprache ein Konzept zu sein scheint (das lateinische Wort *dico* zum Beispiel), kann in einer anderen Sprache mehr als ein Wort erfordern (auf deutsch *ich sage*). Als Gegenbeispiel zu der Vorstellung einer 1:1-Beziehung zwischen Wort und Konzept führte Sapir ein Nutka-Verb an, welches bedeutet *ich war es gewohnt, zwanzig runde Dinger zu essen, während ich beschäftigt war mit . . .*; ein einzelnes Wort bringt hier Konzepte zum Ausdruck, die im Deutschen fast einen ganzen Satz erfordern. „Wort" kann man nicht über einzelne Konzepte, Vorstellungen oder Bedeutungen definieren. »Das Wort«, folgerte Sapir, »ist eine bloße Form.«

Wörter als Buchstabenketten

Wenn Wörter bloße Form sind, dann bedarf es einer formalen Definition – einer Definition, die Wörter erkennbar werden läßt, auch wenn man ihre Bedeutung nicht kennt. Etwa käme in Frage:

D1. Ein Wort ist jede Buchstabensequenz zwischen zwei Leerzeichen, die selbst kein Leerzeichen enthält.

Mit dieser Definition ausgerüstet, kann sich selbst jemand, der gar kein Deutsch versteht, diese Buchseite anschauen und auf rein formaler Grundlage alle darauf befindlichen Wörter herausfinden.

Doch wird sich D1 nicht bewähren. Wo liegt der Fehler? Abgesehen davon, daß man D1 zufolge asdfg fälschlicherweise für ein Wort halten könnte, und selbst abgesehen davon, daß in der Rechtschreibung in Europa vor etwa 1000 nach Christus Wörter nicht durch Leerräume voneinander getrennt wurden: Ein schwerwiegenderer Defekt besteht darin, daß D1 Wörter nur für Schriftsprachen definiert — genaugenommen nur für alphabetisch geschriebene Sprachen. Daß eine Sprache nie in Schrift überführt wurde, bedeutet nicht, daß sie keine Wörter hätte. Menschen, die weder lesen noch schreiben können, wissen dennoch, was ein Wort ist.

In der Sprachwissenschaft wird die Schrift als Abkömmling der gesprochenen Sprache und entsprechend als zweitrangig angesehen; viele herausragende Linguisten konnten das Primat der gesprochenen über die geschriebene Sprache gar nicht genug hervorheben. Die Gründe dafür sind einfach: Zum einen verfügt jede menschliche Gesellschaft in irgendeiner Form über gesprochene Sprache, aber nicht alle haben ein Schriftsystem. Zum anderen eignet sich jedes normale Kind gesprochene Sprache an, indem es einfach das Sprachspiel spielt, aber nicht jeder lernt lesen und schreiben. Kurzum, gesprochene Sprache entwickelte sich biologisch, wogegen geschriebene Sprache eine kulturelle Erfindung war. Eine Definition des Wortes, die gesprochene Sprache übergeht, kann man kaum als befriedigend ansehen.

Wörter als Morpheme

Eine weitere Definition eines Wortes, die sowohl für gesprochene als auch für geschriebene Sprache gelten soll, liest sich wie folgt:

D2. Ein Wort ist eine minimale freie Form.

Auch D2 ist problematisch, aber die Definition muß erst dargelegt werden, bevor man sie kritisieren kann.

Erstens: Unter einer *linguistischen Form* wird üblicherweise jede bedeutungstragende sprachliche Einheit verstanden. (Ein Sprachanalytiker muß ihre Bedeutung nicht kennen; es ist lediglich notwendig nachzuweisen, daß die jeweiligen Muttersprachler ihre Bedeutung kennen.) Eine linguistische Form, die man nicht mehr in kleinere linguistische Formen zerlegen kann, ist eine einfache Form oder ein *Morphem*. Ein Morphem ist demnach die kleinste, eine eigene Bedeutung tragende Einheit. „Kleinste" heißt, daß man die Bedeutung eines Morphems nicht aus den Bedeutungen anderer Komponenten ableiten kann, in die man das Morphem zerlegen könnte. Zum Beispiel handelt es sich bei der gesprochenen Einheit *carpus* (dem medizinischen Namen des Handgelenks) um ein Morphem: Es besteht aus zwei Silben, ist jedoch ein einzelnes Morphem. Man kann sich nun überlegen, wie man *carpus* im Englischen in kleinere Morpheme zerlegen könnte: Sowohl *car* (*Auto*) und *pus* (*Eiter*) als auch *carp* (*Karpfen*) und *us* (*uns*) sind eigene Morpheme mit verschiedenen Bedeutungen, aber diese Bedeutungen kann man nicht verknüpfen, um die Bedeutung von *carpus* zu erhalten. Das soll heißen, daß man keinen Teil von *carpus* äußern kann, ohne daß eine Bedeutung entsteht, die sich von der Bedeutung von *carpus* unterscheidet. Diese Forderung impliziert, daß auch alles, was man in ein Morphem einfügt, dessen Bedeutung ändert: das Einfügen beispielsweise von *wrist* (*Handgelenk*) zu *carpwristus* oder von *joint* (*Gelenk*) zu *carjointpus* ergibt keine englischen Wörter; die beiden Ausdrücke sind bedeutungsleer. (Es ist im übrigen nicht einmal notwendig zu wissen, was carpus bedeutet, um diesem Gedankengang zu folgen.)

Zweitens: Eine *freie Form* ist eine Form, die man nicht mit irgendeiner anderen Form verbinden muß, sondern die man allein verwenden kann. Freie Morpheme stehen im Gegensatz zu gebundenen Morphemen, wie das deutsche Präfix *un-* in *unglücklich* oder die Vergangenheitsform *-te* in *sagte*, die keinen Sinn ergeben, wenn sie isoliert vorkommen.

Drittens: Eine *minimale freie Form* ist eine freie Form, die, wenn man nur sie äußert, für einen Satz stehen kann. Beispielsweise ist die Äußerung des minimalen freien Morphems „Carpus" eine akzeptable Antwort auf die Frage „Wie hat der Professor zu deinem Handgelenk gesagt?"

D2 ist eine Verbesserung im Vergleich zu D1, jedoch bereiten einige Zweifelsfälle noch Probleme: Nur das englische Artikelwort *the* allein kann man kaum als akzeptablen Satz äußern. (Im Deutschen kommen die Wörter *der*, *die*, *das* auch als [verkürzte] Demonstrativpronomen vor und können in dieser Funktion in gesprochenen Äußerungen auch allein als Satz stehen: „Was möchtest Du gern?" „Das [da].") *Je* ist ein französisches Wort, obwohl man es nur zusammen mit einem Verb verwenden kann; ähnliche Beispiele könnten folgen. Auch läßt D2 den Status polymorphemischer Wörter offen. Es gibt Zusammensetzungen wie *Auf-und-Ab*, die sich wie Wörter verhalten (man kann nichts anderes einschieben, wie etwa in dem Satz *Mein Leben ist ein einziges Auf-, was ich bevorzuge, und-Ab*), und die dennoch mehr als ein Morphem enthalten. (Für das Deutsche ist dieser letztgenannte Aspekt im übrigen weitaus problematischer als

2.6 Dieses lateinische Manuskript aus dem achten Jahrhundert wurde sorgfältig beschrieben, ohne jedoch die Wortgrenzen durch Zwischenräume zu markieren.

für das Englische, da im Deutschen die Bildung zusammengesetzter Hauptwörter sehr produktiv ist. Alltägliche Wörter wie *Haustier*, *Suppenschüssel* oder *Ledersofa* verhalten sich wie jeweils ein Wort und setzen sich dennoch aus jeweils zwei Morphemen zusammen; im Englischen dagegen bleiben bei solchen Zusammensetzungen in der Regel zwei getrennte Wörter stehen, deren Zusammengehörigkeit zumeist durch einen auf dem ersten der beiden kombinierten Wörter liegenden Akzent gekennzeichnet wird.)

Definitionen sind an den Rändern immer etwas unscharf, wo dann Experten ihre Freude daran haben, für ihre Fachkollegen Gegenbeispiele aufzustellen, über die sie sich Gedanken machen können. Zum Glück sind die typischen Fälle deutlich genug, so daß das Gesamtbild nicht zerstört wird, wenn die Ränder ein wenig verschwimmen.

Statt nun von dem zusammenhängenden Sprachfluß auszugehen und nach formalen Regeln zu suchen, um die Sprache in natürliche Einheiten zu zerlegen, sei einfach vorausgesetzt, daß jeder intuitiv weiß, was Wörter sind. Dann kann man direkt dazu übergehen, das *Lexikon* zu besprechen, die Sammlung von Wörtern, die den Wortschatz einer Sprache bilden.

Das Lexikon

Wenn jemand anfängt, mit Hilfe von Lehrern und Lehrbüchern eine neue Sprache zu erlernen, ist der Unterricht normalerweise, der traditionellen Gliederung entsprechend, in Aussprache, Wortschatz und Grammatik unterteilt. Man muß lernen, die neue Sprache auszusprechen – selbst eng verwandte Sprachen umfassen normalerweise einige ungewohnte Laute. Man muß die Bedeutungen der Wörter in der neuen Sprache lernen, eine Aufgabe, die sich über Jahre hinweg erstrecken kann. Und man muß die Regeln lernen, nach denen Wörter zu akzeptablen, verständlichen Phrasen und Sätzen zusammengefügt werden. Diese drei Lernziele werden üblicherweise unabhängig voneinander, jedoch parallel verfolgt, und jemand beherrscht eine neue Sprache erst dann, wenn er alle drei Aspekte bewältigt hat.

Diese drei Teilbereiche werden zuweilen die Komponenten einer Sprache genannt; zu jeder Sprache gehört eine phonetische Komponente, eine lexikalische Komponente und eine syntaktische Komponente. Doch sind die Komponenten voneinander nicht unabhängig; je eine Komponente nützt wenig ohne die beiden anderen. Eine grundlegende Aufgabe der Sprachwissenschaft besteht somit darin, den Zusammenhang zwischen diesen Komponenten zu erfassen. Eine Kompositionstheorie würde etwa versuchen, alle drei Komponenten in einen Zusammenhang zu bringen, indem sie davon ausgeht, daß die Einheiten der syntaktischen Komponente aus aneinandergereihten lexikalischen Komponenten bestehen und daß sich die Einheiten der lexikalischen Komponente aus aneinandergereihten Einheiten der phonetischen Komponente zusammensetzen. Im anderen Extrem könnte man die Komponenten getrennt behandeln: Jede Komponente wird als je einzigartige Perspektive gesehen, aus der man die sprachliche Kompetenz betrachtet, und jede erfordert eine eigene Theorie, welche nichts oder nur wenig aus den beiden anderen Theorien entlehnt.

Glücklicherweise müssen derartige Fragen hier nicht geklärt werden. Das vorliegende Problem ist stärker eingegrenzt – die Aufmerksamkeit richtet sich hier auf die lexikalische Komponente; das sollte die Fragestellung eigentlich erleichtern. Eine eingehende Untersuchung des Lexikons läßt jedoch erkennen, daß es stark auf die phonetische und die syntaktische Komponente Bezug nehmen muß. Selbst wenn es gelingen würde, getrennte Theorien für jede Komponente zu entwickeln, könnten Bezüge nicht ausbleiben. Keine angemessene Theorie der phonetischen Komponente könnte Ausspracheregeln vermeiden, die nur für Wörter gelten; keine angemessene Theorie der lexikalischen Komponente könnte Regeln vermeiden, die nur für Wörter in einer bestimmten syntaktischen Kategorie gelten. Die wechselseitigen Anleihen zwischen den drei Theorien kann man möglichst gering halten, aber man kann sie nicht völlig ausschließen. Die vorrangige Konzentration auf das Lexikon bedeutet nicht, daß man über die Phonetik und die Syntax getrost hinwegsehen könnte.

Die einfachste Vorstellung von einem Lexikon besteht in einer Sammlung von Wörtern, der Informationen über jedes Wort hinzugefügt sind. Diese Informationen werden ständig ergänzt, und so wird das Lexikon schnell zu einer wichtigen Fundgrube. Ein Teil des gespeicherten Wissens bezieht sich auf die Phonetik, ein anderer auf die Syntax, wieder ein anderer auf die Semantik. Der einfachste Weg, sich vor Augen zu führen, wie diese unterschiedlichen Informationsaspekte zusammenkommen, besteht darin, einen normalen Wörterbucheintrag zu untersuchen. Dazu dient das folgende Beispiel, das dem *DUDEN. Das große Wörterbuch der deutschen Sprache in sechs Bänden* (Mannheim, Bibliographisches Institut, 1981) entnommen ist:

Wort [vɔrt], das; -[e]s, Wörter ['vœrtɐ] u. Worte [mhd., ahd. wort, eigtl. = feierlich Gesprochenes]: **1.** < Vkl. ↑Wörtchen, Wortlein > **a)** < Pl. Wörter; gelegtl. auch: Worte > *kleinste selbständige sprachliche Einheit von Lautung* (2) *u. Inhalt* (2a) *bzw. Bedeutung:* ein ein-, mehrsilbiges, kurzes, langes, zusammengesetztes, deutsches ... W.; dieses W. ist ein Substantiv, Verb, Adjektiv; ein W. buchstabieren, richtig/falsch schreiben ...; das ist im wahrsten, eigentlichen Sinne des -es, in des -es wahrster, eigenster Bedeutung (*das ist wirklich, unzweifelhaft*) wunderbar; 2000 Mark, in -en (auf Quittungen, Zahlungsanweisungen o.ä.; *in Buchstaben ausgeschrieben*): zweitausend; **b)** < Pl. Worte > *Wort* (1a) *in speziellem Hinblick auf seinen bestimmten Inhalt, Sinn, Ausdruck, Begriff:* Liebe ist ein großes W.; Er nahm das W. Kultur bitter ernst (H. Gerlach, Demission 155); nach dem passenden, treffenden W. suchen. **2.** ...

Zuerst gibt es die phonetische Information: Die Schreibweise ist die Information, die man in einem Wörterbuch am häufigsten sucht; die hochdeutsche Aussprache ist in phonetischer Umschrift geschrieben, die man eigens lernen muß. Es folgt die syntaktische Information durch die Angabe des zugehörigen Artikels, dem man entnehmen kann, daß es sich um ein Nomen handelt, das hinsichtlich des grammatischen Geschlechts ein Neutrum ist, sowie durch die Angabe der Genetiv- und der Pluralform. Eine etymologische Anmerkung gibt an, daß die Wortform schon im Alt- und Mittelhochdeutschen existierte und welche Bedeutung das Wort *Wort* ursprünglich trug. Dann folgt die semantische Information in Form einer durchnumerierten Unterscheidung der verschiedenen Bedeutungen oder Bedeutungsnuancen, die durch eine Definition und durch Verwendungsbeispiele erläutert werden. Der Wörterbucheintrag, der hier nur stark gekürzt wiedergegeben wurde, umfaßt fast eine ganze, enggesetzte, zweispaltige Druckseite, auf der insgesamt sechs, zum Teil weiter unterteilte Bedeutungsaspekte unterschieden werden. Im vorliegenden Buch haben wir es nur mit der unter 1a) genannten Bedeutung von *Wort* zu tun.

Die Frage ist jedoch nicht, was ein Wörterbuch üblicherweise enthält, sondern was sich im Kopf der Sprachverwender befindet. Steht all diese Information über *Wort* im mentalen Lexikon des Menschen? Anscheinend ist dem so. Einmal abgesehen von der Etymologie, enthält der obige Eintrag nichts, was ein gebildeter Mensch, der Deutsch spricht, nicht wüßte (und selbst die Etymologie dürfte implizit bekannt sein). Es vermittelt wirklich einen interessanten Blick auf das Fassungsvermögen des menschlichen Gedächtnisses, ein sechsbändiges, fast 3000 Seiten starkes Wörterbuch durchzublättern und sich klarzumachen, wieviel von diesen Informationen im Langzeitgedächtnis eines gebildeten Erwachsenen ruht.

Wie ähnlich ist ein solches handfestes Wörterbuch dem Wörterbuch im Kopf der Menschen? Kann das gedruckte Wörterbuch vielleicht als eine äußerst detaillierte und erschöpfende linguistische Theorie dafür dienen, was das mentale Lexikon enthält und wie es aufgebaut ist? Manche Inhaltsaspekte dürften bei den Lexikographen stimmen, aber die Organisation des mentalen Lexikons ist mit Sicherheit eine andere als die alphabetische Auflistung von Stichwörtern im üblichen Wörterbuch. Menschen bringen gern Wörter in Zusammenhang, die sich reimen, die ähnliche Bedeutungen haben oder die häufig gemeinsam verwendet werden. Wörterbücher lassen dies alles unbeachtet. Da Wörter nur beisammenstehen, wenn sie gleich buchstabiert werden, verstreut eine alphabetische Organisation Wörter, die etwas miteinander zu tun haben, wahllos über die gesamte Liste. Ein weiterer Unterschied zwischen gedruckten und geistigen Wörterbüchern ergibt sich daraus, daß sich ein gedrucktes Wörterbuch wiederum der Wörter bedienen muß, um Wörter zu definieren; einem Menschen stehen zusätzlich die umfangreichen Quellen der Vorstellungsbilder und Erfahrungen zur Verfügung, wie er auch über spezielles Wissen bei der geistigen Repräsentation von Bedeutungen und von Beziehungen zwischen Bedeutungen verfügt.

Wörterbücher sind wertvolle wissenschaftliche Hilfsmittel, die die Leute selbstverständlich finden. Keiner wollte darauf verzichten. Sie wurden jedoch als Nachschlagewerke konzipiert und nicht als Theorien des mentalen Lexikons –

Exkurs 2.1: Zur Entstehung gedruckter Lexika

Niemand hat das Wörterbuch erfunden. Heutige Wörterbücher, die man so selbstverständlich findet, daß man sich Alternativen kaum vorstellen kann, entwickelten sich über viele Jahrhunderte weg zu ihrer jetzigen Form. Ihr Umfang nahm im Zuge eines Wettbewerbs zu, in dem jedes neue Wörterbuch alle Vorteile früherer Wörterbücher übernahm und in ähnlicher Weise in zukünftige Ausgaben einging.

Der Ursprung der Lexikographie liegt in der Geschichte verborgen; es hat jedoch den Anschein, daß lexikographische Arbeiten welcher Art auch immer fast so alt sind wie die Schrift selbst. Beispielsweise ist bekannt, daß die alten Griechen Listen schwieriger Wörter aufstellten und daß die Chinesen schon im zweiten Jahrhundert Bücher zu Wörtern verfaßten. Derartige Listen waren jedoch keine Wörterbücher; ein Wörterbuch sollte so organisiert sein, daß ein Benutzer ein bestimmtes Wort leicht und schnell finden kann.

Für alphabetisch geschriebene Sprachen ist eine systematische alphabetische Ordnung erforderlich. Zahlen stehen in einer natürlichen Ordnung, doch das Prinzip der Alphabetisierung wurde erst im 13. Jahrhundert entdeckt. Da wird im Vorwort des lateinischen *Catholicon*, eines einflußreichen enzyklopädischen Wörterbuches, erklärt,

amo steht vor *bibo*

abeo steht vor *adeo*

amatus steht vor *amor*

imprudens steht vor *impudens*

iustitia steht vor *iustus*

polisintheton steht vor *polissensus*

»und so in gleicher Weise«. Das Prinzip ist klar, aber eher unnatürlich. Noch 1604, im ersten englischen Wörterbuch *A Table Alphabeticall*, stehen auf den ersten Seiten viele Wörter nicht in der richtigen Reihenfolge, die zweite Hälfte ist dagegen fast perfekt. Der Verfasser Robert Cawdrey lernte die alphabetische Reihenfolge im Verlauf seiner Arbeit.

Das *Catholicon* war das erste Wörterbuch, das gedruckt wurde – im Jahre 1460. Als jedoch immer mehr Autoren anfingen, in ihrer Volkssprache zu schreiben, erschien eine Vielzahl von Wörterbüchern: für Holländisch 1511, für Russisch 1596, für Französisch 1606, für Spanisch 1611. Diese Arbeiten konzentrierten sich im großen und ganzen auf die schwierigen Wörter. Der Schulmeister Cawdrey zum Beispiel beschrieb seine Liste von 2500 Stichwörtern als »hard usuall English wordes, borrowed from the Hebrew, Greek, Latine, or French, &c«. An Damen als Zielgruppe wurde besonders gedacht, da sie im Vergleich zu Männern die geringeren Bildungsmöglichkeiten hatten.

In England zog sich der Plan für ein zweckmäßiges und brauchbares Wörterbuch nach Cawdreys Beitrag mehr als ein Jahrhundert hin. Der erste englische Lexikograph, der sowohl gebräuchliche als auch schwierige Wörter einbezog, war John Kersey, dessen *New English Dictionary* 1702 erschien und 70 Jahre lang im Druck blieb. Nathan Baileys *Dictionarium Britannicum* wurde 1730 veröffentlicht und enthielt die meisten der Charakteristika, die man von heutigen Wörterbüchern erwartet – Rechtschreibung, Aussprache, Etymologie, Definitionen, Erläuterungen.

Ab 1730 lag somit die allgemeine Form von Wörterbüchern fest. Die Aufgabe nachfolgender Lexikographen war, den Inhalt zu verbessern: die Rechtschreibung zu vereinheitlichen, sich bessere Ausspracheinstruktionen auszudenken, historisch genaue Etymologien zu geben und die Definitionen der verschiedenen Bedeutungen zu verfeinern. Diese Verbesserungen, besonders soweit sie die Aussprache und die Etymologie betreffen, mußten die Entwicklung der Sprachwissenschaft im 19. Jahrhundert abwarten.

die psychologische Validität eines Wörterbucheintrags ist nichts, worüber sich ein ernstzunehmender Lexikograph Gedanken machen würde. Man kann nicht davon ausgehen, daß das mentale Lexikon eine eigenständige, nicht mit der Grammatik zusammenhängende Komponente in der Kompetenz des Sprachbenutzers sei, nur weil Wörterbücher und Grammatiken jeweils getrennt geschrieben werden. Auch gibt es keinen Grund zu der Annahme, daß das mentale Lexikon nach einzelnen Stichwörtern aufgebaut wäre, nur weil diese Art der Anordnung den Lexikographen zupasse kommt. Schließlich sollte man nicht davon ausgehen, daß das mentale Lexikon ausschließlich sprachliche Information enthält, nur weil Wörterbücher so oft gegen Enzyklopädien abgehoben werden. Vieles über das lexikalische Wissen kompetenter Sprachverwender ist noch ungeklärt, aber es erscheint unwahrscheinlich, daß man das Lexikon von den anderen Komponenten der Sprache völlig abtrennen könnte, oder gar von den anderen, nichtsprachlichen Wissensbeständen des Sprachverwenders.

Die lexikalische Matrix

Soweit man sich Wörterbücher als alphabetische Listen von Wortformen und ihren zugehörigen Wortbedeutungen vorstellen kann, treffen Lexikographen eine grundlegende Unterscheidung zwischen Form und Bedeutung. Man muß deshalb fragen, ob diese Unterscheidung auch für das mentale Lexikon gilt. Psychologischen Befunden zufolge ist dies der Fall. Beispielsweise haben Psychometriker – das sind Psychologen, die unter anderem für die Konstruktion und Interpretation von Intelligenztests zuständig sind – eine Methode entwickelt, die man die Faktorenanalyse nennt; damit kann man Teilfähigkeiten oder Faktoren herauspräparieren, die zum Erfolg bei verschiedenen Tests beitragen. Wenn in einer Testbatterie Aufgaben enthalten sind, die verbale Intelligenz erfordern, findet man immer wieder, daß zwei Faktoren daran beteiligt sind. L. L. Thurstone (1887–1955), der Vater der Faktorenanalyse in den USA, benannte diese Faktoren mit V und W: V für Wortbedeutung (verbal meaning) und W für Wortflüssigkeit (word fluency). Faktor V trägt bei solchen Aufgaben zum Erfolg bei, bei denen man Analogien finden muß wie bei *Baum* zu *Gewächs* ist wie *Pferd* zu *????*, bei denen man sich Begriffe mit gleicher oder gegensätzlicher Bedeutung ausdenken oder bei denen man Sprichwörter und Zitate verstehen muß. Faktor W ist wichtig bei Rechtschreibtests, beim Lösen von Anagrammen oder beim Aufzählen von Wörtern, die mit einem bestimmten Buchstaben anfangen oder aufhören. Faktor V spiegelt anscheinend die Fähigkeit wider, sich Beziehungen zwischen Wortbedeutungen zu vergegenwärtigen – also mit dem umzugehen, was Ferdinand de Saussure Konzepte oder „Signifikate" nannte –, wohingegen Faktor W die Geschicklichkeit im Umgang mit Wortformen sichtbar werden läßt – Saussures Lautbildvorstellungen oder „Signifikanten". Psychodiagnostische Analysen stützen demnach die Behauptung, daß die von Lexikographen getroffene Unterscheidung zwischen Bedeutung und Form auch psychologisch valide ist.

Indem Saussure diese grundlegende Unterscheidung traf, bestand er jedoch darauf, daß ein Wort nicht zwei verschiedene Dinge seien, sondern eher »eine zweiseitige psychologische Größe«. Das begriffliche Problem besteht weniger darin, diese Unterscheidung nachzuvollziehen, als zu überlegen, wie sich Form und Bedeutung in einer einzigen mentalen Einheit verbinden können. Tatsächlich ist es das zentrale Problem der ganzen Sprachtheorie, das Verhältnis zwischen Form und Bedeutung zu erklären. Die Erklärung der Verbindung von Wortform und Wortbedeutung ist die lexikalische Version des allgemeinen linguistischen Problems.

Was man von der Handwerkskunst der Lexikographen übernehmen kann, ist die Vorstellung von Wörtern als einer Assoziation zwischen einer objektiven (mündlich oder schriftlich produzierbaren) Form (einem materiellen Zeichen) und einer Gruppe lexikalisierter Konzepte oder Bedeutungen, die man mit dieser Form in entsprechenden Kontexten ausdrücken kann. Jeder Sprachverwender beherrscht Tausende solcher Assoziationen; etwas über den Aufbau des mentalen Lexikons herauszufinden, heißt deshalb nicht nur, (1) die lexikalischen Beziehungen zwischen den Wortformen und den Wortbedeutungen nachzuzeichnen, sondern auch (2) die phonologischen, morphologischen und syntaktischen Beziehungen zwischen den Wortformen selbst wie auch (3) die semantischen Beziehungen zwischen den Wortbedeutungen zu bestimmen. Diese Teilaufgaben erscheinen vielleicht weniger verwirrend, wenn man die Beziehung zwischen Wortformen und Wortbedeutungen als Matrix darstellt.

Ein gedrucktes Wörterbuch ist einfach eine Abbildung von Bedeutungen auf Formen; man kann es praktischerweise als eine *lexikalische Matrix* darstellen. Man stelle sich eine gewaltige Matrix vor, deren Spalten mit allen Wörtern einer Sprache und deren Zeilen mit allen verschiedenen Bedeutungen, die sich mit diesen Wörtern ausdrücken lassen, beschriftet sind. Wenn eine bestimmte Bedeutung durch ein Wort ausgedrückt werden kann, dann enthält die Zelle im Schnittpunkt der zugehörigen Zeile und Spalte einen Eintrag, andernfalls bleibt die Zelle leer. Der Eintrag selbst kann phonetische und syntaktische Information umfassen, Anwendungsbeispiele, ein Bild sogar – alles, das der Lexikograph für wichtig genug erachtet, es mit aufzunehmen (und wofür genügend Platz zur Verfügung ist). Die nebenstehende Illustration soll die Grundidee verdeutlichen.

Jedes gedruckte Wörterbuch kann man als lexikalische Matrix darstellen: man muß nur eine eigene Spalte für jede Wortform und eine eigene Zeile für jede Wortbedeutung bilden. Die Matrix wird dann zu einem Wörterbuch, das auf einem einzigen (gleichwohl sehr großen) Blatt Papier gedruckt ist.

Man benutzt eine solche Matrix, indem man einige Spalten und Zeilen absucht. Genauer gesagt, kommt man in eine lexikalische Matrix entweder über eine Wortform oder über eine Wortbedeutung hinein. Kommt man über eine Bedeutung hinein und sucht die entsprechende Zeile ab, was man tun würde, wenn man nach geeigneten Wörtern sucht, so stößt man auf alle Wortformen, die diese Bedeutung ausdrücken. Wenn zwei verschiedene Wortformen dieselbe Bedeu-

Bedeutungen	Formen				
	F1	F2	F3	F4 . . . Fn	
M1	E				
M2	E	E			
M3	E		E		
M4				E	
.					
.					
Mm				. . . E	

2.7 In dieser lexikalischen Matrix stehen über den Spalten Wörter und vor den Zeilen Bedeutungen. Ein E in einer Zelle dieser Matrix gibt an, daß man die Bedeutung der entsprechenden Zeile mit Hilfe des Wortes in der entsprechenden Spalte ausdrücken kann.

51

tung ausdrücken, nennt man sie *Synonyme*. In der Abbildung einer lexikalischen Matrix auf der vorigen Seite sind beispielsweise F1 und F2 (zumindest teilweise) Synonyme, weil man – in geeignetem Kontext – mit beiden die Bedeutung M2 ausdrücken kann. So könnte es sich bei F1 um die Wortform *Bank* und bei F2 um die Wortform *Geldinstitut* handeln, wobei M2 das Konzept ist, das diese Wörter zum Ausdruck bringen, wenn sie sich auf eine Einrichtung beziehen, die Konten führt, Geld anlegt und verleiht.

Betritt man die Matrix andererseits über eine Wortform und sucht die Spalte entlang, wie man es vielleicht tut, wenn man versucht, einen Satz zu begreifen, dann stößt man auf alle verschiedenen Bedeutungen, die dieses Wort tragen kann. Eine Wortform, die zum Ausdruck mehr als einer Bedeutung verwendet wird, nennt man *polysem*. In Abbildung 2.7 wiederum ist F1 polysem, weil man es verwenden kann, um – in einem entsprechenden Kontext – die Bedeutungen M1, M2 oder M3 auszudrücken. Wenn F1 wiederum die Wortform *Bank* darstellt, dann wäre M1 etwa das Konzept einer länglichen Sitzgelegenheit, M2 wäre das Konzept einer Einrichtung, die mit Geld zu tun hat, und M3 könnte das Konzept einer bestimmten Körperstellung beim Ringkampf sein. Zwei Hauptprobleme der lexikalischen Organisation, die Synonymik und die Polysemie, werden auf diese Weise als Komplementäraspekte einer einzigen abstrakten Struktur angesehen.

In einer lexikalischen Matrix werden die Beziehungen zwischen Wortformen und Wortbedeutungen im Verhältnis mehrerer zu mehreren dargestellt; eine Form kann für mehrere Bedeutungen stehen und eine Bedeutung kann durch mehrere Formen ausgedrückt werden. Die Matrix selbst ist jedoch weitgehend leer. Die Struktur des Lexikons ergibt sich aus Beziehungen der Formen untereinander und aus Beziehungen der Bedeutungen untereinander.

Formale Beziehungen innerhalb der Formen selbst sind Beziehungen zwischen Spalten der Matrix; semantische Beziehungen innerhalb der Bedeutungen sind Beziehungen zwischen den Matrixzeilen. Eine lexikalische Matrix kann man somit als umfangreiche Sammlung von Wortformen betrachten, von denen jede Verbindungen zu anderen Wortformen und zu den Bedeutungen, die sie zum Ausdruck bringen können, aufweist. Man kann sie aber auch als umfangreiche Sammlung lexikalisierter Konzepte ansehen, von denen jedes Verbindungen zu anderen Konzepten und zu den Wortformen, die sie ausdrücken, aufweist. Der entscheidende Punkt ist, daß diese beiden möglichen Blickrichtungen scheinbar völlig verschieden sind, sich in Wirklichkeit jedoch auf dieselbe zugrundeliegende Wissensstruktur richten.

Nach diesem allgemeinen Vorstellungsrahmen sind die folgenden Kapitel aufgebaut; sie beginnen mit den Wortformen und ihren formalen Beziehungen untereinander.

***

Diese Abhandlung ist stark vereinfacht. Viele knifflige Probleme wurden ausgespart und bedürften einer weitergehenden Analyse. Das Kapitel sollte jedoch einen Einblick in die Komplexität vermitteln, die einer Sache zugrunde liegt, welche jedem, der eine natürliche Sprache spricht und versteht, sonnenklar erscheint. Die linguistischen Einheiten, die man so leicht als Wörter erkennt, nehmen nicht nur eine zentrale Stellung in der Hierarchie der menschlichen Sprachfähigkeit ein; so differenziert und komplex sie sind, so notwendig sind sie auch.

3.1 Die Verbindungen zwischen Schreibkunst und Kulturgeschichte werden in diesem Druck von Kobayashi Kiyochika, entstanden ausgangs des 19. Jahrhunderts, in Szene gesetzt; er zeigt einen Kriegsberichterstatter, der sich während einer Schlacht des Satsuma-Aufstands (1877–1878) auf der japanischen Insel Kyushu Aufzeichnungen macht.

3.2 Die japanische Rechtschreibung, in der phonologische und nichtphonologische Elemente vermischt sind, ist flexibel und konservativ zugleich. Wie diese handgeschriebenen Wunsch- und Gebetstafeln in einem Tokioter Tempel erkennen lassen, macht das heutige Japanisch regelmäßig vom lateinischen Alphabet, von arabischen Ziffern und von internationalen Piktogrammen (auf dem Bild etwa Herzen) Gebrauch, und auch von drei dem Japanischen eigenen Schriftsystemen: den Kanji-Zeichen, die aus dem Chinesischen stammen, und den Silbenschriften Hiragana und Katakana.

3. Das geschriebene Wort

Ähnlich wie es Molières Monsieur Jordan erging, der erfuhr, daß er seit vierzig Jahren Prosa sprach, ohne es zu wissen, mag es meine Leserinnen und Leser überraschen zu erfahren, daß sie zwei Kapitel lang Metasprache gelesen haben. Metasprache ist Sprache, die man verwendet, um über Sprache zu sprechen; die Sprache, die besprochen wird, ist die Objektsprache. Mit dieser Unterscheidung beschäftigen sich die Philosophen gern, besonders wenn es sich bei Metasprache und Objektsprache um dieselbe Sprache handelt — im vorliegenden Fall um Deutsch.

Um Wortformen und Wortarten zu erörtern, muß man auf sie verweisen können; man muß angeben können, um welche lautliche oder schriftliche Äußerung es gerade geht. In einem Buch wie diesem bietet sich dafür die Verwendung der alphabetischen Schrift an — jedem, der bis hierher gelesen hat, sind gedruckte Darstellungen deutscher Wörter notwendigerweise geläufig. Gedruckte Wörter führen auf diesen Seiten also ein Doppelleben: einerseits werden sie metalinguistisch verwendet, um die jeweiligen Aussagen zu vermitteln, andererseits sind sie Gegenstand der Aussagen. Damit es nicht durcheinander geht, werden Wörter, die verwendet werden, im normalen Schrifttyp, und Wörter, über die etwas ausgesagt wird, in Kursivschrift gedruckt. Im Satz „Das Wort *Wort* besteht aus vier Buchstaben" wird *Wort* zuerst verwendet und dann darauf Bezug genommen.

Diese Unterscheidung ist ziemlich eindeutig und sollte keine Verwirrung stiften. Nicht so selbstverständlich dürfte jedoch sein, daß die Bezeichnung von Wörtern mit Hilfe der alphabetischen Schrift das Ergebnis von gut fünf Jahrtausenden linguistischer Analyse ist und nur eine Theorie über das Wesen der menschlichen Sprache darstellt — und zwar eine Theorie, die, so vertraut sie auch sein mag, mit großer Sicherheit falsch ist.

Die alphabetische Schrift ist für so viele Zwecke derart nützlich, daß leicht übersehen wird, daß es sich dabei auch um eine Theorie der (gesprochenen) Sprache handelt. In einer dazu alternativen Sichtweise wird die Schrift gegenüber der gesprochenen Sprache als parallel, jedoch verschieden angesehen; statt anzuführen, die der alphabetischen Schrift zugrundeliegende Theorie der gesprochenen Sprache sei fehlerhaft, wird dieser Sichtweise zufolge vertreten, daß die geschriebene Sprache ein eigenes Kulturprodukt sei — der gesprochenen Sprache zwar ähnlich, aber von ihr unabhängig. In einer Sprache wie dem Chinesischen macht diese Sichtweise, die Schrift als ein unabhängiges System zu betrachten, Sinn. Die chinesischen Dialekte sind wechselseitig unverständlich; Menschen aus verschiedenen Regionen können sich gegenseitig nicht verstehen, aber alle können dieselben Schriftzeichen lesen — sie geben nur nicht dieselben Laute von sich, wenn sie diese Schriftzeichen laut lesen. Allein der gemeinsame Gebrauch von Schriftzeichen ist es, der die chinesischen Dialekte zusammenhält. Diese Sichtweise, nach der die Schrift eine vom Sprechen unabhängige Ausdrucksform ist, mag auch noch für literaturkritische und -wissenschaftliche Diskussionen des Schreibens notwendig sein. Vom Standpunkt dieses Buches aus – das heißt aus der Perspektive der Sprachwissenschaft – erscheinen chinesische Schriftzeichen jedoch als die Verkörperung einer Theorie, die noch ungeeigneter ist als die Theorie des Alphabets.

Die meisten Linguisten legen Wert darauf, daß die geschriebene Sprache gegenüber der gesprochenen Sprache sekundär und aus ihr abgeleitet ist. Sie führen an, daß auf der ganzen Welt viele Menschen über gesprochene Sprache verfügen und dennoch weder lesen noch schreiben können. Der umgekehrte Fall, Schrift ohne Sprache, ist gänzlich unbekannt. Gesprochene Sprache hat sich entwickelt, wohingegen die Schrift eine Erfindung des Menschen ist. Historische Tatsache ist, daß die Schrift nicht einmal, sondern mehrere Male erfunden wurde: in verschiedenen Gesellschaften und auf der Grundlage unterschiedlicher Analysen der jeweiligen gesprochenen Sprache, die mit Hilfe der Schrift dargestellt werden sollte.

Die Beziehung zwischen geschriebenen und gesprochenen Wörtern mag jemandem, der ein alphabetisches Schriftsystem verwendet, völlig selbstverständlich erscheinen; dies ist jedoch nur eine von mehreren Möglichkeiten, die verschiedene Gesellschaften herausgefunden haben, um das gesprochene Wort in eine beständigere und sichtbare Form zu bringen.

Orthographie

Eine Orthographie ist jede Methode, die Laute einer Sprache auf eine Menge von Schriftsymbolen abzubilden. Wer eine Sprache kennt, hört gesprochene Äußerungen nicht als kontinuierlich sich verändernde Vokalisierungen, sondern als Aneinanderreihung erkennbarer Wörter und Laute. So ist es nur natürlich, daß man sich Sprache so vorstellt, daß sie in diskrete Einheiten unterteilt werden kann, und daß man annimmt, daß diese Einheiten graphisch durch unterscheidbare Zeichen dargestellt werden können.

Orthographien unterscheiden sich sowohl im Hinblick auf die verwendeten graphischen Schriftzeichen als auch hinsichtlich der Spracheinheiten, auf die die Schriftzeichen abgebildet werden. Die Vielfalt von Schriftzeichen, die Verwendung gefunden haben, kann man sich vor Augen führen, wenn man eine Auswahl einiger unterschiedlicher Orthographien betrachtet. Dabei wird auchdeutlich, daß Orthographien willkürlich sind und daß in der ganzen Welt viele verschiedene Systeme entstanden sind. Doch selbst das bringt die tatsächliche Vielfalt nicht völlig zum Vorschein: Es sagt noch nichts über die Anzahl unterschiedlicher Schriftzeichen aus, die einem Schreiber zur Verfügung stehen, und auch nichts über die linguistischen Einheiten, die diese Schriftzeichen darstellen.

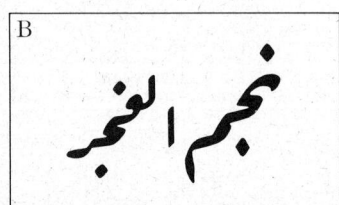

3.3 In verschiedenen Teilen der Welt werden viele verschiedene Schriftsysteme verwendet. Mongolisch schreibt man beispielsweise in senkrechten Spalten; (A) stellt aufeinanderfolgende Abschnitte der mongolischen Version von *Es war einmal vor vielen, vielen Jahren* dar. Arabisch schreibt man von rechts nach links in abfallenden Schnörkeln; (B) heißt *Stern der Morgenröte* auf Arabisch.

Man erkennt vielleicht nicht einmal, daß manche Orthographien von rechts nach links und andere von oben nach unten geschrieben werden.

Als erste Reaktion auf diese Vielfalt wird man normalerweise ärgerlich. Schlimm genug, daß Sprachen so verschieden klingen müssen; warum müssen sie auch noch so verschieden aussehen? Mit der Zeit tritt an die Stelle dieses Kulturschocks vielleicht das Bedürfnis, die Orthographie zu rationalisieren. Da es letztlich doch keine Rolle spielt, welche Art von Schnörkeln auf einem Blatt Papier aufgetragen werden, könnten die Vereinten Nationen oder sonstwer die Zeichen doch standardisieren. Das dürfte die internationale Verständigung fördern, und die Vereinfachungen und Einsparungen bei den internationalen Kommunikationsbeziehungen liegen auf der Hand. Ökonomische Argumente verblassen jedoch schnell, wenn man sich darüber klarwird, daß man alle Bestände aller Bibliotheken der Welt in die neue Orthographie umschreiben müßte.

Darüber hinaus teilt nicht jeder die Ansicht, daß die Wahl graphischer Symbole irrelevant sei. Sprache und Kultur sind unlösbar miteinander verknüpft, und Theorien von Sprache kann man nicht einfach von ihren kulturellen Voraussetzungen bereinigen. Folglich vermag die Sprachanalyse, die in einer orthographischen Technik zum Ausdruck kommt, weit mehr abzubilden als die einzelnen Laute der Wörter. Dieser Punkt soll anhand einer Geschichte veranschaulicht werden. Als A. L. Becker, ein junger sprachwissenschaftlicher Anthropologe, in Birma Feldforschung betrieb, wollte er von einem freundlichen, alten Lehrmeister Birmanisch zu lernen. Er fragte ihn, wie dieses und jenes heißt, der Lehrer sprach die Namen aus, und er schrieb sie in einer phonetischen Schrift, die er in den USA gelernt hatte, auf. Als sein birmanischer Lehrer bemerkte, daß er phonetisch transkribierte, protestierte er energisch und bestand darauf, Becker solle die birmanische Schrift lernen und benutzen. Der junge Amerikaner hielt dagegen, das Schriftsystem mache keinen Unterschied; er glaubte, daß seine phonetische Umschrift sprachneutral sei. Da er aber wirklich der Überzeugung war, daß es keinen Unterschied macht, erlernte er die birmanische Orthographie, um seinen Lehrer zu beschwichtigen.

Die birmanische Schrift ist nicht linear — ein Symbol für einen Laut wird in die Mitte plaziert und andere Laute in diesem Wort werden ringsum angeordnet. Da er keine Sprachwissenschaft betreiben konnte, ohne den gesprochenen Lautstrom zu segmentieren, mußte Becker alles hinter dem Rücken seines Lehrers noch einmal phonetisch notieren. Erst zehn Jahre später in Bali erkannte er, welchen Unterschied das Schriftsystem ausmacht. Sowohl die birmanische als auch die balinesische Schrift haben die Eigenschaft, nicht linear zu sein. Im Balinesischen, so lernte er, ist jegliches Wissen um ein Muster herum angeordnet: um einen Mittelpunkt mit vier oder mehr Punkten um ihn herum. Neben den Richtungen des Kompasses wird diese Anordnung mit Körperteilen, Wochentagen, Lebensabschnitten, Farben, Krankheiten, Orten, Berufen und vielem anderen belegt — letztlich mit allen Kategorien des Wissens. Diese Anordnung war eine Gedächtnisstütze für alles Lernen von Generation zu Generation, eine Metapher, die die Welt zusammenhält, so wie die lineare, aneinandergereihte Schrift eine

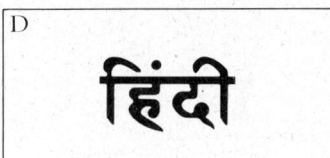

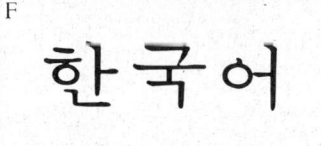

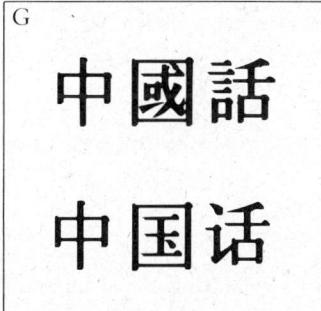

3.4 Auch Hebräisch schreibt man von rechts nach links, jedoch in getrennten Buchstaben, die Betonungszeichen tragen; (C) ist das hebräische Wort für *wo*. In Hindi müssen Buchstaben nicht in ihrer phonetischen Abfolge geschrieben werden; (D) ist das Wort *hindî*, man schreibt tatsächlich jedoch *ihdnî*. In Thai umgeben Konsonanten Vokale; (E) ist das Wort für *Monat* in Thai. Das Koreanische verwendet eine Silbentabelle; (F) ist die koreanische Schreibweise von *koreanische Sprache*. Chinesisch wird mit Hilfe tausender verschiedener Zeichen geschrieben; (G) zeigt zwei Arten, auf die man *chinesische Sprache* schreiben kann.

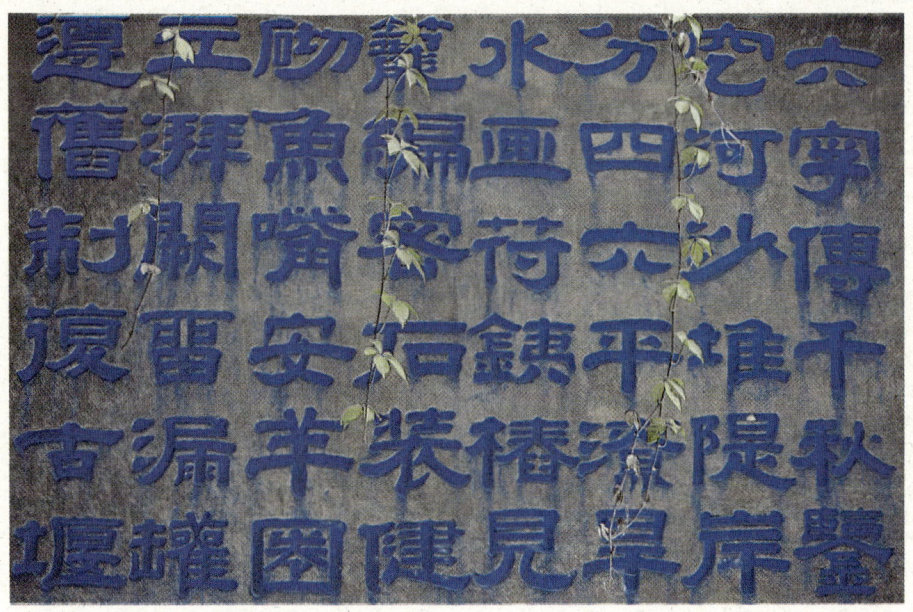

3.5 Eine birmanische Inschrift.

3.6 Eine Wand in der chinesischen Provinz Szetschuan.

Metapher für die Vorstellung von Kausalität und historischer Bedingtheit in der westlichen Welt darstellt.

Selbst im Rahmen einer linearen, aneinandergereihten Vorstellung von Sprache gibt es noch genügend Raum für alternative Theorien. Sie beziehen sich nicht auf die Beschaffenheit der graphischen Symbole selbst, sondern auf das Sprachsegment, welches ein graphisches Symbol abbilden soll. Man muß zumindest drei verschiedene lineare Orthographiesysteme unterscheiden.

Linguistische Einheit	Orthographie-Typ
Wort oder Morphem	Graphische Wortzeichen (Logogramme)
Silbe	Silbentabelle
Phonem	Alphabet

Gut vorstellbar ist ein Schriftsystem, das auf Satzeinheiten aufbaut – in manchen Stenographiesystemen gibt es für einige wenige Redewendungen, die in der Geschäftskorrespondenz immer wieder vorkommen, ein einzelnes Symbol. Ein umfassendes phraseographisches System würde sich jedoch nicht bewähren. Die Anzahl verschiedener Phrasen wäre (wegen des Exponentialprinzips) so groß, daß es kaum in Frage kommt, für jede Phrase ein eigenes Symbol zu erfinden.

3.7 Sake-Fässer am Kasoga-Schrein in Japan.

Die Schriftsysteme, die sich im Verlauf der Geschichte entwickelt haben, beruhen auf Logogrammen, auf Silben, auf dem Alphabet oder auf Mischungen daraus. Silbische und alphabetische Schriften sind phonetisch − sie stellen Zeichen zur Verfügung, mit denen die Laute der Sprache dargestellt werden.

Das Chinesische ist ein relativ eindeutiger Fall: Es wird ausschließlich in Logogrammen geschrieben, die auf Morphemebene mit der gesprochenen Sprache korrespondieren. Da es viele verschiedene Morpheme gibt, muß man Tausende verschiedener Schriftzeichen erlernen, um Chinesisch lesen und schreiben zu können. Aber selbst im Chinesischen sind die Ebenen vermischt; die Schriftzeichen umfassen sowohl phonetische als auch morphemische Information. Die heutige japanische Schrift ist dagegen eine große Mischung aus Logogramm-Zeichen, genannt *Kanji*, die ursprünglich aus dem Chinesischen entlehnt wurden, und aus Silbensymbolen, genannt *Kana* (und in manchen Texten sogar noch *Romaji*, die alphabetische Repräsentation der japanischen Wörter in diesem Satz). Es gibt zwei Typen von Kana-Symbolen: Hiragana wird verwendet, um die grammatischen Affixe, zum Beispiel Vor- und Nachsilben, und die Funktionswörter zu schreiben (denen eher eine grammatische denn eine vollständige lexikalische Bedeutung zukommt und die im Chinesischen nicht vorkommen), und Katakana kommt vorwiegend zum Einsatz, um aus anderen Sprachen entlehnte Wörter zu schreiben. Man könnte Japanisch ausschließlich in der Silbenschrift des Kana schreiben, aber da die Formenbildung des gesprochenen Japanisch sehr einfach ist, gibt es relativ wenige unterscheidbare Silben. Eine Transkription ausschließlich in Kana-Zeichen würde demzufolge zu vielen Homonymen führen – zu Wörtern, die gleich klingen und gleich geschrieben werden, aber Verschiedenes bedeuten. Um diese mögliche Mehrdeutigkeit einzuschränken, blieben viele der alten chinesischen Logogramme als Kanji-Zeichen erhalten.

Offenbar kann man also Logogramme und Silbenzeichen in der japanischen Orthographie uneingeschränkt mischen; das könnte nahelegen, daß es keine wesentlichen Unterschiede zwischen den beiden gibt. Gleichwohl kann man sie nicht auf dieselbe Weise erlernen, und es gibt neurologische Belege dafür, daß Logogramm-Zeichen in psychologischer Hinsicht die einfacheren sein dürften. Man hat herausgefunden, daß Japaner, die ihre Lesefähigkeit beeinträchtigende Hirnverletzungen erlitten hatten, die logographischen Kanji-Zeichen besser lesen konnten als die silbischen Kana-Zeichen.

Die arabischen Ziffern sind mittlerweile international bekannte logographische Zeichen – die meisten Menschen verstehen 1-2-3, auch wenn sie es unterschiedlich aussprechen; man kann denselben Vergleich deshalb auch mit Menschen anstellen, die in einer alphabetischen Orthographie zu Hause sind. Patienten, die beim Lesen alphabetisch geschriebener Wörter große Schwierigkeiten haben, können sechsstellige Zahlen oft fließend lesen. Mit anderen Worten verstehen diese Patienten mit der Diagnose „Alexie ohne Agraphie" (siehe Kapitel 7) eher ein Symbol, welches willkürlich mit einem Wort verknüpft ist, als daß sie eine Symbolkette verstehen, die phonetisch entziffert werden muß.

Das Hochdeutsche wie auch das heutige Englisch werden mit einem alphabetischen System geschrieben, in dem jeder Buchstabe mutmaßlich für ein Phonem steht; gleichwohl sind (neben den Ziffern) auch einige andere Logogramme weit verbreitet: &, =, % und ♡ beispielsweise stehen für die Wörter *und*, *gleich*, *Prozent* und *Liebe*. Beide Sprachen kennen keine Silbensymbole; in die Nähe von Silbenzeichen kommen im Englischen am ehesten A und I, die nicht nur Buchstaben des Alphabets, sondern auch Morpheme (für den unbestimmten Artikel im Singular beziehungsweise für das Pronomen der ersten Person Singular) sind. Doch sind die Orthographien beider Sprachen nicht so einfach, wie man aufgrund dieser Beschreibung annehmen könnte. Rechtschreibregeln werden vor allem im Englischen dadurch kompliziert, daß sie versuchen, Phonologie und Morphologie gleichzeitig zu berücksichtigen. Wenn man beispielsweise das Wort *sign* phonetisch buchstabieren würde, käme wahrscheinlich so etwas wie *sain* heraus, aber damit ginge die morphologische Beziehung des Wortes zu den Wörtern *signal*, *signature* und *significant* verloren. Dort, wo es im Englischen beim Buchstabieren eines Wortes mehrere Möglichkeiten gibt, wird normalerweise diejenige gewählt, bei der die morphologischen Beziehungen erhalten bleiben. Im Deutschen dürfte die Rechtschreibung insgesamt etwas stärker der Phonologie entsprechen als im Englischen; aber gerade der in den letzten Jahren heftig diskutierte Versuch einer Rechtschreibreform macht deutlich, daß auch im Deutschen nicht einfach jeder Buchstabe einem Laut entspricht.

Aus diesen Überlegungen wird deutlich, daß die Orthographie einer jeden lebenden Sprache für die Zwecke der Sprachwissenschaft alles andere als ideal ist.

Der Ursprung der Schrift

Es ist zwar zutreffend, die Schrift als eine Erfindung zu bezeichnen, sie ist jedoch eine Erfindung ohne Erfinder. Niemand setzte sich eines Tages hin und sagte: „Ich denke, ich erfinde jetzt mal die Schrift." Sie ergab sich organisch aus praktischen Notwendigkeiten heraus. Unzählbar viele namenlose geistige Schöpfer müssen dazu beigetragen haben; über Jahrtausende hinweg wurde sie immer wieder erfunden, überarbeitet und verbessert, an verschiedenen Plätzen auf ganz verschiedene Art und Weise. Im Zuge dieser Geschichte entwickelten

3.8 Charles Demuth malte diese Homage an seinen Freund William Carlos Williams als Reaktion auf ein Gedicht, das der Schriftsteller und Arzt 1921 veröffentlichte:

The Great Figure

Among the rain
and lights
I saw the figure 5
in gold
on a red
firetruck
moving
tense
unheeded
to gong clangs
siren howls
and wheels rumbling
through the dark city.

Die große Ziffer

Durch den Regen
und Lichter
sah ich die Ziffer 5
in Gold
auf einem roten
Feuerlaster
angespannt
unbemerkt
bewegt sie sich
zu Gongschlägen
Sirenengeheul
und dem Rumpeln von Rädern
durch die dunkle Stadt.

[Übertragen von J.G.]

sich viele verschiedene Systeme, wie sich auch die Theorien von Sprache, auf denen diese Systeme beruhten, langsam weiterentwickelten.

Die archäologische Vorgeschichte deutet darauf hin, daß die ersten Versuche einer Schrift – zuweilen auch Proto-Schrift genannt – mit größeren, bedeutungshaltigen linguistischen Einheiten anfingen und sich erst nach und nach zu den nicht mehr bedeutungstragenden Symbolen des Alphabets weiterentwickelten. Die vorliegenden Belege weisen stark darauf hin, daß die Schrift nicht als eine Darstellung der gesprochenen Sprache entstand, sondern sich aus einem Interesse an Bildern und bildhaften Darstellungen heraus entwickelte. Man wird nie herausfinden, warum die Menschen im Altertum solche Darstellungen schufen, was ansonsten ernsthafte Gelehrte jedoch nicht von Spekulationen abzuhalten vermochte. Sicher lassen manche der Bilder eine schlüssigere Kommunikationsabsicht erkennen, als dies bei anderen der Fall ist.

Nehmen wir ein Beispiel. In Südalaska haben einheimische Jäger das unten abgedruckte Bild auf ein Stück Holz gezeichnet: (A) ein Kanu, (B) eine Figur mit seitlich ausgestreckten Armen, um die Vorstellung von Nichts darzustellen; (C) eine zweite Figur mit zum Mund erhobener Hand zur Darstellung des Essens und (D) eine Hütte. Die Bedeutung des Ganzen kann man so interpretieren: Nichts zu essen in der Hütte; das heißt, die Jäger hatten kein Wild gefunden.

Erfüllen solche Zeichnungen die Anforderungen einer Schrift? Es trifft zu, daß sie wohl eine Geschichte erzählen, dies jedoch nicht in einer bestimmten Sprache. Die stereotypen Figuren legen eine Kommunikationsabsicht auf seiten des Künstlers nahe, sie sind jedoch nicht konventionalisiert. Das soll heißen, sie sind nicht Bestandteil einer festen Symbolliste, auf die sich alle Benutzer des Schriftsystems im Voraus geeinigt hätten. Solche Zeichnungen sind eher künstlerisch denn linguistisch. Zwischen ihnen und echter Schrift tritt jedoch ein Zusammenhang zutage. Es ist, als ob die allererste Theorie der Sprache diese in eine Folge bildhafter Vorstellungen zerlegte und diese Vorstellungen dadurch darzustellen suchte, daß man sie als Bilder zeichnete.

Nach I. J. Gelb, dessen klassisches Buch *A Study of Writing* (Chicago, University of Chigaco Press, 1963) eine reizvolle Einführung in diese Fragen bietet,

3.9 Dieses Beispiel einer Bilderschrift wurde in Alaska gefunden und 1893 erstmals veröffentlicht; sie wurde ursprünglich auf einem Pfad in den Boden gesteckt, wo sie ein Stammeskollege des Schreibers finden sollte.

62   A   B   C   D

traten phonetische Elemente in dieser Art von Bilderschriften zuerst bei der Darstellung von Eigennamen auf. Ein Ureinwohner Amerikas, dessen Name beispielsweise Großer Bär bedeutete, konnte durch ein Bild eines großen Bären bezeichnet werden – solche Bilder werden Piktogramme oder Ideogramme genannt. Die alten Sumerer im südlichen Mesopotamien bevorzugten Namen wie Enlil-Hat-Leben-Geschenkt, die man nur schwer auf einfache Weise ausdrücken konnte. Um dieses Problem zu lösen, waren sie gezwungen, Symbole zu entwickeln, um den Namen lautlich abzubilden. Und so wurde die Theorie, nach der Sprache eine Folge von Bildvorstellungen ist, allmählich durch die Theorie abgelöst, daß Sprache aus einer Folge gesprochener Silben besteht.

Die Gelehrten streiten sich über die genaue Datierung, aber die meisten stimmen darin überein, daß die Phonetisierung der Schrift um 3000 vor Christus begann. Das bestbelegte Beispiel ist das Sumerische, welches mit Logogrammen für Gegenstände, Zahlen und Personennamen anfing und dann Zeichen hinzufügte, die die Lautung der Wörter ausdrückten, die man nur schwer bildlich darstellen konnte. Es ergab sich ein logo- silbisches Schriftsystem: Die Zeichen, die phonetisch verwendet wurden, waren zugleich bedeutungshaltige Wörter. »Nachdem es einmal eingeführt war«, schreibt Gelb, »breitete sich das Prinzip der Phonetisierung rasch aus. Mit ihm öffneten sich völlig neue Horizonte für den Ausdruck aller auch noch so abstrakten linguistischen Formen mit Hilfe geschriebener Symbole.«

3.10 Steininschriften (Petroglyphen) am Newspaper Rock im Canyonland Nationalpark, Utah.

Die Einführung eines solchen Systems ist jedoch kein einfaches Unterfangen. Es mußten bedeutungshaltige Übereinstimmungen zwischen den Symbolen und den gesprochenen Wörtern festgelegt werden, besondere Symbole mit eindeutigem Silbenwert mußten ausgewählt werden, die Form eines Symbols mußte standardisiert werden, und jeder mußte sich die Symbole und ihren Symbolwert einprägen. Die sumerische Schrift hatte nicht für jede mögliche Silbe ein Symbol. Um die Anzahl der Symbole, auf die man sich einigen mußte, gering zu halten, wurden Silben, die ähnlich klangen, oft durch dasselbe Symbol dargestellt.

Wann ersetzten Sprechlaute die Silben als die geeigneten Segmente für eine orthographische Transkription? Die Bedeutsamkeit dieses Fortschritts bei der sprachlichen Analyse ergab sich anscheinend unvorhergesehen, eine zufällige (wenn nicht gar versehentliche) Entwicklung fing wahrscheinlich bei den Phöniziern an und wurde von den Griechen vollendet.

Das lateinische Alphabet, mit dem dieses Buch geschrieben ist, leitet sich aus dem griechischen Alphabet ab, welches wiederum eine Ableitung aus derjenigen Version des semitischen Alphabets ist, die die Griechen von den Phöniziern gelernt hatten. Wo die Phönizier ihr Alphabet herhaben, war Gegenstand wissenschaftlicher Diskussionen; es gibt jedoch Hinweise darauf, daß sein Ursprung in der frühen Bilderschrift der alten Ägypter lag. Das ägyptische Hieroglyphensystem entwickelte sich vermutlich auf dieselbe Weise wie das sumerische System, angefangen mit rebusartigen Zeichen für Personennamen und dann mit einer raschen Entwicklung zu einem logo-silbischen System. Die Ägypter trieben das Sparsamkeitsprinzip weiter als die Sumerer; sie entwickelten eigene Symbole für alle Konsonanten, aber keine Symbole für Vokale. Für die Ägypter waren dies Hilfssymbole, die hauptsächlich dazu verwendet wurden, um in mehrdeutigen Kontexten den Anfangskonsonanten anzugeben. Weil in der Sprache der Ägypter kein Wort mit einem Vokal anfing, entstanden keine Vokalsymbole. Ihre Silbentabelle enthielt circa 24 nichtsemantische Symbole, die für je einen Anfangskonsonanten standen, gleich, von welchem Vokal dieser gefolgt war (man würde die Silben *ma*, *me* und *mu* demnach mit demselben Symbol schreiben); außerdem etwa 80 Symbole, die für Konsonantenpaare — zusammen mit je zwei beliebigen Vokalen — standen. Die Ägypter kamen nahe an ein alphabetisches System heran, sie verwendeten ihre Silbentabelle jedoch weiterhin zusammen mit älteren, sowohl logographischen als auch silbischen Symbolen.

Der nächste Schritt in dieser Entwicklung war wahrscheinlich die semitische Schrift. Es gibt kein Dokument semitischer Bilderschrift, so daß die Semiten die Idee der Schrift vermutlich von anderen Völkern übernommen hatten. Ein Indiz dafür, daß sie die Schrift von den Ägyptern übernahmen, liegt darin, daß sie einen kleinen Satz von Symbolen für Anfangskonsonanten, gefolgt von einem beliebigen Vokal, benutzten. Wie den Ägyptern fehlten auch ihnen anlautende Vokale, weshalb sie keine Symbole für Vokale entwickelten; im Gegensatz zu den Ägyptern benutzten sie jedoch keine Logogramme und keine phonetischen Symbole für zwei oder mehr Konsonanten. Einige ihrer Symbole ähnelten einer kursiven Form der Hieroglyphenschrift, die die Ägypter entwickelt hatten; diese

Die Entstehung heutiger Alphabete aus den phönizischen Anfängen

phönizisches A.	alt. hebräisches A.	frühgriechisches A.	klassisches griechisches A.	etruskisches A.	altlateinisches A.	heutiges lateinisches A.	griechisches A. Form	Name	kyrillisches A.	hebräisches A. Form	Name	arabisches A. Form	Name
						Aa	Αα	Alpha	Аа		'Aleph, 'Alef		'Alif
						Bb	Ββ	Beta	Бб		Bēth		Bā
						Cc	Γγ	Gamma	Вв		Gimel		Tā
						Dd	Δδ	Delta	Гг		Dāleth		Tsa
						Ee	Εε	Epsilon	Дд		Hē		Dschim
						Ff	Ζζ	Zēta	Ее		Waw		Hā
						Gg	Ηη	Ēta	Ёё		Sajin		Cha
						Hh	Θθ	Thēta	Жж		Cheth		Dal
						Ii	Ιι	Iota	Зз				Dsal
						Jj	Κκ	Kappa	Ии Йй		Jod		Rā
						Kk	Λλ	Lambda	Кк				Sa
						Ll	Μμ	My	Лл		Lāmed		Sin
						Mm	Νν	Ny	Мм		Mēm		Schin
						Nn	Ξξ	Xi	Нн		Nūn		Sād
						Oo	Οο	Omicron	Оо		Samech		Dhad
						Pp	Ππ	Pi	Пп		'Ajin		Tha
						Qq	Ρρ	Rhō	Рр		Pē		Dsa
						Rr	Σσς	Sigma	Сс		Zade		'Ain
						Ss	Ττ	Tau	Тт		Koph		Ghain
						Tt	Υυ	Ypsilon	Уу		Resch		Tā
						Uu	Φφ	Phi	Фф		Sin		Qāf
						Vv	Χχ	Chi	Хх		Schin		Kāf
						Ww	Ψψ	Psi	Цц		Tāw		Lām
						Xx	Ωω	Omega	Чч				Mim
						Yy			Шш				Nu
						Zz			Щш				Hā
									Ъъ				Wāw
									Ьь				Ja
									Ыы				
									Ээ				
									Юю				
									Яя				

3.11 Die Entwicklung der ersten Alphabete im Vergleich zu verschiedenen heutigen Alphabeten.

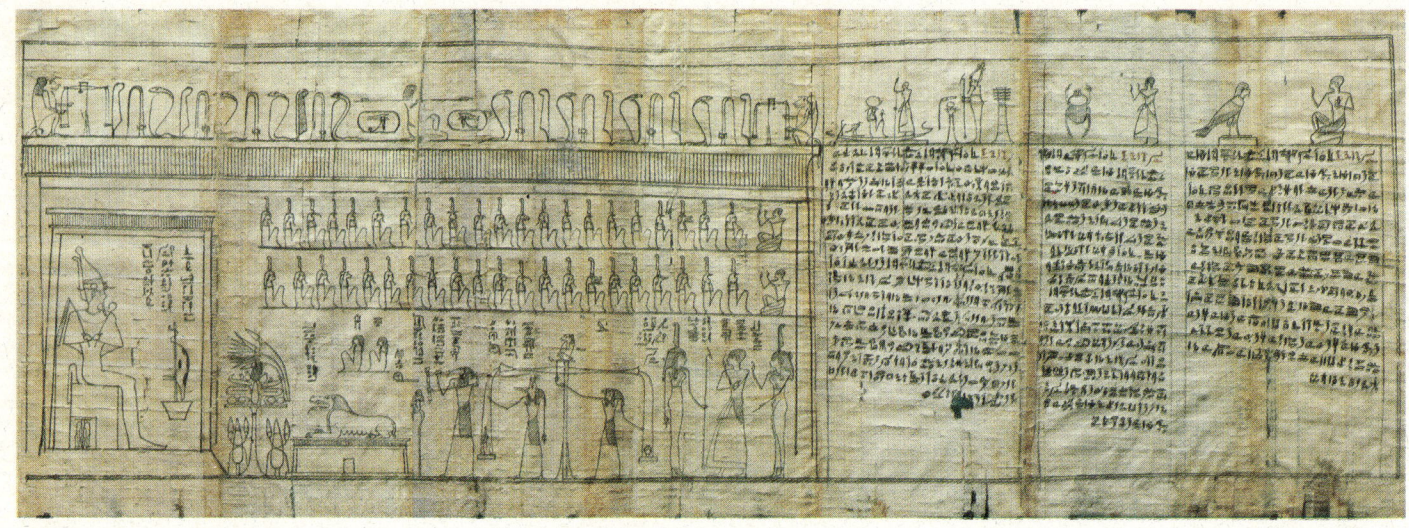

3.12 Ägyptische Hieroglyphen aus dem *Totenbuch*; der Papyrus stammt aus der Zeit der 21. Dynastie.

Ähnlichkeit kann jedoch nur zufällig sein. Auf jeden Fall gaben sie ihren Symbolen semitische Namen, indem sie Wörter verwendeten, deren Anfangslaut (immer ein Konsonant) entsprechend klang. Ob man das so entstandene Schriftsystem als alphabetisch bezeichnen kann oder nicht, ist eine Sache definitorischer Feinheiten, deren Erörterung man den Fachleuten überlassen sollte. Es war jedenfalls kein vollständiges alphabetisches System, weil sie keine Buchstabensymbole für Vokale kannten. Die semitische Praktik der Konsonantenschrift, des Schreibens ohne Vokale, ist in der heutigen hebräischen Schrift noch erhalten. Das Ergebnis ist etwas schwieriger zu lesen, als wenn die Vokale dabei wären, aber viel effizienter – das Prinzip läßt sich für diejenigen, denen die hebräische oder arabische Schrift nicht vertraut ist, in einem einfachen Versuch aufzeigen:

M VRGLCH ZR DTSCHN RCHTSCHRBNG HT D HBRSCH SCHRFT FFLLND WNG RDNDNZ.

Es ist fast sicher, daß die Griechen dieses Schriftsystem von den phönizischen Semiten entlehnten – der griechischen Überlieferung nach im Jahre 776 vor Christus. Die Griechen übernahmen die Formen, die Namen und die Reihenfolge der phönizischen Symbole; sie nannten das System sogar die phönizische Schrift. Die phönizischen Namen ʾĀleph, Bêth, Gīmel, Dāleth – die bei den Phöniziern Ochse, Haus, Kamel und Tür bedeuteten – hatten für die Griechen keine Bedeutung, sie änderten sie zu Alpha, Beta, Gamma, Delta, der griechischen Phonologie entsprechend. Der wichtigste Beitrag der Griechen bestand darin, mit manchen der Symbole vokalische Phoneme darzustellen. Beispielsweise stand im semitischen Alphabet das erste Symbol, das ʾĀleph, für einen schwachen Konsonanten, der im Griechischen nicht vorkam; wenn die Griechen dieses Symbol aussprachen, ließen sie den schwachen Anfangskonsonanten weg und stellen dadurch den Anfangsvokal *A* heraus. In ähnlicher Weise ging in einigen griechischen Dialekten der anlautende Konsonant verloren, der durch das semitische Symbol Hēth ausgedrückt wurde; die Griechen nannten das Symbol dann Eta, und so nahm das Symbol H, η den Phonemwert eines langen ē an.

Mit dem Hinzufügen von Symbolen für Vokale und der endgültigen Trennung des Symbolnamens von seinem zugehörigen Lautklang war die alphabetische Schrift erreicht, wie wir sie heute kennen. Im Lichte der Geschichte kann man den griechischen Beitrag als eine unter vielen Neuerungen sehen, die während der Jahrtausende, in denen sich die Schrift entwickelte, erfolgten.

Wie kommt es, daß sich die alphabetische Schrift so rasch in der westlichen Welt ausbreitete? Dafür sind die Römer verantwortlich. Sie übernahmen das griechische Alphabet, paßten es an die lateinische Sprache an und trugen es bis in die hintersten Winkel des römischen Imperiums.

Es überrascht nicht, daß Wörter die ersten Anläufe zum Schreiben beherrschten und daß nur nach und nach die logo-silbische Schrift durch die Silbenschrift abgelöst wurde und die Silbenschrift wiederum der alphabetischen Schrift wich. »Sprecher und Hörer spüren die Wörter«, wie Sapir sagte. Versuche, dieses Gespür graphisch darzustellen, erwiesen sich jedoch als schwierig und wurden in vielen Teilen der Welt durch Versuche abgelöst, statt dessen die Laute darzustellen. Die Geschichte der alphabetischen Schrift läßt sich dadurch charakterisieren, daß sie zunehmend näher an die gesprochene Sprache heranrückte, wobei jede Annäherung eine verbesserte linguistische Analyse anzeigte. Letzten Endes setzt sich das Exponentialprinzip durch: Um hinreichend viele schriftliche Wortformen zur Verfügung zu haben, müssen Schreiber sie auf dieselbe Weise erzeugen wie Sprecher, nämlich durch Verkettung.

3.13 Sir Henry Creswicke Rawlinson (1810 bis 1895), der Prototyp eines britischen Sprachwissenschaftlers des vorigen Jahrhunderts. Seiner Karriere als Armeeoffizier und als Repräsentant der East India Company setzte er noch die Begründung der modernen Assyriologie hinzu. In Persien stationiert, erklomm er eine 150 Meter hohe Steilwand in Behistan (dem heutigen Bisitan im Iran), um die dreisprachige Keilschrift abzuschreiben, die der Perserkönig Darius der Große vor mehr als zweitausend Jahren einmeißeln ließ. Rawlinson entzifferte, interpretierte und veröffentlichte die Inschrift; sie war in Altpersisch (einer indoeuropäischen Sprache), in Akkadisch (einer semitischen Sprache der Babylonier) und in Elamitisch (einer Einzelsprache) geschrieben.

3.14 Eine römische Inschrift zu Ehren Caesars, im Jahre 2 vor Christus. Dies ist die Form der alphabetischen Schrift, die die römischen Legionen in ihrem ganzen Imperium verbreiteten.

Exkurs 3.1: Die Entdeckung von Linear B

Jeder griechische Stadtstaat hatte seinen eigenen Kalender, doch konnten gelehrte Hellenisten in Alexandria eine ziemlich befriedigende zeitliche Abfolge der Ereignisse bestimmen, weil die Griechen alle vier Jahre zu ihrer Olympiade zusammenkamen. Aus Aufzeichnungen, die ihnen im 3. vorchristlichen Jahrhundert zur Verfügung standen, bestimmten die Alexandrier ein Datum, das dem Jahre 776 vor Christus im Gregorianischen Kalender entspricht, als das Jahr der ersten Olympiade — und auch als das Jahr, in dem die Griechen das phönizische Alphabet übernahmen. Somit beginnt die griechische Geschichte (soweit man „Geschichte" als das Vorliegen schriftlicher Dokumente versteht) im Jahre 776 vor Christus. Alles, was diesem Datum voranging, und dazu gehören auch die möglichen Grundlagen der Ereignisse, die Homer in der *Ilias* und der *Odyssee* nacherzählte, ist Teil der Vorgeschichte Griechenlands.

Der deutsche Archäologe Heinrich Schliemann nahm die Gedichte Homers als Führer und entdeckte 1876 bei Mykenä, in der nordöstlichen Ecke der Halbinsel Peloponnes, mehrere Gräber. Die dort ausgegrabenen Prunk- und Kunstwerke bewiesen, daß die prähistorischen Griechen einen hohen Zivilisationsstand erreicht hatten. Der Engländer Arthur Evans sah die Schätze, die Schliemann entdeckt hatte, und leitete daraus ab, daß solcher Reichtum und solche Handwerkskunst nur von einem Volk erreicht werden konnten, das auch des Lesens

und Schreibens mächtig war. Doch waren auf ihren Gebäuden keine Inschriften gefunden worden, auch wurde Mykenä 300 Jahre, bevor die Griechen die alphabetische Schrift übernahmen, völlig zerstört. Dieses Rätsel führte Evans dazu,

Sir Arthur Evans.

nach prähistorischen Schriftbelegen zu suchen, und im Jahre 1900 entdeckte er bei Knossos, auf der Insel Kreta, beschriftete Tontafeln. Evans gelang es, drei verschiedene Schriften auf den Tafeln zu unterscheiden. Deren älteste besteht aus bildhaften Zeichen, die ihn an die ägyptische Schrift erinnerten; er nannte sie deshalb Hieroglyphen, obwohl

es keine Belege dafür gab, daß sie aus Ägypten übernommen waren. In der zweiten Schrift sind die Bilder bloße Umrisse, und die Schrift verläuft von links nach rechts; Evans nannte sie Linear A. Die dritte und jüngste Schrift, Linear B, scheint Linear A abgelöst zu haben, und zwar wahrscheinlich im 15. Jahrhundert vor Christus. Von einigen wenigen Tafeln wurden Photographien veröffentlicht, doch Evans wurde durch die bedeutendere Aufgabe abgelenkt, seine Entdeckungen in den antiken Palästen von Knossos zu dokumentieren, wo Homer zufolge die Hauptstadt eines ausgedehnten und legendären Reiches lag.

Eine unbekannte Sprache, die zudem in einer unbekannten Schrift geschrieben ist, zu entziffern, liegt genau so nahe am Unmöglichen wie jede andere Aufgabe, der sich ein Wissenschaftler meint, stellen zu müssen. Man brachte viele Vermutungen vor, aber ohne die breite Unterstützung durch Texte war es unmöglich, auch nur die Plausibilität dieser Vermutungen zu prüfen. Die Veröffentlichung der Inschriften, die Evans gefunden hatte, mußte bis zum Jahre 1952 warten; jedoch fand Carl Blegen, ein amerikanischer Archäologe, der auf dem griechischen Festland bei Pylos arbeitete, im Jahre 1939 Hunderte von Tafeln mit Linear B — eine Entdeckung, die endlich den Quellenumfang von Texten bereitstellte, den man für ernstzunehmende Versuche der Entzifferung von Linear B benötigte.

Zuerst fragte man sich, welche Art von Schrift Linear B ist. Es gibt nur drei Wege, Sprache in Schrift zu überführen. Logogramm-Schriften liefern keine Anhaltspunkte für die Aussprache der Wörter, die sie darstellen; silbische und alphabetische Schriften bilden jedoch Sprachlaute ab. Die Texte in Linear B enthielten einige ziemlich offensichtliche Logogramm-Zeichen: Da gab es Bilder von Männern, Frauen, Pferden, Schweinen, Speeren und so weiter, und manche Zeichen waren eindeutig Ziffern. Viele andere Zeichen jedoch legten keine eindeutigen bildhaften Interpretationen nahe. Waren das Logogramme, die bis zur Unkenntlichkeit abgekürzt worden waren? Oder handelte es sich um willkürliche Schriftzeichen mit phonologischer Bedeutsamkeit? Die Anzahl verschiedener Zeichen liefert den Schlüssel. Eine alphabetische Schrift braucht ziemlich wenige verschiedene Zeichen; eine logographische Schrift braucht deren Tausende. Die Texte in Linear B enthalten 89 verschiedene Zeichen: zu viele für alphabetische Schriften und zu wenige für Logogramme. Die Gelehrten waren überzeugt, daß sie es mit einer Silbentabelle zu tun haben.

Die schwierigere Frage war die nach der Identität der Sprache. Den ersten Schritt zu ihrer Klärung unternahm in den vierziger Jahren eine Amerikanerin, Alice E. Kober, die prüfte, ob die Sprache flektierend ist. Wenn es sich um eine flektierende Sprache handelt, was sehr wahrscheinlich schien, dann sollten

Ein Ausschnitt der Schrift, die Evans Linear A nannte.

Wörter, die in ähnlichen Kontexten auftreten, ähnliche Endungen haben. In geduldiger und systematischer Arbeit fand sie Schriftzeichen heraus, die bei Hauptwörtern Flexionsendungen für drei verschiedene Fälle darstellen, und wies

nach, daß die Sprache das Geschlecht von Wörtern, das Genus, berücksichtigte. Frau Kober starb 1950 im Alter von 43 Jahren, zu früh, um an dem abschließenden Verständnis von Linear B teilzuhaben, für das sie den Weg bereitet hatte.

Exkurs 3.2: Die Entzifferung von Linear B

Die schlußendliche Aufklärung der rätselhaften Schrifttafeln mit Linear B leistete der Engländer Michael Ventris. Er wandte die Methoden von Alice Kober auf umfangreicheres Belegmaterial an, das mittlerweile zugänglich wurde. Ventris hatte schon 1940 vermutet, daß es sich bei der Sprache um Etruskisch handelt, da man von den Etruskern annahm, daß sie, bevor sie nach Italien auswanderten, rund um die Ägäis gelebt hatten. 1951 wandte sich Ventris dem Problem erneut zu und blieb 18 Monate lang ununterbrochen bei der Arbeit, wobei er sein Vorankommen während dieser Zeit detailliert aufzeichnete.

Ein Ausschnitt der Schrift, die Evans Linear B nannte.

Ventris ging von der Voraussetzung aus, daß die Silben alle einem offenen, aus einem Konsonanten und einem darauffolgenden Vokal gebildeten Typ angehören; entsprechend arbeitete er mit einem zweidimensionalen Silbengitter, dessen Spalten Vokale und dessen Zeilen Konsonanten bildeten, und trug die Schriftzeichen der Linear B in die so entstandenen Zellen ein. Der Einsatz von Silbengittern war nicht neu; der Beitrag Kobers und Ventris' bestand vielmehr in der Idee, ein solches Gitter zu benutzen, ohne daß vorher feststand, welche Konsonanten oder Vokale ein bestimmter Satz von Silben miteinander teilt. Nimmt man beispielsweise an, der Text enthalte zwei mehrsilbige Wörter, die mit Ausnahme des letzten Zeichens völlig gleich sind; in diesem Falle ist es sehr wahrscheinlich, daß die beiden verschiedenen Zeichen am Wortende mit demselben Konsonanten anfangen. Wenn man den-

selben Unterschied auch bei anderen mehrsilbigen Wörtern findet, erhöht sich diese Wahrscheinlichkeit. Ventris' anfängliche Netze waren im Hinblick auf Vokale eher schwach; da er die Sprache für Etruskisch hielt, widerstrebte ihm am Anfang der Gedanke, daß die Vokale am Wortende geschlechtsdifferenzierend wirken könnten.

Mit Fortschreiten seiner systematischen Kombinationsarbeit versuchte Ventris wiederholt, seine Ergebnisse mit etruskischen Wörtern und Suffixen in Zusammenhang zu bringen. Im Juni des Jahres 1952 war sein Gitter jedoch so weit gefüllt, daß er einige griechische Wörter identifizieren konnte. Dabei konnte es sich natürlich um entlehnte Wörter handeln; deshalb ging er daran, die Möglichkeit zu widerlegen, daß es sich bei der Sprache von Linear B um

Griechisch handelt. Doch jede Probe ließ darauf schließen, daß die griechische Lösung die richtige war. Es war natürlich archaisches Griechisch, das sich zum klassischen Griechisch etwa so verhält wie Altenglisch zum heutigen Englisch; aber unweigerlich war es Griechisch. Zusammen mit einem Fachmann für griechische Dialekte, John Chadwick, veröffentlichte Ventris den Nachweis für seine Behauptungen.

Auch danach blieb noch viel zu tun, um Ventris' erste Einblicke in Linear B zu prüfen und zu erweitern. Nicht alle griechischen Silben sind vom einfachen Typ Konsonant-Vokal; es konnte sich demnach also nicht um eine perfekte Abbildung der gesprochenen Sprache in der Schrift handeln. Eine Beschreibung der Transkriptionsregeln, die die Schreiber verwendet hatten, bildet hier einen ent-

a		e		i		o		u	
da		de		di		do		du	
ja		je				jo			
ka		ke		ki		ko		ku	
ma		me		mi		mo		mu	
na		ne		ni		no		nu	
pa		pe		pi		po		pu	
qa		qe		qi		qo			
ra		re		ri		ro		ru	
sa		se		si		so		su	
ta		te		ti		to		tu	
wa		we		wi		wo			
za		ze				zo			

anlautendes ai · anlautendes au · rai · ha
p^hu · nwa · pte · tja
twe · two · dwe · dwo
rjo · rja

Das sind die 73 Zeichen von Linear B, deren phonetischer Wert bekannt ist. Jedes Zeichen steht für eine Silbe. Es gibt noch ein paar weitere Zeichen, die wohl auch zu dem System Linear B gehören, aber sie treten so selten auf, daß ihr Lautwert noch nicht festgestellt werden konnte.

scheidenden Teil der Lösung. Zur Zeit kennt man von 73 Schriftzeichen den Lautwert; bei weiteren 16 Zeichen konnte man die lautlichen Entsprechungen noch nicht bestimmen.

Für viele Wörter in den Texten hat man noch immer keine Interpretation, und die Kritiker an Ventris' Entzifferung (die es bekanntlich immer gibt) weisen darauf hin, daß ihr Zutreffen noch nicht bewiesen sei. Ein echter Beweis ist wahrscheinlich unmöglich. Zwischen die Palastbeamten, die Linear B schrieben, und die ionischen Griechen des Eposdichters Homer schieben sich einige Jahrhunderte, in denen Wörter sich verändern oder ganz verschwinden konnten. Dort jedoch, wo man die Schrifttafeln und Homer Punkt für Punkt vergleichen kann, ergeben sich manche verblüffende Diskrepanzen. Vielleicht heben die Kritiker diese Unterschiede besonders hervor, weil sie nur schwerlich glauben können, daß die Griechen, die das semitische System einer alphabetischen Schrift perfektionierten, Jahrhunderte zuvor schon über ein Silbensystem verfügt hatten.

Es wäre eine amüsante Spekulation: Wenn die Zentren der antiken Reiche auf Kreta und auf dem griechischen Festland zwischen 1400 und 1100 vor Christus nicht so stark zerstört worden wären, hätten die nachfolgenden Griechen keinen Bedarf an alphabetischen Schriftsystemen gehabt, und dieses Buch wäre wahrscheinlich in einer aus Linear B abgeleiteten Silbenorthographie verfaßt und gedruckt worden.

Das phonetische Alphabet

Die Analyse der gesprochenen Sprache hörte nicht bei den alten Griechen auf. Unter der Voraussetzung, daß sich Fortschritte in der linguistischen Theorie auch in Fortschritten in der Orthographie zeigen sollten, wäre zu erwarten, daß man auch heute noch eine Weiterentwicklung in der Technologie des Schreibens auffinden kann. Das ist in der Tat der Fall.

Die neuere Auseinandersetzung mit Problemen der Orthographie erreichte im 19. Jahrhundert ihren Höhepunkt, als die Lautgesetze ins Zentrum der Arbeit historischer Sprachwissenschaftler rückten. Die Buchstabierkonventionen in den alten Dokumenten, mit denen sich die Lautverschiebungen belegen ließen, waren nicht ausreichend, um einige wesentliche Fragen zu entscheiden, die die Aussprache betreffen. In einer perfekten alphabetischen Orthographie entspräche jedes Schriftsymbol einem bestimmten Phonem, und jedes Phonem hätte sein eigenes Schriftsymbol. Manche Orthographien, beispielsweise die spanische, kommen diesem Ideal näher als andere, doch wurde kein bestehendes alphabetisches Schriftsystem als zulänglich angesehen, um den Bedürfnissen der Sprachwissenschaft gerecht zu werden.

Am Beispiel der englischen Orthographie kann man die ganze Kompliziertheit nur zu leicht aufzeigen. Wörter wie *colonel* und *kernel* werden gleich ausgesprochen (nämlich, in phonetischer Umschrift, als *k3:nl*), aber verschieden buchstabiert, wohingegen Wörter wie *lead* (das englische Wort für *Blei*) und *lead* (das Verb *führen*) zwar auf dieselbe Weise buchstabiert, aber verschieden ausgesprochen werden (nämlich das eine Mal *led*, das andere Mal *li:d*). Im Deutschen räumt die Groß- und Kleinschreibung zwar manche Mehrdeutigkeiten aus, aber auch hier gibt es beide Zweifelsfälle: *Meer* und *mehr*, *wer* und *Wehr*, *wahr* und *war* werden gleich gesprochen, aber verschieden buchstabiert; anderseits kann man beim Wort *Montage* nur aus dem Kontext erschließen, ob es *'mo:nta:ge* oder *mon'ta:ʒe* gesprochen wird.

Das „orthographische Lamento" von Charles Follen Adams bringt es auf den Punkt*:

An Orthographic Lament

If an S and an I and an O and U
With an X at the end spell Su;
And an E and a Y and an E spell I,
Pray what is a speller to do?
Then, if also an S and an I and a G
And an HED spell side,
There's nothing much left for a speller to do
But to go commit siouxeyesighed.

* Dieses Gedicht läßt sich nicht übersetzen. Zum Verständnis nur folgender Hinweis: In dem Gedicht werden drei Wörter buchstabiert, deren Schreibweisen sich stark von ihrer Aussprache unterscheiden. Die – an sich unsinnige – Zusammensetzung dieser drei Wörter, *siouxeyesighed*, klingt phonologisch fast wie *suicide*, das englische Wort für Selbstmord, den der Dichter in der Schlußzeile angesichts der Rechtschreibung am liebsten begehen möchte. (Anmerkung des Übersetzers.)

Manches Kind dürfte bei dem Versuch, die Regeln der englischen Rechtschreibung zu lernen, dem Dichter die Verzweiflung nachgefühlt haben. Im Spanischen verhält es sich vergleichsweise besser. Wer nur die Ausspracheregeln kennt, kann einen spanischen Text schon so gut vorlesen, daß ihn Spanier verstehen, auch wenn der Lesende keine Vorstellung davon hat, was der Text bedeutet. Im Englischen würde ein ähnliches Experiment zu einem Desaster führen; im Deutschen würde es den Zuhörern zumindest deutlich besser ergehen als im Englischen.

Die englische Orthographie ist über weite Strecken ein regelmäßiges System: Man kann einen Satz von Regeln formulieren, die in den meisten Fällen zutreffen, aber von jeder Regel gibt es unvorhersagbare Ausnahmen. Die Existenz solcher Regeln kann man daran aufzeigen, daß man Personen Wörter aussprechen läßt, die es in der Sprache gar nicht gibt, sogenannte Nicht-Wörter. Menschen, die Englisch lesen und schreiben können, sprechen VOME, TIVE und LOES so aus, daß sie wie Reimwörter zu *home*, *strive* und und *toes* klingen, woraus sich dementsprechend der Hinweis ergibt, daß *come*, *give* und *does* unregelmäßig sind. Wenn dies gezeigt wurde, folgt daraus üblicherweise der Schluß, daß jemand, der sowohl die Nichtwörter als auch die irregulären Wörter korrekt aussprechen kann, zwei getrennte Aussprachesysteme beherrschen muß. Eine Liste unregelmäßiger Wörter muß man heranziehen, weil man die Aussprache dieser Wörter nicht aus einer Regel ableiten kann; und zur Aussprache der Nichtwörter muß man die Regeln heranziehen, weil Nichtwörter in keiner Wortliste vorkommen. Es gibt sogar Anhaltspunkte dafür, daß Hirnverletzungen eines der beiden Systeme beeinträchtigen können, wobei das andere verschont bleibt. Es trifft sicher zu, daß man die regelmäßige wie auch die unregelmäßige Aussprache lernen muß; wie unabhängig diese beiden Arten des Lernens jedoch wirklich voneinander sind, darüber kann man sich noch streiten.

Die deutsche Rechtschreibung bereitet vor allem bei der Schreibweise von Vokallängen Schwierigkeiten; beispielsweise enthalten *Saal*, *kahl* und *Wal* (und natürlich auch *Wahl*) dasselbe lange *a*. Daß ein auslautendes *t* im Deutschen mit einem *d* geschrieben wird, ist zwar regelhaft, kann man jedoch auch nicht aus den Ausspracheregeln erschließen.

Die einfachste Lösung bestünde darin, sich von den Unregelmäßigkeiten zu befreien. Immer wieder haben sich – für das Englische wie für das Deutsche – Fachleute für eine Rechtschreibreform ausgesprochen, die die Orthographie mit der üblichen Aussprache in Einklang brächte. Die Geschichte der alphabetischen Schrift ist zugleich die Geschichte der Entdeckung, welche Vorteile eine Entsprechung zwischen Lauten und Buchstaben bietet; deshalb ist der Gedanke, diese geschichtliche Linie vorsätzlich weiterzuziehen, bis hin zu dem endgültig perfekten System, sehr verlockend. Doch warum sollte man diese Weiterführung auf eine Einzelsprache beschränken? Wenn man schon dabei ist, warum sollte man nicht ein Alphabet entwickeln, mit dem man *jede* Sprache schreiben kann? Warum nicht ein einziges internationales Alphabet, an dem sich alle beteiligen können, anstelle der vielen verschiedenen Orthographien, die sich durch histori-

Exkurs 3.3: Agraphie

Manche Hirnverletzungen ziehen ein Krankheitsbild nach sich, das man Agraphie nennt, den pathologischen Verlust der Schreibfähigkeit. Schwierigkeiten beim Schreiben können natürlich auch als Sekundäreffekte schwererer Verletzungen auftreten; es gibt jedoch bestätigte Fälle einer speziellen Agraphie, bei der die Symptome auf Schreibprozesse beschränkt bleiben, und zwar bei Patienten, deren Sprache eine alphabetische Orthographie aufweist. Es mag seltsam erscheinen, daß jemand, der lesen kann, beim Schreiben Schwierigkeiten hat, doch das war der Zustand dieser speziellen Agraphiker. Wenn man sie Wörter nach Diktat schreiben ließ, traten ständig Rechtschreibfehler auf. Es konnte gezeigt werden, daß es sich nicht um eine motorische Störung handelt – sie konnten beispielsweise einen Text von Kleinbuchstaben in Großbuchstaben umschreiben. Auch lag kein Gedächtnisproblem vor – nachdem sie ein Wort geschrieben hatten beziehungsweise nicht in der Lage waren zu schreiben, konnten sie das Wort, das sie schreiben sollten, jeweils laut wiederholen. Es bestand auch keine Einschränkung bei der Wahrnehmung oder beim Verstehen – sie konnten fließend lesen und konnten auch für die Wörter, die sie zu schreiben versuchten, Synonyme angeben.

Zwei Verhaltensmuster des Agraphikers bieten eine aufschlußreiche Gegenüberstellung. In der Form der lexikalischen Agraphie können Patienten Wörter mit regelmäßiger Rechtschreibung richtig schreiben, machen bei unregelmäßigen Wörtern jedoch Fehler, indem sie die Schreibweise einer Regel anpassen: zum Beispiel rief „subtle" *suttle* hervor; im Falle eines französischen Patienten wurde „église" zu *aiglise*. Auch buchstabiert ein Patient mit lexikalischer Agraphie plausible Nichtwörter genauso, wie Gesunde es tun würden. In der entgegengesetzten Erscheinungsform der phonologischen Agraphie können Patienten häufig benutzte Wörter richtig buchstabieren, machen bei selteneren Wörtern

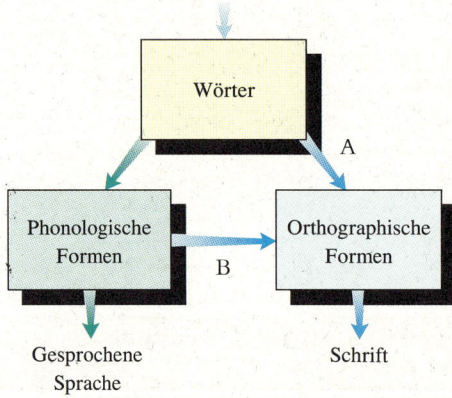

Dieses Modell stellt zwei Wege dar, die dem Menschen beim Schreiben normalerweise zur Verfügung stehen: der direkte Weg über eine Bildvorstellung der geschriebenen Form und der indirekte Weg über eine Hörvorstellung der phonologischen Form zusammen mit Regeln, die Laute und Buchstaben einander zuordnen. Eine Läsion, die das System an der Stelle A unterbricht, führt zu einer lexikalischen Agraphie; eine Läsion, die die Zuordnungsregeln von Buchstaben zu Lauten an der Stelle B beeinträchtigt, führt zu einer phonologischen Agraphie.

jedoch manchmal Fehler – und zwar fast immer, indem sie ein anderes Wort schreiben: zum Beispiel *ascent* statt „ascend". Ein phonologischer Agraphiker kann jedoch weder Nichtwörter buchstabieren noch einfache Wörter wie *cat* in die zugehörigen Laute zerlegen. Ein Patient, der dieses Krankheitsbild zeigte, gab an, daß er *amenable* nicht schreiben könne, weil er es nicht verstanden hätte; als ihm kurz darauf die Bedeutung einfiel, konnte er das Wort dann plötzlich auch schreiben.

Offenbar verfügen gesunde Menschen über visuelle Vorstellungen von Wörtern als Teil ihrer lexikalischen Repräsentation dieser Wörter, und diese Wortbildmarken steuern das Schreiben geläufiger Wörter. Wenn diese Methode nicht zum Erfolg führt, können sie ein System phonologischer Regeln einsetzen, die das gesprochene Wort zerlegen und den Lauten Buchstaben zuweisen. Bei einer lexikalischen Agraphie hat man anscheinend die Wortbildmarken im lexikalischen Gedächtnis verloren, kann jedoch noch auf das phonologische System zugreifen. Solche Fälle, in denen das eine System ausfällt, das andere jedoch erhalten bleibt, betrachtet man als Beweis dafür, daß die beiden Systeme selbständig – im Fachausdruck: „dissoziiert" – sind. Bei der phonologischen Agraphie hat man anscheinend die phonologischen Regeln eingebüßt, aber die Wortbildmarken behalten; auch dies spricht für die Dissoziierung. In solchen Fällen nennt man die beiden Systeme wechselseitig oder doppelt dissoziiert.

sche Zufälligkeiten willkürlich herausgebildet haben? Mit Sicherheit waren es solche optimistischen Erwartungen hinsichtlich des sich ergebenden Nutzens, die zur Einrichtung des internationalen phonetischen Alphabets führten.

Als sich das Studium der gesprochenen Sprache im Verlauf des 19. Jahrhunderts ausweitete, begann eine Reihe von Phonetikern, Sprachlaute zu klassifizieren und Notationssysteme zu entwickeln, um die Laute in geschriebener Form genau zu dokumentieren. Einer dieser Pioniere in den USA war Melville Bell, ein Sprachtherapeut, der ein Notationssystem ausarbeitete, um seinen gehörlosen Schülern zur Artikulation verstehbarer Sprache zu verhelfen. Bells Symbole hatten keine Beziehung zum lateinischen Alphabet, sondern leiteten sich stattdessen aus Zeichnungen der Stellungen und Bewegungen der Artikulationsorgane beim Sprechen ab. (Das koreanische Alphabet Han'gŭl wurde im 15. Jahrhundert nach einer ähnlichen Idee entworfen. Die Schriftzeichen in Han'gŭl folgen einer systematischen Struktur, die mit den phonetischen Merkmalen des Koreanischen einhergeht: Sie unterscheiden Vokale von Konsonanten, sie spiegeln die Zungenstellung und den Artikulationsort wider und so weiter.) Bell beschrieb sein System des „sichtbaren Sprechens" in einem Buch, welches 1867 erschien und eine Technik der universellen alphabetischen Darstellung versprach: *Visible Speech: The Science of Universal Alphabetics.* Das Buch enthält eine systematische Darstellung der verschiedenen Aktivitäten, zu denen jedes Artikulationsorgan fähig ist, eine eingehende Besprechung der verschiedenen Laute, die sich bei Kombination solcher Aktivitäten bestimmter Artikulationsorgane ergeben,

3.15 Alexander Melville Bell (1819 – 1905).

3.16 Diese Photographie zeigt Alexander Graham Bell, den „Lehrer der Lehrer" (in der obersten Reihe rechts), mit seinem Lehrkörper und mit Schülerinnen und Schülern der Pemberton Avenue School for the Deaf, einer Gehörlosenschule in Boston; vier Jahre zuvor wurde das Buch *Visible Speech* seines Vaters veröffentlicht.

3.17 Die Wörter *visible speech*, wie sie in dem phonetischen Alphabet geschrieben werden, das Melville Bell 1867 entwickelte.

und ein graphisches System, um diese Aktivitäten darzustellen. Sein Sohn Alexander Graham Bell half ihm, die Genauigkeit seines Zeichensystems vorzuführen. Bei öffentlichen Vorträgen bat Melville Bell gewöhnlich jemanden aus dem Publikum auf die Bühne, bevorzugt einen Zuschauer, der einen ungewöhnlichen Dialekt sprach. Diese Person sollte dann ein paar Worte ihrer eigenen Wahl sprechen, die Bell schriftlich notierte. Alexander, der solange außer Hörweite war, wurde dann hereingerufen, um die Aufzeichnungen seines Vaters laut vorzulesen. Schließlich wurden die ursprüngliche Aussprache und Alexanders Nachahmung miteinander verglichen.

In Europa kam 1886 eine Gruppe von Phonetikern zusammen, um die internationale phonetische Gesellschaft (die Association Phonétique Internationale) zu gründen. Ein aktives Mitglied dieser Gruppe war Henry Sweet, der zu der Figur des Henry Higgins in George Bernard Shaws *Pygmalion* inspirierte. Diese Arbeitsgruppe entwarf das internationale phonetische Alphabet (IPA), das für die Anwendung auf alle Sprachen angelegt war. Das IPA versuchte nicht, die Artikulationsstellungen darzustellen; es behielt die vertrauten Buchstaben des lateinischen Alphabets bei, ergänzte sie jedoch um viele weitere Symbole und fügte eine Vielzahl modifizierender Markierungen hinzu. Die Merkmale der Sprachlaute, die man heranzog, um phonetische Klassen im IPA zu definieren, entstanden aus vielen Jahren geduldiger Analyse; Phonetiker benutzen sie noch heute. Leider war jedoch auch das IPA ein Alphabet.

Das IPA ist die endgültige Verkörperung der segmentalen Sprachtheorie. Die Symbole des phonetischen Alphabets bestimmen die Segmente, in die man den Sprachfluß angenommenermaßen aufteilt, so als ob Sprachlaute so unabhängig und eigenständig wären wie die Buchstaben eines niedergeschriebenen Alphabets. Das IPA ist kaum mehr als das bewußte Über-sich-Hinausführen derjenigen Theorie, die sich über 5000 Jahre hinweg langsam herausgebildet hatte; und dennoch deckte der Versuch, eine Lehre der Phonetik darauf zu gründen, am Ende seine Mängel und Schwachstellen auf.

Um die Beschränkungen alphabetischer Schriften zu begreifen, muß man die dynamischen Prozesse beim Sprechen verstehen, die durch die alphabetischen Zeichen abgebildet werden sollen. Die Theorie, auf der das IPA beruht, kann man anhand der Merkmale zusammenfassen, die zur Unterscheidung verschiedener Klassen von Sprachlauten benutzt werden. Eine erste Unterscheidung wurde zwischen Konsonanten und Vokalen getroffen. Dann wurden die Vokale durch die Zungenstellung (hoch-tief und vorne-hinten) und die Rundung der Lippen gekennzeichnet; die Konsonanten wurden durch den Ort ihrer Bildung (von bilabial, das heißt ganz vorne mit beiden Lippen, bis glottal, das heißt ganz hinten in der Kehle) und die Art der Artikulation (plosiv, nasal, frikativ und so weiter; siehe Kapitel 4) gekennzeichnet.

Die Merkmalshierarchie in der Abbildung auf Seite 77 bildet die Theorie ab, die dem IPA zugrunde liegt, nicht das IPA selbst. Es ist eine Theorie der Beschränkungen, die dem Menschen in seinen sprachlich-phonetischen Fähigkeiten gege-

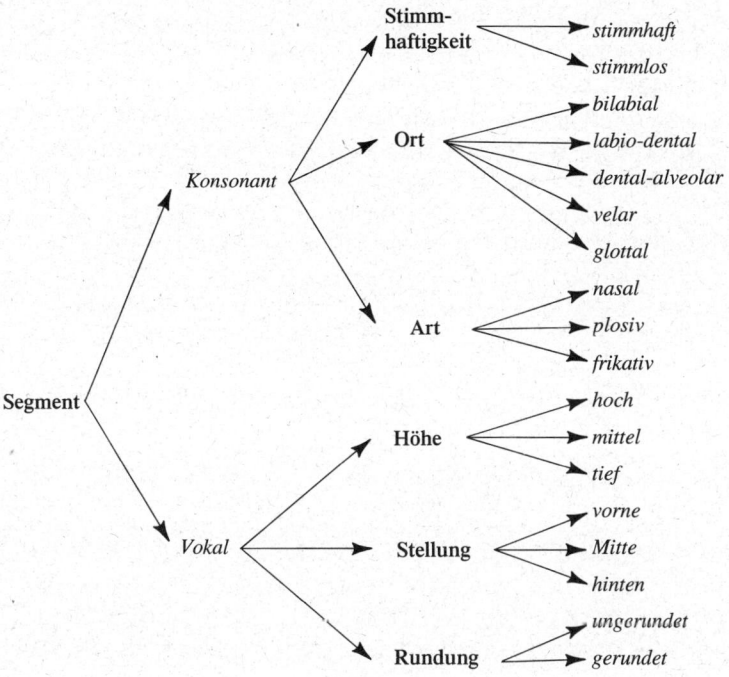

3.18 Die Merkmale, die im internationalen phonetischen Alphabet zur Klassifikation von Sprachlauten herangezogen werden, sind hier hierarchisch angeordnet.

ben sind. Um das IPA herzuleiten, muß man die Abbildung um ganz bestimmte Konventionen ergänzen. Eine Übereinkunft besagt, daß es zwischen den kursiv gedruckten Merkmalen nur ein Entweder-Oder gibt, während bei den fettgedruckten Merkmalen je eine Ausprägung gewählt werden muß. Das bedeutet, daß es nach **Segment** eine Wahl zwischen *Konsonant* und *Vokal* gibt; von *Konsonant* aus muß man jedoch die **Stimmhaftigkeit**, den **Ort** und die **Art** der Lautbildung auswählen, da jeder Konsonant auf allen dreien dieser Merkmale eine Ausprägung hat; vom **Ort** aus besteht eine Auswahl zwischen mehreren Artikulationsorten. Ein Beispiel: Wenn das **Segment** ein *Konsonant* ist und die Ausprägungen der **Stimmhaftigkeit**, des **Ortes** und der **Art** *stimmhaft*, *bilabial* und *nasal* sind, dann handelt es sich um das IPA-Symbol *m* (den Anfangslaut von *Maus*).

In den Jahren nach der Einführung des Systems stieß man auf einige Probleme mit dieser Theorie. Zum einen sieht das IPA nicht vor, mit Lauten umzugehen, die an mehr als einer Stelle gebildet werden. Anscheinend waren den Formgebern des IPA solche Sprachlaute nicht geläufig. Ein ernsteres Problem besteht darin, daß Segmente entweder Konsonanten oder Vokale sind, als ob beide keine gemeinsamen Merkmale aufwiesen. So sind etwa die Stimmhaftigkeit und das Nasale nicht als Merkmale von Vokalen zugelassen (wiewohl man die Nasalierung durch spezielle Markierungen andeuten kann).

Das größte Problem des IPA besteht jedoch darin, daß es keine Möglichkeit läßt, um zu erklären, daß Konsonanten regelmäßig durch die Vokale, die sie umgeben, verändert werden; ein Phänomen, das man Ko-Artikulation nennt. Man vergleiche beispielsweise die Wörter *Kiemen* und *Kuchen*. Beide werden im Anlaut mit einem stimmlosen, velaren, plosiven Konsonanten gesprochen. Bei näherer Betrachtung erkennt man, daß diese beiden Konsonanten durchweg verschieden ausfallen. Sprechen Sie sich die beiden Anfangslaute selbst vor: Wenn Sie nicht genau hinhören, werden Sie keinen Unterschied merken, weil er nicht von Bedeutung ist, wenn Sie jedoch auf den Unterschied achten, ist er unverkennbar. Das Phänomen ist nicht auf eine Einzelsprache beschränkt: Wann immer auf Velare vorne gebildete Vokale folgen, wird ihre Artikulation nach vorne verlagert — einfach deshalb, weil beide Laute von ein und demselben Mund hervorgebracht werden. Daraus ergibt sich für das IPA folgendes Problem: Nachdem das IPA die Segmentierung so weit getrieben hat wie nur irgend möglich, fehlt ihm nun jegliche Möglichkeit, um mit dieser Art der Interaktion zwischen angrenzenden Segmenten innerhalb derselben Silbe umzugehen. In diesem und in vielen ähnlichen Beispielen sind Ketten von IPA-Symbolen nicht in der Lage, eine genaue Darstellung dessen zu geben, was Sprecher tatsächlich hervorbringen. Die Annahme der Segmentierung wurde zu weit getrieben.

Das IPA trug aber trotz dieser Unzulänglichkeiten dazu bei, phonetische Aufzeichnungen zu standardisieren, und so spielte es für die Entwicklung der Sprachwissenschaft eine wichtige Rolle; zweifellos wird man es überarbeiten, damit es mit der derzeitigen linguistischen Denkweise besser in Einklang kommt. Da es sich beim IPA um ein Alphabet handelt, rückt es notwendigerweise die sprachlichen Laute besonders in den Vordergrund, wohingegen die entscheidenden Erkenntnisse in diesem Jahrhundert darin bestehen, daß es eher die Merkmale (Stimmhaftigkeit, Artikulationsort und -weise, Zungenhöhe und -stellung, Rundung) und nicht die Laute selbst sind, die die grundlegenden Bausteine der gesprochenen Sprache bilden. Dieser Gedanke muß jedoch bis zum vierten Kapitel zurückgestellt werden, in dem das gesprochene Wort eingehender erörtert wird.

Vereinfachte Rechtschreibung

Was ist inzwischen noch von der Frage einer Rechtschreibreform übriggeblieben? Selbst wenn das IPA für die Bedürfnisse der Wissenschaft nicht ausreicht: Wäre es nicht besser, die Wörter in einem Alphabet zu buchstabieren, mit dem sich gerade diejenigen Merkmale der Sprache darstellen lassen, die jemand, der die Sprache beherrscht, unterscheiden kann? Es wurde behauptet, daß Kinder mit einem Alphabet von etwa vierzig Buchstaben (was ungefähr ausreichen würde, um im Deutschen wie im Englischen jedes einzelne Phonem darzustellen) leichter lesen und schreiben lernten, weil die Schriftsprache damit viel näher an der gesprochenen Sprache läge. Obwohl solche Vorschläge nachvollziehbar klingen, fanden sie zu keiner Zeit breite Zustimmung, vielleicht weil die Bibliothe-

3.19 Die Bemühungen um eine Reform der englischen Rechtschreibung haben eine lange Geschichte. Schon im 13. Jahrhundert versuchte es ein Mönch namens Ormin. Ormins Reformvorschläge wurden ignoriert, als sein Manuskript aber 600 Jahre später wieder auftauchte, erwies es sich als eine wahre Fundgrube für die Ausspracheregeln des Mittelenglischen. Der wahrscheinlich berühmteste moderne Fürsprecher einer vereinfachten Rechtschreibung war George Bernard Shaw (1856–1950), der in seinem Testament ein Preisgeld für einen Wettbewerb hinterließ, den Kingsley Read 1959 gewann. Das System von Shaw umfaßt 48 Zeichen, die in ihrem Aussehen keinem bestehenden Alphabet gleichen. Der Satz *He paused for a moment and a wild feeling of pity came over him* (auf deutsch: Er hielt einen Moment inne, und ihn überkam ein rasendes Gefühl des Mitleids) sieht in der Orthographie von Shaw wie folgt aus:

ken bereits mit Büchern in der bestehenden Orthographie gefüllt sind, vielleicht weil man die Druckmaschinen umrüsten müßte und (das dürfte am wahrscheinlichsten sein) weil die Menschen nicht bereit sind, neue Buchstabiergewohnheiten zu lernen. Die Schrift hat einen konservativen Einfluß auf die Sprache – sie widersetzt sich Veränderungen und fördert keine plötzlichen Reformen.

Außerdem beklagen sich nicht alle Linguisten über die konventionelle Rechtschreibung, nicht einmal im Englischen. Manche behaupten, sie liege doch nahe an einem optimalen System zur Darstellung dessen, was ein Sprecher über die Aussprache englischer Wörter wissen müsse – ein Wissen, das man nicht durch phonologische Regeln vorhersagen kann. Eine vereinfachte Rechtschreibung hilft vielleicht Leuten, die kein Englisch können, geschriebenen Text mehr oder weniger korrekt laut vorzulesen. Aber dieser Vorteil würde dadurch bezahlt, daß man diejenigen, die Englisch können, benachteiligt; diese müßten die vereinfachten Schreibweisen in etwas, das der derzeitigen Orthographie ähnelt, zurückverwandeln, um das Gelesene zu verstehen.

Man betrachte beispielsweise, wie der Plural von *rope*, *robe* und *rose* gebildet wird. Menschen, die Englisch sprechen, wissen bereits (zumindest unbewußt), daß *ropes* mit einem stimmlosen Zischlaut *-s* endet, daß *robes* mit einem stimmhaften Zischlaut *-z* endet und daß *roses* mit einer Silbe endet, die einen abgeschwächten Vokal und den stimmhaften Zischlaut *-iz* umfaßt. Für Menschen, die Englisch können, ist es deshalb nicht nötig, diese unterschiedlichen Aussprachevarianten durch unterschiedliche Buchstaben darzustellen; man kann den Plural jeweils einfach durch Hinzufügung von *-s* schreiben. In einer vereinfachten Orthographie würde man diese Pluralbildungen jedoch vielleicht *rowps*, *rowbz* und *rowziz* schreiben, was auch von jemandem, der nicht mehr als die Regeln dieses Buchstabiersystems kennt, korrekt ausgesprochen werden könnte. Leute, die Englisch sprechen, wissen jedoch, daß alle drei Endungen, wenn sie Substantiven angehängt werden, „mehr als eines" bedeuten. Um das Gelesene zu verstehen, müßten sie deshalb *-s*, *-z* und *-iz* in das zugrundeliegende Konzept der Mehrzahl zurückverwandeln. Wenn diese Argumentation zutrifft, dann müßte das Erlernen des Lesens und Schreibens der herkömmlichen englischen Orthographie das Bewußtsein für bedeutsame Regelmäßigkeiten in der Sprache steigern – Regelmäßigkeiten, die auch für phonetisch divergierende Dialekte gelten und die dem historischen Wandel widerstehen, die in den tatsächlich geäußerten Lautmustern jedoch alles andere als offensichtlich sind.

Auf jeden Fall sollte bis hierhin deutlich geworden sein, daß eine genaue phonetische Transkription von Lautsegmenten keine vollständige Beschreibung der physiologischen Prozesse oder der akustischen Resultate beim Sprechen liefert. Phonetische Transkriptionen stellen Sprachlaute durch diskrete, invariante Buchstaben dar. Der Prozeß des Sprechens besteht nicht in einer Serie von Stakkatosprüngen von einer festen Position zur nächsten, und den Sprachfluß kann man nicht in diskrete Laute aufspalten.

***

Die Entstehung der gesprochenen Sprache ermöglichte es, Gedanken nach außen zu kehren, aber es war die Erfindung der Schrift, die es ermöglichte, externalisierte Gedanken zu erhalten – mit bedeutenderen Konsequenzen für die menschliche Rasse als alle je geschlagenen Schlachten. Das geschriebene Wort hat seine eigene Berechtigung; wenn Linguisten jedoch das Primat des gesprochenen Wortes fordern, dann haben sie dafür gute Gründe.

3.20 Nicht jegliche Schrift widersteht der Veränderung. Graffiti auf einem U-Bahn-Waggon in der südlichen Bronx verraten den Ort ihrer Herkunft: Tuff City.

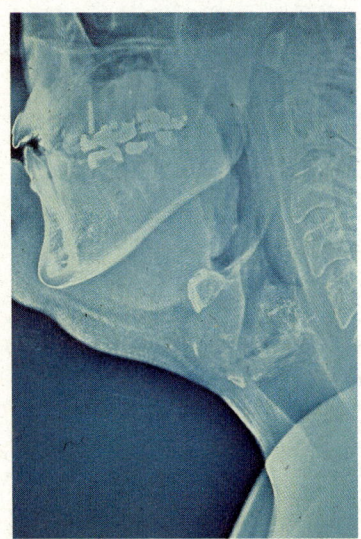

4.1 Röntgenstrahlen ermöglichen eine genaue Ansicht der Stimmorgane; hier bildet ein Sprecher gerade den Vokal [i].

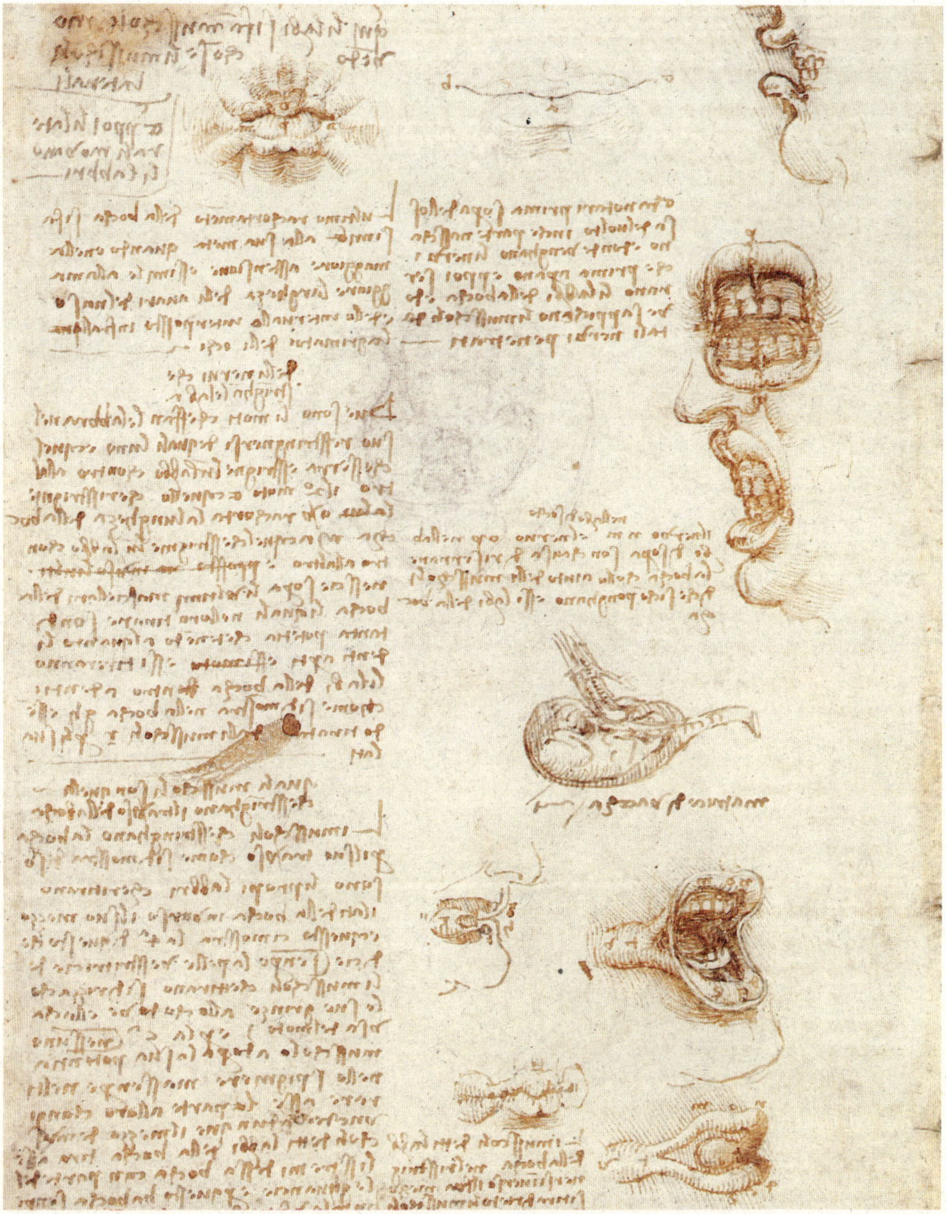

4.2 Die Anatomie des Menschen ist eine der Grundlagen der Neurophysiologie und der Akustik der gesprochen Sprache, die jegliches uns bekannte Zusammenleben des *Homo sapiens* kennzeichnet. Unter Leonardo da Vincis Zeichnungen in einer Handschrift zur Anatomie aus den Jahren zwischen 1506 und 1509 befinden sich diese neun Studien des Mundes und der Lippen, zusammen mit Anmerkungen zu ihrer Muskulatur.

4. Das gesprochene Wort

Es ist allgemein bekannt, daß Menschen angeborenermaßen für den Spracherwerb vorbereitet sind und daß das gesprochene Wort wohl eines der Meisterwerke der Biologie sein dürfte. Was aber verbirgt sich hinter diesem prächtigen Allgemeinplatz? Ein vorsichtiger Forscher wird dort kaum mehr als eine Frage finden. Eine Frage, die so einfach klingt und ebenso schwer zu beantworten ist.

Worin besteht die biologische Grundlage für gesprochene Sprache? Zum Teil in der Anatomie: Der Vokaltrakt des Menschen ist besonders dafür eingerichtet, eine reiche und schnell veränderbare Vielfalt an Lauten zu produzieren. Zum Teil aber auch in der Neurophysiologie: Damit die Sprache funktioniert, muß der Mensch über hochkomplexe motorische und wahrnehmungsbezogene Fähigkeiten verfügen. Er muß eine umfangreiche Sammlung nervöser Impulsmuster zur unmittelbaren Verfügung haben, die die Artikulationsbewegungen beim Hervorbringen von Wörtern steuern. Und er braucht Zugang zu einer entsprechend umfangreichen Sammlung neuronaler Muster, die den Klang eines Wortes vom Klang eines anderen unterscheiden können.

Neurologen sind davon überzeugt, daß solche Mechanismen existieren. Sie wissen auch ungefähr, wo sie im Gehirn lokalisiert sind und wie es sich auf das Sprechen auswirken kann, wenn sie beschädigt werden. Über die Einzelheiten weiß man jedoch noch wenig. Vieles von dem, was man über die biologischen Grundlagen der menschlichen Sprache weiß (oder zu wissen glaubt), hat man auf indirektem Wege erfahren; aus Beobachtungen der Funktionen, die der Mechanismus erfüllt, ließ sich schließen, wie er beschaffen sein muß. Um die neurophysiologischen Grundlagen der Sprache zu begreifen, muß ein Forscher an dem ansetzen, was der Mechanismus hervorbringt: an den gesprochenen Wörtern selbst.

Deshalb bedarf es präziser Information über die Funktionsweise der Sprechorgane und über deren akustische Resultate. Die alphabetische Schrift leistet — bei all ihren Vorteilen — keine Darstellung gesprochener Wörter, die für die Bedürfnisse der Sprachwissenschaft hinreichend wäre. Vor dem 20. Jahrhundert waren des Menschen Ohr und Hand die besten verfügbaren Instrumente, um menschliche Sprache dauerhaft aufzuzeichnen. Dann jedoch trat die Technologie auf den Plan. Die Erfindung des Telephons im Jahre 1875 durch Alexander Graham Bell (1847–1922) war ein erster entscheidender Schritt, aber in Wirklichkeit war es Lee De Forest (1873–1961), der 1906 damit eine Revolution auslöste, daß er die glühelektrische Vakuumröhre so umfunktionierte, daß sie als Verstärker dienen konnte. Heutzutage kann man Sprechlaute mit Hilfe digitaler Bandaufnahmen und Computer aufzeichnen und ihre physikalischen Eigenschaften mit hoher Präzision bestimmen.

Es stellte sich jedoch heraus, daß derartige Information über gesprochene Wortformen zwar notwendig ist, aber nicht hinreicht. Die Beziehungen zwischen den

Bewegungen der Sprechorgane, den akustischen Eigenschaften des Lautstroms und der Art, wie das Gesprochene wahrgenommen wird, sind außerordentlich komplex. Verschiedene artikulatorische Bewegungsmuster können zu ähnlichen akustischen Ergebnissen führen. Äußerungen wie *Leiter* und *leider*, deren physikalische Beschaffenheit recht ähnlich ist, werden von den Personen, die sie benutzen, als etwas völlig Verschiedenes betrachtet; andere Äußerungen, etwa wenn einmal ein kleines Mädchen und das andere Mal ein erwachsener Mann *Leiter* sagen, haben sehr unterschiedliche physikalische Eigenschaften, werden jedoch wie identische Äußerungen behandelt. Zusätzlich zu der Spezifikation der Art und Weise, wie Wörter gesprochen werden, muß auch spezifiziert werden, wie sie verstanden werden. Sprechen und Verstehen sind reziproke Prozesse, die zusammen den Klang und die Bedeutung eines Wortes miteinander verbinden.

Wie klassifizieren Hörer die Äußerungen, die sie hören? Zwischen zwei Wörtern, die derselben Klasse zugeordnet werden, gilt die formale Identitätsrelation, selbst wenn es sich dabei um unterscheidbar verschiedene physiologische und akustische Ereignisse handelt. Die akustischen Eigenschaften von *Hallo* beispielsweise können ganz verschieden sein, wenn das Wort von zwei verschiedenen Personen geäußert wird, dennoch wird man von zwei Äußerungen derselben Wortform (von zwei Exemplaren desselben Typs) sprechen. Eine formale Relation zwischen Äußerungen ist eine Beziehung, die auf der Form, nicht auf der Bedeutung beruht. Ein einfaches Beispiel liefert der Reim. Die Wörter *Katzen* und *Tatzen* klingen sehr ähnlich; sie reimen sich. Aber auch *Katzen* und *Katzen* klingen gleich und reimen sich — sie hängen jedoch nicht nur durch den Reim zusammen, sondern durch ihre Identität. In den Sätzen *Katzen lieben Katzen* und *Katzen haben Tatzen* sind die Anfangs- und Endwörter ähnlich, im ersten Satz handelt es sich jedoch um zwei Wortexemplare desselben Typs, während im zweiten Satz alle Wörter verschieden sind. Die Kunst besteht darin zu lernen, welche Unterschiede zwischen Wörtern von Belang sind und welche nicht.

Da einem diese Unterschiede in einer geläufigen Sprache so selbstverständlich sind, übersieht man leicht, wie subtil die physikalischen Hinweise sein können. Man betrachte die Reihe der Wörter *Last, läßt, List, liest* und *Lust*, die alle zusammen in einem Satz wie *Voll Lust liest, wer mit List Last läßt* vorkommen mögen. Alle fünf Wörter fangen gleich an und hören gleich auf; die wesentlichen Unterschiede liegen in den Vokalen. Wenn ein Sprecher diese Unterschiede nicht artikulieren oder ein Hörer sie nicht auseinanderhalten könnte, würde der Satz Kauderwelsch: *Voll last last, wer mit last last last.* Menschen, die Deutsch sprechen, hören die Unterschiede so deutlich, daß man kaum glauben kann, daß die fünf Wörter nicht völlig verschieden sind, doch bestehen zwischen den Wörtern nur geringfügige Unterschiede in der Stellung der Zunge. Doch diese kleinen Unterschiede sind von entscheidender Bedeutung. Ohne die Fähigkeit, solche kleinen Unterschiede genau und rasch hervorzubringen und auseinanderzuhalten, wäre das Sprechen sehr schwierig, wenn nicht gar unmöglich.

Obwohl Zunge und Ohr verschiedene Organe sind und die motorische Nervenaktivität, die die Artikulation steuert, eine völlig andere ist als die neurale Wahr-

4.3 Alexander Graham Bell zusammen mit Helen Keller und Annie Sullivan.

nehmungsaktivität, die am Ohr entsteht, sind die Produktion und die Rezeption des Sprechens — notwendigerweise — eng aufeinander abgestimmt. Eine Notwendigkeit dieses Zusammenhangs besteht darin, daß Sprecher ihre eigenen Vokalisationen ja auch hören; wenn Sprechern die Möglichkeit, sich selbst zu hören, nicht zur Verfügung stünde, fänden sie es äußerst schwierig, den Grad an Präzision zu entwickeln, den die Erzeugung verschiedener und vor allem unterscheidbarer Wörter erfordert.

Die Quellen-Filter-Theorie

Die zur Äußerung eines Wortes erforderlichen komplexen Prozesse bilden den Gegenstand eines Forschungsgebiets, das man Sprechwissenschaft nennt. Der geschichtliche Ausgangspunkt der Sprechwissenschaft liegt in der Mitte des 18. Jahrhunderts, ihre neuere Entwicklung begann jedoch in den dreißiger Jahren dieses Jahrhunderts; diese Entwicklung wurde durch die zunehmende Verfügbarkeit hochentwickelter elektronischer Technologien beschleunigt. Die heutige Sprechwissenschaft ist ein faszinierendes Zusammenwirken der Muskel- und Nervenphysiologie, der physikalischen Akustik, der Linguistik und der Psychologie. Die Physiologie braucht man zur Beschreibung des Hervorbringens der sprachlichen Laute, die Akustik für die Analyse der Laute selbst, und die Linguistik und die Psychologie schließlich sind zur Bestimmung derjenigen Aspekte notwendig, die an diesen Lauten für die sprachliche Kommunikation von Bedeutung sind.

Das Sprechen wird zuweilen als überlagerte Funktion bezeichnet: Es beruht auf dem Atmen, und die Grundfunktion des Atmens ist das Einholen von Sauerstoff; Laute hervorzubringen ist eine Art biologische Zugabe. Bei ruhiger Atmung atmet man während etwa 40 Prozent der Zeit ein und während 60 Prozent aus, beim Sprechen beträgt dieses Verhältnis eher zwanzig zu achtzig Prozent. Beim Hervorbringen von Lauten, dem Vokalisieren, wird Luft auf kontrollierte Art und Weise durch den Kehlkopf (Larynx) und den Vokaltrakt ausgestoßen — zum Vokaltrakt gehören Rachen (Pharynx), Mund, Zähne, Lippen und bei manchen Lauten die Nase. Atemaufzeichnungen während des Sprechens zeigen, daß es sich um zwei Komponenten handelt: eine ziemlich langsame, ruhige Komponente, die auf die Kontraktion der Bauchmuskulatur während des Ausatmens zurückzuführen ist, und, die langsame Komponente überlagernd, eine Reihe kürzerer Luftstöße, wenn sich die interkostalen, zwischen den Rippen befindlichen Muskeln schlagartig zusammenziehen, um dadurch während jeder Silbe Luft nach oben zu pressen. Im Deutschen, im Englischen und in vielen anderen Sprachen enthält jede Silbe einen Vokal, so daß sich normalerweise Vokale und Konsonanten im Sprachfluß regelmäßig abwechseln. Die Energie einer Silbe liegt in ihrem Vokal; Konsonanten sind nur unterschiedliche Arten, einen Vokal an- und abzustellen.

Der Luftstrom verursacht die Laute infolge von Muskelkontraktionen im Vokaltrakt. Die lauteste Lautquelle liegt im Kehlkopf (dem sogenannten Adamsapfel), wo die Stimmlippen oder Stimmbänder (Einstülpungen der Schleimhaut) bei genau der richtigen Anspannung zum Schwingen gebracht werden können – zum Durchlassen einer schnellen Serie von Luftstößen in den Vokaltrakt. Diese Serie schneller Luftstöße ist der Kehlkopfton, die Hauptquelle der Stimme eines Menschen. Es handelt sich dabei um einen zusammengesetzten Klang aus einer Schwingungs-Grundfrequenz, die durch die Anzahl der Luftstöße pro Sekunde festgelegt ist, und einer komplexen Reihe von Obertönen, deren Frequenzen Vielfache der Grundfrequenz sind. Man hört den Kehlkopfton jedoch nicht unmittelbar. Was man hört, ist die Stimme, nachdem sie den Vokaltrakt passiert hat – Rachen, Mund und Nase. Diese Hohlräume wirken als Filter (Resonatoren, die manche Schwingungsfrequenzen verstärken und andere abschwächen). Der Laut, der dem Mund entströmt, hängt von der Größe und Form dieser Resonatoren ab, die sich beim Sprechen fortlaufend verändern. (Natürlich ist der Kehlkopfton nicht an allen Sprachlauten beteiligt. Diejenigen Laute, bei denen das der Fall ist, nennt man stimmhaft.)

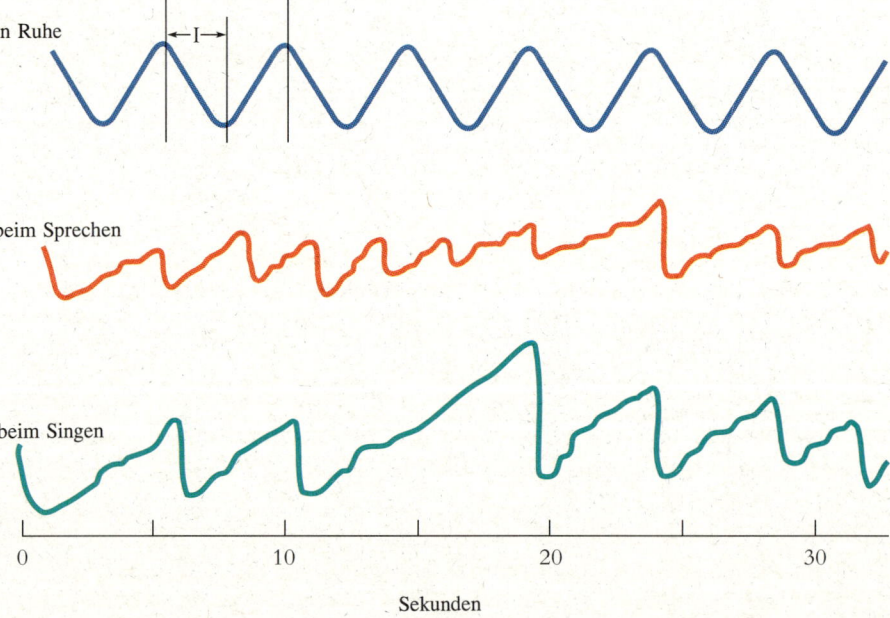

4.4 Die Veränderung des Brustumfangs beim ruhigen Atmen, beim Sprechen und beim Singen. Ein Ausschlag nach unten entsteht beim Einatmen; eine Auslenkung nach oben beim Ausatmen. D ist die Dauer eines ganzen Respirationszyklus; I ist der Anteil des Einatmens an einem Zyklus.

Die Quellen-Filter-Theorie der Lautproduktion wurde 1848 von dem deutschen Physiologen Johannes Müller (1801–1858) aufgebracht, und noch immer leitet diese Grundvorstellung die Forschungen zur Vokalisation bei Mensch und Tier. Die Schwingung der Stimmlippen gilt als die Quelle; der Vokaltrakt wird als akustisches Rohr betrachtet, welches in Abhängigkeit von seiner Form und Länge die Quelle auf unterschiedliche Weise filtert.

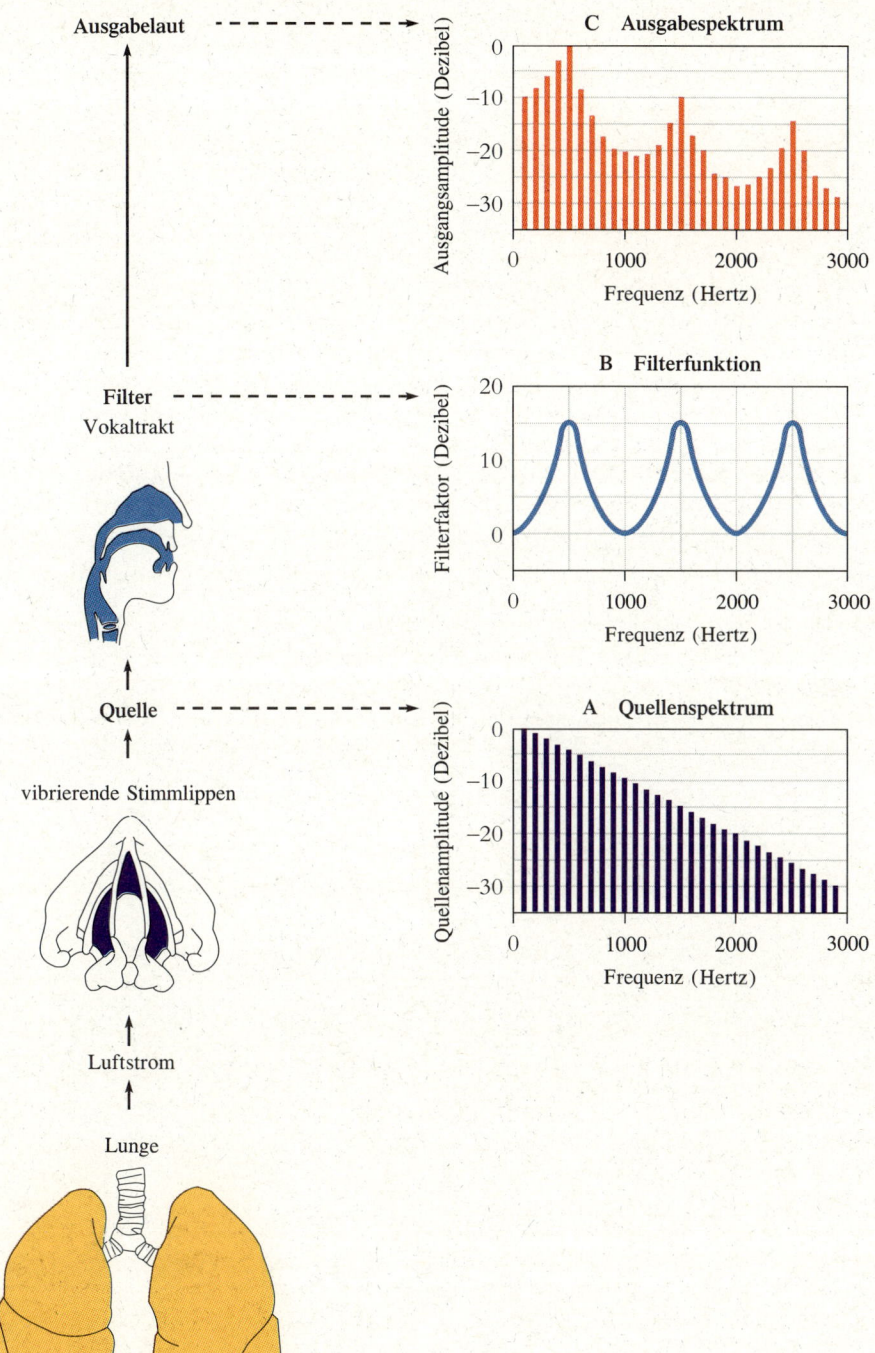

4.5 Die Lunge liefert die Energie beim Sprechen, die Stimmlippen wirken wie ein Oszillator, und der Vokaltrakt ist der Resonator. Nach der Quellen-Filter-Theorie ist der Kehlkopfton die Quelle; er wird produziert, wenn die vibrierenden Stimmlippen den Luftstrom aus den Lungen unterbrechen. Das akustische Spektrum eines Quellentons mit einer Grundfrequenz von 100 Hertz (A) zeigt, daß die Amplitude mit steigender Frequenz gleichförmig sinkt. Der Vokaltrakt ist ein Filter, der das Quellenspektrum vorhersagbar ändert. Für den Vokal [ʌ] beispielsweise weist die Filterfunktion (B) Resonanzspitzen bei 500, 1500 und 2500 Hertz auf. Wenn der Quellenlaut diesen Filter passiert, hat das Ausgabespektrum (C) an den in der Abbildung gezeigten Frequenzen Spitzenwerte; diese werden Formanten genannt.

Exkurs 4.1: Die ersten Sprechapparate

Die Idee, einen Apparat zu bauen, der Gesprochenes verständlich synthetisieren kann, ist ziemlich alt; der älteste nachweisliche Erfolg liegt mehr als 200 Jahre zurück. 1779 schrieb die Kaiserliche Akademie von St. Petersburg ihren Jahrespreis für denjenigen aus, der die Unterschiede zwischen fünf Vokallauten erläutern und einen Apparat konstruieren konnte, um diese Laute künstlich zu erzeugen. Der deutsche Physiker Christian Kratzenstein (1723−1795) gewann den Preis; er konstruierte akustische Resonatoren mit einer dem menschlichen Vokaltrakt ähnlichen Form, die er mit einem schwingenden Rohrblatt aktivierte.

1791 baute der Ungar Wolfgang von Kempelen (1734−1804), ein versierter Mechaniker mit einem guten Ohr für Sprachlaute, einen vollständigen und überraschend funktionstüchtigen Sprechapparat; er setzte mechanische Funktionsteile so ein, daß sie die wesentlichen Teile des menschlichen Vokalsystems imitierten. Sein Sprechapparat wurde an eine breite Öffentlichkeit gebracht, aber nicht ernst genommen − vielleicht, weil von Kempelen früher schon behauptet hatte, er habe eine mechanische schachspielende Maschine gebaut, als deren „Mechanismus" sich ein darin verborgener Liliputaner herausstellte. Bei seinem Sprechapparat ging es jedoch mit rechten Dingen zu. Ein Blasebalg versorgte ein Rohrblatt mit Luft; dieses erregte einen Lederresonator, der von Hand verändert werden konnte, um verschiedene Vokale hervorzubringen; Konsonanten wurden durch vier separate verengte Durchlässe nachempfunden, die man mit den Fingern der anderen Hand bediente. Sir Charles Wheatstone (1802−1875) führte im Jahre 1835 einen Apparat vor, den er nach der Beschreibung von Kempelens gebaut hatte.

Von Kempelens Leistung dürfte viel weiterreichende Einflüsse gehabt haben, als allgemein angenommen wird. In seiner Jugend sah Alexander Graham Bell (1847−1922) in Edinburgh Wheatstones Nachbau des Apparats von Kempelens. Alexander sah sich inspiriert, mit der Hilfe seines Bruders seinen eigenen Sprechapparat zu bauen, wobei er mit Guttapercha den Vokaltrakt im Abguß eines menschlichen Schädels modellierte. Verglichen mit den hochdifferenzierten elektronischen Sprachsynthesizern von heute erscheinen diese frühen mechanischen Lösungen unbeholfen und wirken eher belustigend. Aber sie legten das Fundament, auf dem alle Nachfolger aufbauten.

 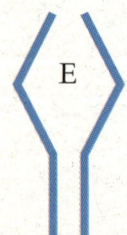  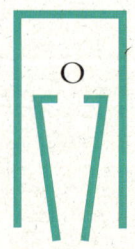 

Eine schematische Darstellung der Formen, die Kratzenstein 1779 verwendete, um Vokale zu synthetisieren. Der Resonator für das I wurde über der Öffnung angeblasen, die anderen Resonatoren wurden durch Einführen eines vibrierenden Rohrblatts aktiviert.

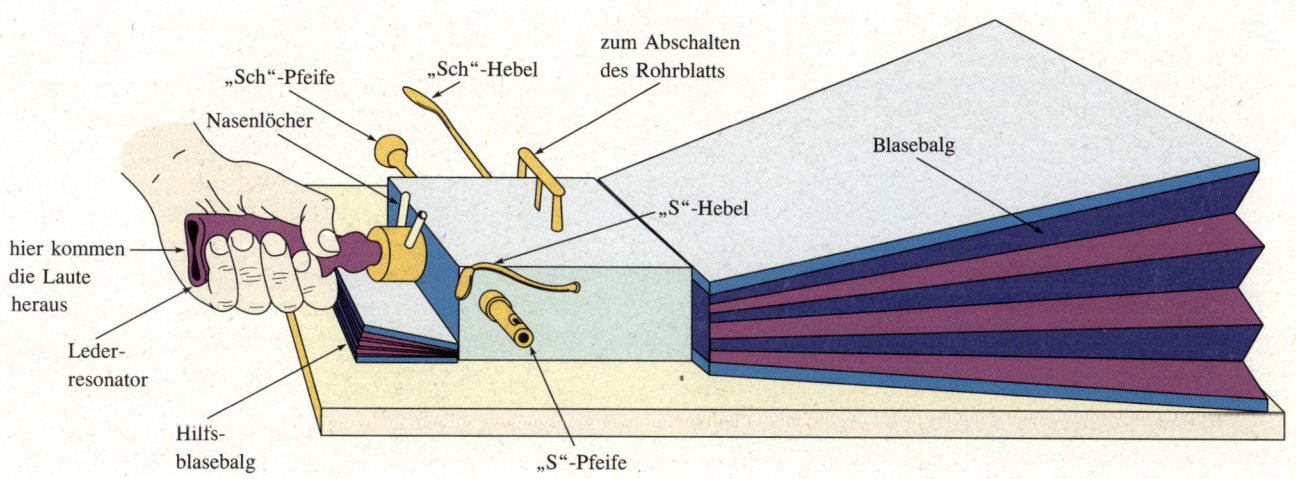

"Sch"-Pfeife

"Sch"-Hebel

zum Abschalten
des Rohrblatts

Nasenlöcher

Blasebalg

hier kommen
die Laute
heraus

"S"-Hebel

Leder-
resonator

Hilfs-
blasebalg

"S"-Pfeife

Zeichnung eines Sprechapparats, den
Wheatstone auf der Grundlage einer Beschreibung des Apparats von von Kempelen baute.

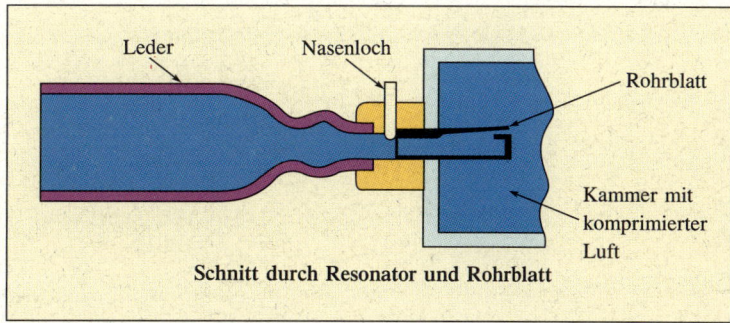

Leder

Nasenloch

Rohrblatt

Kammer mit
komprimierter
Luft

Schnitt durch Resonator und Rohrblatt

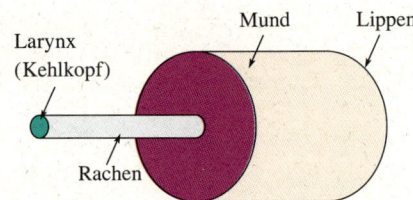

Larynx (Kehlkopf)
Mund   Lippen
Rachen

4.6 Ein einfaches Zwei-Röhren-Modell veranschaulicht die Anordnung des Vokaltrakts bei dem Vokal [a]. Obwohl die Querschnittfläche der Rachenröhre nur ein Zehntel der Mundröhre beträgt, kommen beide bei Frequenzen in Resonanz, die dem vierten Teil von Wellenlängen entsprechen. Wenn beide Röhren 8,5 Zentimeter lang sind, liegt der Resonanzbereich bei beiden Röhren deshalb auch bei derselben Frequenz (um die 1000 Hz). Wegen der Kopplung (der Wechselwirkung zwischen den Röhren) ist die eine Resonanz jedoch ein wenig höher als die andere. Kleinere Schwankungen in der Länge der Röhren wirken höchstens darauf ein, welche Röhre die niedrigere und welche die höhere Resonanz bildet; eine solche Veränderung beeinträchtigt den Klang des Vokals jedoch nicht. Folglich ist die Filtercharakteristik der Röhren sehr stabil.

Am einfachsten kann man die Theorie an Vokallauten aufzeigen, welche ohne die artikulatorischen Hindernisse, die für Konsonanten kennzeichnend sind, hervorgebracht werden. Man betrachte den Vokal in *Hand*, den Phonetiker mit dem Symbol [ʌ] darstellen. Angenommen, ein Mann hat *Hand* gesagt, wobei die Grundfrequenz seiner Stimme 100 Hz (Hertz oder Schwingungen pro Sekunde) betrug (das eingestrichene C auf dem Klavier hat 262 Hz). Ohne Modifikationen durch den Vokaltrakt würde der Kehlkopfton aus der Grundfrequenz plus den harmonischen Obertönen bei 200 Hz, 300 Hz, 400 Hz und so weiter bestehen. Der größte Teil der Schallenergie läge in der Grundfrequenz; je höher die Frequenz eines Obertons, desto weniger Schallenergie hat er. Dieses Muster nennt man das akustische Spektrum des Kehlkopftons. Wäre der Kehlkopfton in einer anderen Frequenz produziert worden – diese betrage x Hz –, dann hätte die Umhüllende des Spektrums dieselbe Kontur, nur würden die Obertöne bei $2x$ Hz, $3x$ Hz, $4x$ Hz und so weiter auftreten.

Anhand von Röntgenbildern ist es möglich, die Form des Vokaltrakts zwischen dem Kehlkopf und den Lippen zu bestimmen, während der Vokal in *Hand* produziert wird. In diesem Fall kann man den Vokaltrakt ziemlich gut durch ein gleichförmiges, 17 Zentimeter langes, an einem Ende offenes Rohr nachbilden. Die niedrigste Resonanzfrequenz eines solchen Rohres kann man so berechnen, daß man die Rohrlänge als ein Viertel der Wellenlänge setzt. Da 17 Zentimeter ein Viertel der Länge einer Schallwelle von 68 Zentimetern ist und da die Geschwindigkeit des Schalls in Luft auf Höhe des Meeresspiegels ungefähr 33 500 Zentimeter pro Sekunde beträgt, ist die niedrigste Resonanzfrequenz 33 500/68 Hz, also knapp 500 Hz. Deshalb hat ein Oberton von 500 Hz gerade die richtige Wellenlänge, um in diesem Rohr verstärkt zu werden (das heißt um Resonanz zu erzeugen), während Obertöne über oder unter 500 Hz vergleichsweise schwächer werden, wenn sie das Rohr passieren. Bei circa 1000 Hz kommt ein Rohr dieser Länge überhaupt nicht in Resonanz, und diese Frequenzen werden abgeschwächt oder teilweise herausgefiltert. Bei 1500 Hz besteht jedoch eine weitere Resonanzfrequenz, bei der die Rohrlänge einer Dreiviertel-Wellenlänge entspricht [33 500/(17 × 1.33)]; und bei fünf Vierteln der Wellenlänge, bei 2500 Hz [33 500/(17 × 0,8)], liegt die dritte Resonanzfrequenz. Den Filter, den ein solches Rohr bildet, kann man somit einfach berechnen; die sich ergebende Filterfunktion weist bei 500, 1500 und 2500 Hz Höchstwerte auf.

Wenn der Kehlkopfton durch ein solches Rohr gefiltert wird, lagern sich die resultierenden Resonanzgipfel dem akustischen Spektrum des Tones auf. Dieses gefilterte Spektrum kann man tatsächlich auch künstlich produzieren – entweder mechanisch, mit einer geeigneten Schallquelle und einem 17 Zentimeter langen,

4.7 Gegenüberliegende Seite: Mit Zeichnungen anhand von Röntgenbildern kann man die Querschnittflächen des Vokaltrakts abschätzen, und mit diesen Schätzungen läßt sich dann die Filterfunktion des Trakts berechnen. Von oben nach unten sieht man die Situation im Vokaltrakt bei den Vokalen [i] wie in *Lied*, [a] wie in *Vater* und [u] wie in *Mut*. Korrespondierende Modelle des Vokaltrakts befinden sich in der mittleren Spalte, und das akustische Ausgangsspektrum für jeden Vokal ist ganz rechts abgetragen.

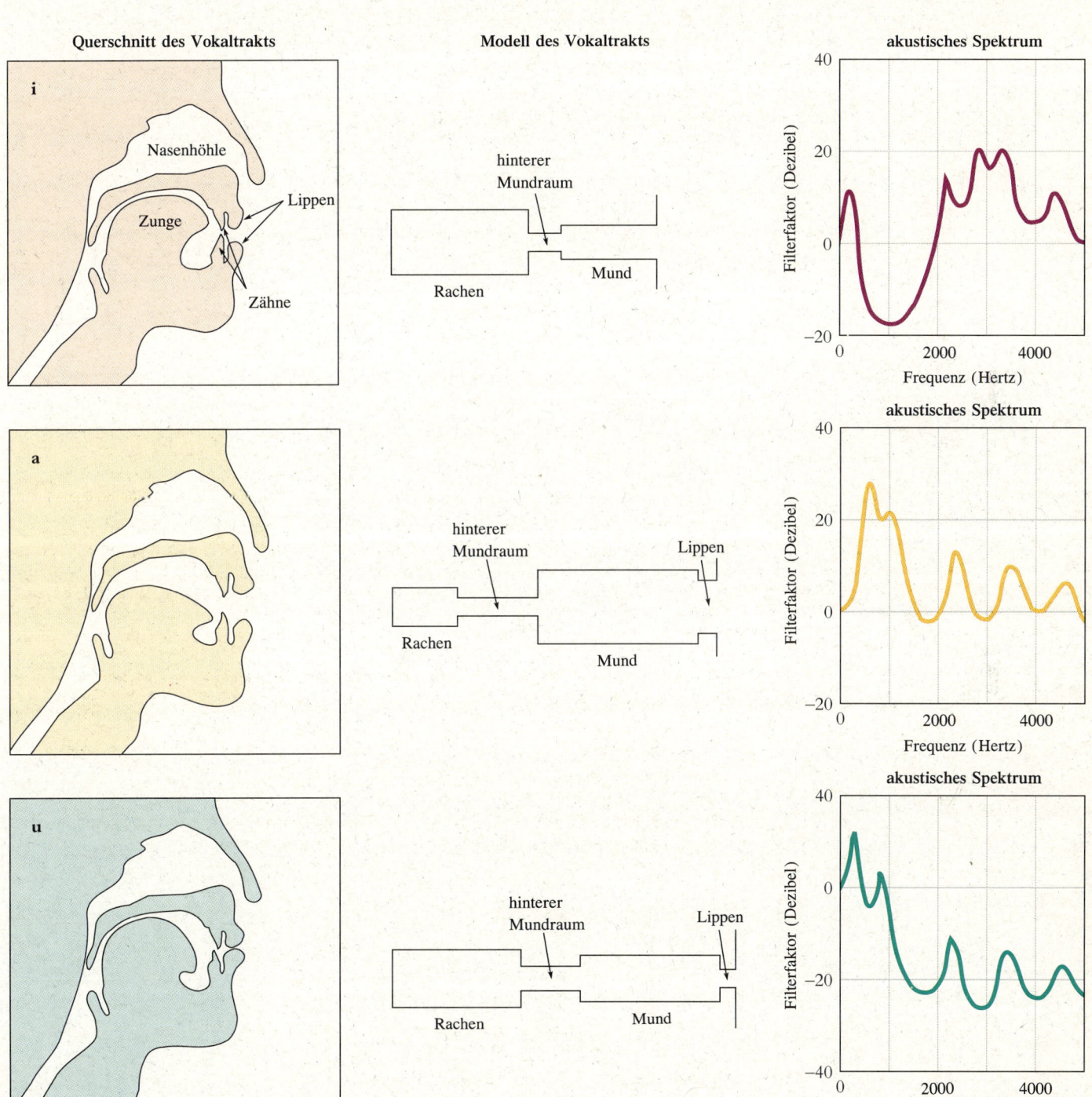

Querschnitt des Vokaltrakts

Modell des Vokaltrakts

akustisches Spektrum

Exkurs 4.2: Das Absinken des Kehlkopfs

Aus Röntgenbildern und Nachbildungen des Vokaltrakts bei Affen wird deutlich, daß der Kehlkopf bei diesen Primaten oben liegt (direkt hinter der Mundhöhle) und daß ihre Rachenhöhle nur klein ist. Diese anatomische Anordnung schränkt die Auswahl an Vokallauten, die Affen produzieren können, ein, sie hat jedoch den Vorteil, daß feste und flüssige Nahrung mit geringerer Wahrscheinlichkeit am Kehlkopf vorbei in die Lunge gerät. Unter der Annahme, daß der Mensch von Vorfahren mit einem derart obenliegenden Kehlkopf abstammt — und einige Wissenschaftler stehen auf dem Standpunkt, daß die Neandertaler so gebaut waren —, muß der Kehlkopf irgendwann in der Evolution des Menschen in seine jetzige Stellung abgesunken sein und damit einen vergrößerten Rachenraum geschaffen haben, womit auch die Flexibilität der Filtereigenschaften des Vokaltrakts zugenommen hat. Der Preis dafür ist, daß der Mensch, um nicht zu erstikken, einen gut ausgebildeten Schluckreflex braucht — der nicht immer ganz funktioniert.

Säuglinge gleichen den Affen darin, daß sie einen hochgelegenen Kehlkopf haben, einen kleinen Rachen und eine begrenzte Auswahl an Vokalen bei ihren ersten Schreien. Das Absinken des Kehlkopfes während des ersten Lebensjahres gilt als ein Beispiel dafür, wie die Ontogenese die Phylogenese nachzeichnet — das heißt, man nimmt an, daß die Kindesentwicklung denselben Verlauf nimmt wie die evolutionäre Entwicklung der Vorfahren des Kindes. Im übertragenen Sinne scheint es, daß Mutter Natur einem einen großen Rachen nicht zutraut, solange man nicht alt genug ist, um ihn willkürlich zu beherrschen.

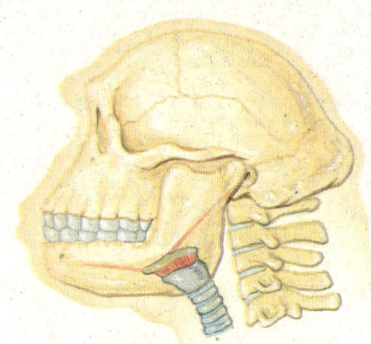

Gorilla

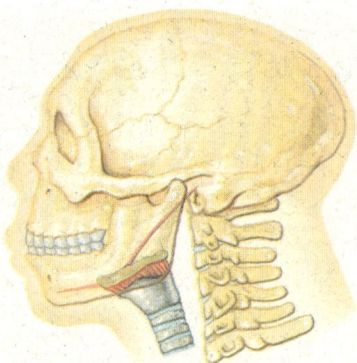

Neandertaler

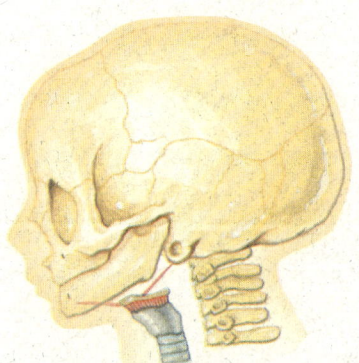

Mensch im Kindesalter

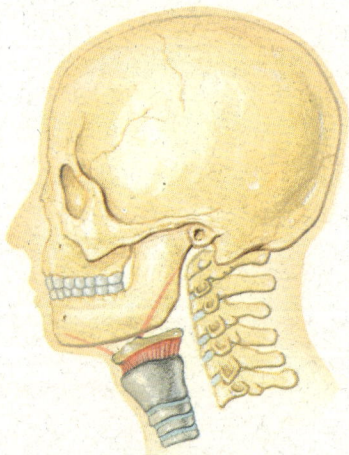

erwachsener Mensch

Die Rekonstruktion des Verhältnisses von Kehlkopf zu Schädel beim Neandertaler weist darauf hin, daß dieses Verhältnis dem bei einem ausgewachsenen Affen oder einem Neugeborenen mehr gleicht als bei einem erwachsenen Mann der Neuzeit. Beim Affen und beim Kind liegt der Kehlkopf hoch und der Rachen ist ziemlich klein, was den Umfang der Vokallaute, die produziert werden können, einschränkt.

geöffneten Rohr, oder elektronisch, indem man ein derartiges akustisches System auf dem Computer nachbildet. Das künstlich erzeugte Spektrum gleicht akustisch dem gesprochenen Spektrum, und es erscheint dem Ohr wie der Vokal [ʌ]. Es ist diese allgemeine Form des Spektrums, die ein Hörer bei der Identifikation eines gesprochenen Vokals heranzieht.

Weil die Resonanzfrequenzen des Vokaltrakts für das Erkennen von Vokalen so bedeutsam sind, haben sie eine besondere Bezeichnung bekommen: Man nennt sie Formanten. Der erste Formant von [ʌ] liegt bei 500 Hz, der zweite Formant liegt bei 1500 Hz, und der dritte Formant liegt bei 2500 Hz. Diese Formantfrequenzen, nicht die Grundfrequenz der Stimme, sind es, die die Charakteristik des gesprochenen Lautes bestimmen und die einem Hörer den Artikulationsausdruck des Sprechers zu erkennen geben.

Der Vokal [ʌ] wird als neutraler Vokal bezeichnet, weil sich die Resonatoren in ihrer mehr oder weniger natürlichen Form befinden; [ʌ] ist das, was herauskommt, wenn man nichts tut, um die Ruhestellung des offenen Vokaltrakts zu verändern. Man kann sich diesen Vokal als einen Ausgangspunkt vorstellen, von dem alle anderen Vokale abweichen – indem sie die Form des Vokaltrakts verändern und ihn damit bei anderen Frequenzen zur Resonanz bringen. Wenn ein Sprecher beispielsweise *Sahne* sagt, wird der Vokal [a] produziert, indem die Zunge im Mund nach unten und nach hinten verlagert wird, was die Mundhöhle vergrößert und die Rachenhöhle verengt. (Wenn man jemandem sagt, er soll seine Zunge nach unten drücken, so weiß keiner so richtig, was er tun soll; wenn Ärzte oder Ärztinnen in den Hals schauen wollen, sagen sie deshalb:

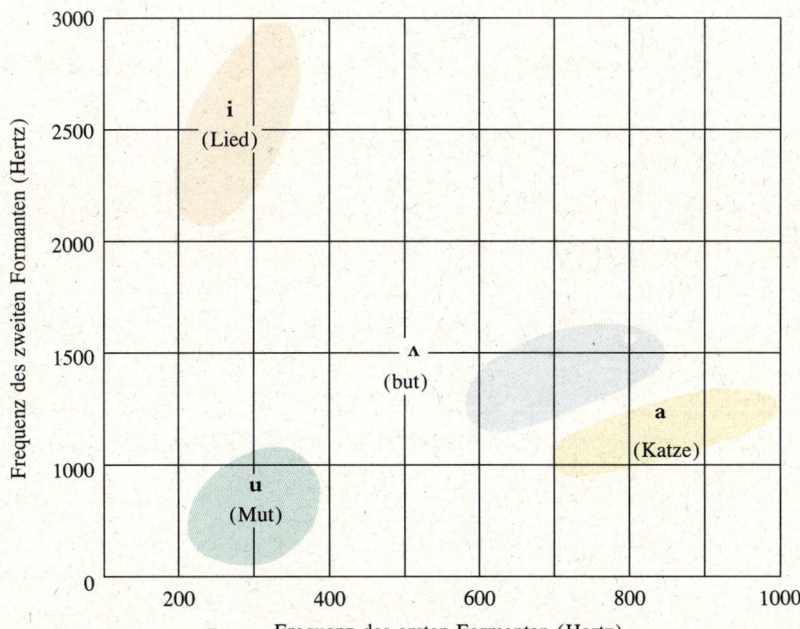

4.8 Die beiden ersten Formantfrequenzen der extremen Vokale [i], [a] und [u] im Vergleich zu dem neutralen Vokal [ʌ], der im Deutschen nicht vorkommt. Es handelt sich um ein kurzes, geschlossenes a wie im englischen Wort *but*.

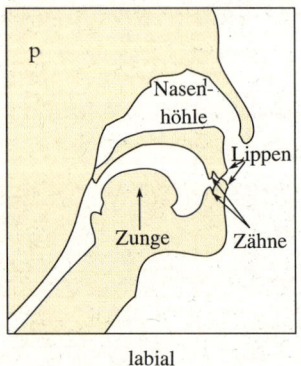

labial

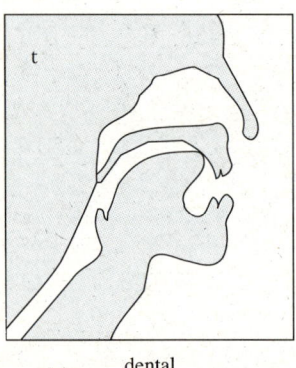

dental

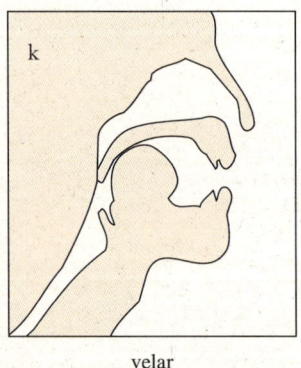

velar

4.9 Die Anordnung des Vokaltrakts bei labialer, dentaler und velarer Artikulationsstelle, um die Konsonanten [p], [t] und [k] zu produzieren.

„Sagen Sie mal Ah!") Der Vokal [i] in *Lied* wird gerade durch das entgegengesetzte Zungenmanöver gebildet. Für *Lied* wird die Zunge nach vorne und nach oben verschoben; dadurch wird der Rachenraum größer und die Mundhöhle kleiner. Der Vokal [u] in *Mut* wird ebenfalls bei hoher Zungenstellung gebildet; dabei ist die Zunge jedoch zurückgezogen, und das offene Ende des Vokaltrakts ist durch die Verengung der Lippen verkleinert. Die Vokale in *Sahne*, *Lied* und *Mut* sind die extremsten Abweichungen von der neutralen Stellung, die man im Englischen durch die Verlagerung der Zunge und die Bewegung der Lippen erzielen kann. (Im Deutschen kommt noch das [o] in *Mond* hinzu, bei verengten Lippen und hinten-unten liegender Zunge.) Alle anderen Vokale und Diphthonge liegen zwischen diesen Extremen.

Anhand einer Analyse der Form der Höhlen des Vokaltrakts ist es möglich, die Formantfrequenzen zu schätzen, und man kann Computer so programmieren, daß sie bemerkenswert lebensechte Imitationen aller verschiedenen Vokale synthetisieren können. Wenn diese Vokale jedoch mit Konsonanten kombiniert werden müssen, um gesprochene Silben und Wörter zu bilden, dann wird das Ganze um einiges komplizierter.

Die Hauptartikulatoren

Vokale sind nicht die einzige Möglichkeit, nach der sich Wörter unterscheiden können. Konsonanten tragen, wenn überhaupt, dann noch mehr zur Unterscheidung bei. Dazu betrachte man beispielsweise die Anfangslaute von *Paste*, *Taste* und *Kaste*. Gemäß den Beschreibungsmerkmalen aus dem internationalen phonetischen Alphabet handelt es sich bei allen drei Anfangssegmenten um stimmlose, plosive Konsonanten. Sie unterscheiden sich nur in dem Merkmal des Artikulationsortes – *Paste* fängt mit einem bilabialen Plosiv an, *Taste* mit einem dental-alveolaren Plosiv und *Kaste* mit einem velaren Plosiv. Bei allen dreien ist der Vokaltrakt blockiert, und hinter den Artikulatoren baut sich ein Luftdruck auf, der dann explosionsartig freigegeben wird. Der einzige Unterschied besteht darin, wo die Blockade auftritt: an den Lippen beim [p], zwischen dem vorderen Zungenrücken und dem Übergang vom Zahnfleisch zum oberen Gaumen beim [t] oder zwischen dem Zungenkörper und dem Gaumensegel beim [k].

Für andere Konsonanten kann man ähnliche Beschreibungen der Artikulationsbewegungen geben – derartige Details nachzuvollziehen ist ein Lieblingsproblem von Phonetikern. Hier liegt das Interesse jedoch eher in dem Verständnis, wie die Anatomie und die Physiologie der Sprechorgane die sich ergebenden Wörter formen. Und für diesen Zweck ist es hilfreich, sich darauf zu konzentrieren, daß alle sprachlichen Laute durch den Einsatz von sechs anatomischen Strukturen gebildet werden: dem Kehlkopf, dem weichen Gaumen (Velum), den Lippen sowie dem vorderen Zungenrücken, dem Zungenkörper und dem hinteren Zungenansatz. Die Artikulatoren unterscheiden sich in der Vielfalt der Stellungen, die sie einnehmen können: Das Velum ist entweder geöffnet (bei Nasalen) oder geschlossen, wogegen der Zungenkörper eine ganze Reihe von Stellungen einnehmen kann. Eine Übersicht über diese Artikulatoren, aus der hervorgehen soll, wie sie bei der Lautproduktion zusammenwirken, gibt die Abbildung 4.10.

Ein wichtiger Aspekt dieser Abbildung liegt darin, daß jeder Artikulator seine möglichen Ausprägungen selbst erfüllt. So kann das Merkmal, das die Phonetiker labial nennen, nur von den Lippen gebildet werden; das dental-alveolar (oder coronal) genannte Merkmal kann nur der vordere Zungenrücken bilden; nur das Velum kann Nasale bilden und so weiter. Da die Merkmale, anhand derer Sprachlaute charakterisiert werden, derart an einzelne Artikulatoren gebunden sind, könnte man die Abbildung auch als alternative Einteilung eines neuen phonetischen Alphabets ansehen, das — anders als das IPA — die Rolle der einzelnen Artikulatoren verdeutlicht.

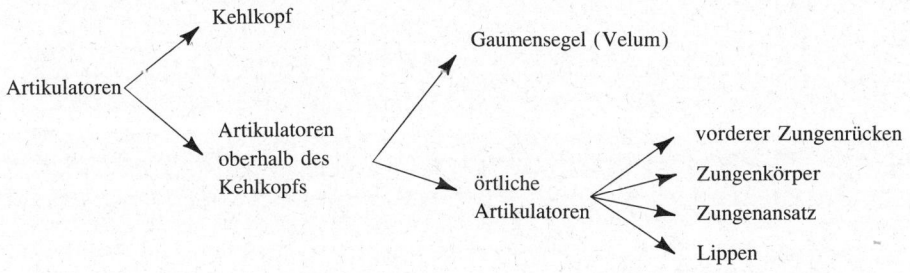

4.10 Eine Klassifikation der wichtigsten Artikulatoren, angeordnet nach den Wegen, über die sie zusammenwirken.

Beim Sprechen selbst müssen sich diese Artikulatoren schnell und gleichzeitig bewegen, um 120 bis 150 Wörter pro Minute zu produzieren. Diese Leistung deutlich verstehbar zu vollbringen, ist eine der kompliziertesten motorischen Fertigkeiten, die die meisten Menschen jemals beherrschen. Eines der Probleme, das dabei gelöst werden muß, ist das der zeitlichen Koordination, das „Timing". Da die Artikulatoren verschiedene Abstände zum Gehirn haben, muß das Zentrum, von dem aus sie koordiniert werden, seine Befehle an jeden Artikulator zu leicht gegeneinander versetzten Zeitpunkten aussenden. Zuerst muß ein Befehl die interkostalen Muskeln erreichen, damit sie eine Silbe durch einen Luftstoß energetisieren; dann geht, für jeden Laut der Silbe, eine entsprechende Nachricht zuerst an den Kehlkopf, dann zum Gaumensegel und schließlich zur Zunge und zu den Lippen. Wenn alle Befehle mit der richtigen Zeitverzögerung losgeschickt wurden, kommen sie gleichzeitig an und bewirken die beabsichtigte Vokalisation. Diese festen Zeitmuster auszubilden, ist ein entscheidender Teil des Sprechenlernens.

Wenn man die Abbildung 4.10 als eine Art Schaltplan für die neuronale Kontrolle des Sprechens ansieht, dann kann man sich vorstellen, daß jede Verbindung zwischen zwei Knoten über einen binären An-/Aus-Schalter verfügt. Bei dieser Vorstellung wäre die Absicht, einen bestimmten sprachlichen Laut zu erzeugen, gleichbedeutend mit einem bestimmten Muster von An- und Aus-Stellungen in der Schaltung. Für ein [b] beispielsweise stünden die beiden Schalter der Verbindungslinien, die zum Kehlkopf und zu den oberhalb des Kehlkopfs liegenden Artikulatoren führen, auf „An"; der Schalter für das Velum stünde auf „Aus" (geschlossen); die örtlichen Artikulatoren wären angeschaltet; ebenfalls die Lippen; und alle Zungenartikulatoren wären auf „Aus". Wenn ein Schalter auf „Aus" steht, stehen damit praktisch auch alle nachgeschalteten (in der Abbildung weiter rechts stehenden) Schalter auf „Aus" — kein Befehl kann sie erreichen. Wenn ein Schalter auf „Aus" steht, kommen keine Anweisungen zu dem Artikulator, den der Schalter steuert, durch; vermutlich bleibt der Artikulator in der Stellung, die er gerade innehat, oder geht in eine neutrale Ausgangsstellung zurück.

Einem Beschreibungsmerkmal wird die Abbildung jedoch nicht gerecht, und zwar dem, das im IPA als die Art der Artikulation bezeichnet wird. Zum Beispiel gibt es keinen Weg, um zwischen Lauten wie [t] und [s] zu unterscheiden; beides sind stimmlose Laute, an deren Bildung der vordere Zungenrücken beteiligt ist, wobei der eine jedoch durch einen plötzlichen Luftausstoß produziert wird, während der andere so lange gehalten werden kann, bis dem Sprecher oder der Sprecherin die Luft ausgeht. Diese Eigenschaft kann von jedem der Artikulatoren bewerkstelligt werden, sie hat deshalb einen deutlich anderen Status als die oben erörterten, an einzelne Artikulatoren gebundenen Merkmale. Die neuronale Steuerung muß mehr leisten als die Auswahl der jeweils aktiven Artikulatoren; sie muß auch spezifizieren, auf welche Art diese die Artikulation ausführen sollen.

Phon und Phonem

Die Einführung in die Phonetik ist der Beschreibung verschiedener Arten von Artikulationsstellungen gewidmet, oft so, als ob diese festgelegt und unveränderlich wären. Tatsächlich besteht zwischen sprachlichen Lauten jedoch eine Variabilität, die so beträchtlich ist, daß man die Frage stellen muß, was es eigentlich bedeuten soll, zwei sprachliche Laute seien gleich.

Man betrachte zum Beispiel den ersten und den letzten Konsonanten in dem Wort *Piep*. Eine genaue Analyse der Artikulationsprozesse und ihrer akustischen Resultate würde zweifellos aufzeigen, daß beide Konsonanten verschieden sind. Der Anfangskonsonant wird von einem geringen, aber hörbaren Luftausstrom begleitet, bevor die Stimmbänder zusammentreffen und der Kehlkopfton des folgenden Vokals anfängt; diesen begleitenden Luftausstrom nennt man Aspiration oder Behauchung. Im normalen Redefluß wird der Abschlußkonsonant ohne Aspiration gesprochen. (Bringen Sie Ihren Handrücken nahe an die Lippen und sagen Sie: „Keinen Piep mehr"; dabei fühlen Sie den Luftstoß beim ersten p, nicht aber beim zweiten.) Um diesen Unterschied darzustellen, braucht man zwei Symbole: Man schreibt [pʰ] für die aspirierte Form und [p⁼] für die unbehauchte; dann kann man die Aussprache von *Piep* transkribieren in Form von [pʰip⁼].

Von Personen, die Deutsch sprechen – für das Englische gilt im übrigen dasselbe –, werden die beiden akustischen Ereignisse als identisch gehört. In beiden Sprachen kommt das aspirierte [pʰ] nur am Silbenanfang vor, das nicht aspirierte [p⁼] an allen anderen Positionen. Es gibt in beiden Sprachen kein Wortpaar, das sich nur hinsichtlich des Auftretens oder Fehlens der Aspiration unterscheidet. Demzufolge ist diese Unterscheidung weder im Deutschen noch im Englischen ein distinktives Merkmal: Es entstehen keine Bedeutungsunklarheiten, wenn beide Varianten zu einem einzigen Laut zusammengeworfen werden. Im Chinesischen ist die Aspiration dagegen distinktiv: Behauchte und unbehauchte Formen werden als verschiedene Wörter gehört.

4.11 Der Vokaltrakt des Menschen; man sieht die anatomischen Verhältnisse des Kehlkopfes (Larynx) und der oberhalb des Kehlkopfes gelegenen Artikulatoren.

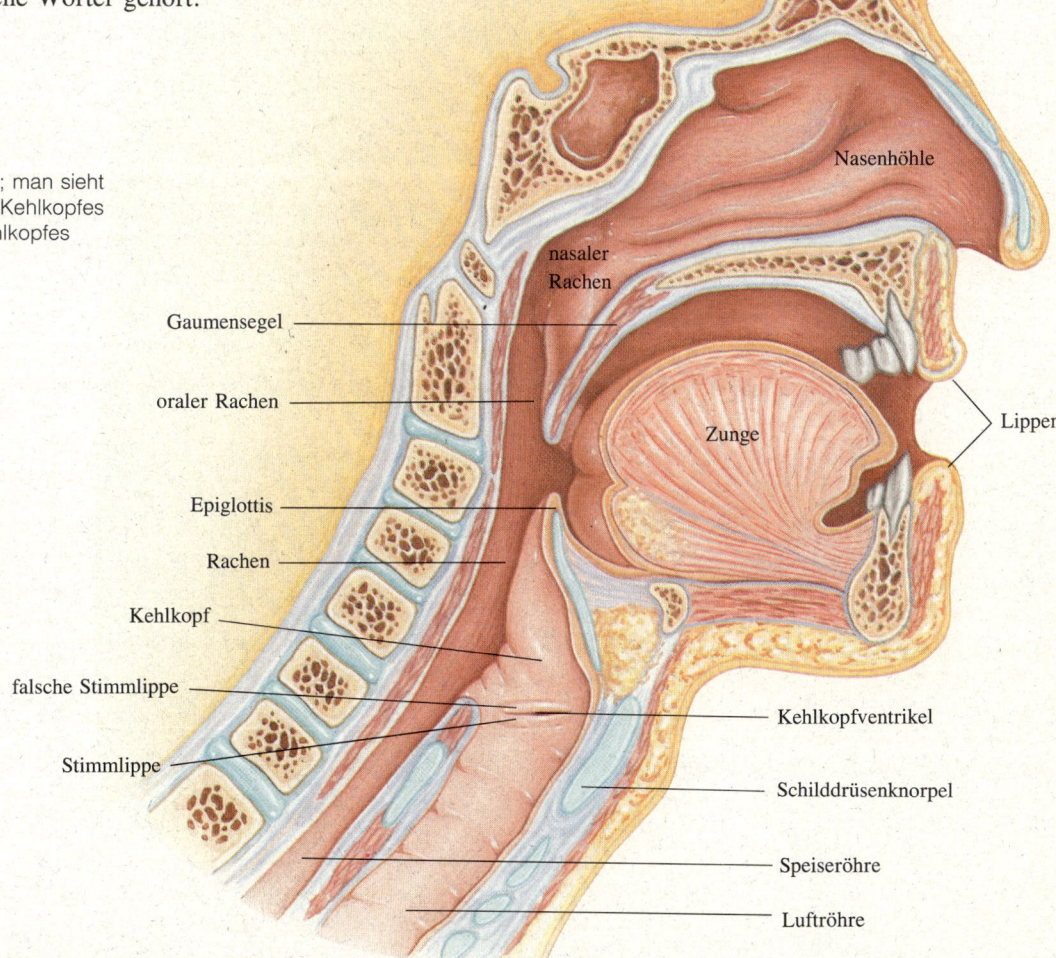

Nasenhöhle

nasaler Rachen

Gaumensegel

oraler Rachen

Zunge

Lippen

Epiglottis

Rachen

Kehlkopf

falsche Stimmlippe

Stimmlippe

Kehlkopfventrikel

Schilddrüsenknorpel

Speiseröhre

Luftröhre

Die Anzahl der Merkmale beim Sprechen, die man zur Unterscheidung von Wörtern verwenden kann, wurde auf weniger als 30 geschätzt. In jeder Sprache werden zwischen zehn und 15 eingesetzt, in keiner Sprache alle. Die Merkmale, die eine bestimmte Einzelsprache verwendet, nennt man die distinktiven Merkmale dieser Sprache. Wenn ein distinktives Merkmal seine Ausprägung ändert, ändert sich auch die Bedeutung.

Distinktive Merkmale sind Einheiten der linguistischen Analyse, die noch unter der Ebene einzelner Sprachlaute liegen. Die Wörter *Baß* und *Paß* beispielsweise sind in jeder Hinsicht gleich, nur das [b] von *Baß* ist stimmhaft und das [p] von *Paß* stimmlos; das bedeutet, daß die Stimmbänder vibrieren, während das [b], nicht jedoch, während das [p] gesprochen wird. Da man diese beiden Wörter im Deutschen als verschiedene Wörter mit verschiedener Bedeutung behandelt, wissen wir, daß der Unterschied in der Stimmhaftigkeit im Deutschen ein distinktives Merkmal sein muß. Wenn die Stimmhaftigkeit kein distinktives Merkmal wäre, dann handelte es sich bei *Baß* und *Paß* lediglich um zwei unterschiedliche Arten der Aussprache bei ein und demselben Wort.

Bis hierhin wurden die Ausdrücke „Sprachlaut" oder „sprachlicher Laut" unpräzise verwendet, unter der Voraussetzung, daß jeder, der das Alphabet beherrscht, eine prinzipielle Vorstellung davon hat, was ein Sprachlaut ist. Buchstaben und Laute können sich jedoch stark unterscheiden. Auch entspricht die Menge von Sprachlauten in einer Sprache nie der Menge sprachlicher Laute in einer anderen Sprache. Zur größeren Genauigkeit müssen die Phonologen deshalb zwei Bedeutungen von „Sprachlaut" auseinanderhalten. Wenn es darum geht, die exakte akustische oder physiologische Natur eines Sprachlautes − ungeachtet seiner Bedeutung oder der Sprache, in der er vorkommt − zu beschreiben, wird dieser als ein Phon bezeichnet; die Lehre von den Phonen ist die Phonetik. Andererseits, wenn die Beschreibung auf eine einzige Sprache beschränkt ist, nennt man diejenigen sprachlichen Laute, die von Personen, die diese Sprache beherrschen, unterschieden werden, Phoneme; die Lehre von den Phonemen ist die Phonematik. Unter Verwendung dieser Terminologie sind $[p^h]$ und $[p^=]$ als verschiedene Phone zu bezeichnen, die jedoch im Deutschen wie auch im Englischen zu demselben Phonem gehören, im Chinesischen dagegen zwei verschiedene Phoneme bilden. Phoneme sind also abstrakte Klassen von Lauten. Zur Darstellung von Phonen nimmt man eckige Klammern, für Phoneme Schrägstriche. Im Deutschen sind die Phone $[p^h]$ und $[p^=]$ demnach Allophone des Phonems /p/.

Wir haben nun ein Beispiel für ein Merkmal kennengelernt, das im Deutschen nicht distinktiv ist, die Aspiration; dieses Merkmal ist nicht geeignet, ein Wort von einem anderen zu unterscheiden. Und wir haben ein Beispiel eines distinktiven Merkmals, die Stimmhaftigkeit, betrachtet. Dieses Merkmal soll nun noch genauer betrachtet werden. Viele Wörter, die im Deutschen einen minimalen Unterschied aufweisen, lassen sich nur anhand eines stimmhaften oder stimmlosen Lauts unterscheiden. Wiewohl dieser Unterschied jedem, der die Sprache beherrscht, offensichtlich ist, ergibt er sich aus einem ziemlich geringfügigen

Unterschied in der Art der Lautproduktion. Ob man zum Beispiel /ba/ oder /pa/ sagt, hängt davon ab, wann die Stimmbänder zu schwingen anfangen. In beiden Fällen wird der Luftstrom für einen Moment angehalten, und hinter den Lippen baut sich Druck auf. Bei /ba/ fällt der Zeitpunkt, an dem die Stimmbänder zu schwingen anfangen (diesen Zeitpunkt nennt man *Voice-Onset*), mit der Auslösung des Verschlußlauts zusammen; bei /pa/ hinkt der Voice-Onset der Freilassung des Drucks und damit der Auslösung des Verschlußlauts in der Regel um etwa eine Zehntelsekunde nach. Man kann den Zeitpunkt des Voice-Onset bei der synthetischen Spracherzeugung in kleinen Zeitabständen variieren; dann zeigt sich, daß der Anteil der Hörer, die /pa/ und nicht /ba/ gehört haben, steil ansteigt, sowie der Voice-Onset um mehr als 0,02 Sekunden hinterherhinkt.

Andere Sprachen sind auf andere Unterscheidungen angewiesen. Zum Beispiel kann der Voice-Onset dem Beginn des Verschlußlauts auch vorangehen: Im Spanischen und im Holländischen besteht der distinktive Unterschied zwischen gleichzeitigem und vorgezogenem Voice-Onset. Die Sprache der Thai verwendet alle drei Möglichkeiten: Vorgezogener, gleichzeitiger und verzögerter Voice-Onset machen in Thai drei verschiedene Phoneme aus. In allen Sprachen, in denen Stimmhaftigkeit ein distinktives Merkmal ist, kommt der gleichzeitige Onset vor; sie unterscheiden sich darin, ob der Gleichzeitigkeit ein vorgezogener oder ein verzögerter Onset (oder beides) gegenübergestellt wird.

Diese Unterschiede sind subtil in dem Sinne, daß Erwachsene, die den Einsatz eines Satzes solcher Voice-Onset-Muster gelernt haben, beim Versuch, eine andere Sprache zu erlernen, nur mit größter Schwierigkeit einen anderen Satz solcher Muster hervorbringen werden. Es gibt Befunde, nach denen die Schwierig-

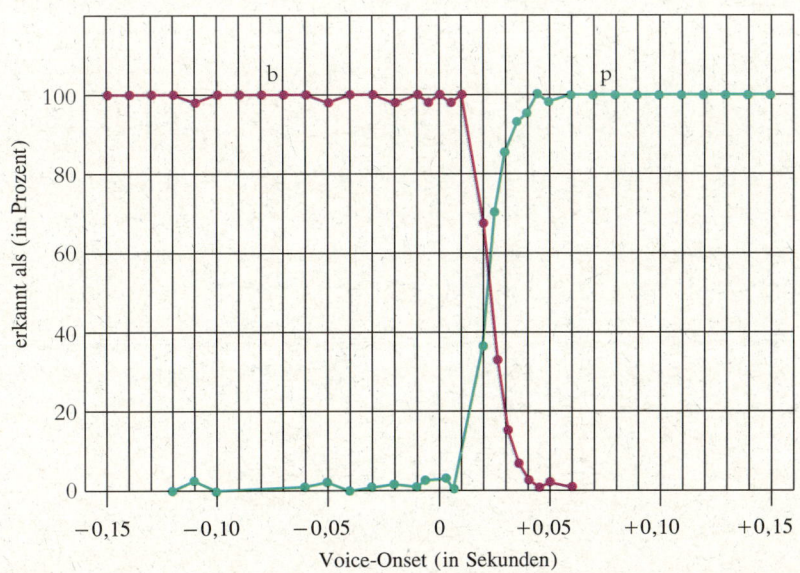

4.12 Wenn der Voice-Onset (der Zeitpunkt, an dem die Stimmlippen zu schwingen beginnen) dem Auslösen eines Verschlußlauts vorangeht oder mit diesem zugleich erfolgt, hören deutsche und englische Sprecher einen stimmlosen Konsonanten. Hinkt der Voice-Onset der Auslösung des Lauts um mehr als 0,02 Sekunden hinterher, wird der Konsonant stimmhaft gehört. Variiert man den Zeitpunkt des Voice-Onset über eine größere Spanne hinweg, so tritt der Wechsel von [b] zu [p] etwa bei +0,02 Sekunden ein. Kleinere Unterschiede im relativen Zeitpunkt des Stimmeinsatzes werden nur im Bereich des Übergangs von einer Lautklasse zur anderen bemerkt.

keit in der Wahrnehmung liegt; Ausländer können den Unterschied, den sie gern nachmachen würden, nicht heraushören. Kindern fällt diese Art des Lernens bis zur Pubertät nicht besonders schwer; danach scheint sich die Anpassungsfähigkeit der relevanten Gehirnstrukturen – vielleicht als Folge hormonaler Einwirkungen auf das Nervensystem – jedoch zu verringern. Derartige Beobachtungen weisen darauf hin, daß es für das Erlernen der Lautmuster einer Sprache wohl einen kritischen Lebensabschnitt gibt.

Sprachwahrnehmung: Ein System oder zwei Systeme?

Von Geburt an gehörlose Kinder haben große Schwierigkeiten, sprechen zu lernen, und selbst Erwachsene, die durch traumatische Einwirkungen ertaubt sind, bekommen Probleme damit, verständlich zu bleiben. Beim Sprechen handelt es sich um eine äußerst komplexe motorische Fertigkeit, zu deren Steuerung in entscheidender Weise beiträgt, daß man sich selbst auch hört. Ohne die direkte Rückkopplung mit dem Gehör kann die Fähigkeit, die raschen, aufeinander abgestimmten Bewegungen der Sprechmuskeln zu koordinieren, sowohl schwer erworben als auch schwer aufrechterhalten werden. Die Produktion und die Rezeption gesprochener Sprache hängen stark zusammen – die Laute, die man hervorbringen kann, sind auch die Laute, die man unterscheiden kann. Beide Prozesse sind so miteinander verknüpft, daß viele Linguisten und Psychologen davon ausgingen, beide müßten – an einem zentralen Ort des Gehirns – auf dasselbe phonologische Kontrollsystem zugreifen.

Gibt es ein einziges phonologisches Input-Output-System? Oder bestehen da zwei getrennte Systeme, die als Folge der auditiven Rückkopplung gelernt haben, eng zusammenzuarbeiten? Das Prinzip der Sparsamkeit spricht für ein einziges System, die Anatomie spricht jedoch für deren zwei. Zugunsten beider Ansichten läßt sich einiges vorbringen, und es ist unklar, welche Art von Nachweis die Frage in die eine oder in die andere Richtung entscheiden könnte. Am heftigsten war die Auseinandersetzung über Befunde zur Produktion und Rezeption von Phonemen.

Verfechter der Theorie eines einzigen Systems sehen wohl, daß zwischen Sprechen und Zuhören offensichtliche Unterschiede bestehen, sie betrachten diese Unterschiede jedoch als rein äußerlich. In ihrer Sicht sind Sprachproduktion und Sprachrezeption zwei Seiten einer Medaille. Im Zentrum ihrer Argumentation steht, daß gesprochene Sprache etwas Besonderes an sich hat: Bei anderen Input-Output-Systemen (etwa beim Sehen und Daraufzeigen) sind Reiz und Reaktion verschieden; beim Umgang mit Sprache sind sie gleich. Und weil gesprochene Sprache etwas Besonderes ist, muß es auch eine besondere, wahrscheinlich angeborene Modalität des Hörens geben, die auf die menschliche Sprache eingestellt ist und sie anders als andere Geräusche wahrnimmt. Beim Sprechen werden Artikulationsbewegungen ausgeführt, die einen Lautstrom modulieren. Die Vertreter eines einzigen Systems behaupten, daß diese Artikulationsmuster die Informationsträger sind; sie sind die phonetischen Grundeinheiten. Was ein Hörer oder eine Hörerin erkennen will, sind nicht die Laute an sich. Stattdessen ziehen Hörer die Laute als Indikatoren für die Bewegungsmuster heran, die die Laute verursacht haben. Das soll heißen, was Hörer tatsächlich wahrnehmen, sind die neuronalen Muster, die die Sprecheräußerung steuern. Da somit die Produktion und Rezeption beide von denselben neuronalen Strukturmustern reguliert werden, werden beide von einem einzigen System versorgt.

Zur Unterstützung dieser Schlußfolgerung verweisen ihre Verfechter auf das jahrelange Scheitern des Versuchs, die distinktiven Merkmale der gesprochenen Sprache auf rein akustischer oder auditiver Basis zu definieren. Artikulatorische Bewegungsmuster ziehen zwar gleichbleibende akustische Konsequenzen nach sich; die Art, wie Sprache tatsächlich verwendet wird – schnell, von verschiedenen Sprechern, in lauter Umgebung –, erlaubt es jedoch nicht, eine Eins-zu-Eins-Beziehung zwischen akustischen Eigenschaften und Phonemen zu bestimmen. Wenn mit jedem Phonem distinktive akustische Merkmale unveränderlich verbunden wären, wäre es ein ziemlich leichtes Unternehmen, einen Computer für die Erkennung und Transkription menschlicher Sprache zu programmieren, doch hat sich dieses Verfahren als unerwartet schwierig herausgestellt. Eine Interpretation für diesen Sachverhalt besteht darin, daß die distinktiven Merkmale gesprochener Sprache, an denen sich Hörer orientieren, nicht akustischer Art sind. Sie sind anders beschaffen.

1976 haben H. McGurk und J. MacDonald in der Zeitschrift *Nature* einen Aufsatz veröffentlicht, in dem sie eindrucksvolle Beweise dafür liefern, daß es sich bei dieser nichtakustischen „anderen Beschaffenheit" um die Artikulationsbewegung handeln könnte. In ihren Experimenten hörten die Teilnehmenden etwa, wie jemand /ba/ sagt, und sahen gleichzeitig, wie jemand sehr leise /va/ ausspricht. Was sie berichteten, gehört zu haben, war ziemlich eindeutig /va/. Die Versuchspersonen hatten keine Vermutung darüber, daß das Objekt ihrer Wahrnehmung teilweise zu hören und teilweise zu sehen war, weil es für sie weder das eine noch das andere war – das wahrgenommene Ereignis war die Artikulationsbewegung selbst. Den Ein-System-Theoretikern zufolge liegt das so Besondere der menschlichen Sprache darin, daß sie die Botschaften in Artikulationsbewegungen verschlüsselt; die Anhaltspunkte, anhand derer diese Bewegungen erschlossen werden, liegen normalerweise im Hören, aber man kann auch sichtbare Anhaltspunkte heranziehen. Es ist das Bewegungsmuster, das für die Wahrnehmung entscheidend ist, und ebenso entscheidend ist das Bewegungsmuster auch für das Produzieren gesprochener Sprache.

Was halten die Vertreter der Zwei-Systeme-Theorie dieser Argumentation entgegen? Sie nehmen an, daß nichts von dem, was die Verfechter eines einzigen Systems beschreiben, nicht auch gleichermaßen gut durch die Forderung zweier Systeme erklärt werden kann, die gelernt haben, eng zusammenzuarbeiten. Andere Befunde scheinen sogar zwei getrennte Systeme erforderlich zu machen, eines zum Sprechen und eines zum Hören von Wörtern. Man denke beispielsweise an Experimentalsituationen, in denen geteilte Aufmerksamkeit verlangt wird. Wenn Personen versuchen sollen, gleichzeitig zwei anspruchsvolle Aufgaben zu erfüllen, bei denen sie beidesmal zuhören oder bei denen sie beidesmal sprechen müssen, haben sie große Schwierigkeiten. Eine Aufgabe zum Zuhören können sie jedoch fast genausogut ausführen, wenn sie nebenher sprechen, als wenn sie still bleiben. Weder das Eingabe- noch das Ausgabe-System kann zwei Dinge gleichzeitig tun, aber simultaner Input und Output stören sich gegenseitig recht wenig. Derartige Befunde kann man nur schwer erklären, wenn man annimmt, daß Input und Output von demselben System verarbeitet werden.

Eine andere Klasse von Befunden stammt von Personen, die eine Hirnverletzung erlitten, durch die ihr Sprachvermögen beeinträgt wurde. Bei diesen an Aphasie leidenden Patienten kann das Sprechen gestört sein, ohne daß damit eine Störung beim Hören einhergeht, und umgekehrt. Bei manchen Aphasikern hat man zum Beispiel festgestellt, daß sie ganz normal zwischen stimmhaften und stimmlosen Plosiven (also etwa zwischen /d/ und /t/) unterscheiden können, obwohl ihr eigenes Sprechen ein ungewöhnliches Timing des Voice-Onset aufweist. Und bei einem aphasischen Patienten zeigte sich das umgekehrte Muster: normaler Voice-Onset beim Sprechen, aber nicht bei der Hörwahrnehmung. Solche Unterschiede würde man erwarten, wenn es zwei Systeme, Input und Output, gäbe, die unabhängig voneinander verletzt oder erhalten bleiben können. Zu allem gibt es noch eine dritte Klasse von Patienten, die man Leitungsaphasiker nennt; ihr Hauptsymptom besteht darin, daß sie ein Wort oder eine Phrase, die sie gerade gehört haben, nicht korrekt wiederholen können. Wenn sie etwas wiederholen sollen, finden sie dies so schwierig, daß sie es lieber aufschreiben; sie können dasselbe Wort oder dieselbe Phrase in ihrem spontanen Sprechen dagegen durchaus verwenden.

Ein Ein-System-Theoretiker würde hier erwidern, daß man solche Belege nur unter äußerst ungewöhnlichen oder abnormen Umständen bekommt. Es trifft sicher zu, daß sich eine Person unter normalen Bedingungen so verhält, als ob es ein einziges phonetisches System gäbe. Ob es nun ein System oder deren zwei sind; die Beziehung zwischen gesprochenen Wörtern und gehörten Wörtern ist normalerweise so eng, daß im Effekt eine Identitätsrelation besteht. Die endgültige Antwort steht noch zur Debatte.

Die Silbenform

Es ist ein notwendiger Teil einer jeden Theorie des gesprochenen Wortes zu beschreiben, wie Phoneme produziert und wahrgenommen werden; das reicht jedoch noch lange nicht hin. Phoneme müssen zu Wörtern verbunden werden, so

daß jede Sprache zu ihrem eigenen Phoneminventar und ihren eigenen distinktiven Merkmalen auch noch ihre eigenen Regeln besitzt, nach denen Phoneme zu
Silben verkettet werden. Morris Halle, ein Linguist am Massachusetts Institute
of Technology, führt den Leuten gern vor, daß sie diese Regeln beherrschen, indem er sie fragt, welche der folgenden zehn Wörter englische Wörter seien.

ptak   thole   hlad   plast   sram   mgla   vlas   flitch   dnom   rtut

Wer Englisch in Wort und Schrift beherrscht erkennt, daß allenfalls *thole*, *plast*
und *flitch* englische Wörter sein können (auch wenn er keine Idee hat, was sie
bedeuten könnten), die anderen sieben jedoch nicht. Diese sieben Wörter könnten auch im Deutschen keine Wörter sein, der *Flitsch*, das *Taul* oder die *Prast*
beispielsweise wären als deutsche Wörter dagegen vorstellbar. Das heißt, daß jemand, der eine Sprache erlernt, auch etwas über die Struktur möglicher Wörter
in dieser Sprache lernt.

Wie bei fast allem, was die Menschen über ihre Muttersprache wissen, ist dieses
Wissen implizit: Sie können die Regeln befolgen, auch wenn sie sie nicht angeben können. Die Regeln für die Bildung zulässiger Silben scheinen sich beim
Lernen jedoch extrem tief eingeprägt zu haben. Selbst wenn Hirnverletzungen
zu einer „Jargon-Aphasie" führen, bei der der Betroffene fließend sprechen
kann, aber weitgehend unverständlich bleibt, weil seine Sprache voll von Wörtern ist, die es in dieser Sprache gar nicht gibt, so stehen doch fast alle der erfundenen Wortschöpfungen im Einklang mit den konventionellen Regeln der Silbenbildung.

Einschränkungen, die akzeptable Phonemfolgen betreffen, müssen innerhalb von
Silben getroffen werden; zwischen einer Silbe und der nächsten kann jede beliebige Phonemfolge vorkommen. Ein wohlgeformtes Wort ist immer eine Folge
wohlgeformter Silben. Innerhalb einer Silbe folgt jede Sprache jedoch ihren eigenen Regeln. Die interne Struktur einer Silbe kann man graphisch aufzeigen,
wobei X für die einzelnen Phoneme in der Silbe steht. Der Anlaut einer Silbe,
der „Onset", umfaßt jeden zugelassenen Anfangskonsonanten; es kann natürlich
auch keinen einzigen geben. Den Kern oder „Nukleus" einer Silbe bildet ein
Vokal oder ein Diphthong; er legt zusammen mit beliebigen Endkonsonanten
den „Reim" der Silbe fest. In manchen Sprachen gibt es Silben ohne Vokale,
wobei die Struktur aus einer einfachen Konsonantenkette besteht.

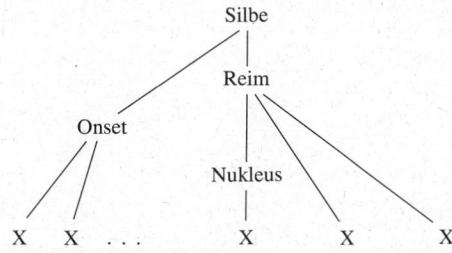

In manchen Sprachen sind die Regeln der Silbenbildung ziemlich einfach. Im Japanischen zum Beispiel hat jede Silbe die Form (K) V (N); dabei ist K ein Konsonant, V ein Vokal und N ein nasales Phonem; Klammern bedeuten, daß das Phonem in einer Silbe vorkommen kann, aber nicht muß. Die deutschen Regeln sind um einiges komplizierter, sie lassen Silben der Struktur (K) (K) (K) V (K) (K) (K) zu. Eine solche deutsche Silbe ist beispielsweise das Wort *Strumpf*.

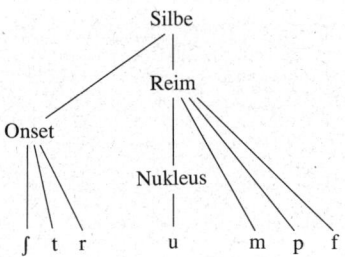

Nimmt man Konjugationsformen der Verben hinzu, kann der Reim einer deutschen Silbe sogar bis zu fünf Konsonanten enthalten, beispielsweise in dem Wort (*du*) *schimpfst*.

Im Englischen ist die Silbenstruktur ähnlich komplex; es sind Ketten aus bis zu vier Konsonanten erlaubt. Am Beispiel des Wortes *spree* kann eine Einschränkung der anlautenden Konsonantengruppe im Englischen aufgezeigt werden: Es gibt eine Regel, die besagt, daß der erste Konsonant ein /s/ sein muß, wenn ihm ein anderer Konsonant als /l/ oder /r/ folgt. Dadurch werden solche Silbeneröffnungssequenzen wie /pt/, /mg/, /dn/ oder /rt/ ausgeschlossen, nicht jedoch /pl/ oder /fr/. (Im Deutschen gilt die Regel in dieser Form nicht, wie man leicht an *Knödel* oder *Schnabel* erkennen kann.) Eine weitere Regel besagt, daß in den auf den Nukleus folgenden Konsonanten nach dem ersten stimmlosen Laut vor Beginn der nächstfolgenden Silbe kein erneuter stimmhafter Laut mehr auftreten kann. Dadurch werden Silbenendungen wie /pz/ oder /tm/ ausgeschlossen. *Spree* weist einen komplexen Onset, aber einen einfachen Reim auf.

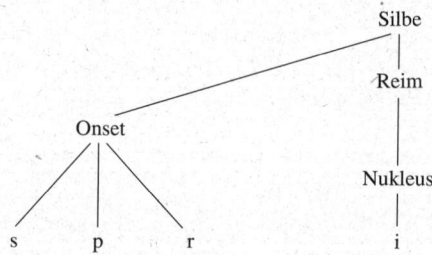

Sixths ist ein Beispiel dafür, wie sich Konsonanten anhäufen können, wenn verschiedene Regeln der Wortbildung zum Einsatz kommen. Ausgehend von *six* mit zwei Endkonsonanten, /siks/, wird durch Hinzufügen eines stimmlosen *-th sixth* mit drei Endkonsonanten, /siks/, und für den Plural *sixths* kommt noch *-s* hinzu, so daß /sikss/ mit vier Endkonsonanten entsteht. Diese Silbe hat einen einfachen Onset, aber einen komplexen Reim.

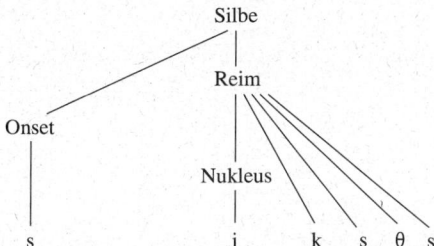

Diese Hinzufügungen skizzieren zwei Arten morphologischer Regeln im Englischen. Das Suffix *-th* wurde kraft einer Ableitungsregel hinzugefügt: Ihr Anwendungsbereich beschränkt sich auf Zahlwörter, sie leitet ein neues Wort, nämlich *sixth* (das Sechstel), aus der Wurzel *six* (sechs) ab, wodurch sich auch die Bedeutung ändert. Das *-s* wurde durch eine Flexionsregel angehängt: Ihr Anwendungsbereich umfaßt alle Substantive, und sie verändert die Bedeutung vom Singular zum Plural – ob das zu einem neuen Wort führt oder nicht, also zu *sixths* im Vergleich zu *sixth*, hängt davon ab, was man als eigenes Wort zählt.

Die Pluralregel verdient nähere Betrachtung, weil dieselbe Regel – das Anhängen des Suffixes *-s* – im Englischen nicht nur den Plural von Substantiven bildet, sondern auch die Possessivform anzeigt und die dritte Person Singular bei Verben. Man vergleiche den Plural von *nose*, *lip* und *chin*. Für die Pluralbildung von *nose* wird eine weitere Silbe /iz/ hinzugefügt; für den Plural von *lip* kommt ein /s/ hinzu; den Plural von *chin* bildet man durch Anhängen von /z/. Wer Englisch kann, macht das alles richtig, aber nicht, weil er den Plural für jedes Wort einzeln auswendig gelernt hat, sondern weil er eine allgemeine Regel beherrscht, die es erlaubt, von jedem Wort den Plural zu bilden, selbst von Wörtern, denen er zum ersten Mal begegnet. Wer Englisch kann, weiß beispielsweise, daß man an *flitch* dasselbe Suffix anhängt wie an *nose*; daß *plast* wie *lip* behandelt wird und *thole* wie *chin*.

Auf das Deutsche kann man diese – im folgenden noch weiter ausgeführte – Regel nicht übertragen. So verfügt das Deutsche im Gegensatz zum Englischen über ein markantes Genussystem, welches die Pluralbildung beeinflußt. Ein kompetenter Sprecher des Deutschen vermag deshalb nicht unbedingt zu entscheiden, wie der Plural von künstlichen, phonologisch jedoch erlaubten Wörtern gebildet wird: Müßte es *die Flitsche* oder *die Flitschen*, *die Taule* oder *die Taulen* heißen?

Worin besteht die englische Pluralregel, der jeder gehorcht, doch die nur wenige angeben können? Um sie zu formulieren, muß man die Wörter nach ihren Endlauten klassifizieren: Den Wörtern mit dem einen Auslaut wird dieses, den mit dem anderen Auslaut etwas anderes hinzugefügt. Worin bestehen die drei Klassen von Wortendungen? Eine Möglichkeit, diese Bestimmung zu leisten, besteht darin, alle Endphoneme in jeder Klasse aufzulisten, aber diese Lösung klärt die Sache nicht auf. Es zeigt sich, daß sich die Regel am einfachsten angeben läßt — das heißt, daß die Wortklassen beschrieben werden, die unterschiedlich flektiert werden —, indem man nicht die Endphoneme auflistet, die jeweils eine Flexionsform nach sich ziehen, sondern indem man die Regel anhand distinktiver Merkmale formuliert.

P1. Wenn ein Wort auf ein dental-alveolar und frikativ gebildetes Phonem endet (das durch Anheben des vorderen Zungenrückens und Zuleitung des Luftstroms an die obere Zahnreihe geformt wird), dann füge /iz/ hinzu; wenn die vorgenannte Bedingung nicht zutrifft, und das Wort endet auf ein stimmloses Phonem, füge /s/ hinzu, ansonsten /z/.

Warum ist diese Formulierung einer einfachen Auflistung der Endphoneme vorzuziehen? Morris Halle gibt folgende Antwort: Eine Amerikanerin oder ein Brite soll versuchen, den Satz *I like Johann Sebastian Bach's music* laut zu lesen. Wie würde sie oder er *Bach's* aussprechen? Wenn man sich auf eine Liste englischer Endphoneme verlassen würde, wüßte man die Aussprache nicht, weil der Endlaut als Phonem im Englischen nicht vorkommt. Wenn man sich jedoch auf die angegebene Regel verläßt, könnte man erkennen, daß das deutsche *ch* stimmlos ist und daß es deswegen am Ende /s/ heißen muß.

Doch selbst diese Regel erscheint kompliziert. Gibt es keine bessere Methode, sich das Ganze zu erklären? Angenommen, die Grundidee der Pluralbildung bestehe darin, den dental-alveolaren (auch coronal genannten), frikativ (auch strident genannt) gebildeten, stimmhaften Konsonanten /z/ am Wortende anzuhängen. Dieses Verfahren funktioniert bei den meisten Wörtern, die auf ein stimmhaftes Phonem enden, ganz gut, aber es kann bei Wörtern, die auf stimmlose Phoneme auslauten, nicht funktionieren: Es widerspricht der allgemeinen Regel, nach der das Merkmal der Stimmhaftigkeit in einer Silbe nicht wiederaufgenommen werden kann, wenn es schon einmal ins Stimmlose gewechselt hatte. Somit bleiben zwei Möglichkeiten: Entweder der stimmlose Vorgänger assimiliert das /z/ zu einem — nunmehr stimmlosen — /s/, oder es beginnt eine neue Silbe, die dann wieder auf /z/ enden kann. Allgemein ist die Assimilation im Englischen die Regel, sofern sie sich anwenden läßt; in einer neuen Silbe besteht die Lösung immer dann, wenn zwei stridente, coronale Phoneme innerhalb derselben Silbe aufeinanderfolgen würden.

Die Merkmalsassimilation ist ein häufig anzutreffendes phonologisches Verfahren: Eine vorliegende Ausprägung eines Merkmals breitet sich von einem Phonem auf angrenzende Phoneme aus. Für den Fall des Suffixes *-s* ergibt sich die folgende Darstellung des Plurals bei dem Wort *lip*.

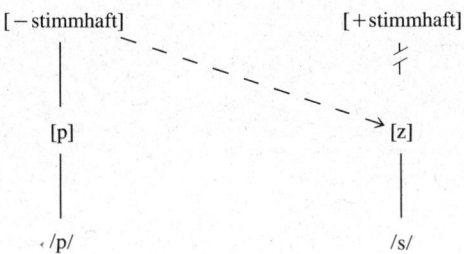

Der gestrichelte Pfeil bezeichnet die Ausbreitung des Merkmals der Stimmlosigkeit beim [p] auf das [z], und die unterbrochene Linie zeigt an, daß die Merkmalsausprägung [+ stimmhaft] von dem Auslautphonem abgetrennt ist.

In diesem Beispiel erstreckt sich ein einzelnes distinktives Merkmal auf ein angrenzendes Phonem. Manchmal kommt es vor, daß mehr als ein Merkmal assimiliert wird; das kommt jedoch immer nur bei einer überschaubaren Anzahl von Merkmalsgruppen vor, die zusammen auftreten. Die assimilierbaren Teilmengen von Merkmalen wurden genauer untersucht; man fand heraus, daß sie sich mit den Merkmalsmengen decken, die mit den verschiedenen Hauptartikulatoren zusammenhängen, wie sie eingangs dieses Kapitels erläutert wurden. Das heißt, eine Teilmenge von Merkmalen, die sich durch eine Änderung eines dieser Artikulatoren ergibt, kann auf ein angrenzendes Phonem übergehen; eine Teilmenge, die sich nicht durch eine einzige Änderung eines Artikulators ergibt (beispielsweise nasal und labial), kann nicht an andere Phoneme weitergegeben werden.

Die Einzelheiten sind kompliziert, aber die Moral ist einfach. Sprachlaute sind keine diskreten Segmente. Sie überlappen sich. Sprechen ist wie tanzen; gute Tänzer machen den einen Schritt und bereiten sich dabei schon auf den nächsten vor.

***

Die Analyse der gesprochenen Sprache lenkt die Aufmerksamkeit auf die vielen Gesichtspunkte, unter denen das Sprechsignal sich von der alphabetischen Schrift unterscheidet. Das gesprochene Wort steht auf einer biologischen Grundlage, die dem geschriebenen Wort fehlt. Diese biologische Grundlage ist allen Menschen in gleicher Weise gemeinsam ist; aus ihr entspringt viel Allgemeingültiges über die Sprache an sich.

5.1 „Die Grammatik" wird in Laurent de la Hires Gemälde aus dem Jahre 1650 als sorgsame Gärtnerin dargestellt.

5.2 Jedes englischsprachige Schulkind erinnert sich an die acht „Wortarten" (dieser Ausdruck entstammt der traditionellen Grammatik): Dabei handelt es sich um Wortfamilien, die syntaktische Klassen bilden, da sie als Satzkonstituenten ähnliche Rollen einnehmen. Die sprachliche Umgebung bestimmt die Syntaxfamilie, zu der ein einzelnes Wort in einer vorliegenden Wendung oder in einem Satz gehört. Hier in der Abbildung ist das Wort *square* nacheinander (im Uhrzeigersinn, oben beginnend) ein Verb („square the circle" = „quadriere den Kreis"), ein Adjektiv („square root" = „quadratische Wurzel" bzw. „Quadratwurzel"), ein Adverb („fair and square" = „offen und ehrlich") und ein Nomen („village square" = „Dorfplatz").

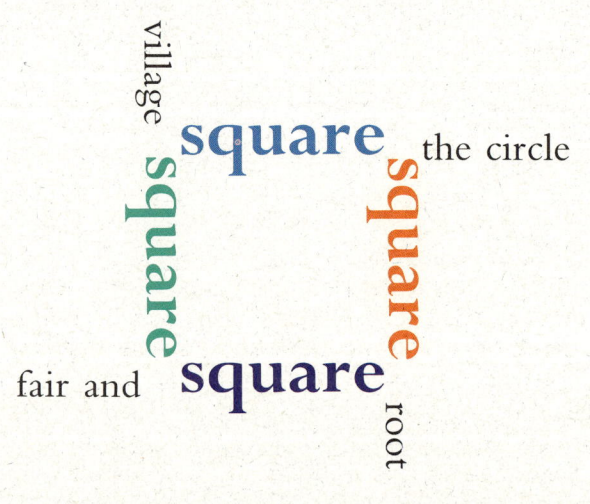

5. Wortfamilien

„Teile und herrsche" ist eine grundlegende wissenschaftliche Strategie. Die zergliedernde Analyse ist in der Tat eine hilfreiche Taktik, jedes schwierige Problem in Angriff zu nehmen. Nimm ein umfassendes Problem, zerlege es in kleinere Probleme und fange an, die kleineren Probleme nach und nach in den Griff zu bekommen. Wie es William James einmal ausdrückte: Der Trick besteht darin, »das Geflügel am Gelenk zu tranchieren« – also umgrenzte Probleme zu finden, deren Lösungen nicht wechselseitig voneinander abhängen. Diese Strategie der Zerlegung wird nun auf die sicherlich umfassende Fragestellung angewandt, wie sich für den Wortschatz, die Menge der zur Verfügung stehenden Wörter, ein geeignetes Verständnis aufbauen läßt: man muß den Wortschatz in Klassen ähnlicher Wörter aufteilen, die man einzeln untersuchen kann. Das Kunststück ist nur, die richtigen Wortklassen zu finden.

Welche Wortklassen gibt es? Wortklassen werden durch Eigenschaften und Beziehungen definiert: Alle Wörter, die eine bestimmte Eigenschaft besitzen oder eine bestimmte Beziehung aufweisen, werden derselben Klasse zugerechnet. Die Vielfalt möglicher Wortklassen ist jedoch so groß, daß man sie unmöglich alle in Betracht ziehen kann, selbst wenn es jemand versuchte. Die Bausteine der Sprache verfügen definitionsgemäß über eine unendliche Vielzahl von Verbindungen, Assoziationen, Ähnlichkeiten und Verwandtschaften – die sie dadurch, daß die Wörter verwendet werden, ausbilden: Ein Wort ist ein etikettiertes (mit einem „Label" versehenes) Bündel solcher Verbindungen. Wenn man per Zufall zwei Wörter auswählt und kurz nachdenkt, so wird sich die eine oder andere Eigenschaft zeigen, die sie gemeinsam haben, oder eine Beziehung erkennen lassen, in der sie stehen: *Kaschemme* und *gravieren* schreibt man beide mit neun Buchstaben; *Schnee* und *Klee* reimen sich; *Neger* und *Regen* sind Anagramme; *Nachmittag* und *Fuß* sind Nomina; *traurig* und *fröhlich* sind Gegensätze; *Heizung* und *Zucker* bringt man mit *Rohr* in Verbindung; *Güte* und *Gutdünken* leiten sich aus derselben Wurzel *gut* ab und so weiter. Aber welche von diesen vielen Eigenschaften und Beziehungen zerlegen das lexikalische Hühnchen nun genau an seiner Gelenkstelle? Kein wesentliches Interesse besteht beispielsweise an der Klasse von Wörtern, in denen ein *q* vorkommt (oder entsprechend an der Klasse der Wörter, in denen kein *q* vorkommt), an der Klasse von Wörtern mit mehr als fünf Buchstaben und an weiteren, unendlich vielen, willkürlich gebildeten Klassen.

Welche Wortklassen sind für Sprachwissenschaftler von Interesse? Eine synchrone Antwort auf diese Frage muß anders lauten als eine diachrone Antwort. Aus synchroner Sicht sind die interessanten Klassen die, in denen sprachlich-linguistisches Wissen zum Ausdruck kommt. Wenn man Wortfamilien als Klassen von Wörtern definiert, die darauf beruhen, was jemand wissen muß, um sich einer Sprache angemessen bedienen zu können, dann läßt sich die scheinbar endlose Zahl vorstellbarer Klassen beträchtlich eingrenzen. Beschränkt man die Betrachtung auf solche Wortfamilien, dann besteht für eine Klassifikation und Ordnung dieser einschüchternden Heterogenität von Wörtern durchaus Hoffnung auf Erfolg.

Ein diachroner Ansatz beschäftigt sich ebenfalls mit diesen Wortfamilien, doch ergibt sich eine zusätzliche Art der Verwandtschaft aus ihrer historischen Abstammung – eine Familie von Wörtern, von denen man annimmt, daß sie aus demselben Wortstamm einer Vorgängersprache abgeleitet sind. Besonders schön ist die Herleitung aus Kenntnissen über kaum bekannte Vorgängersprachen.

Wußten Sie zum Beispiel, daß *erziehen* und *to educate* nicht nur dasselbe bedeuten, sondern auch wortgeschichtlich verwandt sind? Beide stammen von der indoeuropäischen Wurzel *deuk-* ab, die *führen*, *ziehen* bedeutet. In der einen Vererbungslinie wurde die flektierte Form *duk-a-* über das gotische *tiuhan* und das althochdeutsche *ziohan* zum mittelhochdeutschen *ziehen*. In der anderen Abstammungslinie wurde *duk-a-* zum lateinischen Verb *educare* (mit dem Präfix *ex-*), dessen Partizip Perfekt als *educaten* ins Mittelenglisch Eingang fand. Solche Tatsachen erweitern das Verständnis der eigenen oder einer fremden Sprache, doch handelt es sich nicht um wissenschaftliche Fakten über Sprache an sich. Man braucht derlei nicht einmal zu wissen, um fließend Deutsch oder Englisch sprechen zu können.

Die Konzentration liegt im weiteren auf synchronen Familien. In dreierlei Hinsicht wurden sie ziemlich detailliert untersucht: in syntaktischer, in morphologischer und in semantischer Hinsicht. Wörter, die in Sätzen dieselbe syntaktische Rolle übernehmen können, sind syntaktisch verwandt. Wörter, denen ein Wortstamm oder eine Wurzel gemeinsam ist, sind morphologisch verwandt. Und Wörter, die Bedeutungskomponenten gemeinsam haben, sind semantisch verwandt. Alle drei Beziehungsarten werden in diesem Buch eingehend besprochen; in diesem Kapitel geht es um syntaktische Verwandtschaften.

5.3 Dieses konkrete Gedicht, das 1966 für einen Spielplatz entworfen wurde, vermittelt mit Hilfe eines Nomens verbale Dynamik. Der Künstler, Ian Hamilton Finlay, merkt dazu an: »Alleinstehende, einzelne Buchstaben sind Muster, aber zu Wörtern gefügte Buchstaben (wie es hier der Fall ist) sind Richtung. Die Buchstaben in dem Gedicht ‚Acrobats‘ sind beides, sie führen sich auf wie wirkliche Zirkusakrobaten, die im einen Moment unabhängige Einheiten sind, im nächsten Moment gemeinsam losspringen zu Diagonalen und Türmen.«

Syntaktische Klassen

Eine syntaktische Klasse – oder eine Wortart, um eine ältere Terminologie zu verwenden – ist eine Familie von Wörtern, die man alle als dieselbe Satzkonstituente verwenden kann. In dem Satz *Reiche Leute fürchten instinktiv jede Revolution* kann man viele verschiedene Wörter anstelle von *reiche* einsetzen: *arme*, *dicke*, *kleine*, *fremde* und so weiter. Die Wörter, die an dieser Stelle zugelassen sind, gehören alle zu derselben syntaktischen Klasse – in diesem Fall zu den Adjektiven. Ein Austauschen verändert natürlich die Bedeutung des Satzes, der Satz bleibt jedoch grammatisch; seine syntaktische Struktur ändert sich nicht. In ähnlicher Weise gehören alle Wörter, die man an die Stelle von *Leute* setzen kann – *Frauen*, *Zuckerkranke*, *Truthähne* oder was auch immer –, zu einer anderen Syntaxklasse, den Nomina. Und so kann man den ganzen Satz – und alle anderen Sätze – durchgehen. Linguisten sprechen hier von der Distributionsmethode: Wörter mit derselben Distribution (die also an denselben grammatischen Stellen eingepaßt werden können) gehören derselben syntaktischen Klasse an. Der Vorteil des Vorliegens syntaktischer Klassen besteht darin, daß die Regeln zur Bildung grammatischer Sätze dann anhand dieser Klassen angegeben werden können und nicht für einzelne Wörter bestimmt werden müssen. Es gibt beispielsweise keine Syntaxregel, die sich explizit auf das Wort *reich* oder das Wort *Leute* bezieht; vielmehr werden die Klassen der Adjektive und der Nomina herangezogen. Syntaktische Klassen und nicht einzelne Wörter liefern die Atome zum Zusammenbau grammatischer Moleküle.

Traditionelle Grammatiken führen üblicherweise acht Wortarten an: Nomen, Verb, Adjektiv, Adverb, Pronomen, Präposition, Konjunktion und Interjektion. Das sind die Wortarten, die die Schulkinder in den ersten Klassen heute noch lernen und bei denen sie sich die Definitionen einprägen: „Ein Nomen ist die Bezeichnung für eine Person, einen Ort oder ein Ding." „Ein Verb ist die Bezeichnung für einen Vorgang." und so fort. (Natürlich ist *Explosion* ein Nomen, das einen Vorgang bezeichnet, was für das Verb *bleiben* nicht der Fall ist, aber solche Sachverhalte haben der Ergebenheit der Lehrerinnen und Lehrer gegenüber den vertrauten unscharfen Definitionen zu keinem Zeitpunkt Abbruch getan.) Die acht traditionellen Klassen entstanden aus überkommenen, mittelalterlichen Versuchen, Grammatik, Logik und Metaphysik zu integrieren. Die Unterscheidung zwischen Nomina einerseits und Verben und Adjektiven andererseits wurde im antiken Griechenland aus logischen Gründen getroffen: Nomina kommen in Aussagen als Subjekt vor, Verben und Adjektive als Prädikat. Als im Mittelalter die Scholastiker versuchten, für die Beschäftigung mit dem Aufbau der Wirklichkeit die Sprache anstelle der Beobachtung heranzuziehen, beruhten die Wortarten auf metaphysischen Vorstellungen, und man nahm an, daß die Grammatik in jeder Sprache gleich beschaffen sei. Die Geschichte der Wortarten ist lang und facettenreich – und wenig einträglich. Ihr größter Wert liegt darin aufzuzeigen (soweit dies überhaupt nötig ist), daß die „acht Großen" lange nicht so selbstverständlich und unverzichtbar sind, wie man sie gegenüber den Schulkindern – zumindest im amerikanischen Schulsystem – hinstellt.

In den meisten Sprachen verhält es sich so, daß Nomina die bei weitem größte Familie bilden und daß die Anzahl der Verben geringer ist als die der Nomina – wiewohl es sich bei den Verben um die wichtigste Familie handelt (siehe Kapitel 11), weil sie Sätze möglich machen. Die Anzahl der Adjektive und der Adverbien unterscheidet sich von Sprache zu Sprache recht stark. Diese vier werden im allgemeinen als die Hauptfamilien angesehen. Sie bilden offene Familien in dem Sinne, daß man in diesen Klassen Wörter aus anderen Sprachen entlehnen oder gar neue erfinden kann, die von anderen Sprechern akzeptiert werden. Diesen Hauptfamilien zugehörige Wörter nennt man Wörter der offenen Klasse oder zuweilen auch Inhaltswörter. Die Familien von untergeordneter Wichtigkeit – Pronomina, Präpositionen, Konjunktionen und Interjektionen – sind geschlossen; in diesen Klassen findet man nur sehr selten neue Wörter. Diesen Familien zugehörige Wörter nennt man Wörter der geschlossenen Klasse oder manchmal auch Funktionswörter, weil sie dazu verwendet werden, die grammatische Funktion anderer Wörter anzugeben. Die in der geschlossenen Klasse aufgezählten Pronomina gehören allerdings nicht zu den Funktionswörtern.

Diese acht, von den mittelalterlichen Grammatiken des Griechischen und des Latein hinterlassenen Familien bewähren sich bei indoeuropäischen Sprachen recht gut, andernorts sieht es jedoch nicht so einfach aus. Linguistisch orientierte Anthropologen geraten bei ihrer Feldforschung oft an Sprachen, die nach ganz andersartigen Beschreibungen verlangen. Besonders im Bereich der geschlossenen Klassen können verschiedene Veränderungen auftreten. Es wurde behauptet, in einigen der sogenannten synthetischen Sprachen wie der der Eskimos mit ihren äußerst langen und komplexen Wörtern gäbe es gar keine geschlossenen Klassen; das meiste von dem, was in analytischen Sprachen wie dem Vietnamesischen die Wörter aus geschlossenen Klassen leisten, geschieht in synthetischen Sprachen durch Affixe. In den ersten Untersuchungen nichtindoeuropäischer Sprachen wurde der dilettantische Versuch unternommen, das Lexikon einer jeden Sprache in die acht traditionellen Familien zu zwängen, selbst wenn diese Familien eindeutig unangebracht waren. Die Unzulänglichkeit dieser Versuche rief das Interesse an Kriterien wach, nach denen man syntaktische Klassen definieren kann. Man fand die alten Formeln selbst für heutige indoeuropäische Sprachen irreführend, für Sprachen außerhalb der indoeuropäischen Sprachenfamilie gar völlig unbrauchbar.

Die Definition syntaktischer Klassen ist nach allem ein Grundproblem, mit dem sich jeder ernstzunehmende Grammatiker herumschlagen muß. Wenn es sich um eine Abhandlung zur Syntax handeln würde, wären solche Fragen sorgfältig zu beantworten, zumal die sytaktische Struktur akzeptabler Sätze als Muster aus Elementen dieser Klassen zu beschreiben ist. Hier geht es jedoch nur um die Stellen, an denen Theorien der Satzstruktur und Theorien der Wortstruktur offenbar in wechselseitiger Beziehung stehen; und das meiste dessen, was ausgeführt werden muß, erfordert nur vier größere Syntaxklassen: Nomina, Verben, Bestimmungswörter (Modifikatoren) und Partikeln.

Innerhalb dieser größeren Familien gibt es natürlich Unterfamilien. Nomina sind entweder Eigennamen (*Maria, Australien, Volksparkstadion*) oder Gattungsnamen (*Frau, Kontinent, Sportstätte*); Gattungsnamen sind entweder zählbar (*Buch, Tisch*) – das heißt, sie können im Singular und im Plural stehen –, oder es sind Mengenbegriffe (*Speck, Butter, Hafer*). Bei den Verben handelt es sich entweder um Hilfsverben (*sein, haben, können, müssen*) oder um Vollverben (*sagen, sehen, machen*). Vollverben unterscheiden sich in der Anzahl ihrer Argumentstellen (der angebundenen Nominalphrasen): intransitive Verben (*fallen, sterben*) binden ein Subjekt, aber kein Objekt, bei transitiven Verben (*verlieren, töten*) ist es ein Objekt, bei doppelt transitiven Verben (*geben, zufügen*) sind es deren zwei. Modifikatoren unterscheiden sich nach dem, was sie modifizieren: Adjektive (*hell, förmlich*) sind nähere Bestimmungen von Nomina, Adverbien (die im Englischen mit dem Suffix -*ly* gebildet werden, im Deutschen der undeklinierten Stammform des korrespondierenden Adjektivs entsprechen) modifi-

5.4 René Magritte spielt in seinem Bild *La Clef Des Songes* (*Der Schlüssel der Träume*) mit der Bezeichnungsfunktion, die Nomina normalerweise zugeschrieben wird.

113

zieren etwas anderes, und Satzadverbien (*wahrscheinlich*, *selten*) modifizieren ganze Phrasen oder Sätze. Zu den Partikeln gehören alle Funktionswörter: Präpositionen (*in*, *an*, *auf*), Konjunktionen (*und*, *oder*, *wenn*), Determinatoren (*ein*, *der*, *einige*) und vielleicht ein paar wenige weitere. Eine solche Liste von Unterfamilien erweckt zwangsläufig den Anschein großer Detailliertheit, doch würde ein sorgfältiger Grammatiker weitere Unterfamilien unterscheiden müssen.

Wie lernt ein Sprecher, diese Unterscheidungen zu erkennen? Das Erkennen wäre einfacher, wenn – wie in bestimmten Sprachen – irgendein formales Stigma die Zugehörigkeit anzeigen würde, etwa wenn die Wörter einer jeden Syntaxklasse mit einem anderen Phonem anfangen oder aufhören würden; das ist jedoch nicht der Fall. Bei den hier unter den Partikeln zusammengeführten Funktionswörtern ist es hoffnungslos; man kann nichts anderes tun, als sie und ihre Verwendung sich zu merken. Zum Glück sind es nur ein paar hundert. Die psychologische Rechtfertigung dafür, diese Wörter unter eine einzige syntaktische Klasse zu gruppieren, kann man darauf begründen, daß sie alle miteinander verschwinden, gemeinsam mit den grammatischen Flexionsformen, wenn eine Funktionsstörung vorliegt, die man Agrammatismus nennt. Da es sich um eine geschlossene Familie handelt und da die Mitglieder dieser Familie in Verbindung mit Wörtern aus offenen Klassen, also mit Inhaltswörtern, funktionieren, werden die Partikeln bei der weiteren Erörterung nicht mehr berücksichtigt.

Auch die Hauptfamilien sind gelernt: Jedes neue Inhaltswort, das dem Wortschatz einer Person hinzugefügt wird, muß einer dieser Familien zugeordnet werden. Dieser Lernvorgang wird dadurch kompliziert, daß die Hauptfamilien sich gegenseitig nicht immer ausschließen – ein Wort kann zu mehr als einer Familie gehören, besonders im Englischen. Dort gehören manche Wörter (*back*, *paper*, *surface*) zu allen drei Hauptklassen, können also als Nomen, als Verb und als Bestimmungswort verwendet werden, und viele weitere Wörter gehören zu zweien dieser Familien. In diesen Fällen kann man die syntaktische Klasse eines bestimmten Wortexemplars nur erkennen, indem man den Satz, in dem es vorkommt, analysiert. Im Deutschen geht die Zugehörigkeit zu einer Syntaxklasse mit einer je speziellen Morphologie einher, die das Problem der mehrfachen Zugehörigkeit derselben Wortexemplare zu Syntaxklassen minimiert: Verben enden auf *-en*, Adjektive werden – in Abhängigkeit vom Geschlecht des zugehörigen Nomens – dekliniert, Adverbien dagegen nicht etc. Die weiteren Ausführungen in diesem Kapitel bleiben deshalb, wiewohl sie grundsätzliche Aspekte der Sprache an sich behandeln, eng am Beispiel des Englischen orientiert.

Soll man ein Wort, das zwei syntaktischen Klassen angehört, als ein Wort oder als zwei Wörter zählen? Manche bevorzugen eine Analyse der Art „ein Wort in vielen Verwendungsweisen"; sie weisen darauf hin, daß man jedes Wort in beliebige syntaktische Rollen zwängen kann, wenn nur der Kontext entsprechend beschaffen ist. Zum Beispiel wird das Wort *lamp* üblicherweise als Nomen verwendet, es könnte jedoch auch als Verb eingesetzt werden (*He lamped the wardrobe*), obwohl das im englischen Lexikon nicht vorgesehen ist; der Kontext müßte dann die Interpretation unterstützen, daß *to lamp* (auf deutsch etwa: etwas *belampen*) heißt, daß man etwas, also im Beispiel einen Schrank, mit einer Lampe versieht. Da im Englischen ein Wort nur sehr locker mit seiner syntaktischen Rolle verknüpft ist, wäre die Annahme gar nicht so verkehrt, daß das Wort *back* im eigentlichen Sinne ein Nomen ist, das in Sätzen jedoch manchmal als Verb oder als Modifikator verwendet wird.

Andere bevorzugen die Alternative „ein Wort in einer Art der Verwendung"; sie entgegnen, daß syntaktische Klassen im Kontext nicht so großzügig aushandelbar seien. Ad-hoc-Bildungen (beispielsweise *lamp* als Verb zu verwenden) erfordern einen sorgfältig bereiteten Kontext; ihre spezielle Interpretation ist nur vorübergehend. Wenn ein Wort üblicherweise in zwei oder drei verschiedenen syntaktischen Rollen Verwendung findet, besteht die Lösung gewöhnlich darin, vom Vorliegen mehr als eines Wortes auszugehen. *Back* als ein Nomen ist dann $back_a$, als Verb ist es $back_b$, als Bestimmungswort $back_c$. In manchen Fällen ist eine andere Lösung unmöglich. Wenn man *bear* (*Bär*) eigentlich als Nomen betrachtet, ist es ein Nomen, daß auch als Verb auftreten kann? Das Nomen $bear_a$ und das Verb $bear_b$ (*tragen*) sind zufällig Homonyme; es wäre absurd anzunehmen, es handle sich um dasselbe Wort.

Die genannten syntaktischen Wortfamilien werden definiert, um die Satzstruktur besser beschreiben zu können. Nun ist es an der Zeit, sich morphologischen Familien zuzuwenden, die sich aus Wortbildungsregeln ergeben. Eine Klasse morphologischer Regeln steht jedoch mit der syntaktischen Komponente von Sprache in so enger Beziehung, daß man kaum angeben kann, wo die Syntax aufhört und die Morphologie anfängt.

Flexionsmorphologie

Nirgends stehen Syntax und Morphologie in engerer Beziehung als bei der Flexionsmorphologie. Eine Flexion ist ein Affix, eine Vor- oder Nachsilbe, die einem Wortstamm hinzugefügt wird, um die syntaktische Rolle anzugeben, die das Wort in einem bestimmten grammatikalischen Kontext spielt. Wie eine Flexion hinzugefügt wird, kann man durch morphologische Regeln beschreiben, von denen angenommen wird, daß sie durch die Syntax des Satzes, in dem das Wort vorkommen soll, automatisch aufgerufen werden. Wie es bei morphologischen Regeln allgemein der Fall ist, umfaßt auch eine Regel für das Hinzufügen einer Flexion drei Teile:

1. Die Regel muß ihren Anwendungsbereich angeben – sie muß die Familie von Wortstämmen beschreiben, denen das Affix hinzugefügt werden kann.
2. Die Aussprache des flektierten Wortes muß vorliegen.
3. Es muß jede Bedeutungsänderung beschrieben werden, die die Flexion auf den Wortstamm ausübt.

Der regelmäßige Plural eines Nomens wird im Englischen beispielsweise durch ein hinzugefügtes /z/ am Wortende des Nomens gebildet. In diesem Fall ist Teil 1, der Anwendungsbereich, die syntaktische Familie der zählbaren Nomina; Teil 2, die Ausspracheregeln für Pluralformen, wurde in Kapitel 4 beschrieben; und Teil 3, die Bedeutungsänderung, geht von *ein N* zu *mehr als ein N* über.

Man muß darauf achten, daß der Anwendungsbereich einer Flexionsregel anhand von Wortstämmen und nicht anhand von Wörtern angegeben wird. Im Englischen ist diese Unterscheidung irrelevant: Der Wortstamm, dem Affixe angefügt werden, ist immer auch ein Wort. Im Deutschen, wie in vielen anderen Sprachen, gibt es jedoch Wortstämme, die keine Wörter sind. Das Verb *sagen* besteht aus dem Stamm *sag-* und der Infinitivendung *-en*; es gibt kein deutsches Wort, das dem nackten Wortstamm *sag* entspricht — sieht man einmal davon ab, daß der Imperativ Singular von Verben (*sag!*) gerade dadurch gebildet wird, daß man von der Infinitivform die Infinitivendung entfernt, so daß der Wortstamm übrigbleibt. Bei lateinischen Nomina, um ein Beispiel einer älteren Sprache zu bemühen, wird das Nomen *populus* (Volk) aus dem Stamm *popul-* und der Endung *-us* für den Nominativ Singular gebildet; kein lateinisches Wort besteht aus dem nackten Wortstamm *popul*.

Die Anwendungsbereiche verschiedener Flexionsformen werden im Normalfall in Form von syntaktischen Klassen angegeben. Tatsächlich wird manchmal vorgeschlagen, die syntaktischen Klassen anhand der Flexionen, die sie erfordern, zu definieren. Im Englischen beispielsweise nehmen die syntaktischen Hauptklassen die folgenden Flexionen an:

Nomen: *book, books, book's, books'*
Verb: *lock, locks, locked, locking*
Bestimmungswort: *nice, nicer, nicest, nicely*

Wollte jemand einen Computer so programmieren, daß dieser mit schriftlich vorliegendem Englisch umgehen kann, würde er zweifellos diese Flexionen (zusammen mit jeder weiteren verfügbaren Information) heranziehen, um zu entscheiden, welcher Syntaxklasse jedes Wort angehört. Gleichwohl leisten Flexionen noch mehr. Sie sagen auch etwas über die syntaktische Rolle aus, die ein Wort spielt.

Die Flexionsvarianten eines Wortes bilden eine Flexionsfamilie; jede der drei Beispielzeilen im vorangegangenen Abschnitt zählt die Mitglieder einer solchen Familie auf. Man ist versucht zu sagen, daß alle Mitglieder einer solchen Familie Flexionsvarianten eines einzigen Wortes sind, aber das bringt die Terminologie ein wenig durcheinander. Dazu ein Beispiel: Aus rein formaler Sicht sind *book, books, book's* und *books'* vier verschiedene Wörter, aus morphologischer Sicht handelt es sich jedoch um vier verschiedene Formen des einen Wortes *book*. Was stimmt nun, vier Wörter oder eines? Es wird deutlich, daß es sich um zwei verschiedene Bedeutungen von „Wort" handelt. Wenn sich zwischen diesen beiden Bedeutungsaspekten eine Mehrdeutigkeit ergeben könnte, verwenden Linguisten manchmal den Begriff *Lexem* (oder auch „Eintrag" im Sinne eines Wörterbucheintrags), um sich auf eine Flexionsfamilie zu beziehen: Das Lexem *book* umfaßt vier verschiedene Wörter.

Im heutigen Englisch sind Flexionsfamilien wenig umfangreich. Das heißt, daß sich das heutige Englisch auf einer Sprachenskala von „synthetisch" bis „analytisch" nahe am analytischen Endpunkt befindet. Die Sprache ist nicht gut geeignet, um die Flexionsmorphologie zu veranschaulichen. Die Geschichte der englischen Sprache kennzeichnet ein allmähliches, aber fortschreitendes Verschwinden der Flexionsformen (es gibt keine Anhaltspunkte dafür, daß dies plötzlich eintrat, etwa nach dem normannischen Eroberungszug). Und diese Tendenz setzt sich immer noch fort: Unterscheidungen, die beispielsweise in den Formen *thou*, *thee*, *thine*, *thy* und *ye* zum Ausdruck kamen, sind in den USA – außer in biblischen Texten und im Diskurs der Quäker – völlig verschwunden. Bei Pronomina scheint diese Veränderung am langsamsten voranzuschreiten; hier findet man noch Spuren des Geschlechts (Genus) und der Fälle (Kasus). *He/she/it* sind ein schwacher Widerhall des männlichen, weiblichen und sächlichen Geschlechts der germanischen Sprachen, wobei diese englischen Formen sich nach dem natürlichen und nicht nach dem linguistischen Geschlecht richten. (Im Deutschen sind zum Beispiel *Sonne* weiblich und *Mond* männlich (qua linguistischem Geschlecht), die passenden Pronomina sind *sie* beziehungsweise *er*; im Englischen muß man auf *sun* wie auf *moon* mit *it* referieren, da beide (qua natürlichem Geschlecht) Dinge sind.) *I/me/my*, *he/him/his* und *who/whom/whose* treffen Unterscheidungen grammatischer Fälle; diese Unterscheidungen scheinen im amerikanischen Englisch allmählich schwächer zu werden.

Andere indoeuropäische Sprachen haben typischerweise viel komplexere Flexionssysteme. Die Flexionsmorphologien des Sanskrits, des klassischen Griechisch, des Lateins und des Balto-Slawischen führten die Linguisten zu der Annahme, daß das Proto-Indoeuropäisch eine reich flektierte Sprache gewesen sein muß. Vieles von diesem Reichtum ist angenommenermaßen im Latein erhalten geblieben, das ein repräsentatives Bild von den Flexionsarten gibt, die man in den meisten indoeuropäischen Sprachen vorfindet. Im Latein ist bei jedem Nomen die Anzahl (Numerus) und das Geschlecht (Genus) markiert: als Singular oder Plural und als Maskulinum, Femininum oder Neutrum. Darüber hinaus ist in lateinischen Nomina der Fall (Kasus) markiert: Nominativ (zur Markierung des Satzsubjekts), Genitiv (der besitzanzeigende Fall), Dativ (zur Markierung des indirekten Objekts eines doppelt transitiven Verbs), Akkusativ (zur Markierung des Objekts eines transitiven Verbs), Ablativ (der eine Vielfalt von Verwendungsarten aufweist) und Vokativ (der Anredefall). Zusammengenommen erzeugen diese Flexionen Wortfamilien, die gewöhnlich in Tabellenform zusammengefaßt werden. Drei dieser Tabellen für den männlichen *lupus*, den Wolf, für die weibliche *puella*, das Mädchen, und für das sächliche *bellum*, den Krieg, vermitteln einen Eindruck von der Komplexität dieses Systems.

Es gibt natürlich auch Ausnahmen von diesen Tabellen. Bei bestimmten Verbklassen stehen Objekte auch in anderen Fällen als im Akkusativ, verschiedene

Exkurs 5.1: Paul Broca und der Agrammatismus

Aphasie ist der Verlust der Fähigkeit, Wörter hervorzubringen oder zu verstehen; sie resultiert meistens aus einer Hirnverletzung. Anmerkungen zum Sprachverlust infolge von Kopfverletzungen finden sich zwar schon 400 vor Christus; es war jedoch der französische Chirurg Pierre Paul Broca (1824–1880), der als erster nachwies, daß Aphasien durch spezifische Läsionen verursacht werden und daß sich diese Läsionen vorwiegend im vorderen Teil der linken Hirnhälfte befinden. 1861 berichtete Broca über zwei Patienten mit fast völligem Sprachverlust (den er „Aphemia" nannte), deren Gehirne er post mortem hatte untersuchen können. 1863 veröffentlichte er Anmerkungen zu acht weiteren obduzierten Fällen. Der bei allen diesen Patienten zerstörte Bereich lag in der dritten Frontalwindung des linken Cerebralcortex; diesen Bereich nennt man heute noch das Broca-Zentrum. Eine auf das Broca-Zentrum beschränkte

Paul Broca.

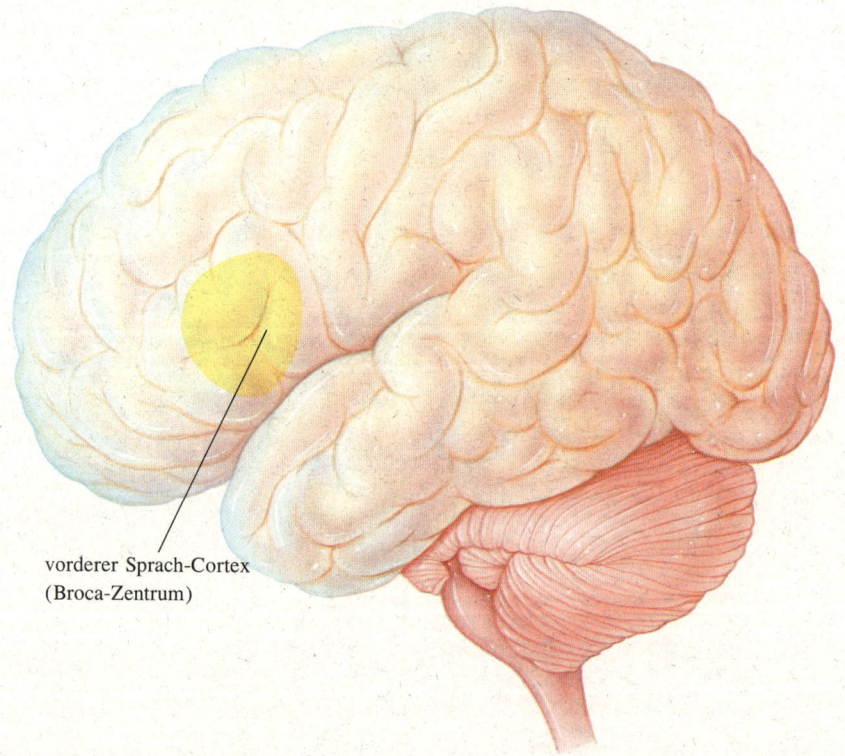

vorderer Sprach-Cortex
(Broca-Zentrum)

Die linke Hemisphäre des menschlichen Gehirns, auf der die Position des Broca-Zentrums relativ zu anderen wichtigen Hirnarealen zu sehen ist.

Läsion führt jedoch nicht zu dem gesamten Ausmaß an Sprachschwierigkeiten, das Broca beschrieben hatte; dazu bedarf es einer umgreifenderen Zerstörung. Einige Neurologen nehmen an, daß Verbindungen zwischen dem Broca-Zentrum und dem restlichen Gehirn zerstört sein müssen, damit eine andauernde Aphasie des Broca-Typs eintritt.

Ein charakteristisches Symptom dieses Aphasie-Typs nennt man Agrammatismus. Agrammatisches Sprechen ist stokkend und merkwürdig flektiert – langsam, stoßweise und mit großer Anstrengung hervorgebracht, nie mit einem unbetonten Wort beginnend –, wobei Fle-

xionsendungen und Funktionswörter (Präpositionen, Artikel, Konjunktionen), die eine wichtige grammatikalische Rolle spielen, häufig weggelassen werden. In einem Teil der von Harold Goodglass und Edith Kaplan entwickelten Boston Diagnostic Aphasia Examination, einem standardisierten diagnostischen Testverfahren, sollen Patienten beispielsweise beschreiben, was auf einem Bild mit drei Personen in einer Küche passiert. Die folgende Transkription stammt aus der Antwort einer nicht mehr fließend sprechen könnenden Aphasikerin, Frau S.; man beachte das Fehlen der Funktionswörter und der Zeitformen.

Frau S.: Die Mutter / ah / die Mutter äh // Geschirr ab // und Putzfrau / Boden / mein // Wasser ne und / zwei Kinder / ah weiß net / ah Dosen

Untersucher: Das ist Englisch /

S: Ja, ja /

U: Kekse sind drauf //

S: Kekse und / und auf einmal ah // mei / ah/ net aber Stühle ein Stuhl / ah kaputt na aber / ah ja ah ja / Küche ja / na ja / Tasse und //

U: Was wollte der Junge denn da an der Dose?

S: Na ja / Keks / Keks ah / zwei Keks Kekse kauen oder//

(Aus: A. Friederici, *Neuropsychologie der Sprache*, 1984)

In leichten Fällen kann der Agrammatismus nur eine gelegentlich verlorengegangene Flexion oder eine Vorliebe für bestimmte einfache Verbformen mit sich bringen; in schweren Fällen sind nur mehr einzelne Wörter möglich.

Diese Zeichnug dreier Personen in einer Küche ist Teil eines standardisierten psychologischen Tests, der zur Bestimmung der Art und des Schweregrades aphasischer Symptome eingesetzt wird. Es wird aufgenommen, was der Patient sagt, während er versucht, das Bild zu beschreiben.

Präpositionen ziehen ihren eigenen Fall nach sich und so weiter — welcher Lateinschüler könnte sich nicht an das rhythmisch gesprochene *a, ab, e, ex und de, cum und sine, pro und prä* erinnern, das die Präpositionen angibt, die den Ablativ erfordern. Neben der komplizierten Deklination von Nomina werden lateinische Verben nach der Zeit (Gegenwart, Vergangenheit, Zukunft), der Person (erste, zweite, dritte) und der Zahl (Singular, Plural) konjugiert und so weiter. Bestimmungswörter schließlich müssen mit den Wörtern, die sie näher bestimmen, übereinstimmen.

Drei lateinische Deklinationen

	Maskulinum	Femininum	Neutrum
Singular:			
Nominativ	lupus	puella	bellum
Genitiv	lupi	puellae	belli
Dativ	lupo	puellae	bello
Akkusativ	lupum	puellam	bellum
Ablativ	lupo	puella	bello
Vokativ	lupe	puella	bellum
Plural:			
Nominativ	lupi	puellae	bella
Genitiv	luporum	puellarum	bellorum
Dativ	lupis	puellis	bellis
Akkusativ	lupos	puellas	bella
Ablativ	lupis	puellis	bellis
Vokativ	lupi	puellae	bella

Die Details sind hier nicht wichtig; es geht einfach darum, daß die Flexionsfamilien im Englischen ungewöhnlich klein sind. Andererseits kann man bei einem Dutzend Flexionsformen nicht von einer abnormal großen Familie sprechen. In Sprachen, die von Flexionen ausgiebig Gebrauch machen, können Flexionsfamilien weitaus umfangreicher sein. In Passamaquoddy beispielsweise aus der Gruppe der Algonkin-Sprachen, die amerikanische Ureinwohner in der Gegend von New Brunswick und dem nordöstlichen Maine sprechen, hat jedes Verb mehr als zehntausend Formen. In einer solchen Sprache kann es immer wieder vorkommen, daß Wortformen verwendet werden, die nie zuvor gehört wurden.

Für seinen Mangel an Flexionen zahlt das Englische seinen Preis. Der Vorteil von Flexionen liegt darin, daß sie die grammatische Rolle, die ein Wort spielt, direkt anzeigen können. Im heutigen Englisch muß diese Information über die Wortstellung gegeben werden. Beispielsweise besagen die beiden Sätze

The boy sees the girl.

The girl sees the boy.

etwas je anderes, weil sich die Wortstellung unterscheidet, während in den lateinischen Vergleichssätzen die Wörter in beliebiger Reihenfolge stehen können:

Puer puellam videt.

Puellam puer videt.

In beiden Sätzen gibt die Akkusativendung *-am* bei *puella* an, daß das Mädchen von dem Jungen gesehen wird, während in den beiden folgenden Sätzen die Akkusativendung *-um* bei *puer* anzeigt, daß es der Junge ist, der gesehen wird.

Puerum puella videt.

Puella puerum videt.

Das Deutsche steht hier etwa in der Mitte zwischen Englisch und Latein. Im Deutschen sind Nominativ und Akkusativ nur noch bei maskulinen Nomina im Singular unterscheidbar (Wer? Der Mann. Wen? Den Mann. Aber: Wer? Die Männer. Wen? Die Männer. Wer? Die Frau/die Frauen. Wen? Die Frau/die Frauen. Wer? Das Kind/die Kinder. Wen? Das Kind/die Kinder.); in Sätzen nach der Art der obigen Beispielsätze kann die Wortstellung im Deutschen deshalb nur dann vernachlässigt werden, wenn eines der beteiligten Nomina männlichen Geschlechts ist und im Singular steht. Andererseits sind Genitiv und Dativ zumindest durch den mitzudeklinierenden (bestimmten oder unbestimmten) Artikel eindeutig von Nominativ und Akkusativ zu unterscheiden.

Als die Flexionen aus dem Englischen verschwanden, mußte das, was sie geleistet hatten und in anderen indoeuropäischen Sprachen noch immer leisten, von der Wortstellung und von Präpositionen übernommen werden. Das heißt, was in anderen indoeuropäischen Sprachen Gegenstand von Flexionsregeln ist, ist im Englischen Gegenstand von Syntaxregeln.

Eine kurze Bemerkung zu den Modifikatoren. Grammatiker unterscheiden meistens zwischen Adjektiven und Adverbien, wobei viele Adverbien als Ableitungen von Adjektiven unter Hinzufügung des Suffixes *-ly* betrachtet werden. (Im Deutschen erkennt man die adverbielle Verwendung von Adjektiven an dem undeklinierten, nackten Wortstamm.) Die Darstellung hier knüpft Adjektive und Adverbien zu einer einzigen syntaktischen Kategorie als Modifikatoren zusammen; das wurde absichtlich in dieser unüblichen Weise getan, nur um eine Anschauung davon zu geben, wie schwierig die Unterscheidung zwischen Flexionen und anderen Arten von Affixen zu treffen ist. Wenn Adjektive und Adverbien in einen Topf geworfen werden, dann kommt das angehängte *-ly* nicht durch eine Regel zustande, die ein Wort in einer anderen syntaktischen Klasse

Exkurs 5.2: Adpositionen

Typischerweise werden Wörter der geschlossenen Klasse solchen der offenen Klasse vor- oder nachgestellt, das heißt, daß die Funktionswörter in bestimmten Kombinationen mit Inhaltswörtern vorkommen. Diese Kombinationen entsprechen syntaktischen Regeln, die sich von einer Sprache zur anderen beträchtlich unterscheiden. Adpositionen, die Nomina an die Seite gestellt werden, lassen die Kompliziertheit erkennen, die sich ergeben kann.

Im Deutschen wie im Englischen stehen Adpositionen vor den Nomina und werden deshalb Präpositionen genannt: *mit einem Gewehr an der Ecke bei der Kirche*. In anderen Sprachen gibt es geschlossene Wortklassen, die vergleichbaren Zwecken dienen, jedoch nach den Nomina stehen; diese nennt man Postpositionen. Man hat festgestellt, daß es in Sprachen wie dem Japanischen oder dem Türkischen, in denen die Satzstruktur Subjekt-Objekt-Verb bevorzugt wird, fast immer Postpositionen gibt, wogegen Sprachen mit einer Verb-Subjekt-Objekt-Struktur, etwa das Hebräische oder das Walisische, fast immer Präpositionen haben. In Sprachen mit einer Satzstruktur, die dem Muster Subjekt-Verb-Objekt folgt, also beispielsweise im Deutschen, im Englischen oder in Suaheli, gibt es entweder Präpositionen oder Postpositionen (aber nicht beides).

Adpositionen können den grammatikalischen Fall anzeigen. Im Englischen kann zum Beispiel der Dativ durch *to* angezeigt werden, etwa in *She gave the candy to the boy*; der Genitiv wird durch

The house on the lake.

of eingeleitet, wie in *the door of the car*. Im Deutschen haben wir für den Dativ und den Genitiv keine eigenen Präpositionen, weil diese Fälle bei der Deklination eindeutige Flexionsformen erhalten. Allerdings wird umgangssprachlich statt *der Hut Tante Klaras* auch *der Hut von Tante Klara* verwendet, wobei *von* (nunmehr mit dem Dativ) dann der Rolle des englischen *of* entspricht. Der Instrumentalis läßt sich in beiden Sprachen durch *mit* beziehungsweise *with* angeben (*Er öffnet die Tür mit dem Schlüssel*). Manche Präpositionen bezeichnen den räumlichen Standort; Linguisten sprechen hier zuweilen vom Lokativ. *In*, *an*, *auf*, *unter* und viele andere können als lokative Präpositionen verwendet werden.

Präpositionen haben viele verschiedene Bedeutungen und sind bekanntermaßen schwer zu übersetzen. So kann aus *the boat on the lake* und *the house on the lake* im Deutschen leicht – die gleiche Präposition beibehaltend – *das Boot auf dem See* und *das Haus auf dem See* (statt *das Haus am See*) werden. Oder man erkläre den Unterschied zwischen *Er war beim Fernsehen* und *Er war im Fernsehen*. Darüber hinaus können präpositionale Wendungen einen Satz an verschiedenen Stellen ergänzen: *Sie sah den Mann mit der Brille* läßt nicht erkennen, ob *mit der Brille* sich auf *sie sah* oder auf *den Mann* bezieht.

ableitet; man kann es vielmehr einfach als Flexion betrachten. Unter dieser Perspektive sind beispielsweise *bright* und *brightly* nur zwei Formen desselben Wortes (sie gehören zur selben Flexionsfamilie).

Welche Analyseweise ist die richtige? Die Antwort hängt davon ab, welche Unterscheidung man zwischen der Flexionsmorphologie und der Ableitungsmorphologie trifft. Der hier vertretenen Position entsprechend umfaßt die Flexionsmorphologie den Teil der Wortbildungsregeln, der für die Syntax einer Sprache von Belang ist. Syntaktische Regeln steuern den Einsatz der Flexionen, während Ableitungen von der lexikalischen Wortwahl abhängen, die die Menschen bei ihrer Satzbildung treffen. Da die Unterscheidung zwischen Adjektiven und Adverbien (also etwa zwischen *bright* und *brightly*) von einer syntaktischen Bedingung abhängt — nämlich von der Syntaxklasse des zu modifizierenden Wortes (ob es ein Nomen oder etwas anderes ist) —, erscheint es vernünftig, das Suffix *-ly* als Flexion und nicht als Ableitung anzusehen. Ein Wort als Flexion aufzufassen, kann jedoch nicht zu einer Veränderung seiner syntaktischen Klassenzugehörigkeit führen. Demnach fallen im Englischen die Adjektive und die (meisten) Adverbien zu einer syntaktischen Klasse zusammen. (Dies sollte man jedoch nur dann seinem Grammatiklehrer vortragen, wenn man eine entsprechende Verteidigungsstrategie vorbereitet hat.)

***

Mittlerweile haben sich verschiedene Bedeutungsweisen von „Wort" ergeben. Ein phonologisches Wort ist eine Phonemkette, die bestimmten Regeln der Silbenbildung entspricht. Ein syntaktisches Wort ist ein Atom, mit dem man grammatische Sätze beschreiben kann. Beide Bedeutungen sind nicht unbedingt deckungsgleich: Die im Englischen möglichen Wortkontraktionen *I've* und *can't* zum Beispiel sind in phonologischer Hinsicht jeweils ein Wort, zugleich sind sie jedoch zwei syntaktische Wörter. Aber damit sind wir erst am Anfang. Die Morphologie hält noch eine weitere Definition von „Wort" bereit.

6.1 In lebenden Sprachen werden aus alten Wörtern dauernd neue geformt. Manchmal verlängern sich die Wörter durch Aneinanderreihung, wie bei diesem walisischen Ortsnamen.

DER ZIPFERLAKE

Verdaustig war's, und glasse Wieben
Rotterten gorkicht im Gemank;
Gar elump war der Pluckerwank,
Und die gabben Schweisel frieben.

6.2 In Lewis Carrolls Gedicht „Jabberwocky", dem Alice in Spiegelschrift begegnet, werden Kunstwörter zusammengesetzt, um die Bewohner der Spiegelwelt zu beschreiben.

6. Wortbildung

Edward Sapir sagte einmal, die Sprache so zu verwenden, wie es die Leute normalerweise tun, gleiche der Verwendung einer Turbine, um eine Türklingel mit Energie zu versorgen. Es gibt einen Reichtum in der Sprache, den nur Redner und Dichter auszubeuten wagen, und selbst diese können für ihre Kunstfertigkeit keine Erklärung abgeben. Eine wichtige Quelle sprachlicher Gestaltungskraft leitet sich jedoch sicherlich aus der Verbindungskraft der Wörter ab: Jedes Wort leistet eine Generalisierung über die Einzelheiten des Lebens hinweg, in jedem Satz sind neue Assoziationen realisiert. Das Verbindende der Wörter webt einen Schleier des Zusammenhalts, der sich über die endlose Heterogenität des Erlebens legt.

Diese integrativen Kräfte der Sprache werden durch den Mechanismus der Wortbildung angeregt und verstärkt. Wenn es nicht gelingt, einen komplizierten Gedanken in einem einfachen Wort einzufangen, können morphologische Regeln oft in die richtige Richtung etwas nachhelfen. Man sehe sich zum Beispiel im Englischen an, welch vielfältige Bedeutungsschattierungen sich mit den Mitgliedern der Wortfamilie ausdrücken lassen, die aus der lateinischen Wurzel *liber-* abgeleitet ist: *liberty, liberality, liberalization, liberation, liberticide, liberationism, liberalness, liberalism, libertinism, liberationist, liberator, libertarian, libertine, liberticidal, liberal, liberally, liberalist, liberalistic, to liberate, to liberalize*. Irgendwo in dieser Kollektion sollte man das Wort finden, das man benötigt, um genau das Bild zu zeichnen, welches man im Kopf hat. Die Beschäftigung mit der Frage, wie solche Neuerungen eingeführt werden, führt zur sogenannten Ableitungsmorphologie oder Derivationsmorphologie. (Obwohl durch Flexionen auch Wörter oder zumindest Wortformen gebildet werden, wird der Begriff „Wortbildung" zumeist als Synonym für die Morphologie der Ableitung von Wörtern verwendet.)

Einige der interessantesten morphologischen Fragen richten sich jedoch darauf, was NICHT ableitbar ist. Warum führt *liber-* im Englischen beispielsweise nicht auch zu Wörtern wie *libertary* oder *liberarchy* oder *libertocracy*? (Und woher weiß man, daß diese Ableitungen nicht existieren?) Fragen nach Nichtwörtern sind endlos. Wenn sich beispielsweise das Verb *orchestrieren* aus dem Nomen *Orchester* ableitet, warum gibt es dann kein Verb *symphonieorchestrieren*, das in einer ähnlichen Beziehung zu dem zusammengesetzten Nomen *Symphonieorchester* steht? Und wenn *bauernschlau* ein zulässiges Adjektiv darstellt, warum ist dann die Steigerungsform *am bauernschlausten* unzulässig oder zumindest ungebräuchlich? Solche Rätsel sind das tägliche Brot für Berufsmorphologen.

In diesem Kapitel geht es darum, woher die Wörter stammen. Das heißt, es werden Wortbildungsregeln betrachtet. Die Beispiele werden weitestgehend dem Deutschen und Englischen entnommen, wiewohl man ähnliche morphologische Verfahren auch in anderen Sprachen kennt. Bevor Leserin und Leser jedoch ihre morphologische Unschuld verlieren, sollten sie einen Moment innehalten, um

Der Zipferlake

Verdaustig wars, und glasse Wieben
Rotterten gorkicht im Gemank;
Gar elump war der Pluckerwank,
Und die gabben Schweisel frieben.

»Hab acht vorm Zipferlak, mein Kind!
Sein Maul ist beiß, sein Griff ist bohr!
Vorm Fliegelflagel sieh dich vor,
Dem mampfen Schnatterrind!«

Er zückt' sein scharfgebifftes Schwert,
Den Feind zu futzen ohne Saum,
Und lehnt' sich an den Dudelbaum
Und stand da lang in sich gekehrt,

In sich gekeimt, so stand er hier:
Da kam verschnoff der Zipferlak
Mit Flammenlefze angewackt
Und gurgt' in seiner Gier.

Mit eins! und zwei! und bis aufs Bein!
Die biffe Klinge ritscheropf!
Trennt er vom Hals den toten Kopf,
Und wichernd sprengt er heim.

»Vom Zipferlak hast uns befreit?
Komm an mein Herz, aromer Sohn!
O blumer Tag! O schlusse Fron!«
So kröpfte er vor Freud.

Verdaustig wars, und glasse Wieben
Rotterten gorkicht im Gemank;
Gar elump war der Pluckerwank,
Und die gabben Schweisel frieben.

Aus *Alice hinter den Spiegeln*,
Lewis Carroll, 1871
(deutsch 1974, übersetzt von
Christian Enzensberger).

ein paar Fragen zu beantworten. Sie können sich gleich jetzt eine Antwort überlegen, ohne daß sie die Behauptungen und Gegenbehauptungen der verschiedenen Theorien verwirren.

Nehmen Sie einmal an, Sie wären auf die folgenden Buchstabenketten gestoßen, die in einem deutschen Text als Wörter verwendet werden (einmal ungeachtet der möglichen Groß- und Kleinschreibung):

lekt   him   miß   preisel   surd   brom   jekt

Wüßten Sie:

1. Wie spricht man die Wörter aus?
2. Zu welcher Syntaxklasse gehören sie?
3. Was bedeuten sie?

Die Gründe für diese Fragen werden im weiteren Verlauf dieses Kapitels klar werden.

Ableitungsregeln

Woher stammen neue Wörter? Fast immer sind neue Wörter aus schon bestehenden Wörtern herausgeformt. Im englischen Sprachraum bestand immer eine große Bereitschaft, Wörter auszuborgen (zu klauen trifft es vielleicht besser), so daß die älteren Wörter oft einer anderen Sprache entnommen sind. Die älteren Wörter sind jedoch meistens schon geläufig, und die neuen Wörter bilden Familien verwandter Wörter, die sich um ihre gemeinsame Wurzel scharen. Wenn die neuen Wörter durch Hinzufügen von Affixen gebildet werden, dann nennt man sie abgeleitet; die Untersuchung abgeleiteter Formen ist der Gegenstand der derivativen Morphologie.

Oberflächlich betrachet, sehen abgeleitete Wörter stark nach flektierten Wörtern aus. Zum Beispiel ist *bewegt beweg-* plus *-t*, und *beweglich* ist *beweg-* plus *-lich*. Doch sagen die Linguisten, daß das Hinzufügen des Ableitungssuffixes *-lich* etwas anderes als das Anhängen des Flexionssuffixes *-t* sei. Die Linguisten sind fast durchgängig davon überzeugt, daß hier ein bedeutsamer Unterschied vorliegt, wenngleich nicht immer aus denselben Gründen — es wurden eine Reihe von Beschreibungsmöglichkeiten für diesen Unterschied unterbreitet. Ein umfassendes theoretisches Bild wird dadurch erschwert, daß etwas in der einen Sprache durch Flexion und dasselbe in der anderen Sprache durch Ableitung gebildet wird und umgekehrt. Der einfachste Zugang ist der hier schon vorgebrachte Vorschlag: Flexionen werden durch die Syntax gesteuert, Ableitungen nicht.

Nichtsdestotrotz sind die Ähnlichkeiten nicht von der Hand zu weisen. Ableitungsregeln sehen den Flexionsregeln sehr ähnlich. Ableitungsregeln bestehen aus vier Teilen:

1. Anwendungsbereich: Die Basis für ein Affix wird gekennzeichnet; das sind die Wortstämme, an die man das Affix angliedern kann.
2. Aussprache: Die Aussprache und Betonung des abgeleiteten Wortes werden festgelegt. Oft besteht die abgeleitete Aussprache einfach aus der Kombination der beiden Teile, manchmal gibt es jedoch komplizierte, wenngleich regelmäßige Veränderungen.
3. Bedeutungsveränderung: Jedes Affix hat einen mehr oder weniger einheitlichen Einfluß auf die Bedeutung des Wortstammes, so daß eine Beschreibung dieser Veränderung gegeben werden muß.
4. Sytaxklasse: Die syntaktische Klasse des abgeleiteten Wortes wird spezifiziert.

Das einzige Neue — das bei Flexionsregeln nicht erforderlich ist — besteht in der Notwendigkeit, die syntaktische Klasse des abgeleiteten Wortes anzugeben. Ableitungen ändern häufig die Syntaxklasse des Wortstammes, Flexionen dagegen nicht.

Ein Unterschied zwischen den beiden morphologischen Arten besteht darin, daß normale Flexionsaffixe ausschließlich außerhalb von Ableitungsaffixen vorkommen. Die Jugendzeit mehrerer Kinder kann man zum Beispiel nicht als deren *Kinderheit* bezeichnen. Im Englischen besteht ein weiterer Unterschied dergestalt, daß Wörter mehrere Ableitungsaffixe, aber nur ein Flexionsaffix aufweisen können. In anderen Sprachen sind jedoch mehrere Flexionen möglich. Das lateinische Wort *amabatur* beispielsweise umfaßt zwei Flexionssuffixe, die dem Indikativstamm *ama-* angehängt werden: *-ba* zur Kennzeichnung des Imperfekts und *-tur* als Angabe der dritten Person Singular im Passiv.

6.3 Lewis Carroll (1832 – 1898).

Bei Wörtern mit mehr als einem Ableitungsaffix stellt sich die Frage, in welcher Reihenfolge die Affixe angefügt werden. Manchmal ist die Antwort eindeutig. In einem Wort wie *gesundheitlich* muß man erst das Suffix *-heit* dem Adjektiv *gesund* anhängen, bevor ein Nomen vorliegt, dem man *-lich* anfügen kann. In anderen Fällen kann das jedoch nicht so eindeutig sein, etwa bei *unmerklich*. Die Wurzel ist *merk*, der ein Präfix *un-* und ein Suffix *-lich* angefügt werden. Wie soll man diese Zusätze beschreiben? Eine Möglichkeit bestünde in einer morphologischen Regel, die beide Affixe gleichzeitig anfügt; die Lösung erscheint jedoch nicht vielversprechend — die Anwendungsbereiche für zusammengesetzte Regeln würden zu sehr eingeschränkt. Morphologen gehen davon aus, daß zwei getrennte Regeln beteiligt sind, eine für den Zusatz *un-* und eine für das Anhängen von *-lich*, so daß *unmerklich* sich in zwei Schritten aus *merk* herausbildet. Aber in welcher Reihenfolge erfolgen die beiden Schritte? Wird zuerst *un-* vorangestellt, wodurch *unmerk* entsteht? Oder wird zuerst *-lich* angehängt zu *merklich*? Die Standardantwort lautet, daß *-lich* zuerst angehängt wird, weil es das entstehende Wort *merklich* wirklich gibt. Wenn die Ableitung in umgekehrter Reihenfolge vorgenommen würde, entstünde als Zwischenprodukt *un-merk*, das ein Nichtwort ist, auch unter dem Aspekt möglicher weggefallener Flexionsformen. Bei Wörtern wie *auflösbar* oder *Entschädigung* ist die Reihenfolge nicht entscheidbar, spielt aber für die Bedeutung der Wörter auch keine Rolle. Im Englischen gibt es hier echte Mehrdeutigkeiten: Faßt man *unfoldable* als *unfold-able* auf, wobei also zuerst das Präfix *un-* dem Wort *fold* vorangestellt würde, entsteht die Bedeutung „entfaltbar", eine Eigenschaft, die man etwa einem zusammengelegten Karton zusprechen würde. Versteht man *unfoldable* dagegen als *un- foldable*, entsteht die Bedeutung von „nicht zusammenklappbar". Ähnlich zweideutig verhält es sich bei *un-dressable* (= „läßt sich nicht anziehen") versus *undress-able* (= „läßt sich ausziehen").

Die Argumentation am Beispiel von *unmerklich* führt zu der Vermutung, daß der Anwendungsbereich von Ableitungsregeln ausschließlich bestehende Wörter sind:

M1. Ableitungsregeln kommen über Wörtern zum Einsatz, wodurch sie andere Wörter hervorbringen.

M1 ist eine starke Behauptung mit überraschenden Implikationen.

Ein Beispiel für das konkrete Wirksamwerden von Ableitungsregeln ist das Wort *antidisestablishmentarianism*, welches (fälschlicherweise) für das längste Wort der englischen Sprache gehalten wurde. Wer die Regeln der derivativen Morphologie im Englischen beherrscht und diesem Wort zum ersten Mal begegnet, kann sich die Bedeutung des Wortes aus den konstituierenden Morphemen zusammenbauen, vielleicht in folgender Weise:

- Man fängt mit der Wurzel an, dem Verb *to establish*, das bedeutet, etwas auf eine dauerhafte Basis zu stellen.
- Durch Hinzufügen des Präfixes *dis-* erhält man das neue Verb *to disestablish*, das bedeutet, etwas den Status des Dauerhaften zu entziehen.
- Das Suffix *-ment* macht aus dem Verb ein Nomen, *disestablishment*, das den Vorgang oder den Zustand bezeichnet, etwas zu disetablieren; im Deutschen könnte analog das Nomen *Disetablierung* gebildet werden.
- Mit dem Suffix *-arian* erhält man das Nomen *disestablishmentarian*, womit man einen Anhänger oder Verfechter der Disetablierung bezeichnen kann. Im Deutschen ist hier der Ableitungsmechanismus am Ende, und man geht zu − weiter hinten in diesem Kapitel ausführlich erörterten − zusammengesetzten Nomina über, etwa zu *Disetablierungsanhänger*.
- Es wird das Präfix *anti-* vorangestellt, wodurch das Nomen *antidisestablishmentarian* entsteht, ein Gegner der Disetablierungsanhänger.

– Durch Anhängen des Suffixes *-ism* schließlich entsteht *antidisestablishmenta- rianism*, womit man die Doktrin der Gegner der Disetablierungsanhänger be- zeichnen könnte.

Diese Ableitung ist im Englischen völlig in Ordnung. Die notwendigen Affixe werden hinzugefügt, um das gewünschte Wort zu erhalten. Die Ableitung geht jedoch schon von der falschen Bedeutung von *establish* aus, ohne das jemals richtig zu stellen. Jeder, der mit der Geschichte dieses im englischen Sprach- raum berüchtigten Wortes vertraut ist, weiß, daß die Bedeutung von *to estab- lish*, die hier paßt, darin liegt, etwas zu einer nationalen Einrichtung zu ma- chen – in diesem Fall, ein Gesetz zu erlassen, durch das eine Kirche zur offi- ziellen Nationalkirche wird, die dann auch als *established church* bezeichnet wird. *To disestablish* bezieht sich dann auf den politischen Akt, diese Beziehung zwischen Staat und nationaler Institution zu kappen – in diesem Fall, die Eta- blierung einer Kirche aufzuheben. Tatsächlich ist die Auflösung einer nationalen Institution die EINZIGE Bedeutung von *disestablish*; das Wort wird ausschließ- lich in diesem Kontext verwendet. Somit kommt dem Verb *to disestablish* nicht die allgemeinere Bedeutung zu, die oben abgeleitet wurde; es handelt sich somit um ein Nichtwort, welches nach M1 nicht als Grundlage für weitere Ableitungs- schritte herangezogen werden sollte, die zu der allgemeineren Bedeutung von *antidisestablishmentarianism* führen. M1 zufolge kommen Ableitungsregeln nur bei bestehenden Wörtern zur Anwendung; es ist jedoch manchmal nicht völlig klar, ob Zwischenschritte zu Wörtern geführt haben oder nicht.

Anwendungsbereiche

Nicht alle Linguisten akzeptieren die Vorstellung, daß der Anwendungsbereich für Ableitungsregeln immer Wörter sein müssen. Ein Einwand gegen diesen wortbasierten Ansatz lautet, daß er bestimmte lateinische Ableitungen aus- schließt, die ihren Ursprung in Wurzeln nehmen, die keine Wörter sind. *Liber* beispielsweise ist kein englisches Wort, und doch ist eine umfangreiche Wortfa- milie daraus abgeleitet. Auch leitet sich das Verb *to invert* aus der Wurzel *-vert* durch Hinzufügen des Präfixes *in-* ab. Beide Teile kann man frei kombinieren; *infer*, *invent*, *insist*, *induct* und *inject* weisen alle dasselbe Präfix *in-* auf; *divert*, *revert*, *subvert* und *covert* kommen alle von derselben Wurzel *-vert*. *Vert* ist je- doch kein englisches Wort. Im Deutschen gibt es zwar auch eine reiche Verbbil- dung durch Präfixe, etwa bei *absehen*, *ansehen*, *aufsehen*, *aussehen*, *besehen*, *einsehen*, *nachsehen*, *vorsehen*, *übersehen* und *zusehen*; die Wurzeln dieser Ver- ben können jedoch meistens auch allein stehen. Zu den vergleichsweise wenigen Fällen, in denen dies nicht möglich ist, gehören beispielsweise *bezichtigen*, *be- reichern* oder *versklaven*.

Wie sollte eine Theorie der Morphologie mit derartigen Beispielen umgehen? Eine Möglichkeit besteht darin zu revidieren, daß die Anwendung von Ableitungsregeln immer Wörter erfordert. Man könnte sich vorstellen, daß morphologische Regeln auf Morpheme anzuwenden seien:

M2. Ableitungsregeln kommen über Morphemen zum Einsatz, wodurch sie Wörter hervorbringen.

M2 erscheint als attraktive Alternative zu M1; darin wird die Morphologie als die Theorie darüber definiert, wie Wörter aus Morphemen zusammengesetzt werden. Die Wurzeln *liber-*, *-jekt*, *-vert* und so weiter sind gebundene Morpheme; auch die Affixe sind gebundene Morpheme; zusammen ergeben sie Wörter, freie Morpheme. Dieser morphembasierte Ansatz würde auch die Flexionsmorphologie in den Sprachen berücksichtigen, in denen der Wortstamm, dem die Flexionen anhaften, selbst kein Wort ist — beispielsweise im Deutschen.

Die Diskussion hat sich mittlerweile zu einem Schlachtfeld entwickelt. Viele Linguisten sind gegen eine morphembasierte Theorie der Morphologie. Der Haupteinwand ist, daß viele der beteiligten Morpheme außerhalb der Wörter, in denen sie vorkommen, nichts bedeuten. Morpheme sind als die kleinsten für sich genommen bedeutungstragenden Elemente der Sprache definiert (vergleiche Kapitel 2), so daß die atomaren Bestandteile einer auf Morphemen aufbauenden Morphologie für sich genommen bedeutungstragende Elemente sein sollten. Aber ist das so?

Man sehe sich zum Beispiel das Nomen *Projekt* an. Was bedeutet *jekt*? (Wie haben Sie sich zu Beginn dieses Kapitels entschieden?) Wenn *jekt* keine Bedeutung trägt, wie kann es dann ein Morphem sein? Und was ist mit *pro-*? Diejenigen, die darauf bestehen, daß es sich bei *jekt* um eine bedeutungsvolle Einheit handle, meinen Spuren des lateinischen Verbs *jacere* — werfen — zu entdecken, obwohl zugegebenermaßen die Bedeutung des Werfens ziemlich abstrakte Formen angenommen hat. Und *pro-* weist in verschiedenen Wörtern ganz verschiedene Interpretationen auf, die jedoch meistens zumindest der Form nach aus der lateinischen Präposition *pro* (vor, für) abgeleitet sind. Kann man aus dieser Wortzusammensetzung irgendwelche Hinweise auf die Bedeutung des Nomens ausmachen? Bleibt die Bedeutung, die *jekt* zugeschrieben wird, auch in *Objekt* oder *Subjekt* erhalten? Wer eine auf Wörtern aufbauende Morphologie vertritt, würde derartige Fragen an Etymologen weitergeben.

Andererseits besteht der Haupteinwand gegen eine auf Wörtern begründete Morphologie darin, daß es irgendwo eine Liste aller Wörter geben müsse, wo doch Wörter die Grundbausteine seien. Diese Liste, das Lexikon, müsse man zu Rate ziehen, um festzustellen, ob das Ergebnis der Anwendung einer Ableitungsregel auf ein Wort ein zulässiges Wort ist oder nicht. Die Kritiker der auf Wörtern aufgebauten Morphologie führen an, daß die Morphologie schließlich generativ sei; es sei somit unnötig, Tausende von Wörtern aufzulisten, die man genausogut mit Hilfe der Ableitungsregeln aus einer Liste von Morphemen erzeugen könnte. Ein Vorteil einer morphembasierten Morphologie läge darin, daß die Liste aller Morpheme viel weniger umfangreich ist als die Liste aller Wörter. Das Prinzip der Kürze ist in diesem Zusammenhang kein trivialer Vorteil; ist es doch nicht sicher, ob irgend jemand überhaupt eine Liste aller Wörter aufstellen KANN. Neue Wörter werden jeden Tag geprägt; darin liegt jedoch nicht das größte Problem. Man stelle sich vor: Was stünde in einer kompletten Wörterliste? Enthielte sie *übermorgen* und *überübermorgen* und *überüberübermorgen* und so weiter? Enthielte sie *Rhein-Main-Gebiet* mit allen möglichen Flußnamen, die für *Rhein* und *Main* stehen können? Für welche ganzen Zahlen würde sie die Bezeichnungen enthalten; für *achthundertsiebenundvierzigtausenddreihundertelf*? Wieviele Namen chemischer Verbindungen kämen in einer solchen Liste vor? Die Vorstellung, man könne eine Wörterliste bilden, kommt bei zwei Annahmen in Schwierigkeiten, nämlich (1) daß „Wort" ein hinreichend definierter Begriff sei und (2) daß es eine endliche Anzahl von Wörtern gebe. Keine der beiden Annahmen ist überzeugend. Außerdem behaupten die Verfechter einer morphembasierten Morphologie, daß noch nichts gewonnen wäre, selbst wenn man eine endliche Liste aller Wörter aufstellen könnte; es entstünde eine Mischung aus Morphemen, Wörtern und Phrasen — Einheiten auf unterschiedlichem Analyseniveau, denen auf keiner der Analyseebenen ein eindeutiger linguistischer Status zukommt.

Ein Teil des skizzierten Problems besteht darin, zwischen möglichen und tatsächlichen Wörtern zu unterscheiden. Ein Kalauer führt an, daß sich die deutsche Sprache durch ihre Unkaputtmachbarkeit auszeichne. Beim Lesen eines solchen Wortes wird man erst einmal innehalten. Das Wort ist möglich, aber gibt es das Wort tatsächlich? Nun, die *Unkaputtmachbarkeit* ist eigentlich KEIN bestehendes Wort; außerhalb des genannten Kalauers dürfte es kaum nachgewiesen sein; das Wort ist eine Illustration dessen, was mit „eine Sprache kaputtmachen" gemeint sein könnte. Man muß jedoch zuerst einmal feststellen, daß diese Wortprägung, obwohl sie ungewöhnlich ist, interpretiert werden kann. Das weist darauf hin, daß das Wort in Übereinstimmung mit bekannten Regeln zusammengesetzt wurde; es handelt sich um ein mögliches Wort. Im Deutschen kann man Eigenschaften von Objekten oder Personen durch Anhängen von *-keit* nominalisieren; und Adjektive, die auf *-bar* enden, geben Eigenschaften an, die sich auf das beziehen, was man diesem Objekt „antun" kann: Die *Verletzbarkeit* ist die Eigenschaft, verletzt werden zu können; die *Zählbarkeit* ist die Eigenschaft, gezählt werden zu können; *Unkaputtmachbarkeit* ist die Eigenschaft, nicht kaputtgemacht werden zu können. Gegeben das Adjektiv *unkaputtmachbar*, ist die Ableitung des Nomens *Unkaputtmachbarkeit* sicherlich korrekt. Eine andere Frage ist, ob *unkaputtmachbar* eine zulässige Wortableitung darstellt; auf die Möglichkeit, Wörter aneinanderzuhängen, werden wir in diesem Kapitel weiter hinten noch zu sprechen kommen.

Die Tatsache, daß *Unkaputtmachbarkeit* ein interpretierbares Wort ist, steht im Einklang mit morphembasierten Theorien, die darauf ausgerichtet sind zu erklären, wie aus einfacheren Morphemen aufgebaute Wörter ohne Zuhilfenahme eines Lexikons verstanden werden können. Andererseits legt die Tatsache, daß Leserinnen und Leser merken, daß mit *Unkaputtbachmarkeit* etwas nicht stimmt, die Vermutung nahe, daß sie versuchten, in ihrem mentalen Lexikon nachzuschlagen, aber den Eintrag nicht fanden. Vielleicht verfügen Menschen über beide Wege der Informationsverarbeitung. Wenn die wortbasierte Morphologie nicht zum Erfolg führt, muß die morphembasierte Morphologie einspringen. Zwei Theorien heranzuziehen für das, was auch eine leisten könnte, entspricht nicht dem Prinzip der theoretischen Sparsamkeit, doch bietet diese Vorstellung eine Erklärung dafür, wie Menschen auf die Bedeutung vieler bislang ungehörter Wörter kommen.

Ein großes Problem jeder morphologischen Theorie liegt in der Erklärung, warum so viele mögliche Ableitungen fehlen, wodurch in der Feinstruktur des Lexikons Lücken entstehen. Vergleicht man zum Beispiel die Verben *zerbrechen*, *zerstören* und *verwüsten*, die semantisch sehr ähnlich sind, dieselben syntaktischen Argumentrollen erfordern et cetera: Warum kann man *zerbrechlich* und *unzerbrechlich* ableiten, allenfalls auch, wenngleich es ungewöhnlicher klingt, *zerbrechbar* und *unzerbrechbar*, aber nur *zerstörbar* und *unzerstörbar* und nicht *zerstörlich* oder *unzerstörlich*; bei *verwüsten* gibt es dagegen zwar die Ableitung *unverwüstlich*, nicht jedoch die Ableitung *verwüstlich*? Im Englischen kann man solche Ableitungslücken beispielsweise anhand eines Vergleichs der Wortbildungsfamilien dreier Verben illustrieren, die sich an ihrer Oberfläche sehr ähnlich sind: *permit*, *commit* und *transmit*. Eingeklammerte Ableitungen sind in *Webster's Second New International Dictionary* NICHT verzeichnet, obwohl gerade dieses Wörterbuch bekanntermaßen sehr großzügig darin ist, etwas als englisches Wort zuzulassen.

permit	*commit*	*transmit*
permission	*commission*	*transmission*
permissive	*commissive*	*transmissive*
permissiveness	(*commissiveness*)	*transmissiveness*
permissible	(*commissible*)	*transmissible*
impermissible	(*incommisible*)	*intransmissible*
permissibility	(*commissibility*)	*transmissibility*
permissibly	(*commissibly*)	(*transmissibly*)
(*permissioner*)	*commissioner*	(*transmissioner*)
(*permitment*)	*commitment*	(*transmitment*)
permittee	*committee*	(*transmittee*)
(*permittal*)	*committal*	*transmittal*
(*permittance*)	(*committance*)	*transmittance*
permitter	*committor*	*transmitter*
permittable	*committable*	*transmittable*

Welche Ableitungen sich als brauchbar erwiesen und welche nicht benötigt wurden, ist scheinbar eine Frage des historischen Zufalls. Oder, anders ausgedrückt, wenn jemand ein neues Verb, *to demit*, einführte, könnte man im Voraus nicht wissen, welche der genannten Ableitungsformen es schließlich annehmen wird.

Zu erklären, warum es so viele offenbar regelgerechte Ableitungen nicht dazu bringen, akzeptable Wörter zu bilden, stellt die Vertreter einer morphembasierten Theorie der Ableitungsmorphologie vor schwierige Fragen. Eine mögliche Antwort besteht in der Annahme, daß die morphologische Komponente der Sprache diese Formen tatsächlich bildet, daß dann das Lexikon jedoch diejenigen Worterzeugnisse aussiebt, die nie von jemandem benutzt wurden. Dieser Ansatz könnte erklären, warum ein englischer Sprachverwender sich unschlüssig sein könnte, ob es die Wörter *permittable*, *commissible* oder *transmitment* im Englischen tatsächlich gibt oder nicht: Die morphologische Komponente bildet sie, der lexikalische Filter kommt jedoch zu keinem Schluß, ob die Wörter allgemein gebräuchlich sind oder nicht. Einer morphembasierten Morphologie mit einem lexikalischen Filter gelingt es nicht, scharf zwischen den morphologischen und den lexikalischen Bestandteilen der Sprache zu trennen. Sie verzichtet jedoch nicht auf das Erfordernis eines Lexikons, in dem die tatsächlichen Wörter aufgelistet sind. Dadurch entsteht aber ein neues Problem. Wir haben es nun mit zwei Lexika zu tun: zuerst mit einer impliziten Liste aller möglicher Wörter, die durch die Morpheme und durch entsprechende Ableitungsregeln erzeugt werden können; dann mit einer expliziten Liste, einer Teilmenge des ersten Lexikons, die nur die tatsächlich in der Sprache bestehenden Wörter umfaßt. Doch selbst wenn man ein solches doppeltes Lexikon akzeptieren könnte, wäre die zweite Liste wiederum nicht vollständig, weil abgeleitete Wörter — wie es die Geschichte und die sozialen Konventionen so an sich haben — nicht immer das bedeuten, was sie den Ableitungsregeln zufolge bedeuten sollten. Abgeleitete Wörter, die bestimmte idiosynkratische Verwendungen angenommen haben (etwa die Verwendung von *Übersetzung* im Zusammenhang mit Getrieben), müßte man dem Lexikon der tatsächlich bestehenden Wörter noch hinzufügen.

Die genaue Angabe des Anwendungsbereichs ist nicht das einzige Problem, das beim Aufstellen von Ableitungsregeln gelöst werden muß. Die Regeln bestimmen auch die auftretenden Betonungs- und Bedeutungsveränderungen. Wie man Bedeutungsveränderungen beschreiben kann, wurde an den entsprechenden Stellen bereits erläutert, über phonologische Veränderungen wurde bislang jedoch fast gar nichts gesagt.

Ausspracheregeln

Im Englischen ist der Formenwechsel durch Ableitung ganz besonders mit Aussprachververänderungen verbunden. Es müssen zwei Arten von Ableitungsaffixen unterschieden werden, um die Aussprache und Betonung abgeleiteter Wörter zu behandeln: Es gibt Affixe in der Art von -ness, die bei Wörtern einfach hinzukommen, und Affixe wie -ion oder -al, die sich auf die Aussprache des Wortes, an dem sie angebracht werden, auswirken. Wenn zum Beispiel das Nomen *deduction* aus dem Verb *deduct* abgeleitet wird, wird das auslautende /t/ abgeschwächt zu /š/ (einem weit vorne gebildeten /ʃ/, etwa wie in *zischen*). Eine etwas stärkere Veränderung tritt ein, wenn das Nomen *revision* aus dem Verb *revise* abgeleitet wird: Es wird nicht nur das auslautende /z/ abgeschwächt zu /ž/ (einem stimmhaften „sch", das im Deutschen nicht vorkommt), es ändert sich auch die Aussprache des betonten Vokals von *ai* zu *i*. Und manchmal, etwa bei der Ableitung von *radiation* aus *radiate*, ändert sich nicht nur der Laut, sondern auch die Betonung — in diesem Beispiel wandert sie von der ersten zur dritten Silbe.

Ableitungsbedingte Veränderungen in der Aussprache richten sich nach komplizierten Regeln, die von den Fachleuten heftig diskutiert werden. Ihre Argumente bis ins Detail nachzuvollziehen, würde einen längeren Umweg erfordern; ein Punkt erscheint jedoch besonders erwähnenswert. Wenn ein Affix und ein Wort aneinandergefügt werden, entsteht zwischen den beiden Segmenten eine Grenze. Nicht alle Grenzen verhalten sich gleich. Im Englischen gibt es zwei Arten solcher Grenzen: Wortgrenzen und Morphemgrenzen. Das Suffix -ness beispielsweise steht an einer Wortgrenze, dafür schreibt man #ness; also zum Beispiel *happy* → *happi#ness*, wobei sich die Aussprache des Wortstammes nicht ändert. Anders das Suffix -ion, das an einer Morphemgrenze steht, wofür man +ion schreibt; also zum Beispiel *investigate* → *investigat+ion*, wobei sich das auslautende Phonem ändert und der Wortakzent auf die dem Suffix vorausgehende Silbe verschoben wird. Den Unterschied kann man aufzeigen, indem man dem Verb *refuse*, welches „zurückweisen" bedeutet, das Verb *re#fuse* gegenüberstellt, das „wiedervereinigen" bedeutet; im zweitgenannten Fall ist dem Verb *fuse* das Präfix *re#* vorangestellt.

Ableitungsregeln machen die Wörter in der Regel länger, und die Regeln für die Bestimmung der betonten Silben bei längeren Wörtern sind im Englischen kompliziert. In *telegraph* beispielsweise liegt der Hauptakzent auf der ersten Silbe, in *telegraphy* auf der zweiten und in *telegraphic* auf der dritten. Solche Fälle gibt es auch im Deutschen: Der auf der ersten Silbe liegende Wortakzent in *Photo* verschiebt sich in *Photograph* auf die letzte Silbe; diese Betonung bleibt jedoch auch bei der *Photographin* erhalten. In *Photographie* ist der Akzent auf die letzte Silbe übergegangen; diese Betonung bleibt auch bei der Verbbildung *photographieren* erhalten. Die erneute Nominalisierung zu *die Photographiererei* führt zu einer weiteren Verschiebung der Betonung auf die letzte, durch Ableitung hinzugefügte Silbe. Solche Phänomene sind nicht auf Wörter begrenzt, deren Wortstamm aus einer fremden Sprache entlehnt ist; dazu vergleiche man *gießen, der Gießer, die Gießerin* mit Betonung auf der ersten Silbe, aber *Gieße-rei, Gießereien* mit Betonung auf der dritten.

Um solchen Wörtern wie in den englischen oder in den deutschen Beispielen den richtigen Betonungsverlauf zuzuweisen, reicht es nicht, wenn man nur weiß, wie man die phonetischen Segmente für sich genommen bildet. Im Englischen muß man in manchen Fällen wissen, ob das Wort ein Nomen oder ein Verb ist: In dem Satz *Will they convict the convict? (Werden sie den Sträfling verurteilen?)* liegt die Betonung des Verbs auf der zweiten, die des Nomens jedoch auf der ersten Silbe. Hier spielt also sowohl die Morphologie als auch die Syntax eine Rolle. Im Deutschen gibt es eher Fälle, in denen innerhalb derselben Wortklasse zwei Wortbildungen existieren, die sich nur durch ihre Betonung unterscheiden: *Ich kann nicht gleichzeitig übersetzen und übersetzen* könnte der Fährmann zu einer Gruppe japanischer Touristen sagen; und für den betroffenen Fußgänger macht es einen großen Unterschied, ob die Autofahrer ihn *umfahren* oder ob sie ihn *umfahren*. (In flektierter Form verschwinden diese Mehrdeutigkeiten: er *übersetzt* versus er *setzt über*, er *umfährt* versus er *fährt um*.)

Die korrekte Aussprache abgeleiteter Formen richtet sich nach vielfältigen Gesichtspunkten; man kann sich schwer vorstellen, daß sie im Vollzug des Sprechens nach Bedarf erst kalkuliert wird. Wahrscheinlicher erscheint es, daß die Aussprache im Lexion der bestehenden Wörter gespeichert ist und bei Bedarf einfach abgerufen werden kann. Wenn nötig, kann die Aussprache natürlich auch kalkuliert werden. Wenn man in seiner eigenen Sprache einen Text liest, in dem man auf ein neues Wort stößt, kommt man im Normalfall zu einer plausiblen Annahme über dessen Aussprache. Das geschriebene Wort *Histaminase* mag einem unbekannt sein; liest man es in einem deutschen Text, würde man doch annehmen, daß es aus fünf Silben besteht und daß der Akzent auf die vorletzte Silbe fällt. (Läse man es in einem englischen Text, käme man mit der gleichen Sicherheit zu der Annahme, das Wort sei ein Viersilber mit Betonung auf der zweiten Silbe!) Die ersten paar Male, wenn man das Wort liest, muß man sich die korrekte Aussprache vielleicht noch einen Moment überlegen. Aber bald würde sich der Lerneffekt durchsetzen, und *Histaminase* (gleich ob im Englischen oder im Deutschen) würde der beständig anwachsenden Sammlung von Wortexemplaren einverleibt, die einem geschmeidig über die Zunge gehen. Mit einem neuen Wort richtig umgehen zu können, ist jedoch mehr, als nur seine Bedeutung zu lernen.

Die Anordnung von Affixen

Affixe müssen Wörtern in einer bestimmten Reihenfolge angefügt werden. Aus der Wurzel *Freund* kann man *Freunde, Freundschaft* und *Freundschaften* bilden, aber nicht *Freundeschaft*. Das Pluralaffix kann nur nach dem Affix *-schaft* stehen. Oder man kann aus der Wurzel *frei freilich*, *Freiheit* und sogar *freiheitlich* bilden, nicht jedoch *Freilichheit*. Das Affix *-lich* kann zwar nach Wörtern stehen, die auf *-heit* abgeleitet wurden, nicht jedoch umgekehrt. Aus dem Wort *gegessen* kann man *ungegessen, aufgegessen* und auch *unaufgegessen* ableiten, nicht jedoch *aufungegessen*. Auch und besonders im Englischen kann man Dutzende solcher Beispiele für Einschränkungen in der Reihenfolge von Affixen zusammenstellen; das Bild erscheint chaotisch und verwirrend. Man kann jedoch versuchen, die morphologischen Regeln, die die Anordnung von Affixen leiten, überschaubarer und ziemlich allgemeingültig darzustellen.

In Abänderung eines Schemas von Paul Kiparsky kommt man danach zu folgender Regelmäßigkeit: Man kann Affixe auf drei Ebenen anordnen, so daß bei der Wortbildung die Affixe einer jeden Ebene immer vor denen einer nachfolgenden Ebene angewandt werden. (Es können natürlich die mittlere Ebene übersprungen oder überhaupt nur Affixe einer Ebene verwendet werden.)

Ebene	Beispiele
Erste Ebene	+*ion*, +*ish*, +*al*, +*ous*, *in*+, #*ing*, #*ed*
Zweite Ebene	#*ness*, #*hood*, #*ist*, #*ism*, *anti*#
Dritte Ebene	#*s*

Für das Deutsche kann ein solches einfaches Schema nicht erstellt werden. Oben wurde aufgezeigt, daß *-lich* zwar nach, aber nicht vor *-heit* stehen kann. Nun kann *-lich* aber auch vor (und nicht nach) *-keit* stehen. Das Präfix *un-* kann auf *fruchtbar* genau so gut angewandt werden wie auf *Fruchtbarkeit*. Kurzum: Eine Trennung nach Ordnungsebenen läßt sich für deutsche Affixe nicht angeben.

Im Englischen läßt sich dieses Schema ausweiten. Unregelmäßige Wortformen verhalten sich wie Ableitungsaffixe auf der ersten Ebene: Während *legsless* und *gumsless* (also Wörter, bei denen *-less* an eine Pluralform angehängt wurde) eindeutig falsch gebildet sind, sind *feetless* und *teethless* zwar ungewöhnliche, aber keine unerlaubten Bildungen. Das heißt, ein unregelmäßig gebildeter Plural kann vor Hinzufügen des Affixes #*less* gebildet werden, jedoch nicht der regelmäßige, durch #*s* gebildete Plural. Darüber hinaus verhalten sich zusammengesetzte Wörter wie Ableitungsaffixe, die in obigem Schema nur auf den beiden ersten Ebenen vorkommen: *House cats* (Hauskatzen) ist in Ordnung, aber *houses cat* (Häuserkatze) ist kein zusammengesetztes Wort – die Pluralendung kann nicht vor der Zusammensetzung des Wortes gebildet werden. Zur Überprüfung, ob Kinder diese Regeln auch schon kennen, hat der Psycholinguist Peter Gordon Drei-, Vier- und Fünfjährigen zuerst etwas über Wortzusammensetzungen der Form *X-eater* erzählt (*meat-eater*, *candy-eater* und so weiter; im Deutschen also *Fleischfresser*, *Süßigkeitenfresser* et cetera). Dann fragte er:

„Wie würdest du etwas nennen, das Ratten frißt?"
Die Kinder sagten: „A rat-eater."
„Und wie würdest du etwas nennen, das Mäuse frißt?"
„A mice-eater."

Selbst die kleinsten der untersuchten Kinder lehnten *rats-eater* eindeutig ab, akzeptierten aber *mice-eater* und gaben damit ihr Wissen darüber zu erkennen, daß die regelmäßigen Flexionsregeln nur nach der Wortzusammensetzung angewandt werden können, daß unregelmäßige Flexionen jedoch schon vor der Wortzusammensetzung zum Einsatz kommen können. (Im Deutschen gibt es zwar auch Fälle, in denen das erste Wort einer Zusammensetzung nicht im Plural stehen kann — beispielsweise muten *Häusermeister* oder *Semmelnknödel* nicht wie korrekte Wortbildungen an —, im Beispiel der Komposita mit *-fresser* steht im Deutschen jedoch gerade der Plural: *Rattenfresser* und *Mäusefresser*, allenfalls wäre *Mausfresser* akzeptabel, keinesfalls jedoch *Rattefresser*. Im übrigen existiert im Deutschen, wie im fünften Kapitel am Beispiel der genusbezogenen Deklination aufgezeigt wurde, keine Unterscheidung zwischen regelmäßiger und unregelmäßiger Pluralbildung, die der englischen entspräche.)

Wie konnten schon so kleine Kinder diese verworrene Sachlage der Morphologie englischer Wörter erlernen? Komposita wie *people-mover* oder *lice-infested*, in denen unregelmäßige Plurale vorkommen, sind im Englischen zwar möglich, aber selten; es ist eher unwahrscheinlich, daß die Kinder sie gehört hatten. Wie Kinder erkennen konnten, daß solche Wortzusammensetzungen akzeptabel sind, wirft eine der Fragen auf, die Sprachentwicklungsforscher dazu verleiten, an angeborene Kenntnisse zu glauben.

Zusammengesetzte Wörter

Der einfachste Weg, zu neuen Wörtern zu kommen, ist, alte Wörter zusammenzusetzen; das Ergebnis nennt man ein zusammengesetztes Wort, eine Wortverbindung oder ein Kompositum. Wenn es zum Beispiel eine besondere Klasse von Fahrzeugen zu bezeichnen gilt, mit denen bevorzugt Lasten transportiert werden, kombiniert man einfach *Last* und *Kraftwagen* und läßt *Lastkraftwagen* entstehen, um diese Fahrzeuge damit von *Personenkraftwagen* zu unterscheiden. Das Prinzip ist so einfach, daß man es auch übertreiben kann. Es gibt Aufschluß darüber, wie jemand „Wort" definiert, wenn man ihn angeben läßt, welche Wortverbindungen Wörter sind und welche nicht.

Das Deutsche ist für seine Freizügigkeit bei der Bildung zusammengesetzter Wörter besonders bekannt. Man denke nur an die *Donaudampfschiffahrtsgesellschaft*, die ihren Namen tatsächlich auf ihre Fahrscheine gedruckt hat. Als Kind hat man dieses Wort dann beliebig verlängert, etwa zu *Donaudampfschiffahrtsgesellschaftskapitänsmützenpatent* – und darüber gelacht.

Dadurch, daß diese Wörter im Deutschen ohne Zwischenräume zu einem einzigen, langen Wort aneinandergereiht werden, können gewaltige Wortungetüme entstehen; bei wenigen Bestandteilen fallen Komposita im Deutschen aber nicht besonders auf, denkt man an alltägliche Wörter wie *Handtaschenkontrolle*, *Versandhauskatalog* oder *Kraftfahrzeugzulassungsstelle*. Dasselbe Prinzip der Zusammensetzung kommt jedoch auch im Englischen vor, wo die Wörter getrennt geschrieben werden und die Zusammensetzung deshalb nicht sofort ins Auge springt. So kommt in den Veröffentlichungen der US-amerikanischen Kongreßdebatten etwa die aus dreizehn Wörtern bestehende Nominalkomposition

liquid oxygen liquid hydrogen rocket powered single stage to orbit reversible boost system

vor. Was immer das im einzelnen auch heißen mag, klar ist, daß es ein bestimmtes System bezeichnet, genauso wie in den vorherigen Beispielen eine Gesellschaft, ein Patent, ein Katalog, eine Kontrolle und eine Stelle bezeichnet wurden. In solchen Wortkonstruktionen spielt das letzte Wort also eine bevorzugte Rolle als „Hauptwort", wobei die anderen Wörter verschiedenartige Modifikatoren sind. Entscheidend ist jedoch, daß es sich um Konstruktionen handelt. Keiner würde erwarten, diese Komposita – sei es im Deutschen oder im Englischen – in einem Wörterbuch verzeichnet zu finden.

Einige Komposita sind jedoch auch echte Wörter. In einem Gebilde wie *kornblumenblau* sind drei Wörter zusammengebunden, das Resultat ist jedoch im Wörterbuch als ein zusammengesetztes Wort festgehalten. (Dies übrigens sogar im Englischen als *cornflower blue*, wo das Wort jedoch nur die Farbe und nicht den Zustand bezeichnet.) Im Lexikon stehen Hunderte solcher Wörter. Ein über einen *Tisch* zu breitendes *Tuch* ist ein *Tischtuch*; als *Regen* vom Himmel gefallenes *Wasser* ist *Regenwasser*; eine *Klappe* im *Herz*muskel ist eine *Herzklappe*, und wenn bei deren Funktion ein *Fehler* vorliegt, spricht man von einem *Herzklappenfehler*; man könnte die Reihe lang fortsetzen. In diesen Beispielen werden zwei Nomina zusammengefügt, wobei ein neues Nomen entsteht, es sind aber auch Verbindungen eines Adjektivs mit einem Nomen (*Feinwäsche, Trockenobst, Falschspieler*) oder eines Verbs mit einem Nomen (*Tretauto, Stilleinlage, Ziehharmonika*) üblich. Alle genannten Beispiele für Wortverbindungen würde ein Linguist endozentrisch nennen. Das Kompositum ist jeweils ein Vertreter der allgemeinen Klasse von Dingen, die durch das hintere Wort bezeichnet werden: Eine *Straßenlaterne* ist eine *Laternen*art und ein *Tiefbauamt* ist ein bestimmtes *Amt*. (Exozentrische Komposita beziehen sich auf etwas anderes als das, worauf sich ihre Teile beziehen: ein *Haudegen* ist kein *Degen*, ein *Vergißmeinnicht* ist etwas völlig anderes als jedes seiner Wortbestandteile.)

Exkurs 6.1: Bedeutungen erschließen

»Sie sind doch so geschickt darin, Wörter zu erklären, Herr Goggelmoggel«, sagte Alice. »Können Sie mir da freundlicherweise sagen, was das Gedicht ›Der Zipferlake‹ bedeutet?«

»Nur heraus damit«, sagte Goggelmoggel. »Ich kann alle Gedichte erklären, die jemals erdacht worden sind — und außerdem noch eine ganze Menge, bei denen das Erdenken erst noch kommt.«

Das klang recht vielversprechend, und Alice sagte also die erste Strophe auf:

»Verdaustig wars, und glasse Wieben
Rotterten gorkicht im Gemank;
Gar elump war der Pluckerwank,
Und die gabben Schweisel frieben.«

»Das reicht fürs erste«, unterbrach sie Goggelmoggel; »Da kommen schon recht viele schwere Wörter vor. ›*Verdaustig*‹ heißt vier Uhr nachmittags — wenn man nämlich noch *verdaut*, aber doch schon wieder *durstig* ist.«

»Das paßt sehr gut«, sagte Alice; »Und ›*glaßt*‹?«

»Nun, ›*glaßt*‹ heißt ›glatt und naß‹. Das ist wie eine Schachtel, verstehst du: zwei Bedeutungen werden dabei zu einem Wort zusammengesteckt.«

»Jetzt versteh ichs schon«, sagte Alice nachdenklich.

»Und was sind ›*Wieben*‹?«

»Also, ›*Wieben*‹ sind so etwas Ähnliches wie Dachse — und wie Eidechsen — und so etwas Ähnliches wie Korkenzieher.«

»Das müssen aber sehr merkwürdige Geschöpfe sein.«

»Das wohl«, sagte Goggelmoggel; »sie bauen außerdem ihre Nester unter Sonnenuhren — und außerdem fressen sie nur Käse.«

»Und was ist ›*rotterten*‹ und ›*gorkicht*‹?«

»›*Rottern*‹ ist das gleiche wie ›rotieren‹, das heißt: sich schnell drehen. ›*Gorkicht*‹ heißt alles, was sich in Kork einbohrt.«

»Und ein ›*Gemank*‹ ist dann wohl der freie Platz um eine Sonnenuhr von der Art, wie sie oft in einem Park stehen?« fragte Alice, über ihre eigene Scharfsinnigkeit verwundert.

»Freilich. Dieser Platz heißt ›*Gemank*‹, denn *man* kann rechts darum herumgehen, *man* kann links darum herumgehen —«

»Aber darunterweg kann *man* keineswegs«; schloß Alice.

»Genau das. Nun also: ›*elump*‹ heißt ›elend und zerlumpt‹ (schon wieder ein Schachtelwort, wie du siehst). Ein ›*Pluckerwank*‹ ist ein magerer, unansehnlicher Vogel, bei dem die Federn kreuz und quer durcheinanderwachsen — er sieht etwa aus wie ein lebendiger Mop.«

»Und die ›*gabben Schweisel*‹?« fragte Alice; »wenn es Ihnen nicht zuviel wird.«

»Nun, ein ›*Schweisel*‹ ist eine Art grünes Schwein; aber bei ›*gabben*‹ bin ich nicht ganz sicher. Ich glaube aber, es ist abgekürzt und heißt ›vom Weg ab‹ — soviel wie ›verirrt‹, verstehst du?«

»Und was heißt ›*sie frieben*‹?«

»Nun, ›*frieben*‹ ist ein Mittelding aus Bellen und Niesen, begleitet von Gepfeif; vielleicht hörst du einmal, wie etwas freibt — dort drüben im Wald etwa — und dann fragst du bestimmt nicht weiter. Wer hat dir denn das viele schwere Zeug beigebracht?«

»Es hat in einem Buch gestanden«, sagte Alice.

Aus *Alice hinter den Spiegeln*, Lewis Carroll, 1871 (deutsch 1974, übersetzt von Christian Enzensberger).

Endozentrische Wortverbindungen sind der leichteste Weg, um zu einem neuen Wort zu kommen, und allein durch die Zeitungen werden der Sprache täglich welche hinzugefügt. Die Frage ist: Wie unterscheiden sich echte Nominalkomposita von nichtlexikalisierten, aktuell gebildeten Ausdrücken? Im Englischen stellt sich diese Frage in besonderer Weise dort, wo eine Nominalphrase aus Adjektiv und Nomen und ein erstarrtes nominales Kompositum formal nicht zu unterscheiden sind, weil das reduzierte Flexionsrepertoire dies zuläßt: Was unterscheidet *a gentleman* von *a gentle man*? Zum einen ist die Betonung eine andere — bei *gentleman* liegt sie auf der ersten Silbe, bei *gentle man* jedoch auf dem hinteren Wort. Dann kann man in der Nominalphrase *very* einführen, um das Adjektiv zu modifizieren, *a very gentle man*, wogegen das Adverb *very* nicht das Nomen *gentleman* modifizieren kann. Wenn syntaktische Standardbewegungen, die man mit normalen Nominalphrasen ausführen kann, nicht anwendbar sind, hat man es in Fällen der genannten Art höchstwahrscheinlich mit einem Kompositum zu tun.

Die eindeutigsten Beispiele für den Unterschied zwischen zusammengesetzten Nomina und Nominalphrasen liegen dort vor, wo ein Teil der Zusammensetzung kein eigenes Wort darstellt, so daß die Kombination als Nominalphrase gar nicht auftreten kann. Unter den zu Beginn dieses Kapitels aufgeführten möglichen Wörtern befanden sich *him* und *preisel*. Diese kommen im Deutschen nur in den Wörtern *Himbeere* und *Preiselbeere* vor. (Dasselbe gilt auch für das *brom* in *Brombeere*, das mit dem gleich geschriebenen, aber anders betonten chemischen Element wortgeschichtlich nichts gemein hat.) *Blaubeere* kann man sich, obwohl dieses Wort natürlich auch lexikalisiert ist, dagegen zumindest als Nominalisierung von *blaue Beere* vorstellen.

Diese „Preiselbeer-Morpheme" liefern ein Standardargument zugunsten der wortbasierten Morphologietheorien. Eine morphembasierte Morphologie wäre wahrscheinlich durch die Annahme gekennzeichnet, daß diese Wörter durch Kombination der Morpheme *him* und *preisel* mit dem Morphem *beere* gebildet sind. Wenn Morpheme jedoch auch außerhalb der Wörter, in denen sie vorkommen, eine Bedeutung haben sollen, kommen *him* und *preisel* nicht in Frage. Das sieht für eine morphembasierte Morphologie schon ziemlich düster aus, aber die Beerenlage wird noch schlimmer. Man sehe sich *Blaubeere* an, worin zwei bedeutungtragende Morpheme zusammengefügt sind, *blau* und *beere*. Aber Blaubeeren sind auch Blaubeeren, wenn sie nicht blau sind — etwa in unreifem Zustand —, auch sind nicht alle blauen Beeren Blaubeeren; *blau* muß in *Blaubeere* eine besondere Bedeutung haben, die es in anderer Umgebung nicht hat. Oder, um es anders auszudrücken, die Bedeutung des Wortes *Blaubeere* kann man nicht allein aus den Bedeutungen der Morpheme folgern, aus denen es gebildet ist.

Um eine neue lexikalische Einheit zu kreieren, kann man jeder beliebigen syntaktischen Gruppe eine Bedeutung zuweisen, die sich nicht in der üblichen Weise aus den Bedeutungen der einzelnen Elemente zusammensetzt. *Der Mann auf der Straße* oder im Englischen das *stock-in-trade*, das „Handwerkszeug" (wörtlich: das Vorratslager im Handwerk) sind syntaktisch wohlgeformte Wortgruppen, die jedoch als Wortzusammensetzungen mit bestimmten Bedeutungen erstarrt sind.

Die meisten Komposita sind Nomina, es gibt jedoch auch viele Adjektive (*zollfrei, liebeskrank, handgemacht, lichtecht*) und eine wohl geringere Anzahl von Verben (*schönfärben, dampfbügeln, hellsehen*). Im Englischen sind zusammengesetzte Verben oft aus zusammengesetzten Nomina abgeleitet, beispielsweise in *to rubber-stamp* (*stempeln*). Im Deutschen erkennt man zusammengesetzte Verben, deren Bestandteile sehr eng miteinander verschmolzen sind, daran, daß sie vorwiegend im Infinitiv verwendet werden: *sie färbt schön, er bügelt dampf* oder *sie sieht hell* ist genau so ungebräuchlich wie *sie schönfärbt, er dampfbügelt* oder *sie hellsieht*; allenfalls ist das Partizip möglich – *schöngefärbt, dampfgebügelt, hellgesehen*. Die große Vielfalt der zusammengesetzten Wörter hat Klassifikationsversuche auf den Plan gerufen, dies jedoch mit geringem Erfolg. Leute, die gern klassifizieren, paraphrasieren die Komposita im allgemeinen durch vollständige grammatische Konstruktionen – *Kaffeesahne* ist also beispielsweise *Sahne für den Kaffee* – und klassifizieren dann die Paraphrasen statt der Komposita selbst. Zum Beispiel kann man die jeweiligen Ausdrücke auflisten, die man bei der Formulierung einer Paraphrase verwenden muß:

Art der Beziehung	Kompositum
FÜHRT ZU	*Tränengas, Schlaftabletten, todkrank*
HAT	*Bilderbuch, Nasenbär, Knopfleiste*
FUNKTIONIERT MIT	*Wasserrad, Dampfbügeleisen, Benzinmotor*
IST	*Blaubeere, Kurzschrift, Großstadt*
IN, AM, AUF	*Hauskatze, Turmuhr, Berghütte*
FÜR	*Aschenbecher, Fischteich, Kindergarten*
VON	*Fingerabdruck, Tischbein, Kuhauge*
ÜBER	*Steuergesetz, Buchkritik, Naturfilm*
AUS	*Holzperle, Erdbeermarmelade, Papiertaschentuch*
WIE	*Leichenblässe, gertenschlank, Pfirsichhaut*

Verschiedene Menschen, die an einer solchen Klassifikation arbeiten, bevorzugen jedoch verschiedene Arten der Paraphrasierung, so daß kein Vorschlag eine erschöpfende, sich wechselseitig ausschließende Menge solcher Beziehungen erbracht hat; die Ergebnisse werden deshalb allgemein als nicht besonders überzeugend betrachtet. Englische Komposita bleiben für Leute, die Englisch als Fremdsprache lernen, eine schwierige Hürde; und nicht viel anders dürfte es Leuten ergehen, die zusätzlich Deutsch lernen wollen.

Etymologie

Mittlerweile dürfte deutlich geworden sein, daß die Wortbildungsmorphologie, sei es durch Ableitungen oder durch zusammengesetzte Wörter, sehr unregelmäßig und unvorhersagbar sein kann. Fragt man, warum die eine Form ein Wort ist und eine fast analoge Form nicht oder warum manche Wortstämme Affixe annehmen und andere nicht, scheint die einzig mögliche Antwort der historische Zufall zu sein. Es liegt eben einfach daran, wie sich der Wortschatz entwickelt hat. Es hätte auch anders sein können, war es aber nicht. Mit großem Aufwand wurde diese Geschichte rekonstruiert und in sehr aufwendigen Arbeiten publiziert; beispielsweise − für das Deutsche − in dem über neunhundert Seiten umfassenden *Etymologischen Wörterbuch* von Kluge oder − für das Englische − in dem gar zwölfbändigen *Oxford English Dictionary*. Die historische Untersuchung der Herkunft von Wörtern nennt man entsprechend Etymologie.

Mit der Entwicklung der vergleichenden Linguistik im 19. Jahrhundert hat man erkannt, daß sich Wörter über die Jahrhunderte hinweg nach und nach verändern, sowohl hinsichtlich ihres Klangs als auch hinsichtlich ihrer Bedeutung. Bei der Aufgabe, die Beziehungen zwischen Sprachen richtig darzustellen, bestand der entscheidende Teil darin, diese Veränderungen im einzelnen nachzuvollziehen. Bei vielen Wörtern ist ihre Herkunft nur unvollständig oder überhaupt nicht bekannt. Es ist jedoch möglich, manche Wörter bis zu ihrem hypothetischen Ursprung im Proto-Indoeuropäischen zurückzuverfolgen. So bemerkte der Arzt und zeitweilige Philologe Lewis Thomas in seinem Buch *Die Medusa und die Schnecke: Gedanken eines Biologen über die Mysterien von Mensch und Natur* (Köln, Kiepenheuer & Witsch, 1981; Original *The Medusa and the Snail*, New York, Viking Press, 1979.):

> »Kommt man zufällig an ein primäres, ursprüngliches Wort, so ist das einerseits erregend, andererseits irgendwie erfreulich, etwa wie wenn man in einer alten Abiturientenzeitung das Bild eines Freundes findet. Solche Wörter sind immer sehr alt. Die bedeutenderen lassen sich auf indoeuropäische Wurzeln zurückführen, von denen wiederum verwandte Wörter im Sanskrit, Persischen, Griechischen, Lateinischen und viel später im Englischen abstammen. *Sen* bedeutete alt, *spreg* bedeutete sprechen, *swem* hieß schwimmen, *nomen* war Name, *porko* ein Schwein, *dent* ein Zahn. . . . Mit den indoeuropäischen Grundworten und einigem Gestikulieren könnte man heute noch so gut durch die Welt kommen wie mit New Yorker Englisch.

Der größte Teil des heutigen Wortschatzes ist jedoch das Ergebnis einer Reihe kleiner, unbeabsichtigter Fehler, die sich über Jahrtausende aufsummiert haben.

Viele, die Englisch können, sind sich bestimmter etymologischer Tatsachen im englischen Wortschatz bewußt, deren offensichtlichste darin besteht, daß manche Wörter aus dem Angelsächsischen und andere aus dem Lateinischen stammen. Manchmal kann man einen Wortstamm erkennen, den eine Wortfamilie gemeinsam hat, und sich daran freuen, daß man Beziehungen zwischen Wörtern entdeckt hat, die ansonsten unbemerkt bleiben. Die meisten der etymologischen Details haben dafür, wie jemand die Sprache heute lernt und verwendet, jedoch keine Bedeutung. Im Englischen kann *ear* beispielsweise sowohl *Ohr* als auch *Ähre* bedeuten; beide Bedeutungen leiten sich aber aus zwei verschieden angelsächsischen Wörtern ab. Die beiden Bedeutungen von *palm*, *Palme* und *Handfläche*, stammen aber von demselben Wort (weil man in einem Blatt die Ähnlichkeit zu einer ausgestreckten Hand sah). Solche Beispiele gibt es auch im Deutschen: Der irdene Ton leitet sich aus einem germanischen, der klingende Ton aus einem griechischen Wort ab, während der von einer Behörde ausgestellte Paß gleichen Ursprungs ist wie der Paß im Gebirge; das eine ist die Erlaubnis, das andere die naturgegebene Möglichkeit zum Durchgang. Solche Informationen gehören nicht zu dem, was man wissen muß, um eine Sprache im sozialen Umfeld zu verwenden; und in diesem Buch wird auf die diachronen Interessantheiten der Etymologie verzichtet, um dafür einen synchronen Blick darauf zu werfen, was sich im mentalen Lexikon der heutigen Sprachbenutzer befindet.

✳✳✳

Zwei Arten von Wortfamilien haben wir jetzt inspiziert: syntaktische Familien und morphologische Familien. Zu den syntaktischen Familien gehören Nomina, Verben, Modifikatoren und Partikeln. Zu den morphologischen Familien gehören die Familien der flektierten, der abgeleiteten und der zusammengesetzten Wörter: Aus dem Wortstamm *back* entsteht die Flexionsfamilie *buk, bäckt, bakke, bäckst* et cetera, die Ableitungsfamilie *Bäcker, Bäckerei, ausbacken* et cetera und die Familie der Komposita *Backhaus, Backstube, Einback, Zwieback* und so weiter. Wie jemand, der die Sprache spricht, dies alles weiß, ist das nächste Thema.

BLAU	**BLAU**	**BLAU**
GRÜN	**GRÜN**	**GRÜN**
SCHWARZ	**SCHWARZ**	**SCHWARZ**
GELB	**GELB**	**GELB**
BLAU	**BLAU**	**BLAU**
SCHWARZ	**SCHWARZ**	**SCHWARZ**
ROT	**ROT**	**ROT**
GRÜN	**GRÜN**	**GRÜN**

7.1 Bekannte Wörter in Schriftform werden als Einheiten und nicht als Buchstabenketten wahrgenommen. Schon in den vierziger Jahren fand man in Experimenten, daß dieses reflexartige Erkennen so stark ausgeprägt ist, daß Personen ins Stocken geraten, wenn sie die Farben benennen sollen, in denen eine Reihe von Wörtern gedruckt ist, also wenn das Wort R-O-T etwa grüngedruckt dasteht.

7.2 Jasper Johns spielt mit diesem automatischen und unmittelbaren Erkennen in seinem Gemälde *False Start* aus dem Jahre 1959.

7. Das mentale Lexikon

William James (1842–1910), der Begründer der wissenschaftlichen Psychologie in den USA, erzählt die Geschichte eines angewandten Witzbolds, der sieht, wie ein ausgedienter Veteran sein Essen heimträgt, und plötzlich „Stillgestanden!" ruft, worauf der Mann sofort seine Hände an die Hosennaht legt und ihm sein Hammel mit Kartoffeln in den Rinnstein fällt. Wer ein Wort kennt, ist wie ein gut gedrillter Veteran. Ihm fällt sein Essen vielleicht nicht in den Rinnstein, wenn er das Wort hört, aber er kann nicht anders, als zu reagieren.

Das reflexhafte Erkennen von Wörtern ist für Forscher, die sich mit dem mentalen Lexikon befassen, von äußerster Wichtigkeit; es bedarf jedoch einer einleitenden Mahnung zur Vorsicht. Das Wissen über Wörter läßt sich im allgemeinen leichter anhand von gedrucktem als anhand von gesprochenem Material untersuchen, einfach weil eine Forscherin oder ein Forscher Laute schlechter kontrollieren kann als Geschriebenes. Das ist ein Grund dafür, daß aus Experimenten so viel Information nur über das geschriebene Wort vorliegt – und zwar über alphabetisch geschriebene englische Wörter. Diese Beschränkung ist ethnozentrisch und weitgehend bedauerlich; doch solange keine interkulturellen Replikationen vorliegen, kann man kaum mehr tun, als die Befunde für diesen Spezialfall zu berichten. Die bedächtige Leserschaft wird mit der Generalisierung dieser Befunde sehr vorsichtig sein.

Der Wortüberlegenheitseffekt

Vor mehr als hundert Jahren berichtet James McKeen Cattell (1860–1944), ein weiterer Pionier der US-amerikanischen Psychologie, einen unerwarteten Befund: Buchstaben werden leichter gelesen, wenn sie ein Wort bilden, als wenn sie kein Wort ergeben. Cattell verglich willkürlich gebildete Buchstabenreihen mit kurzen Wörtern durch Messung der kürzesten Darbietungszeit, die für ein korrektes Erkennen notwendig ist. Er fand heraus, daß es bei einer kurzen Darbietungsdauer, während der man nur vier bis fünf Zufallsbuchstaben erkennen kann, möglich ist, zwei oder drei kurze Wörter zu lesen, die zusammen mehr als fünf Buchstaben enthalten. Beispielsweise sind die neun Buchstaben

WNAEEMRUT

in dieser Anordnung viel schwieriger zu lesen, als wenn sie wie folgt dargeboten werden:

WER NEU AMT

Wörter werden als eigene Einheiten gesehen, nicht als Buchstabenketten.

Dieses Phänomen mußte mehr als fünfzig Jahre auf eine plausible Erklärung warten. Diese kam in Gestalt der Wahrscheinlichkeitstheorie. Bei der Untersuchung der statistischen Eigenschaften geschriebener Botschaften wurde beobachtet, daß geschriebene Wörter hoch redundant sind (siehe Kapitel 2). Das bedeutet, daß eine Kette aus neun Buchstaben mehr kritische Information übermittelt, wenn jeder Buchstabe an jeder beliebigen Stelle auftreten kann, als wenn aus denselben neun Buchstaben bekannte Wörter buchstabiert werden müssen. Nimmt man an, daß die kritische visuelle Information bei beiden Darbietungsarten gleich schnell aufgenommen wird, dann sollten Wörter schneller erkennbar sein (also nachdem weniger Information aufgenommen wurde) als nicht-redundante Buchstabenketten. Mit anderen Worten hatten Cattells Versuchspersonen eine viel größere Chance, die Buchstaben richtig zu raten, wenn sie sie innerhalb von Wörtern sahen, als wenn die Buchstaben Zufallsanordnungen bildeten. Sieht jemand nur

WE* N*U **T

ist die Chance, die fehlenden Buchstaben einzusetzen, viel größer, wenn diese Buchstaben zusammen Wörter bilden.

Diese Erklärung galt weitere zwanzig Jahre lang, bis der Experimentalpsychologe Gerald M. Reicher herausbekam, wie man sie prüfen kann. Das Kunststück besteht darin, den Effekt des Ratens auszuschalten. Personen versuchen, eine schnell aufblinkende kurze Buchstabenfolge zu lesen und bekommen dann eine Frage über den letzten Buchstaben in dieser Folge gestellt. Zum Beispiel sehen sie für ganz kurze Zeit

HELD

und werden dann gefragt, ob der Endbuchstabe ein D oder ein M war. Diese Frage kann man nicht dadurch beantworten, daß man den Buchstaben rät, bei dem sich ein Wort ergibt, weil sich mit beiden Endbuchstaben ein Wort ergibt. Zum Vergleich sehen andere Personen

EHLD

und bekommen dieselbe Fragestellung: War der Endbuchstabe ein D oder ein R? Es ist offensichtlich, daß man diese Frage nicht dadurch beantworten kann, daß man den zu einem Wort führenden Buchstaben wählt, weil beide Endbuchstaben kein Wort bilden. Wenn Cattells Phänomen nur eine Sache des Ratens anhand der Umgebung wäre, dann sollte unter diesen Bedingungen — in denen der Kontext in beiden Fällen keine Ratehilfe bietet — kein Unterschied mehr aufzufinden sein.

Tatsächlich jedoch blieb das Phänomen bestehen. Die Genauigkeit in der Wiedergabe des Endbuchstabens ist bei Wörtern signifikant größer als bei Nichtwörtern. Der Endbuchstabe wird in einem Wort auch mit größerer Genauigkeit wiedergegeben, als wenn er allein dargeboten wurde. Dieser Befund, den man in der Psycholinguistik den „Wortüberlegenheitseffekt" nennt, machte Cattells Beobachtung zu einer absolut interessanten Sache.

7.3 Auf dem Bildschirm blinkt für eine Zehntelsekunde eine Buchstabenfolge auf, und die Betrachter sollen angeben, ob der letzte Buchstabe ein D oder ein K war. Ihre Antworten sind signifikant genauer, wenn die Buchstaben ein bekanntes Wort bilden.

Nach so viel Erfahrung mit geschriebenen Wörtern sehen die Menschen sie als einheitliches Ganzes – nicht als eine Kette von Buchstaben, sondern als integrierte Informationsgefüge, deren Bestandteile nicht einzeln identifiziert werden. Man hat noch nicht herausgefunden, wie diese gelernten Muster genau funktionieren; ein wichtiger Aspekt, den diese Erklärung mit sich bringt, liegt jedoch darin, daß lesefähige Erwachsene – auf welche Weise auch immer – sich einen großen Vorrat komplexer visueller Einheiten angeeignet haben, die beim Lesen unmittelbar verfügbar sind.

Anhaltspunkte dafür, daß diese ganzheitlichen Wahrnehmungseinheiten nicht nur unmittelbar, sondern auch unwillkürlich wirksam werden, finden sich in einer anderen Beobachtung, die man nach ihrem Entdecker J. Ridley Stroop den Stroop-Effekt nennt. Stroop entwickelte das Untersuchungsverfahren 1935 für seine Dissertation in englischer Sprache, man kann den Effekt aber genausogut im Deutschen oder in anderen Sprachen nachweisen. Dazu werden Farbnamen in verschiedenen Druckfarben gedruckt: das Wort *rot* ist beispielsweise in Blau gedruckt, das Wort *gelb* in Grün, *braun* in Rot und so weiter. Stroop ließ seine Versuchspersonen dann entweder die Liste dieser Wörter laut vorlesen oder die Reihenfolge der Druckfarben benennen. Er fand, daß Personen farbig gedruckte Wörter fast genausoschnell lesen können wie Wörter in Schwarzdruck, aber daß sie große Schwierigkeiten haben, die Druckfarben zu benennen. Wenn sie die in grüner Farbe gedruckten Buchstaben *R-O-T* betrachten, kommen sie nicht umhin, *rot* zu lesen, was dem Aussprechen von „grün" in die Quere kommt; solche wechselseitigen Störungen nennt man *Interferenzen*. Das Lesen der Wörter erfolgt so automatisch, daß die Personen es nicht fertigbringen, diese Reaktion zu unterdrücken und sich auf die gestellte Aufgabe zu konzentrieren.

7.4 Der Stroop-Effekt. Zuerst zeigt man Personen Spalte A und läßt sie die Wörter so schnell wie möglich laut vorlesen; das dient zur Eichung ihrer Lesegeschwindigkeit. Dann bekommen sie Spalte B gezeigt und sollen die Farben, in denen die Wörter gedruckt sind, möglichst schnell laut benennen; ihre Geschwindigkeit bei der Benennung der Farben in B entspricht der Lesegeschwindigkeit bei A. Schließlich sehen sie Spalte C und sollen wiederum die Farben der Wörter schnellstmöglich benennen. Bei dieser Aufgabe werden die Personen viel langsamer und machen viele Fehler, oft lesen sie das Wort, statt daß sie seine Druckfarbe benennen.

BLAU
GRÜN
SCHWARZ
GELB
BLAU
SCHWARZ
ROT
GRÜN

BLAU
GRÜN
SCHWARZ
GELB
BLAU
SCHWARZ
ROT
GRÜN

BLAU
GRÜN
SCHWARZ
GELB
BLAU
SCHWARZ
ROT
GRÜN

A. Kontrolliste

B. Übereinstimmung

C. keine Übereinstimmung

Bekannte Wörter sind zusammenhängende Wahrnehmungseinheiten, die so unmittelbar und automatisch verfügbar sind, daß ein lese- und schreibfähiger Mensch ihr Erkennen schon nicht mehr in der Hand hat. Die Gesamtheit dieser erworbenen Wahrnehmungseinheiten wurde mit einem Wörterbuch verglichen, das die Menschen im Kopf mit sich herumtragen.

Der Vertrautheitseffekt

Die Fähigkeit, Wörter als zusammenhängende Einheiten zu erkennen, wird durch Lernen erworben, und wie bei den meisten der angelernten Fähigkeiten führt Übung zur Verbesserung. Je öfter man einem Wort begegnet, desto vertrauter wird es und desto schneller kann es erkannt werden.

Diese Beziehung gilt selbst für sinnlose Wörter. Um den Vertrautheitseffekt vorzuführen, versuche man das folgende Experiment. Man nehme zehn — beispielsweise türkische — Wörter aus sieben Buchstaben und bereite ein Kartenspiel mit 86 Karten so vor, daß zwei Wörter auf je 25 Karten stehen, zwei andere auf je zehn Karten, zwei auf je fünf, zwei auf je zwei und die beiden letzten Wörter jeweils auf einer Karte stehen. Dann mische man das Kartenspiel und gebe es jemandem, der von Türkisch keine Ahnung hat, und lasse ihn oder sie das Spiel Karte für Karte durchgehen, jedes Wort laut buchstabieren und dann aussprechen. Wenn der ganze Kartensatz in dieser Weise gelesen wurde, kommt ein Überraschungstest: Man mißt die kürzeste Darbietungsdauer, die zum Erkennen eines jeden der zehn Wörter erforderlich ist. Wenn man das Experiment korrekt durchgeführt hat, dann wird sich ergeben, daß ein Wort um so schneller erkannt wird, je häufiger es zuvor gesehen wurde. Es wird etwa drei- bis viermal so lang dauern, Wörter zu erkennen, die man nur einmal gesehen hat, im Vergleich zu Wörtern, die man schon fünfundzwanzigmal gesehen hat.

Es ist allgemein bekannt, daß die Alltagssprache die besten Bedingungen für die Entwicklung großer Unterschiede in der Vertrautheit verschiedener Wörter bietet. Einer der stabilsten statistischen Befunde über Wörter besteht darin, daß manche viel häufiger verwendet werden als andere. Zum Beispiel hat Hartvig Dahl die Auftretenshäufigkeit verschiedener Wörter (Worttypen) in einem fortlaufenden Transkript von 1 058 888 Wörtern (Wortexemplaren) gesprochener Konversation ausgezählt. Seine Definition von „Wort" war natürlich recht grob (jede Buchstabenkette zwischen aufeinanderfolgenden Leerzeichen; vergleiche Definition D1 in Kapitel 2), weil dies für einen Computer am leichtesten zu zählen ist. Dadurch wurde beispielsweise der Pausenfüller *Äh* als Wort gezählt, und die verschiedenen Konjugationsformen eines Verbs wurden als verschiedene Wörter gezählt und nicht als unterschiedliche Formen desselben Wortes. Die Ergebnisse waren jedoch so gewaltig, daß sie auch keine Verfeinerung der Definition von „Wort" entscheidend hätte verändern können. Dahl fand, daß das am häufigsten gesprochene Wort das Pronomen der ersten Person Singular ist; im Durchschnitt war jedes sechzehnte Wort *I* (*ich*). Die ersten 20 Wörter sind in der nachstehenden Tabelle aufgelistet – zusammen machten diese 20 Wörter mehr als 37 Prozent aller geäußerten Wörter aus. Es fällt übrigens auf, daß nur eines der häufigen Wörter, *know* (*wissen*, *kennen*) aus der offenen Klasse stammt, also ein Inhaltswort ist; bei allen anderen handelt es sich um Wörter aus der geschlossenen Klasse, also um kurze Wörter, die Phrasen und Sätzen ihre grammatische Form geben. Mit zunehmender Verlängerung dieser Liste über das zwanzigste Wort hinaus kommen immer mehr Inhaltswörter vor, aber zuerst nur langsam. Gerade 42 verschiedene Worttypen machen 50 Prozent aller Wortexemplare aus; mit 848 verschiedenen Worttypen lassen sich 90 Prozent des gesamten Korpus darstellen.

Vergleichbare Daten für schriftliche Texte weisen in der Wahl der Wörter eine größere Vielfalt auf. Während Dahl zum Beispiel in seinem Transkript 1 058 888 mündlicher Wörter nur 17 871 verschiedene Worttypen fand, zählten an der Brown University Henry Kučera und W. Nelson Francis 50 406 verschiedene Worttypen in einer Textprobe von 1 014 232 geschriebenen Wörtern. Das allgemeine Bild ist jedoch dasselbe. Wenige Wörter werden überbeansprucht, die meisten vernachlässigt. Aus solchen Statistiken folgt zwangsläufig, daß einem manche Wörter vertrauter werden als andere.

Dieses Prinzip ist nicht auf das Englische beschränkt. Jeder Schüler und jede Schülerin in Deutschland kennt für ganz verschiedene Fremdsprachen den „Grund- und Aufbauwortschatz", der sich die genannten Häufigkeitsverhältnisse von Wörtern gerade zunutze macht. Für das Deutsche sind computerunterstützte Worthäufigkeiten vor allem am Mannheimer Institut für deutsche Sprache bestimmt worden. Das Mannheimer Korpus MK I beispielsweise umfaßt 32

Die zwanzig häufigsten Wörter in Gesprächen im Englischen

Rang-platz	Wort-typ	Häufigkeit	kumulative Häufigkeit	Prozent-satz
1	*I*	65 213	65 213	6,2
2	*and*	38 020	103 233	9,7
3	*the*	29 753	132 986	12,6
4	*to*	29 653	162 639	15,4
5	*that*	27 558	190 197	18,0
6	*you*	26 598	216 795	20,5
7	*it*	20 542	237 337	22,4
8	*of*	20 290	257 627	24,3
9	*a*	19 385	277 012	26,2
10	*know*	15 285	292 297	27,6
11	*was*	15 091	307 388	29,0
12	*uh*	14 017	321 405	30,4
13	*in*	12 964	334 369	31,6
14	*but*	9 799	344 168	32,5
15	*is*	8 875	353 043	33,3
16	*this*	8 815	361 858	34,2
17	*me*	8 506	370 364	35,0
18	*about*	8 377	378 741	35,8
19	*just*	8 318	387 059	36,6
20	*don't*	8 307	395 366	37,3

Aus H. Dahl, *Word Frequencies of Spoken American English.* Essex, Conn.: Verbatim, 1979.

schriftliche Texte aus den verschiedensten Bereichen der deutschen Gegenwartssprache mit insgesamt 2,2 Millionen Wörtern. Als die zwanzig häufigsten Wörter (das heißt Wortformen) ergaben sich *der, die, und, in, den, das, zu, nicht, von, mit, sich, sie, er, ist, des, auf, dem, ich, ein, es*; diese Wörter machen allein 25 Prozent der Texte aus. Das erste Nomen, *Menschen*, erscheint auf Rangplatz 79.

Allgemein kann man beobachten, daß ein Wort um so weniger Zeit zum Lesen benötigt, je vertrauter es ist. Das schnellere Erkennen resultiert daraus, daß sehr vertraute Wörter als Wahrnehmungs-Ganzes gesehen werden und nicht als Buchstabenketten. Gibt man zum Beispiel jemandem einen schriftlichen Text und sagt, er oder sie solle ihn nach jedem Auftreten des Buchstabens *d* absuchen, dann wird ein *d* in *der* mit größerer Wahrscheinlichkeit übersehen als in anderen, seltener verwendeten Wörtern. Das heißt, daß Menschen das stark vertraute *der* als ganze Einheit und nicht als Kette aus drei Buchstaben sehen. Außerdem ist es nicht die Bedeutung des Textes, die einen das *d* in *der* übersehen läßt, weil dasselbe Phänomen auch auftritt, wenn man eine beliebig zusammengestellte Wörterliste durchsehen soll. Der Vertrautheitseffekt ist stark und durchset-

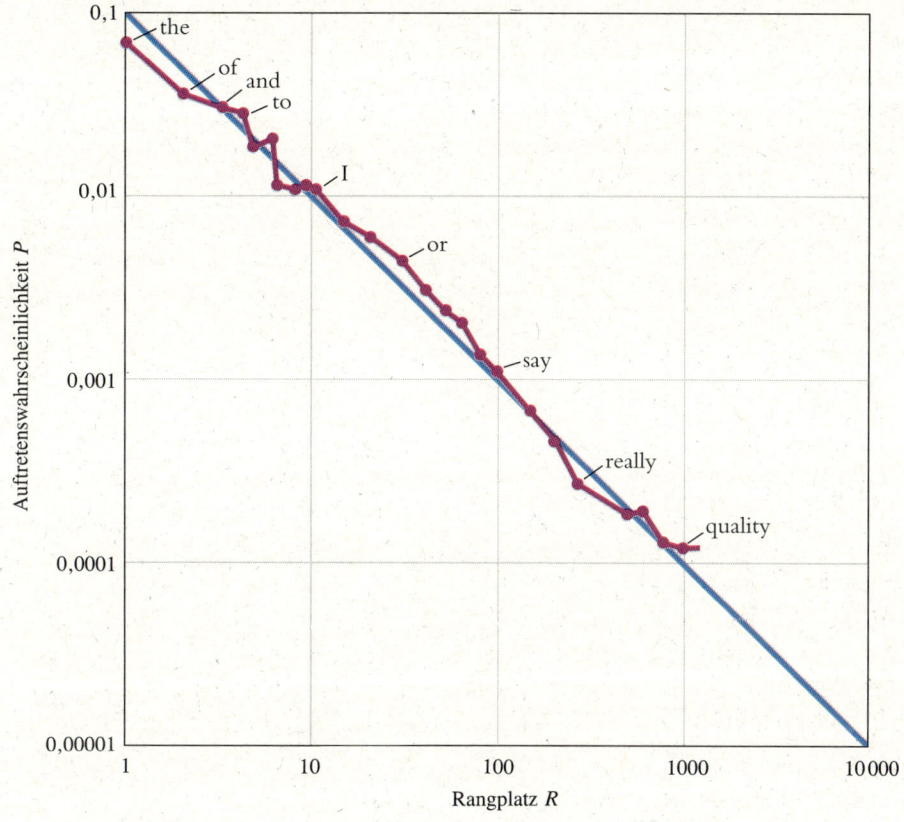

7.5 Die Standardkurve für englische Wörter in schriftlichen Texten. Die Auftretenswahrscheinlichkeit P eines Wortes ist als Funktion des Rangplatzes R dieses Wortes abgetragen, der sich aus der Rangordnung der Auftretenshäufigkeiten ergibt. Das Produkt PR ist annähernd konstant; dadurch ergibt sich eine Gerade mit der Steigung −1, wenn man die Funktionskurve auf doppelt logarithmisierten Koordinaten abträgt. Diesen Zusammenhang, der in das Prinzip des Grund- und Aufbauwortschatzes Eingang fand, nennt man das *Zipfsche Gesetz.*

zungskräftig; Psycholinguisten vermeiden durch die systematische Gestaltung ihrer Experimente, daß der Vertrautheitseffekt andere Variablen, an denen sie eigentlich interessiert sind, überlagert.

Der Vertrautheitseffekt bringt offensichtlich mit sich, daß das Wörterbuch im Kopf sich von den in Buchhandlungen verkauften Wörterbüchern stark unterscheiden muß. Wie lange man braucht, um in einer gedruckten Liste einen Eintrag zu finden, hängt von der Länge der Liste ab; wie lange man braucht, um ein Wort zu erkennen, scheint jedoch nicht davon abzuhängen, wieviele Wörter man kennt. Das Nachschlagen selten benutzter Wörter wie *Klafter* oder *erzürnen* dauert in einem „richtigen" Wörterbuch nicht länger als das Nachschlagen häufig vorkommender Wörter wie *und* oder *in*. Wenn man diese Wörter jedoch im mentalen Lexikon nachschlägt, dauert es viel länger, die seltener benutzten Wörter zu finden.

Der Vergleich ist natürlich fragwürdig, da es in jedem Fall recht lang dauert, bis man in einem gebundenen Lexikon etwas findet, aber er läßt die Frage entstehen, wie das mentale Lexikon organisiert sein könnte. Sind vertraute Wörter irgendwo im Gehirn in größeren Buchstaben eingeprägt? Vielleicht werden Wörter, nachdem sie verwendet wurden, auf einen Stapel zuoberst zurückgelegt, so daß häufig benutzte Wörter immer im oberen Bereich des Stapels liegen. Vielleicht kann man oft benutzte Wörter leicht und schnell finden, weil sie im Gehirn an vielen verschiedenen Stellen gespeichert sind.

Es ist kein Kunststück zu zeigen, daß das mentale Lexikon anders organisiert ist als ein gedrucktes Wörterbuch. Weniger einfach ist herauszufinden, wie das mentale Lexikon tatsächlich organisiert IST. Es ist nicht einmal eindeutig, wieviele mentale Lexika es gibt.

Mehrere Wortschätze

Das Wort *Lexikon* kann man auf zweierlei Weise verstehen. Die eine ist synonym mit „Wörterbuch": ein gedrucktes Buch, das eine alphabetische Wortliste und die zugehörigen Bedeutungen enthält. Die andere ist mehr abstrakt: die Wörter einer Sprache, ob sie nun niedergeschrieben sind oder nicht. Ein ungekürztes, gedrucktes Lexikon kann man als eine ziemlich einfallslose Theorie — oder als eine sehr detaillierte Beschreibung — des abstrakten Lexikons betrachten. Das ist zumindest, was ein gutes Wörterbuch anstrebt. Es ist jedoch noch keine befriedigende Beschreibung des mentalen Lexikons.

Der Ausdruck *mentales Lexikon* führt noch eine dritte, eher persönliche Bedeutung ein. Was jeder einzelne weiß, sein persönliches Wortwissen, ist nur eine Teilmenge des abstrakten Lexikons, also der lexikalischen Komponente der Sprache. Das abstrakte Lexikon kann man sich als die Gesamtsumme aller verschiedenen Wörter in allen mentalen Lexika aller Menschen, die die Sprache kennen und benutzen, vorstellen. Niemand kennt jedes Wort, aber jedes Wort kennt mindestens irgend jemand.

Was heißt es zu sagen, jemand kenne ein Wort? Heißt es, daß es beim Sprechen verwendet wird? Oder beim Schreiben? Heißt es, daß er oder sie es definieren kann? Oder heißt es nur, sicher zu sein, es schon einmal gesehen zu haben? Es gibt viele Wörter, die jemand beim Lesen erkennen kann und vielleicht schriftlich sogar benutzt, sie in einem normalen Gespräch jedoch nie äußern oder zu hören erwarten würde. In einem gedruckten Wörterbuch steht ein Wort entweder in der Liste oder nicht; in einem mentalen Lexikon sind die Grenzen nicht so eindeutig.

Eine Möglichkeit, diese Unterschiede in der Art, Wörter zu kennen, zu beschreiben, besteht in Zusammenhang mit mehreren Wortschätzen. Eine Person, die lesen und schreiben kann, besitzt zumindest zwei Wortschätze, einen phonetischen Wortschatz zum Sprechen und Hören und einen orthographischen Wortschatz zum Lesen und Schreiben; ein Analphabet oder eine Analphabetin hat demgegenüber nur den phonetischen Wortschatz.

Nachdem diese Vorstellung mehrerer Wortschätze einmal eingeführt ist, liegt die Frage nahe, wieviele es wohl gibt. Gibt es zusätzlich zu der Unterscheidung zwischen mündlich und schriftlich nicht auch einen Unterschied zwischen Input und Output? Die Kombination dieser Unterscheidungen ergibt vier Wortschätze: einen phonetischen Inputwortschatz fürs Hören, einen phonetischen Outputwortschatz fürs Sprechen, einen orthographischen Inputwortschatz fürs Lesen und einen orthographischen Outputwortschatz fürs Schreiben.

7.6 Zeichen einer mutmaßlichen Dyslexie, beispielsweise Spiegelschrift, kann man oft in den frühen Stadien des Schreibenlernens beobachten. Hier schreibt das Vorschulkind Amanda in spiegelverkehrten Buchstaben ihren Namen und etwas, das wohl „my blanket I love the best" (meine Decke mag ich am liebsten) heißen soll.

Dabei handelt es sich nicht um triviale oder unwichtige Unterscheidungen. Neuropsychologen, die Patienten mit Hirnverletzungen untersuchen, bei denen die Sprache auf verschiedene Weise beeinträchtigt ist, behaupten, daß sie mindestens diese vier Wortschätze brauchen, um die auftretenden klinischen Symptome zu beschreiben. Der als *Dyslexie* bekannte Typ von Funktionsstörungen kann zur Illustration der Unabhängigkeit dieser verschiedenen Wortschätze dienen. Dyslexie bezeichnet eine Leseschwierigkeit; wenn sie auf einer Hirnverletzung beruht, nennt man sie erworbene Dyslexie, um sie von den anscheinend angeborenen Leseschwierigkeiten mancher Kinder zu unterscheiden. Der Verlust der

Lesefähigkeit wird *Alexie* genannt. Da außerdem viele Patienten mit erworbener Dyslexie auch die Symptome einer Agraphie zeigen, der Unfähigkeit zu buchstabieren oder zu schreiben, liegen die interessanteren Fälle im vorliegenden Zusammenhang in der Konstatierung einer Alexie ohne begleitende Agraphie. Diese Patienten können ein Gespräch führen, und sie können auch schreiben, sie lesen jedoch nur unter größten Schwierigkeiten.

Jeder klinische Fall hat seine ureigenen Ausprägungen, was Generalisierungen erschwert, doch haben Untersuchungen an Alexiepatienten gezeigt, daß ihre Leseleistung bei Buchstaben gewöhnlich besser ist als ihre Leseleistung bei Wörtern. Wenn sie ein Wort lesen sollen, versuchen sie, es langsam und mühsam aus seinen Buchstaben aufzubauen. Beim Anblick des geschriebenen Wortes *Ball* etwa würden sie laut „B, A, L, L, . . . Ball" sagen. Wie erfolgreich sie damit sind, hängt davon ab, wie gut sie buchstabieren. Angesichts handgeschriebener Wörter haben sie noch mehr Schwierigkeiten, weil die einzelnen Buchstaben in Schreibschrift schwerer abzugrenzen und zu identifizieren sind als in Druckschrift. Und schließlich haben Alexiepatienten bei kurzzeitiger Vorgabe von Buchstabengruppen keine größeren Erfolgschancen beim Lesen von Wörtern im Vergleich zum Lesen willkürlich zusammengestellter Buchstaben- oder Ziffernfolgen – man erhält keinen Wortüberlegenheitseffekt. Man könnte diese Symptome als Folge von Schwierigkeiten beim Buchstabenerkennen erklären, plausibler aber ist die Theorie, daß es im Gehirn ein bestimmtes Areal gibt, wo visuelle Wortformen gespeichert sind und erkannt werden. Wenn dieses Areal zerstört ist, versucht der Patient, den Verlust durch einzelnes Buchstabieren auszugleichen.

Das Gegenstück zu Patienten mit Dyslexie ohne Agraphie sind solche mit Agraphie ohne begleitende Dyslexie; diese Patienten zeigen Beeinträchtigungen des Schreibprozesses ohne größere Schwierigkeiten beim Sprechen, Hören oder Lesen. Die einfachste Form ist wahrscheinlich die lexikalische Agraphie. In einer Sprache mit regelmäßiger Schreibung sind diese Patienten vielleicht nicht einmal besonders behindert, im Englischen jedoch, wo dieselbe mündliche Sprechweise manchmal mit einer Vielfalt von Schreibweisen einhergeht, fallen ihre Schwierigkeiten sehr deutlich auf. Derart belastete Patienten können nicht einfach schlecht buchstabieren; sie können regelmäßige Wörter und selbst Nichtwörter perfekt schreiben, wobei sie sich auf eine nichtlexikalische, phonologische Herleitung verlassen. Nur unregelmäßige Schreibweisen bringen sie in Schwierigkeiten. Ähnliche Befunde sprechen für eine Unterscheidung von Input- und Outputprozessen bei mündlicher Sprache; die klinische Neurologie scheint Belege für mindestens vier verschiedene Wortschätze zu liefern.

Vier Wortschätze mag schon recht viel erscheinen, aber warum hier haltmachen? Warum nicht noch weiter gehen? Warum sollte man nicht taktile Wortschätze für Input und Output mit einbeziehen für diejenigen, die in Brailleschrift lesen und schreiben? Oder telegraphische Input- und Outputwortschätze für diejenigen, die Morsezeichen senden und empfangen? Und das bezieht sich jeweils nur auf eine Sprache. Bei jemandem, der zwei Sprachen beherrscht, könnte sich

YOU ARE LEAVING
THE AMERICAN SECTOR
ВЫ ВЫЕЗЖАЕТЕ ИЗ
АМЕРИКАНСКОГО СЕКТОРА
VOUS SORTEZ
DU SECTEUR AMERICAIN
SIE VERLASSEN DEN AMERIKANISCHEN SEKTOR

7.7 Die Berliner Mauer in ihren letzten Tagen (Dezember 1989) deutet die Sprachenvielfalt an, die die heutigen historischen Gegebenheiten dem mentalen Lexikon aufbürden können.

diese Anzahl verdoppeln, bei drei Sprachen verdreifachen. Die Anzahl von Wortschätzen, die ein Sprecher (oder Leser) mehrerer Sprachen anhäufen könnte, ist fast unbegrenzt.

Bei dieser Art, die Situation darzustellen, wird es dem mitdenkenden Leserkreis langsam ungemütlich. Ein Wortschatz ist ein großer Informationsspeicher: Er enthält Zehntausende von Wörtern, die meisten davon mit mehreren Bedeutungen. Auch nur einen Wortschatz aufzubauen ist eine größere Lernaufgabe. Ist die Annahme vernünftig, daß sich manche Leute Dutzende dieser komplizierten Wissensstrukturen aneignen sollen? Und wenn ja, gibt es für jede Struktur eine eigene Wortschatzmatrix? Wie sollten polyglotte Menschen in ihrem Kopf noch für irgend etwas anderes Platz bekommen?

Es ist klar, daß all diese unterschiedlichen Wortschätze nicht völlig voneinander unabhängig sein können. Man betrachte eine Analogie. Jeder weiß, daß verschiedene Signale dieselbe Botschaft tragen können. Ein akustisches Signal, das dem gesprochenen Wort *hallo* entspricht, wird mit einem Mikrophon aufgenom-

155

Exkurs 7.1:

Lexikalischer Zugriff und die Positronen-Emissions-Tomographie

Die Computertomographie ist die Konstruktion des dreidimensionalen Bildes einer körperhaften Struktur anhand einer Serie von Röntgenbildern. Die Positronen-Emissions-Tomographie (PET) fügt dieser bildhaften Darstellungstechnik eine Messung des Blutstroms hinzu. Verabreicht man einem Probanden – einem Patienten, einem freiwilligen teilneh-menden Gesunden oder einem Tier – die intravenöse Injektion eines radioaktiven Isotops, kann die resultierende Strahlung tomographisch aufgezeichnet werden. An jeder Stelle nimmt der Blutzufluß mit zu; je mehr Blut an einer Stelle zufließt, um so stärker wird die Strahlung; und Strahlungszunahmen werden auf dem tomographischen Bild erfaßt.

Mit dieser Technologie hat man den Blutstrom im Gehirn während einfacher verbaler Aufgaben untersucht. Freiwillige erhielten eine intravenöse Injektion von Wasser, welches Oxygen-15 mit einer Halbwertszeit von 122 Sekunden enthielt. Dann wurden für 40 Sekunden PET-Aufnahmen gemacht, wobei die Probanden entweder (in der Kontrollbedingung) auf einen Fixationspunkt starrten oder ohne eigene Aktivität einer Serie vertrauter englischer Nomina zuhörten oder diese ansahen (in der Experimentalbedingung). Der Effekt dieser passiven Wahrnehmungsprozesse auf den Blutstrom wurde abgeschätzt, indem man die Werte aus der Kontrollbedingung von den Werten der Experimentalbedingung subtrahierte.

Das Hören von Wörtern führte zu einer Steigerung des Blutzuflusses in den primären auditorischen Projektionsfeldern beider Hemisphären und in den angrenzenden temporoparietalen Arealen der linken Hemisphäre. Wenn die Probanden Wortpaare anschauen sollten und eine Taste drücken, wenn sie sich reimen, konnte man ansteigende Aktivität in den extrastriaten sowie in den temporoparietalen Arealen beobachten. Diese Beobachtungen gehen mit der Annahme einher, daß der linke temporoparietale Bereich der Ort ist, an dem die auditorischen Wortvorstellungen gebildet werden, und daß der extrastriate Bereich der Ort der visuellen Wortvorstellungen ist.

primäres
auditorisches
Projektionsareal

temporoparietales
Areal

extrastriater
Cortex

primäres visuelles
Projektionsareal
(striater Cortex)

Die linke Hemisphäre des menschlichen Gehirns mit Angabe der Querschnittsebenen, die in den PET-Aufnahmen sichtbar werden.

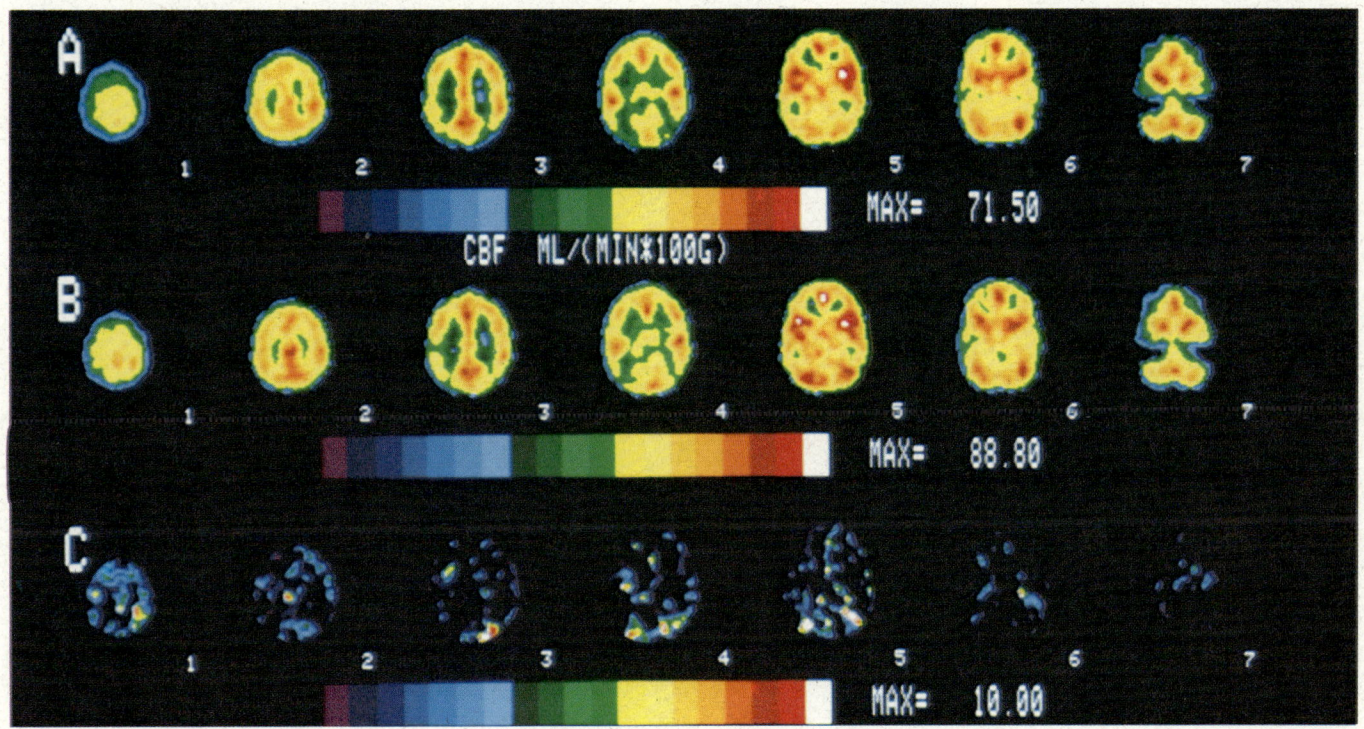

Ein Subtraktionsverfahren ermöglicht es, mit Hilfe von PET-Aufnahmen Hirnareale zu identifizieren, die mit der lexikalischen Verarbeitung zu tun haben. In diesem Beispiel zeigt die oberste Reihe (A) die Messung des Blutstroms im Gehirn, während die Person einen Fixationspunkt ansah (der Kontrollzustand). Jedes Bild ist ein Querschnitt durch das Gehirn, von der Oberseite (Schnittebene 1) bis zur unteren Gehirnbasis (Schnittebene 7). Auf jeder Querschnittsaufnahme befindet sich oben der vordere und unten der hintere Teil des Gehirns. Die mittlere Reihe (B) zeigt den Blutfluß, während die Person Wörter ansah, und zwar je ein Wort pro Sekunde (der Experimentalzustand). Die unterste Reihe (C) erhält man durch Subtraktion der Kontrollbilder von den Experimentalbildern; der Unterschied gibt die Veränderung des Blutstroms an, der auf der visuellen Wortdarbietung beruht. Man kann den Querschnittsebenen 4 und 5 in der untersten Reihe entnehmen, daß die stärkste Reaktion im hinteren Teil des Gehirns auftrat, im Zentrum für den visuellen Input.

men und in ein elektronisches Signal umgewandelt; die Signale sind verschieden, aber die Botschaft bleibt dieselbe. Eine handschriftliche Notiz wird in den Computer eingetippt und auf einen entfernten Bildschirm übertragen; mehrere unterschiedliche Signale übermitteln dieselbe Botschaft. Sind die verschiedenen Wortschätze, die von Neuropsychologen unterschieden werden, dieser Art? Kann man sie als kaum mehr denn verschiedene Signalsammlungen zum Transport derselben Botschaften ansehen?

Eine Überprüfung dieser Analogie bestünde darin, ob die Botschaften bei der Transformation von einer Art von Signalen in eine andere unverändert bleiben. In manchen Fällen tritt bestimmt keine Veränderung ein. Ein Wort kann beim Sprechen und beim Hören nicht mit unterschiedlichen Bedeutungen verknüpft werden, und sei es nur, weil Sprecher ihr eigenes Sprechen ja auch hören: Es wäre völlig verwirrend, wenn man *Fenster* sagte und sich selbst etwas anderes sagen hörte. Oder wenn man *Fenster* schriebe und etwas anderes auf dem Papier sähe. Input- und Outputwortschätze müssen eng miteinander verbunden sein. Zudem ist in alphabetisch geschriebenen Sprachen das gesprochene beziehungsweise gehörte „Fenster" mit dem geschriebenen oder gelesenen *Fenster* durch gut gelernte Rechtschreibregeln verbunden. Lesen und schreiben zu können wäre schwieriger zu lernen als es so schon ist, wenn man *Fenster* mit irgendeiner beliebigen Buchstabenkette schreiben könnte. Selbst Menschen, die eine Zweitsprache beherrschen, besitzen nicht völlig unabhängige Wortschätze: Für jemanden, der Deutsch und Französisch kann, werden sich *fenêtre* und *Fenster* in ihrer Bedeutung nicht drastisch unterscheiden. Und für ein gewöhnliches deutsches Wort wie *Fenster* erscheint die Annahme gesichert, daß dieselbe Bedeutungsmenge mit der gesprochenen, der gehörten, der geschriebenen und der gelesenen Darstellung einhergeht. Die eigentliche Frage ist nicht, wieviele Wortschätze es gibt, sondern wie so viele verschiedene Signale Zugang zu derselben Botschaft haben können.

Kurzum: Es kann irreführend sein, einfach so von mehreren Wortschätzen zu sprechen. Dyslexiker verlieren die Wörter nicht, die sie nicht lesen können; Agraphiker kennen die Wörter immer noch, die sie nicht schreiben können. Solche Patienten sind einfach nicht in der Lage, sich auf dem Wege der üblichen Assoziationen Zugang zu dem, was sie wissen, zu verschaffen. Was Psycholinguisten vorschwebt, ist eine einzige lexikalische Matrix mit mehreren Eingängen und Ausgängen.

Der Umfang des Wortschatzes

Eine lexikalische Matrix ist zu ausgedehnt, als daß man sich vorstellen könnte, daß bei jeder Benutzung eine völlig neue aufgebaut wird. Es ist ein ernüchternder Gedanke, sich vor Augen zu führen, wieviel lexikalisches Wissen man erworben hat. Manches davon weiß man sicher, aber vieles weiß man nur auf der Ebene des Wiedererkennens – und oft nur so der Spur nach, daß man besser von lexikalischem Glauben als lexikalischem Wissen sprechen sollte. (Auch beim Umgang mit einer Fremdsprache unterscheiden sich aktiver und passiver Wortschatz meist beträchtlich.) Es ist jedoch offensichtlich, daß man eine ganze Menge weiß. Ein herausforderndes Problem liegt darin, diese Menge abzuschätzen.

Das Standardverfahren, um den Umfang eines individuellen Wortschatzes zu schätzen, ist die Durchführung eines Multiple-choice-Tests. Darin werden Wörter dargeboten, und die Testperson soll die zutreffenden Definitionen aus Listen von jeweils vier oder fünf Alternativen auswählen. Da die getestete Person die richtige Definitionsformulierung nur erkennen muß, könnte man das Testergebnis den Umfang des Lesewortschatzes dieser Person nennen. Das Problem ist, einen Test so zu entwickeln, daß man den Testwert in einen Schätzwert für den Wortschatzumfang umformen kann. Die Methode der Wahl, zu diesem Resultat zu gelangen, ist die Stichprobenziehung aus Wörterbüchern. Die Grundannahme (und die Quelle der meisten Meinungsverschiedenheiten zwischen den verschiedenen Schätzern) besteht darin, daß die Anzahl der Wörter in einer Sprache durch die Anzahl der Wörter in einem Wörterbuch gegeben sei. Damit diese Grundannahme zumindest der Richtung nach plausibel ist, muß man das umfangreichste der verfügbaren Wörterbücher heranziehen.

Dazu stellen wir die folgende Rechnung an. Angenommen, man fängt mit einem Wörterbuch an, das 500 000 Wörter enthält. Wählt man daraus 500 per Zufall aus, um den Umfang des mentalen Lexikons eines Freundes abzuschätzen, dann beträgt der Stichprobenfaktor 1000. Das heißt, daß man für jedes Wort, das der Freund erkennt, ihm die Kenntnis von 1000 Wörtern gutschreibt, die man auswählen hätte können, aber nicht hat. Wenn der Freund 100 der 500 Wörter erkennt, beträgt der geschätzte Wortschatzumfang 100 × 1000, also 100 000 Wörter. Hätte man jedoch mit einem Wörterbuch angefangen, welches nur 100 000 Wörter enthält, so hätte der Freund jedes Testwort erkennen müssen, um denselben Schätzumfang zu erreichen. Die Grundregel lautet: Je umfangreicher das Wörterbuch ist, auf dem der Test aufbaut, desto höher fallen die Schätzungen aus, die man wahrscheinlich erhält.

Da nun der Umfang des Wörterbuches, aus dem man seine Stichprobe zieht, so wichtig ist, ergibt sich die Frage, was denn das umfangreichste Wörterbuch ist. Die Antwort hängt davon ab, wann man diese Frage stellt – während der vergangenen fünfhundert Jahre wuchs die Zahl der in einem Wörterbuch enthaltenen Wörter stetig an. Dies ist in der folgenden Tabelle am Beispiel englischer Wörterbücher nachgezeichnet.

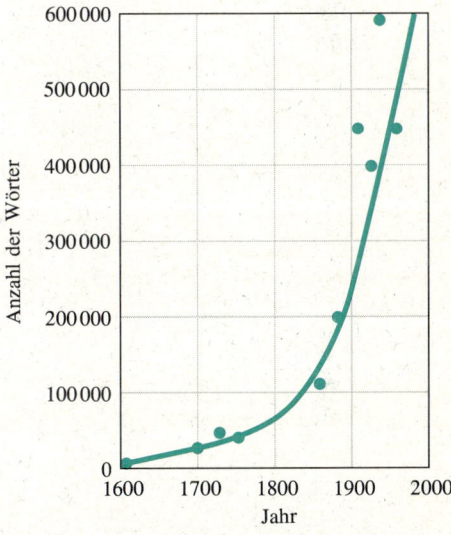

7.8 Der Umfang großer englischer Wörterbücher ist in den letzten vierhundert Jahren exponentiell gewachsen; daran sieht man, wie fragwürdig es ist anzunehmen, daß die Anzahl der Wörter in einer Sprache durch die Anzahl der Wörter in einem bestimmten Wörterbuch dieser Sprache gegeben sei.

Autor/Herausgeber	Kurztitel	Jahr	Anzahl der Wörter (circa)
Robert Cawdrey	*Table Alphabeticall*	1604	2 500
John Kersey	*New English Dictionary*	1702	28 000
Nathan Bailey	*Dictionarium Britannicum*	1730	48 000
Samuel Johnson	*Dictionary*	1755	40 000
Noah Webster	*American Dictionary*	1828	70 000
Noah Porter	*Dictionary of English, ungekürzt*	1864	114 000
William D. Whitney	*Century Dictionary*	1891	200 000
Isaac K. Funk	*New Standard Dictionary*	1913	450 000
James A. H. Murray	*Oxford English Dictionary*	1928	400 000
William A. Neilson	*Webster's New International*	1934	600 000
Philip B. Gove	*Webster's Third New International*	1961	450 000

Diese allgemeine Entwicklung verlief für das Deutsche im Prinzip nicht anders. Johann Christoph Adelungs *Grammatisch-kritisches Wörterbuch der Hochdeutschen Mundart, mit beständiger Vergleichung der übrigen Mundarten, besonders aber des Oberdeutschen*, 1774–1786 in fünf Bänden herausgegeben, umfaßt 55 181 Einträge, Joachim Heinrich Campes ebenfalls fünfbändiges *Wörterbuch der Deutschen Sprache* (1807–1811) kann schon 141 277 »Artikel und Wörter« vorweisen. Eine Sonderrolle spielt das zweiunddreißigbändige Grimmsche Wörterbuch, begonnen 1854 und beendet 1954, an dem mehrere Germanistengenerationen gearbeitet haben. Da sich über die hundert Jahre der Bearbeitung die Art der Stichwortbehandlung, die lexikalische Aufgliederung von Wortfamilien und so weiter mehrfach geändert haben, sehen sich weder das Werk selbst noch der herausgebende Verlag in der Lage, die Anzahl der aufgenommenen Wörter auch nur schätzungsweise anzugeben; aus den insgesamt 67 724 Druckspalten läßt sich der Umfang an Wörtern in diesem Monumentalwerk allenfalls erahnen. Dabei darf man jedoch nicht vergessen, daß nicht für jeden Zweck das größte Wörterbuch auch das beste ist; und so kann man zur Zeit neben den 32 Grimm-Bänden für den alltäglichen Gebrauch beispielsweise auch auf das sechsbändige *DUDEN-Wörterbuch der deutschen Sprache* (circa 160 000 Stichwörter) oder auf das einbändige *Deutsche Wörterbuch* von *Wahrig* (circa 100 000 Stichwörter) zurückgreifen. Allgemein bewegen sich Schätzungen des Inventars der deutschen Sprache zwischen 300 000 und 500 000 Wörtern.

Wenn man dieses Wachstum in die Zukunft extrapoliert, geht es schnell gegen unendlich und damit auch der Stichprobenauswahlfaktor. Zum Glück scheint

sich die Anzahl im 20. Jahrhundert etwa bei einer halben Million Wörter einge-
pendelt zu haben. Und dennoch wird der oben bemühte Freund noch einige völlig akzeptable Wörter kennen, die in der Liste der 500 000 noch nicht einmal
enthalten sind.

Eine andere Fährnis bei solchen Schätzungen besteht darin, daß man, selbst
wenn man das umfangreichste Wörterbuch, das man nur finden konnte, ausge-
sucht hat, immer noch bestimmen muß, wieviele Wörter es enthält. Man sollte
meinen, daß man sich darin auf die Angaben der Verleger verlassen könne.
Zum Beispiel sagt einem der Schutzumschlag eines der bestverkauften englischen College-Wörterbücher, daß es »fast 160 000 Einträge und 200 000 Definitionen« enthalte. Man darf jedoch nicht vergessen, daß es sich dabei um Wer-
bung handelt und daß die meisten Käufer denken, je mehr, desto besser. So
schauen wir einmal drinnen im Wörterbuch nach. Das hier gemeinte Wörterbuch
hat 1373 Seiten, was 160 000/1373 = 115 Einträge pro Seite ergeben sollte.
Wählt man jedoch ein paar Seiten per Zufall aus, wird man nur 50 bis 60 Stichwörter pro Seite finden. (Ein Stichwort oder Haupteintrag ist die unflektierte
Form beziehungsweise die Zitierform, die den Eintrag identifiziert und mit deren Hilfe die Einträge in eine alphabetische Abfolge gebracht werden.) Wo ist
der Rest der Einträge? Sie existieren, aber um sie zu finden, muß man die
Stichworteinträge lesen, da es sich bei den »160 000 Einträgen« nicht ausschließlich um Stichwörter handelt. In diesem Fall gibt es etwa 71 000 Stichwörter. Um
zu den 160 000 zu kommen, muß man alles, was fettgedruckt ist, als ein Wort
zählen. Zum Beispiel finden sich unter dem alphabetisch eingereihten Stichwort
obfuscate die flektierten Formen **obfuscating** und **obfuscated** wie auch als fort-
laufender Eintrag die Ableitungen **obfuscation** und **obfuscatory**. (Im Deutschen
entsprächen dem etwa unter dem Stichwort *verwirren* die Einträge *verwirrend*,
verwirrt, *verworren* und *Verwirrung*.)

Diese Art der Aufmachung mag hilfreich sein, um ein Wörterbuch herauszubrin-
gen und zu vertreiben, aber man bedenke, was es mit demjenigen anstellt, der
aus seinen Einträgen eine Stichprobe ziehen will, um einen Wortschatztest zu
entwickeln. Angenommen, das Wörterbuch enthält 160 000 Wörter, dann werden für den Test alle fünf Formen von *obfuscate* als eigene Wörter gezählt. Die
meisten Testkonstrukteure haben erkannt, daß die operationale Definition von
„Wort" in den Wörterbüchern nicht das ist, woran sie dachten, als sie abzuschätzen versuchten, wieviele Wörter die Leute kennen.

Was also auf der Oberfläche wie einfache Fragen aussah – Wieviele Wörter gibt
es? Wieviele Wörter kennt ein Durchschnittsmensch? –, erweist sich bei näherer Betrachtung als recht kompliziert. Und die letzte Komplikation wurde dabei
noch gar nicht in Betracht gezogen – nämlich daß manche Wörter verschiedene
Bedeutungen haben. Seltsamerweise neigen gerade die häufigsten Wörter dazu,
die verschiedensten Bedeutungen anzunehmen; gegen alle Vernunft beharren die
Menschen darauf, diese polysemen Wörter, die am ehesten mehrdeutig sind, am
häufigsten zu benutzen. Sollte man die Polysemie bei der Schätzung des Voka-
belumfangs mit in Rechnung stellen? Das Wort *press* hat im Englischen bei-

spielsweise sowohl als Nomen als auch als Verb etliche Bedeutungen. Zählt es nicht mehr als ein anderes Wort, das nur eine einzige Bedeutung hat?

Angesichts solcher Probleme sah man sich beim Abschätzen des Wortschatzes gezwungen, willkürlich einige Entscheidungen zu treffen. Angenommen, die Frage wird etwas umformuliert: nicht mehr „Wieviele Wörter kennt die Durchschnittsperson?", sondern „Wieviele Wörter hat die Durchschnittsperson gelernt?" Das heißt, daß ein Fachmann sich nun jedes Stammwort anschaut und fragt: „Wenn man dieses Wort gelernt hat, welche anderen, verwandten Wörter würde man wahrscheinlich verstehen?" In der Antwort wäre „ein Wort" als eine ganze Familie von Wörtern definiert, die Personen gemäß der lexikalischen Intuition des Fachmanns verstehen werden, wenn sie das zentrale Wort der Familie beherrschen. Das Beispiel *obfuscate* würde also als ein Wort zählen und nicht als deren fünf.

Welche Art von Entscheidungen müßte ein solcher Fachmann treffen? Manche davon sind einfach. Wer Englisch spricht, sollte flektierte Formen nicht lernen müssen, als ob es völlig neue Wörter wären; wer zum Beispiel *book* kennt, sollte auch *books* und *book's* kennen. Doch wie sieht es mit Ableitungen und Zusammensetzungen aus? Die meisten Ableitungen, die mit regelmäßigen Affixen wie #*ness* oder #*ly* gebildet werden, kann man im Kontext verstehen, wenn man den Wortstamm versteht; Ableitungen, die mit Morphemgrenzen gebildet werden, muß man jedoch einzeln betrachten. Zum Beispiel betrachte man einige der Probleme mit dem Suffix #*er*. Wer *run* (*laufen*) gelernt hat, wird auch *runner* (*Läufer*) verstehen, wer jedoch *walk* (*spazierengehen*) gelernt hat, dem wird eine Bedeutung von *walker* (*Spaziergänger*, aber auch *Laufstuhl*) leicht entgehen, und wer *tell* (*erzählen*) gelernt hat, weiß deshalb noch lange nicht, was ein *teller* (*Kassierer*) ist. So würde man die Kenntnis von *run* und *runner* als das Kennen eines Wortes zählen, *walk* und *walker* zu kennen, kann man als eines oder als zwei zählen, und die Kenntnis von *tell* und *teller* sollte als zwei Wörter zählen. Bei einem solchen Kriterium zählen die meisten zusammengesetzten Wörter als neue Wörter — ein charakteristisches Merkmal zusammengesetzter Wörter besteht darin, daß ihre zusammengesetzte Bedeutung nicht durch die Bedeutung ihrer Teile gegeben ist, wiewohl man manchmal darauf kommen kann, was dem Wortschöpfer vorschwebte.

An der Universität von Illinois gingen William Nagy und Richard Anderson eine Liste von 227 553 verschiedenen Wörtern unter Anwendung dieses Lernkriteriums durch. Nach ihrer Zählung enthält die Liste 45 453 Stichwörter. Nach ihrer Ansicht könnten 139 020 der verbleibenden 182 100 Ableitungen und zusammengesetzten Formen von jemandem, der die Stammformen kennt, im Kontext verstanden werden, die übrigen 42 080 seien jedoch semantisch unklar. Um die Liste aus 227 553 verschiedenen Wörtern vollständig zu beherrschen, müßte ein Schüler oder eine Schülerin demnach 45 453 + 42 080 = 87 533 Wortfamilien lernen. Die Arbeitsgruppe aus Illinois fragte weiter, wieviele dieser 87 533 lexikalischen Elemente die meisten Menschen kennen. Ihrer Schätzung nach kennt ein durchschnittlicher High School-Absolvent davon etwa 45 000.

Exkurs 7.2:
Grimms Wörterbuch: Ein nationales Mammutprojekt

Der Drang zu nationalen Denkmälern war nie größer als im 19. Jahrhundert. Dabei ging das kulturelle Bewußtsein der politischen Realität zeitlich voran. Fast 20 Jahre vor der Reichseinheit (1871), am 1. Mai 1852, nach 15 Jahren Vorarbeit, erschien die erste Lieferung des „Deutschen Wörterbuchs" von Jacob Grimm (1785–1863) und Wilhelm Grimm (1786–1859). Die seinerzeit schon durch ihre Forschungen zur germanischen und althochdeutschen Vorgeschichte, zu Märchen, Mythen und Sagen berühmten Brüder waren 1837 (im Jahre der Amtsenthebung der „Göttinger Sieben") auch zu politischen Symbolfiguren der Sehnsucht nach dem Ende von Fürstenwillkür und territorialer Zersplitterung geworden. Von ihnen wünschte man sich die Realisierung der in der Luft liegenden Idee eines Wörterbuchs als „Nationalwerk", als Ausdruck und Spiegel deutschen „Sprachgeistes". Ohne sich die immensen organisatorischen und methodischen Anforderungen einer solchen Aufgabe bewußt zu machen, begannen die Brüder die „Naturgeschichte" jedes einzelnen deutschen Wortes von seinen germanischen oder indoeuropäischen Wurzeln her über Luther bis hin zu Goethe aufzuschreiben. Fremdwörter, die fremde Kultureinflüsse bezeugten, interessierten nicht. Anders als alle Vorgän-

Die Brüder Grimm.

ger filterten die Brüder Grimm mit Hilfe zahlreicher Zuarbeiter die Angaben zu Geschichte, Form und Bedeutung der Wörter unmittelbar aus jahrhundertealten literarischen Quellen, deren Zahl beständig wuchs. Neu war auch, daß aus diesen Quellen in aller Breite zitiert wurde; das Wörterbuch entwickelte sich so zu einem Lesebuch deutscher Literatur- und Sprachgeschichte und entfernte sich immer weiter davon, Hilfsmittel besserer Sprachbeherrschung in und für die Gegenwart zu sein. Diese Abweichung von

den allgemein an ein Wörterbuch gestellten Erwartungen entsprach durchaus der Absicht und der romantischen Sprachauffassung der Brüder Grimm. Sie lehnten einen vernunftorientierten Umgang mit der Sprache ab, die für sie nicht primär Verständigungsmittel, sondern Ausdruck des „Volksgeistes" und Quelle „echter", weil aus dem Volk und seinen Mundarten gespeister nationaler Identität war. Ihre Ehrfurcht vor der Wesenhaftigkeit der Sprache verbot nahezu alle straffenden lexikographischen Prinzipien. Den anfänglichen Gedanken, das Werk selbst bis zum Z zu Ende zu bringen, gaben sie bald auf. Wilhelm Grimm vollendete nur den Buchstaben D, Jacob verfaßte A bis C und E bis „Frucht". Ein nicht geringer Teil nachfolgender Germanistengenerationen führte das Werk, immer wieder vom Staat finanziell unterstützt, durch die Zeit zweier Weltkriege und in den verschiedenen Arbeitsstellen in der BRD und in der DDR fort. Die beiden letzten Bände erschienen 1960, das Quellenverzeichnis als Band 33 im Jahr 1971. Kritiker nennen das DWB einen ungeheuren Materialsteinbruch, Freunde ein Schatzhaus des Geistes. Tatsächlich ist das 1984 als Taschenbuch nachgedruckte Wörterbuch vor allem ein Werk für Sprach- und Literaturwissenschaftler geblieben.

Die Schätzung aus Illinois ist konservativ. Sie schließt Eigennamen, Zahlwörter, Fremdwörter, Akronyme und viele unzerlegbare Wortzusammensetzungen, die in den Zeitungen regelmäßig vorkommen, aus. Nähme man diese mit hinzu, so käme wahrscheinlich heraus, daß der durchschnittliche High School-Absolvent etwa 60 000 verschiedene „Wörter" gelernt hat. Die besseren Studenten würden, weil sie mehr lesen, wahrscheinlich doppelt so viele kennen.

Es lohnt sich jedoch nicht, über diese Zahlen zu streiten, weil so viele subjektive und unbestimmbare Faktoren in die Schätzungen mit eingingen. Sollte es nicht einen objektiveren Weg geben, zu entscheiden, welche Wörter miteinander gelernt werden und welche man somit als eine Familie betrachten kann?

Abruf aus dem mentalen Lexikon

Wer gut lesen kann, setzt, so wie seine Augen über die gedruckten Zeilen wandern, eine Folge komplexer Interpretationsprozesse in Gang, die in dem bewußten Verständnis der Bedeutung resultieren. Zum Glück für den Leser, aber zum Unglück für den Sprachwissenschaftler, verstopft die Informationsverarbeitung, aus der ein solches Bewußtsein entsteht, weder das Denken, noch bringt sie die Bedeutung durcheinander. Der Prozeß ist der Introspektion einfach nicht zugänglich. Um sich ein Bild von dem zu machen, was hinter dem Vorhang abläuft, muß man auf der Basis der aus dem Prozeß hervorgehenden Leistungen selbst schlußfolgern oder Experimente durchführen, die so gestaltet sind, daß sie zwischen unterschiedlichen Hypothesen zu entscheiden vermögen.

Jeder, der sich mit solchen Dingen im Detail beschäftigt, kommt jedoch schnell zu der Einsicht, daß die Worterkennung eine entscheidende Komponente des Leseprozesses darstellt. Man kann sich leicht vor Augen führen, wie man diesen Teil des Prozesses experimentell untersuchen könnte: Man bietet Wörter einfach kurzzeitig dar und schaut, wie lang die Darbietungszeit sein muß, damit man sie lesen kann. Cattell versuchte gerade dies und fand, daß Wörter viel schneller gelesen werden können als Nichtwörter; seine Entdeckung wurde zu dem Prinzip generalisiert, daß mit zunehmender Vertrautheit eines Wortes die notwendige Erkennenszeit immer kürzer wird.

Eine ganze Reihe von Techniken wurde eingesetzt, um zu zeigen, daß die Vertrautheit Geschwindigkeit bringt, wobei die vielleicht bekannteste Technik die lexikalische Entscheidungsaufgabe ist. Personen werden gebeten, so schnell wie möglich anzugeben, ob eine Buchstabenkette ein Wort der jeweiligen Sprache bildet oder nicht. Die Versuchspersonen müssen nicht sagen, welches Wort es ist oder was es bedeutet – nur „Ja, es ist ein Wort" oder „Nein, es ist kein Wort". Die Reaktionszeit ist die Zeit zwischen dem Moment, in dem das Wort erscheint, und dem Moment, in dem die Person mit „Ja" oder „Nein" antwortet. (Die Reaktionszeiten für falsche Antworten werden nicht mit einbezogen.)

Exkurs 7.3:

Daniel Sanders: Ein Wörterbuch fürs aufgeklärte Bürgertum

Die Tradition des aufgeklärten, rationalen Umgangs mit der Muttersprache war im 19. Jahrhundert durch die romantische Sprachauffassung der Brüder Grimm keineswegs so sehr verdrängt worden, wie es später vielfach gesehen wurde. Als Kritiker und schließlich Konkurrent Grimms auf dem Gebiet des National-Wörterbuchs erschien 1852 der Gymnasiallehrer Daniel Sanders (1819–1897), ein typischer Vertreter des 1848 demokratisch engagierten, später liberalen, der aufgeklärten Volksbildung verpflichteten und religiös reformorientierten deutschen Judentums. Ohne fremde Unterstützung schuf er in elf Jahren (1854–1865) das „Wörterbuch der deutschen Sprache", dessen drei großformatige Bände den tatsächlich gebrauchten Wortschatz seiner Gegenwart einschließlich der Fremdwörter enthielten. Grundlage war die Auswertung umfangreichen Quellenmaterials »von Luther bis auf die Gegenwart«. Am Beispiel des Grimmschen Wörterbuchs hatte Sanders erkannt, daß der Lexikograph ein „Programm" mit Prinzipien für die Auswahl der Stichwörter, ihre Anordnung und die vielen anderen Entscheidungen braucht, die ein Wörterbuch informativ und übersichtlich zugleich machen. Er entwickelte ein lexographiegeschichtlich neues System, die ins Unendliche vermehrbare Zahl der Wörter in den Griff zu bekommen. Sanders verfolgte ein sprachdidaktisches Ziel: Sein Wörterbuch sollte unter anderem Kenntnisse über die Kombinierbarkeit der Wörter

Daniel Sanders.

vermitteln. Die Erforschung der „Wurzeln" der Wörter in vormittelhochdeutscher Zeit hielt er für ein Spezialistenthema; analog sah er die „Wurzeln" der deutschen Kultur auch nicht primär bei den Germanen, sondern in der jüdischen, hellenistischen und römischen Antike.

Für ihn als den Aufklärer und Antiromantiker war Sprache kein eigenständiges Wesen, sondern Kommunikationsmittel in der bürgerlichen, demokratisch verfaßten Gesellschaft. Anders als bei den Grimms fanden die politischen, naturwissenschaftlichen und technischen Neuerungen seiner Zeit und die wachsenden Kenntnisse fremder Länder und Völker Aufnahme ins Wörterbuch. Auch in konfessioneller Hinsicht bemühte sich Sanders um objektive und ausgewogene Berücksichtigung protestantischer, ka-

tholischer und jüdischer Quellen. Nicht nur in der Gliederung der Wortartikel, auch in der systematischen und ausführlichen Formulierung der Bedeutungsangaben und in der Auswahl der Zitatbeispiele zeigt sich der um Erhellung und Klärung bemühte, an den Fortschritt der Menschheit zu größerer Humanität und an die Brüderlichkeit der Nationen und Völker glaubende „moderne" Bildungsbürger des 19. Jahrhunderts. 1876 erschien die zweite Auflage und seit 1869 in immer neuen Auflagen eine einbändige Kurzfassung. Der Langenscheidt-Verlag, der um die Jahrhundertmitte mit seinen zweisprachigen Wörterbüchern hervortrat und auf den Gedanken der Völkerverständigung und der internationalen Handelsbeziehungen reagierte, gewann Sanders als Lieferanten des deutschsprachigen Teils seines großen Englisch-Deutschen/Deutsch-Englischen Wörterbuchs, des „Muret-Sanders", das bis heute in überarbeiteter Fassung existiert. Sanders wollte mit seiner Sprachbildung viele Menschen erreichen. Die wissenschaftliche Germanistik hat das Werk des „unverschämten" Grimm-Kritikers Sanders mit Nichtbeachtung gestraft und ihm die Wissenschaftlichkeit abgesprochen. Es ist gleichwohl immer mehr oder weniger stillschweigend benutzt, 1969 auch als Reprographie neu herausgegeben worden, denn zum eingehenden Verständnis der Sprache und des Weltbilds des 19. Jahrhunderts ist Sanders' Wörterbuch eindeutig besser geeignet als das der Grimms und ihrer Nachfolger.

Die lexikalische Entscheidungsaufgabe bringt durchweg kürzere Reaktionszeiten nach Wörtern mit hoher Häufigkeit und hoher Vertrautheit – wie erwartet. Schon früh fand man jedoch, daß Personen auf gleich geschriebene Homonyme schneller reagieren als auf Nichthomonyme. Das heißt, daß Wörter wie *Schloß* oder *Bank*, die mehr als eine Bedeutung haben, als Wörter etwas schneller erkannt werden als ähnlich vertraute Wörter wie *Berg* oder *Hund*. Je mehr Bedeutungen ein Wort also hat, desto schneller wird es als Wort erkannt. Obwohl die Versuchspersonen das Wort also nicht identifizieren oder an seine Bedeutung(en) denken sollten, konnten sie sich offenbar nicht daran hindern, es doch zu tun, da sich die Vielfalt der Bedeutungen auf das Testergebnis auswirkt. Die natürliche, erklärende Schlußfolgerung lautet, daß gleich geschriebene Homonyme eigentlich zwei oder mehrere Einträge im mentalen Lexikon bilden und daß die Reaktionszeit die Zeit ist, die benötigt wird, um einen davon zu finden.

Zur Illustration, wie man die Wort-Nichtwort-Aufgabe zur Erforschung der Arbeitsweise des mentalen Lexikons benutzen kann, wird ein Experiment herangezogen, in dem Personen, die Serbokroatisch als Muttersprache sprechen und lesen, schnelle lexikalische Entscheidungen über flektierte Nomina im Singular in drei Fällen trafen: im Nominativ, im Dativ/Lokativ und im Instrumentalis. Das Serbokroatische umfaßt ein komplexes Kasussystem, in dem keine einfache Beziehung zwischen der Form des Affixes und dem dadurch markierten Fall besteht. Außerdem werden manche Fälle häufiger verwendet als andere. Zum Beispiel kommt das weibliche Nomen *frula* (Flöte) zu 31 Prozent im Nominativ vor (*frula* geschrieben), zu zehn Prozent im Dativ/Lokativ (die beide *fruli* geschrieben werden) und zu weniger als einem Prozent im Instrumentalis (*frulom*). Somit läßt sich die folgende Frage stellen: Hängt der Vertrautheitseffekt bei serbokroatischen Nomina von der Häfigkeit des Wortstammes oder von der Häufigkeit der flektierten Form ab? Man fand, daß die Nominativform als Wort etwas (aber signifikant) schneller erkannt werden konnte als die Dativ-/Lokativ- beziehungsweise als die Instrumentalisformen; es gab jedoch keinen Unterschied in den Reaktionszeiten zwischen dem Dativ/Lokativ und dem Instrumentalis.

Was könnte das bedeuten? Man kann eine mögliche Hypothese heranziehen, die sich aus der morphembasierten Theorie der Morphologie ableitet, die im sechsten Kapitel erörtert wurde. Angenommen, das mentale Lexikon enthält nur eine Morphemliste, und Wörter, die zwei oder mehrere Morpheme enthalten, können nicht nachgeschlagen werden, sondern müssen jeweils ad hoc synthetisiert werden. Dann muß das Nomen im Nominativ Singular *frula* aus der Wurzel *frul* und dem Suffix *-a* zusammengesetzt werden. Da *frul* in allen Fällen gemeinsam vorkommt, kann die Aktivationsschwelle für *frul* nicht erklären, warum der Nominativ Singular schneller erkannt wird als die anderen Formen. So muß man den Unterschied dem Suffix *-a* zuschreiben. Das ist aber unwahrscheinlich, weil *-a* diesen Effekt nur hat, wenn man damit den Fall des Nominativs markiert. Somit kann man die morphembasierte Hypothese zurückweisen. Das mentale Lexikon muß mehr enthalten als eine Liste von Morphemen.

Eine feiner ausgearbeitete Methode zur Erforschung der Rolle der Morphologie bei der lexikalischen Organisation ergibt sich aus einer Abänderung der lexikalischen Entscheidungsaufgabe, die man Wiederholungspriming nennt. Wenn ein Wort oder ein Nichtwort zweimal dargeboten wird (in gewissem Zeitabstand), dann ist die zweite Zeit bis zur lexikalischen Entscheidung kürzer als die erste. Man nimmt an, daß die erste Darbietung (der Prime) die Entscheidung bei der zweiten Darbietung (dem Target) erleichtert, und das Ausmaß des Zeitunterschieds ist der Primingeffekt. Wenn zum Beispiel die Dativ-/Lokativform Singular des weiblichen serbokroatischen Nomens *rupi* (Loch) wiederholt wurde, betrug die zweite lexikalische Entscheidungszeit 90 Millisekunden weniger als die erste. Wurde als Prime nun der Nominativ *rupa* genommen, betrug der Primingeffekt auf dasselbe Target *rupi* 79 Millisekunden. Und wenn der Instrumentalis *rupom* als Prime Verwendung fand, ergab sich ein Primingeffekt von 69 Millisekunden. Regelmäßig flektierte Formen desselben Wortes erzeugen gegenseitige Primingeffekte und weisen damit darauf hin, daß untereinander enge Verbindungen bestehen.

Im Englischen fallen die Ergebnisse noch stärker aus: Flektierte Wörter funktionieren als Prime für ihre unflektierten Formen genauso gut wie die unflektierten Wörter selbst. Dieser Befund leistet objektive Unterstützung für den intuitiven Eindruck, daß jemand, der ein Nomen oder ein Verb gelernt hat, dessen Pluralform oder dessen Partizip nicht als eigene Wörter lernen muß. Man tut bei der Bestimmung des Wortschatzes recht daran, alle Flexionsformen eines Wortes als nur einen Eintrag im mentalen Lexikon zu zählen.

Wie steht es jedoch mit abgeleiteten Wörtern? Auch hier scheinen die Maßgaben zur Abschätzung des Wortschatzes im richtigen Geleise zu sein. Die flektierte Form *manages* und die Ableitungen *manager* und *management* erleichtern alle das nachfolgende Erkennen von *manage* in gleichem Maße wie *manage* selbst. Im Gegensatz dazu tritt das Wiederholungspriming nicht zwischen morphologisch nicht verwandten Wörtern auf, deren Anfangsbuchstaben nur übereinstimmen; *cancel* ist beispielsweise kein effektiver Prime für *can*.

Insgesamt sprechen nach allem die Experimentalbefunde aus dem Wiederholungspriming mit der lexikalischen Entscheidungsaufgabe für die allgemeine Vorstellung, daß morphologisch verwandte Wörter im mentalen Lexikon zusammen gespeichert sind. Man muß nur ein Mitglied einer morphologischen Familie aktivieren, und alle anderen sind bereit, in Aktion zu treten. Darüber hinaus sind diese Effekte nicht auf das Lesen geschriebener Wörter beschränkt — dieselbe Art von Ergebnissen hat man auch mit dem akustischen Priming erhalten, wiewohl der Primingeffekt dabei nicht so lange anzuhalten scheint. Die Fachleute streiten sich noch immer über Einzelheiten, der allgemeine Schluß war jedoch, daß die Organisation des mentalen Lexikons widerspiegelt, wie verschiedene morphologische Formen zusammen gelernt werden.

Diejenigen, die den Umfang des Wortschatzes anhand der Anzahl von Wortstämmen abschätzen wollen, die gelernt werden müssen, um all die verschiedenen, morphologisch jedoch verwandten Wörter zu verstehen, können mit dem Bild, das sich ergeben hat, zufrieden sein. Sie sollten jedoch nicht die Tatsache übersehen, daß das Zusammenwerfen aller morphologisch verwandten Wörter zu einem einzigen Wort in einem einzigen Lexikoneintrag die Psycholinguistik mit keiner besonders attraktiven Charakterisierung der Einträge im mentalen Lexikon zurückläßt. Was nützt ein lexikalischer Eintrag, der bei der Unterscheidung flektierter und abgeleiteter Formen versagt? Er kann keiner einzigen syntaktischen Klasse zugerechnet werden. Er kann nicht zur Aufstellung morphologischer oder syntaktischer Regeln verwendet werden. Er kann mit keiner einzigen Definition in Verbindung gebracht werden. Und wie die Vertrautheitsunterschiede zwischen den verschiedenen Formen erfaßt werden sollen, bleibt ein Rätsel.

Am Ende treibt es den Theoretiker deshalb zu der Vorstellung des mentalen Lexikons als lange, lange Liste einzelner Wörter zurück, nicht als eine Sammlung undifferenzierter Wortfamilien. Über dieser langen Liste muß es aber ein kompliziertes Netzwerk morphologischer Verbindungen zwischen Wörtern geben. Wenn ein Wort verwendet – und damit aktiviert – wird, breitet sich die Aktivation über dieses Netzwerk morphologischer Verbindungen aus. Wörter sind nicht nur mit Bedeutungen assoziiert. Sie sind auch untereinander verbunden.

***

Man beobachtet allgemein, daß das Gehirn des Menschen mehr Speicherplatz zu haben scheint als Bearbeitungsvermögen, so daß die Vorstellung, nach der jede Form eines jeden Wortes einzeln gespeichert ist, gar nicht so weit hergeholt erscheint. Aber es ist nur schwer zu verstehen, warum das Gehirn an bestimmten Stellen nicht weitermacht. Wenn Personen einem neuen Wort begegnen, dann schreiben sie es in ihr mentales Lexikon und verbinden es mit seinen morphologischen Verwandten; hören sie jedoch eine neue, syntaktisch regelmäßige Phrase, wird sie nicht ins Gedächtnis eingefügt. Wahrscheinlich kommt hier ein Punkt, an dem selbst die gewaltige Speicherkapazität des menschlichen Gehirns mit dem Exponentialprinzip nicht mehr zurechtkommt.

8.1 In James Murrays Schreibstube, im Garten hinterm Haus angebaut, nahm die erste Ausgabe des *Oxford English Dictionary* (OED) Form an. Das Projekt erstreckte sich über 44 Jahre und stützte sich auf eine über fünf Millionen Zitate umfassende Kartei von Belegstellen zur Verwendung von Wörtern; mehr als die Hälfte dieser Arbeit leistete Murray selbst.

8.2 Dieser Eintrag (für *Abaptistan*, ein veraltetes Instrument bei der Kopfchirurgie) in Murrays Handschrift war für den ersten Band (A – ANT) des OED, der 1884 erschien.

8. Die Wortbedeutung

Man hört jemandem zu, der in einer fremden Sprache spricht. Man hört ein Lied, nicht gesungen, sich stetig verändernd, auf- und abplätschernd, zuweilen von Gefühlsblitzen erhellt. Die Lauteindrücke selbst sind kaum mehr als Stimmengeräusche. Wenn es da Wörter gibt, kann man sie nicht entwirren; gibt es eine Botschaft, man kann sie nicht verstehen. Das Interesse verflüchtigt sich. Man könnte genausogut eine Backsteinmauer anstarren.

Dann hört man einer guten Freundin zu. Es handelt sich um dieselbe Art von Vokalisationen, und doch kann man sie nicht in derselben Weise hören. Die Geräusche sind da, aber sie sind völlig eindeutig. Der Verstand durchdringt die Laute, die Wörter, die Sätze und dringt bis zum Denken der Freundin vor. Das Erleben ist ein völlig anderes.

Den Unterschied macht natürlich die Bedeutung aus. Phonetiker und Telephontechniker können vielleicht darüber hinwegsehen, für den normalen Menschen ist die Bedeutung jedoch entscheidend. Die Bedeutung ist es, die Sprache nützlich macht. Ohne Bedeutung sind Behauptungen bloßes Geräusch, Versprechungen sind leer, Drohungen werden überhört, Warnungen bleiben unbeachtet, Fragen müssen ohne Antwort bleiben. Und Bedeutung ist nichts Spitzfindiges. Sich der Bedeutung bewußt zu werden, unterscheidet sich vom Hören bloßer Geräusche wie Wachsein vom Schlafen. Der Unterschied zwischen Bedeutung und Unsinn bildet – notwendigerweise – eine entscheidende Dimension in jeder ernstzunehmenden Darstellung des menschlichen Erlebens.

Beim Sprachverstehen arbeiten viele psychologische Prozesse zusammen. Das Verstehen von Wörtern ist nur ein Teil eines außerordentlich komplexen und wichtigen Phänomens. Es ist jedoch ein notwendiger Teil, der den Grundstock für das Verstehen längerer linguistischer Einheiten legt. Auf den vorangegangenen Seiten hatten die Wortformen selbst, die physischen und physikalischen Äußerungen und Schrifterzeugnisse im Zentrum gestanden. Doch Äußerungen und Geschriebenes kann man mit Etiketten auf Aktenordnern vergleichen; man braucht sie, um das Ablagesystem zu organisieren und Informationen darin wiederzufinden, aber über sich und an sich sagen sie einem recht wenig. Wenn man den Ordner herauszieht, erschließt sich jedoch die Bedeutung des Etiketts.

Semantik

Die wissenschaftliche Bezeichnung für die Beschäftigung mit Bedeutung ist Semantik. Sie ist kein einfacher Gegenstand, und Studienanfänger können sich vertun, weil mit dieser Bezeichnung zwei verschiedene geistige Unternehmungen einhergehen. Das eine ist die philosophische Semantik, hehr und unergründlich; ihre Ziele bestehen in der Formulierung einer allgemeinen Theorie der Bedeutung. Das andere ist die lexikalische Semantik, unordentlich und mühsam; ihr Ziel besteht in der Aufzeichnung von Bedeutungen, die in den einzelnen Sprachen lexikalisiert wurden. Wir haben es hier mit der lexikalischen Semantik zu tun, doch bedarf es auch eines Wortes über die philosophische Semantik, und sei es nur zur Erklärung, warum dieser Königsweg hier nicht begangen wurde.

Eine philosophische Theorie der Bedeutung ist der Versuch, für das Wort *bedeuten* und für sinnverwandte Ausdrücke eine passende Charakterisierung zu finden – so wie diese Ausdrücke beispielsweise in Wendungen wie „Etwas *umgehen* bedeutet, um etwas herum zu kommen" oder „*Zebra* bezeichnet (steht für, referiert auf) eine Art Pferd mit Streifen" vorkommen. Das soll heißen, daß eine angemessene Theorie eine explizite und logisch zusammenhängende Darstellung dessen leisten sollte, was man über eine linguistische Äußerung aussagt, wenn man ihre Bedeutung angibt. In der Philosophie wurden viele verschiedene Bedeutungstheorien vorgeschlagen, aber bei jeder Theorie gibt es eine Liste von Problemen, die sie entweder nicht löst oder nicht behandelt.

Einer Bedeutungstheorie zufolge, die einst ziemliche Popularität genoß, gibt es zwei Arten von Bedeutung, die extensionale und die intensionale. Die extensionale Bedeutung eines Wortes ist all das, worauf man mit diesem Wort verweisen kann: Die Extension des Wortes *Stuhl* beispielsweise sind alle existierenden Stühle; die Extension des Wortes *Gold* ist alles Gold, das es gibt. Die intensionale Bedeutung eines Wortes ist alles, was seine Extension bestimmt: Die Intensionen von *Stuhl* und *Gold* sind die Mengen von Bedingungen, die etwas erfüllen muß, damit es den Extensionen zugerechnet wird. Die Bedeutung eines Wortes zu kennen heißt somit, seine Intension zu kennen: Die Bedeutung von *Stuhl* zu kennen heißt, Stühle zu erkennen; oder, in exakterer Diktion, die Bedeutung von *Gold* zu kennen heißt die Bedingungen zu kennen, unter denen der Satz *Dieses Objekt ist Gold* zu einer wahren Aussage führt. Die Bedeutung einer Äußerung zu kennen heißt also, die Wahrheitsbedingungen für ihre Verwendung zu kennen.

Diese Art, über Bedeutung zu reden, erscheint so lange plausibel, bis man merkt, daß viele Wörter, und zwar gerade die, die am häufigsten verwendet werden – *der*, *die*, *das*, *von* und so weiter –, ohne Bedeutung sein müssen, weil sie keine Extension haben. Eine Erwiderung auf diesen Einwand lautet, daß die besagten Partikeln nur dann ins Spiel kommen, wenn sie im Rahmen von Sätzen verwendet werden. Vielleicht sollte der Geltungsbereich linguistischer Bedeutung auf Sätze beschränkt werden, und jegliche Annahme, isolierten Wörtern könnten Bedeutungen zukommen, sollte fallengelassen werden. Diese Taktik würde etwa folgende Aussage erlauben: Die Bedeutung des Satzes S ist die Menge der Bedingungen – und zwar der im einzelnen notwendigen und insgesamt hinreichenden Bedingungen –, unter denen die Aussage, die durch S getroffen wird, wahr ist. Da einzelne Wörter weder wahr noch falsch sind, kommt ihnen nur insofern Bedeutung zu, als sie an bedeutungshaltigen Sätzen teilhaben.

Dieser Ansatz ist für jeden, der von einem Interesse an einzelnen Wörtern ausgeht, sicherlich nicht besonders reizvoll; er bringt jedoch gewisse Vorteile mit sich, und seine theoretischen Auswirkungen wurden bis ins Detail untersucht. Bei Fragen und Befehlen wirft er natürlich Probleme auf; hier werden keine Aussagen getroffen, weshalb eine Frage oder ein Befehl weder wahr noch falsch sein können. Dieses Spezialproblem kann man jedoch als eine Frage der Satzverwendung und nicht der Satzbedeutung wegerklären.

Einem zweiten Einwand kann diese Theorie jedoch nicht entgehen: nämlich, daß Wahrheitswert und Bedeutung nicht so eng zusammenhängen. Um zu dem Beispiel von *Gold* zurückzukommen: Viele, die dieses Wort in Gesprächen über Finanzen, Zahnmedizin oder Schmuck mit Erfolg verwenden, sind im jeweiligen Einzelfall gar nicht in der Lage zu bestimmen, ob die durch den Satz *Dieses Objekt ist Gold* getroffene Aussage wahr ist oder nicht. Eine solche Bestimmung ist Aufgabe der Metallurgie. Somit kann man die Bedeutung eines Satzes verstehen, ohne dessen Wahrheitsbedingungen zu kennen.

Die philosophische Semantik ist ein ernstzunehmendes Anliegen. Einige der besten Köpfe der westlichen Zivilisation haben sich damit herumgeschlagen, und ihr Scheitern an der Entwicklung einer befriedigenden Bedeutungsdefinition ist eine einschüchternde Warnung an Wissenschaftler, die versuchen, das menschliche Verstehen zu verstehen. Tatsächlich so einschüchternd, daß einige Verhaltenspsychologen die Vorstellung einer Bedeutung völlig aufgegeben haben. Eine weniger radikale Möglichkeit besteht darin, die Vorstellung einer Bedeutung beizubehalten, aber den philosophischen Ansatz aufzugeben – und sich statt dessen den weniger ambitiösen Aspekten der Semantik zuzuwenden.

Relationale Semantik

Sätze sind nicht die einzigen Kontexte, die einzelne Wörter mit Bedeutung versehen können. Eine andere Art, über diese Fragen nachzudenken, kam von dem deutschen Psychologen Karl Bühler und seinem „feldtheoretischen" Ansatz zur Sprache. 1934, bevor Hitlers Einmarsch ihn um seine Professur an der Universität Wien brachte und ihn in die USA auswandern ließ, schrieb er die *Sprachtheorie: Die Darstellungsfunktion der Sprache*. Dieses Buch ist zwar nicht durchgängig überzeugend, aber doch faszinierend und voll origineller Erkenntnisse. Bühler sah in der Sprache zwei Komponenten: die Wörter und die Strukturen oder Felder, zu denen die Wörter angeordnet sind. Ein Wort ereicht seine volle Bedeutung, seinen Feldwert, durch seine Position in einem Feld.

Bühler stützte seine Theorie eher durch Beispiele denn durch Experimente, was zu einer teilweise zu stark vereinfachten Vorstellung führt. So vergleicht er etwa Wörter mit den Druckzeichen für musikalische Noten; für sich genommen, be-

Exkurs 8.1: Philosophische Semantiker

Das philosophische Interesse an der Bedeutung hat weit zurückliegende Wurzeln, die neuere Geschichte der philosophischen Semantik fängt jedoch mit dem englischen Philosophen John Locke (1632–1704) an. In seinem *Essay Concerning Human Understanding* behauptete Locke 1690, Wörter seien die „sensiblen" (spürbaren) Anzeichen der Ideen – die Bedeutung eines Wortes sei die Idee, die Sprecher bei seiner Verwendung haben und Hörer, wenn sie es aufnehmen. Für Locke entstehen Ideen aus der Wahrnehmung, so daß die Wahrnehmung die notwendigen und hinreichenden Bedingungen zur Bestimmung der Bedeutung eines Wortes liefert. Die Theorie schien auf Wörter zuzutreffen, die sich auf konkrete Gegenstände beziehen, nicht jedoch auf abstrakte oder unvorstellbare Wörter. Für die nächsten zweihundert Jahre des Britischen Empirismus blieb es ein ständiges Problem, wie man Lockes Ansatz modifizieren oder erweitern könnte.

Im 20. Jahrhundert rückte die philosophische Semantik zunehmend in die Nähe der Logik. 1892 brachte der deutsche Mathematiker und Philosoph Gottlob Frege (1848–1925) einen folgenreichen Beitrag heraus, in dem er zwischen der „Bedeutung" (der Denotation oder Extension) und dem „Sinn" eines Wortes (der Intension oder dem Gemeinten) unterschied. (Das, was Frege

John Locke.

unter „Bedeutung" versteht, wird heute üblicherweise als „Referenz" bezeichnet, während Freges „Sinn" sich eher mit der allgemeinen Verwendung von „Bedeutung" deckt. Freges „Sinn und Bedeutung" sind also als Termini technici nicht auf andere Verwendungskontexte übertragbar.) Zwei Ausdrücke können auf dasselbe Objekt referieren (qua „Bedeutung"), aber Verschiedenes bedeuten (qua „Sinn"): *George Washington* und *der erste Präsident der Vereinigten Staaten von Amerika* zum Beispiel. Oder ein

Ausdruck kann Sinn tragen, ohne auf irgend etwas Bestehendes zu referieren: *ein Einhorn,* oder *der derzeitige König von Frankreich.* Frege hob hervor, daß die durch ein Wort hervorgerufene Idee nicht mit dessen Referenz oder dessen Sinn verwechselt werden sollte – niemand kann die Idee einer anderen Person kennen, Denotationen und intendierte Bedeutungen aber sind bestimmbar.

1905 brachte der englische Philosoph Bertrand Russell (1872–1970) eine Theorie der Denotation vor, in der er behauptete, eine denotative Phrase selbst – zum Beispiel *ein Mann* – bedeute nichts; erst wenn sie in einer Aussage verwendet wird – *Sie traf einen Mann* – erwirbt sie eine definite Bedeutung. Dieser Ansatz, Russells Theorie der definiten Deskriptionen, verlagerte Bedeutungsprobleme von den Wörtern zu den Aussagen mit dem Vorteil, daß auf Aussagen die formale Logik anwendbar ist. Doch die Art, wie Russell sie anwandte – besonders auf Beispiele wie *Der derzeitige König von Frankreich ist kahlköpfig* – erregte heiße Diskussionen. Russell behauptete, daß *Der derzeitige König von Frankreich ist kahlköpfig* falsch sein muß; viele seiner Kritiker behaupteten, die Aussage sei weder wahr noch falsch, weil es sich gar nicht um eine (wahrheitswertfähige) Aussage handle.

Die Logik führt Fragen nach Wahrheit ein, und Wahrheit ist nicht leichter zu

Bertrand Russell.

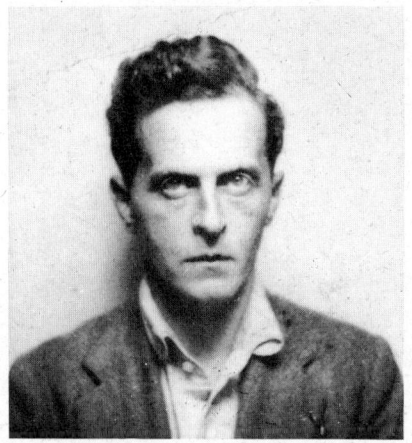

Ludwig Wittgenstein.

nur wenn es schneit, dann zeigte er, wie sie zum Lügnerparadox führt: *„Dies ist ein falscher Satz" ist ein wahrer Satz, wenn und nur wenn es ein falscher Satz ist.*

Die Philosophie der normalen Sprache, die sogenannte *Ordinary Language Philosophy*, wählte eine andere Richtung. In seinen jüngeren Jahren erbrachte der in Österreich gebürtige Philosoph Ludwig Wittgenstein (1889–1951) wichtige Beiträge zur logischen Analyse von Bedeutung, in den späteren Jahren beschäftigte er sich jedoch zunehmend mit Fragen der Bedeutung in der normalen Sprache und den vielen Verblüffungen, die sie dem Philosophen bereitet. In den posthum erschienenen *Philosophischen Untersuchungen* vertrat Wittgenstein, die Bedeutung eines Wortes zu kennen heiße, es auf die übliche Weise verwenden zu können. Das Wort *Spiel* zum Beispiel bezeichnet eine Vielzahl von Tätigkeiten, die nicht deshalb zusammengefaßt werden, weil sie alle irgendein Merkmal gemeinsam hätten, sondern weil sie eine Familienähnlichkeit aufweisen. Er verglich die Bedeutung mit einem Faden, der aus vielen Fasern gesponnen ist: »Und die Stärke des Fadens liegt nicht darin, daß irgendeine Faser durch seine ganze Länge läuft, sondern darin, daß viele Fasern einander übergreifen.«

Einige Philosophen der normalen Sprache versuchten, Wittgensteins Be-

definieren als Bedeutung. 1931 hielt der polnische Logiker Alfred Tarski (1902–1983) vor der Wissenschaftlichen Gesellschaft Warschaus einen Vortrag über den Wahrheitsbegriff. Er behauptete, daß eine formal korrekte Definition eines „wahren Satzes" entscheidend von der jeweils betrachteten Sprache abhänge. Er schlug eine Definition für formalisierte Sprachen wie die Logik oder die Mathematik vor, kam jedoch zu dem Schluß, daß natürliche Sprachen so, wie sie beschaffen sind, keine einheitliche Verwendung des Ausdrucks „wahrer Satz" erlauben. Tarski formulierte die traditionelle Korrespondenztheorie der Wahrheit in ihrer allgemeinen Form: *„Es schneit" ist ein wahrer Satz, wenn und*

hauptung weiter zu verfolgen, nach der sich zentrale philosophische Probleme auflösen lassen, indem man die Fallen umgeht, die den eigenen Sprechgewohnheiten innewohnen. Diesem Denken verpflichtet, besuchte John Austin 1955 von Oxford aus die Harvard University, um über performative Verben und Sprechakte zu lesen; 1967 folgte H. P. Grice mit dem Standpunkt, daß die vorgeblichen Abweichungen der formalen Logik von der normalen Sprache zum Verschwinden gebracht werden können, wenn man die sozialen Konventionen angemessen beachtet, die die Verwendung der Sprache im täglichen Gespräch leiten.

zeichnen sie nichts, aber wenn dieselben Zeichen relativ zu fünf waagerechten Linien angeordnet sind, bekommen sie ihre Bedeutung. In Analogie sagen isolierte Namen für Städte, Flüsse oder Berge wenig aus, solange sie nicht auf einer geographischen Landkarte angeordnet sind. Die Koordinaten dieser Karte bilden ein Feld, in dem die Wörter wechselseitig aufeinander bezogen sind. In diesem Feld nehmen die Wörter also Bedeutung an.

Bühler unterschied zwei Arten von Feldern, die Wörter in Zusammenhang bringen, ein Zeigfeld und ein symbolisch- syntaktisches Feld. Das Zeigfeld hilft beim Verständnis der Bedeutung von Wörtern wie *du*, *hier* oder *jetzt*, die auf jeweils Verschiedenes verweisen, wenn sie von verschiedenen Personen an verschiedenen Orten zu verschiedenen Zeitpunkten verwendet werden. Alle natürlichen Sprachen sind voll mit solchen Wörtern – Bühler nannte sie Zeigewörter oder deiktische Wörter; sie sind eindeutig bedeutungshaltig, verfügen jedoch über keine gleichbleibende Denotation, über keine festgelegte Extension. Deiktische Wörter kommen erst im Zusammenhang mit konkreten Situationen oder dem deiktischen Feld, in dem sie verwendet werden, zu ihrer Bedeutung.

Es gibt aber auch ein symbolisch-syntaktisches Feld. Nach Bühler ist die grundlegende Feldstruktur der Sprache der Satz; einzelne Wörter erreichen ihre volle Bedeutung erst, wenn sie sich in einer solchen Struktur befinden. Zum Beispiel nimmt das Wort *Note* in den unterschiedlichen Sätzen *Er sang eine Note* und *Er sandte eine Note* unterschiedliche Bedeutung an. Und der Satz *Er sandte eine Note* bedeutet in unterschiedlichen Feldern etwas anderes, je nachdem, ob es sich bei *er* um einen Protagonisten in einer Erzählung zur Goethe-Zeit oder um einen kontemporären reichen Erbonkel handelt. Bühler erkannte, daß ein notwendiger Teil beim Verstehen der Bedeutung eines Satzes darin besteht, die syntaktischen Beziehungen zu begreifen. Die Bedeutung von *They are flying planes* zum Beispiel hängt im Englischen davon ab, ob *flying* als Modifikator (*Es handelt sich um fliegende Flugzeuge*) oder als Verb (*Sie sind gerade dabei, Flugzeuge zu fliegen*) aufgefaßt wird. Bühler hob strukturelle Beziehungen besonders hervor. Selbst sein Wahrheitsbegriff ist ein relationaler Wahrheitsbegriff, der durch die Korrespondenz zwischen Beziehungen im Satz und Beziehungen in der Situation oder in der Begebenheit, auf die sprachlich Bezug genommen wird, bestimmt ist.

Bühlers Ansatz könnte man als relationale Semantiktheorie bezeichnen, wobei allerdings eine eklatante Lücke besteht. Er behandelt keine lexikalischen Felder. Die Entwicklungspsychologen Heinz Werner und Bernard Kaplan bemerkten diese Lücke in ihrem 1963 erschienen Buch *Symbol Formation*; sie schlugen vor, Bühlers deiktischem Zeigfeld und seinem symbolisch-syntaktischen Feld ein drittes Feld hinzuzufügen, welches sie lexikalisch-konzeptuelles Feld nannten. Für sich allein genommen, sind die meisten nichtdeiktischen Wörter der offenen Klasse – und das heißt, die allermeisten Wörter – nicht so bedeutungsleer wie deiktische Wörter, sie sind aber auch nicht so voll und ganz bedeutungshaltig wie bei ihrer Verwendung in grammatischen Sätzen. Das Wort *Note* kann in unterschiedlichen Sätzen unterschiedliche Bedeutung annehmen, aber bei dieser

Flexibilität gibt es doch Grenzen; läßt man Ad-hoc-Verwendungen einmal außer acht, kann sich selbst ein polysemes Nomen wie *Note* nicht auf so viele verschiedene Dinge beziehen wie etwa das Demonstrativpronomen *dieser/diese/dieses*. Für die Bedeutung von *Note* gibt es lexikalisch-konzeptuelle Einschränkungen, denen eine Semantiktheorie Rechnung tragen muß.

Alle drei Felder tragen zur Bedeutung bei, indem sie Strukturen bereitstellen, in denen Wörter plaziert werden können. Der Hauptunterschied besteht darin, daß man deiktische und syntaktische Felder auf eine Weise beobachten kann, die bei lexikalisch-konzeptuellen Feldern nicht möglich ist. Eine Sprecherin kann einem Hörer deiktische und syntaktische Hinweise mitliefern, aber die lexikalisch-konzeptuelle Struktur – die Kenntnis der Wörter und ihrer Bedeutungen, was oft als mentales Lexikon bezeichnet wird – muß im Langzeitgedächtnis des Hörers schon vor Ort vorliegen. Und weil es sich um internalisierte Sachverhalte handelt, muß der Forscher die Strukturen der lexikalisch-konzeptuellen Felder indirekt analysieren, indem er auf der Basis von Beobachtungen der Beiträge, die Wörter zur Bedeutung längerer Ausdrücke leisten, seine Schlüsse zieht. Soweit diese Strukturen bekannt sind, bilden sie, die lexikalischen Gedächtnisstrukturen, die Themen der drei folgenden Kapitel.

Im vorliegenden Buch wird das lexikalisch-konzeptuelle Feld als eine Matrix dargestellt, als hypothetische Anordnung, in der jede Wortform eine eigene Spalte und jede Wortbedeutung eine eigene Zeile betitelt. Ein Eintrag in einer Zelle der Matrix heißt, daß die Wortform aus dieser Spalte im entsprechenden Kontext die Wortbedeutung der entsprechenden Zeile ausdrücken kann (siehe Kapitel 2). Bis hierhin wurde die lexikalische Matrix als phonologisch-morphologisches Wortformensystem betrachtet, deren Bedeutungen nur insoweit von Interesse waren, als ein Bedeutungswechsel ein distinktives Merkmal der Wortformen anzeigte. Nun ist es notwendig, die Perspektive zu ändern und die Matrix als semantisches System lexikalisierter Konzepte zu betrachten, deren phonetische oder orthographische Formen nunmehr nur insofern von Interesse sind, als sie auf die gerade in Frage stehende Bedeutung hinweisen. Wir betrachten die lexikalische Matrix jetzt also nicht mehr aus der Perspektive des Wortformenkastens (vergleiche die umseitige Abbildung), sondern aus der Sicht des Wortbedeutungskastens. Diese veränderte Perspektive fördert ein weiteres komplexes Beziehungsgeflecht zutage – die semantischen Relationen, die genauso verwickelt sind wie die Beziehungen zwischen Wortformen.

Wie kann man dieses komplexe Bedeutungsnetzwerk analysieren? Eine Möglichkeit, die den meisten von uns schon bekannt ist, wird durch Definitionen in Wörterbüchern veranschaulicht. Eine Wörterbuchdefinition ist ein gutes Beispiel dafür, wie einem Wort dadurch Bedeutung zugesprochen wird, daß es in Beziehung zu den Bedeutungen anderer Wörter gesetzt wird. Das Rationale, das dieser lexikographischen Strategie zugrunde liegt, verdient nähere Betrachtung.

8.3 Die lexikalische Matrix bringt Wortformen und Wortbedeutungen miteinander in Verbindung; beide haben ihre eigene komplexe interne Struktur.

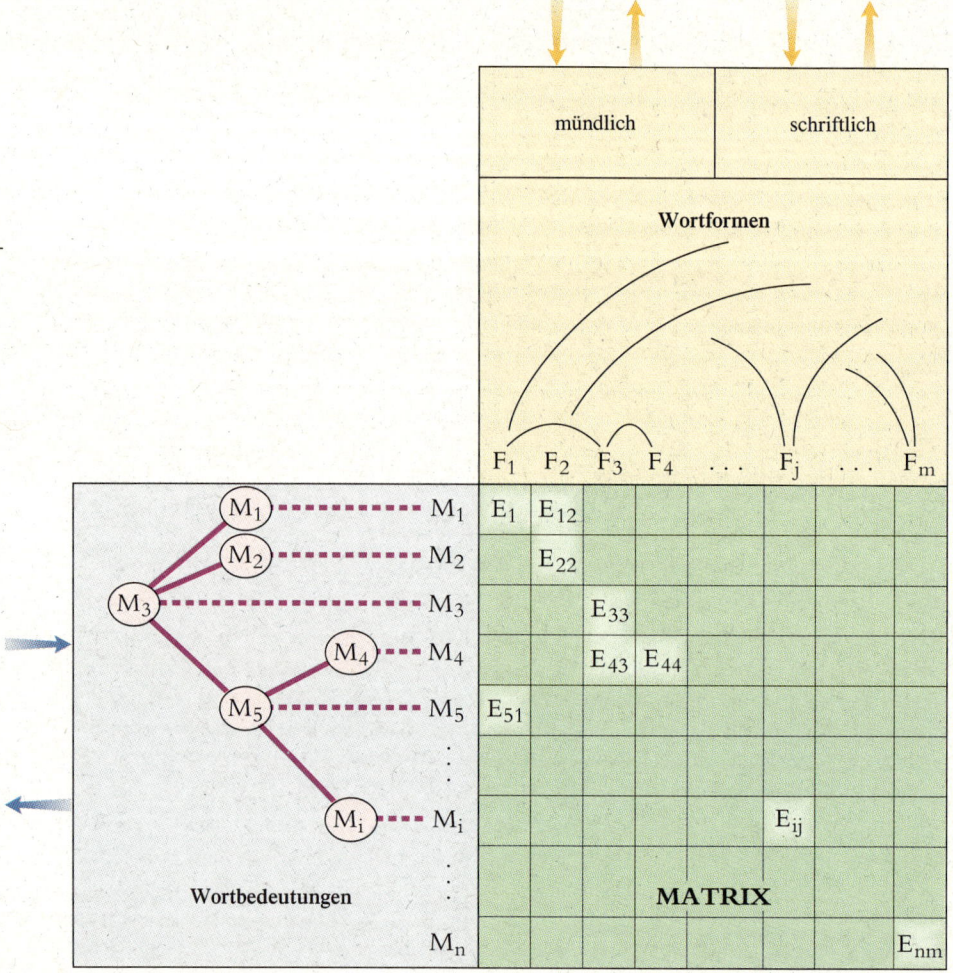

Definitionen

Um ernsthaft über eine lexikalische Matrix nachzudenken, sollte man eine klare Vorstellung davon haben, was die Zeilen der Matrix darstellen sollen. Das erste zu lösende Problem ist demnach, wie man über Bedeutung reden soll. Wortformen als Spaltenüberschriften stellen einen vor keine besonderen Probleme; jeder äußert, hört, schreibt oder liest andauernd Wortformen. Wortbedeutungen als Zeilentitel sind jedoch nicht direkt greifbar und entsprechend schwer zu beschreiben.

Fangen wir mit der ziemlich harmlosen Annahme an, daß eine Wortbedeutung ein irgendwie geartetes Konzept ist. Natürlich kann nicht gerade jedes beliebige Konzept als Zeilentitel der lexikalischen Matrix fungieren. Nur ein bescheidener Bruchteil der unbegrenzten Vielfalt von Konzepten, die der menschliche Geist beherbergen kann, wurde für hinreichend allgemeingültig, dauerhaft und mit sozialem Wert behaftet erachtet, die Lexikalisierung zu verdienen. Bei diesen ausgewählten Konzepten handelt es sich um geistige Bestandteile, die in bezug auf außerlinguistische Referenten und auch untereinander in verschiedenen semantischen Beziehungen stehen. Doch Wortbedeutungen als lexikalisierte Konzepte zu definieren, verschiebt die Frage lediglich von „Was ist eine Bedeutung?" zu „Was ist ein Konzept?" Es gibt keine einfache Antwort, die allgemeine Übereinstimmung erntet, zumal über das grundlegende Wesen der Konzepte noch vieles im Dunkeln liegt. Das eine oder andere kann man jedoch schon sagen.

Stellt man sich das lexikalisch-konzeptuelle Feld als eine Art geistige Struktur – ein geistiges Koordinatensystem, in dem lexikalische Konzepte verortet sind – vor, dann besteht eine geeignete Stelle, von der aus man die Erkundung des Feldes starten könnte, bei den Beziehungen zwischen lexikalischen Konzepten. Diese semantischen Relationen sind ziemlich gut zugänglich in dem Sinne, daß Menschen Fragen, die sich auf solche Beziehungen richten, verstehen und hinsichtlich der Antworten übereinstimmen. Durch das geduldige Zusammentragen dieser Relationen ist es deshalb möglich, die allgemeinen Umrisse dieser Struktur zu skizzieren, so wie ein Kartograph eine Landkarte konstruiert, indem er mit Geduld Entfernungen und Winkel zwischen Landmarken zusammenträgt. Üblicherweise werden zwei Arten semantischer Relationen unterschieden, denotative Relationen und Sinnrelationen. Wenden wir uns zuerst den denotativen (oder referentiellen) semantischen Relationen zu. Konzepte schweben nicht einfach im freien Raum; ein Konzept muß ein Konzept VON etwas sein. Im einfachsten Fall ist es ein Konzept von etwas ganz Gewöhnlichem: einer Hose beispielsweise. Die Beziehung zwischen einer Hose und dem Konzept einer Hose bezeichnet man normalerweise als eine Beziehung der Symbolisierung, als Repräsentation; das Konzept ist die mentale Repräsentation des faßbaren Gegenstands. (Diese Vorstellung der mentalen Repräsentation hat manchem philosophischen Semantiker Sorge bereitet, aber deren Bedenken müssen hier nicht besprochen werden.)

Welche Rolle spielen dabei die Wörter? Deutschsprachige Personen können das Wort *Hose* verwenden, um das mentale Konzept einer Hose auszudrücken. Daraus folgt, daß das Wort *Hose* in einer denotativen semantischen Beziehung zu einer bestimmten Klasse faßbarer Objekte steht. Die einzige Verbindung, die zwischen faßbaren Hosen und dem Wort *Hose* besteht, ist diese auf dem Wege einer mentalen Repräsentation hergestellte Beziehung. In derart einfachen Fällen kann man deshalb angeben, die Bedeutung eines Wortes sei das Konzept beziehungsweise die mentale Repräsentation der Extension dieses Wortes.

Eine zweite Art semantischer Relationen, die Sinnrelation (oder rein linguistische Relation), besteht zwischen lexikalisierten Konzepten. Zum Beispiel sind

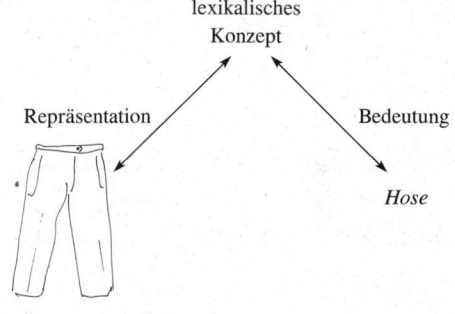

lexikalisches Konzept

Repräsentation   Bedeutung

Hose

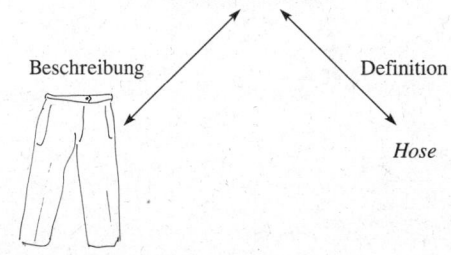

zweibeiniges, außen zu tragendes Kleidungsstück, meistens aus Stoff, das von der Taille bis zu den Knöcheln, in seiner kurzen Ausführung bis zum Oberschenkel reicht

Beschreibung   Definition

Hose

8.4 Es ist anzunehmen, daß die Definition eines Lexikographen in einer Theorie des lexikalischen Wissens dieselbe Rolle spielt wie die Bedeutung eines Wortes im Kopf eines Menschen.

die Bedeutungen von *Hose* und *Kleidungsstück* verwandt; eine Hose ist eine Art von Kleidungsstücken. Die gängigsten Sinnrelationen sind die Synonymie und die Antonymie, die bei Definitionen oft eine wichtige Rolle spielen und in Wörterbüchern deshalb oft explizit angegeben werden. Linguistische Semantiker nennen die semantische Relation zwischen *Hose* und *Kleidungsstück* Hyponymie (aus *hypo* unter + *nym* Name); *Hose* ist ein Hyponym zu *Kleidungsstück*. Bei der Definition von Nomina spielt die Hyponymie eine entscheidende Rolle.

An dieser Stelle entsteht eine weitere Frage. Was ist eine Definition? Definitionen sind für jegliche Bedeutungstheorien von großer Wichtigkeit, doch ist eine Definition keine Bedeutung; Bedeutungen sind Konzepte im Kopf der Menschen, wohingegen Definitionen von Lexikographen schriftlich produziert werden. Man könnte natürlich anführen, daß Definitionen in einer Theorie des lexikalischen Wissens dieselbe Rolle spielen wie Bedeutungen im Kopf des Wissenden. So wie die Bedeutung von *Hose* in einer mentalen Repräsentation von Hosen besteht, so ist die Definition von *Hose* eines Lexikographen Theorie dieser mentalen Repräsentation. Eine augenscheinliche Definition von *Hose* kann man dadurch geben, daß man einfach auf ein paar Beispielexemplare zeigt, eine lexikographische Definition muß jedoch eine verbale Beschreibung sein, in der semantische Relationen angegeben sind. Zum Beispiel legt die Definition *zweibeiniges, außen zu tragendes Kleidungsstück, meistens aus Stoff, das von der Taille bis zu den Knöcheln, in seiner kurzen Ausführung bis zum Oberschenkel reicht* die Theorie dar, die ein Lexikograph von dem lexikalisierten Konzept *Hose* hat, indem das Konzept zu einer Reihe anderer lexikalisierter Konzepte in Beziehung gesetzt wird.

Man nimmt normalerweise an, daß eine Wörterbuchdefinition, sofern der Lexikograph sie adäquat zu bestimmen wußte, jemandem ein bis dato unbekanntes Konzept vermitteln kann. Diese Annahme stellt den Wörterbuchmacher jedoch vor eine schwierige Aufgabe. Zum Glück können Definitionen selbst dann eine wichtige Rolle spielen, wenn sie nicht ausreichen, um neue Bedeutungen beizubringen. Definitionen können dabei helfen, für ein schon bekanntes Konzept einen neuen Ausdruck zu lernen, ein schon verfügbares Konzept weiter auszudifferenzieren oder eine Beziehung zwischen Konzepten aufzutun. Solange die Theoretiker sich jedoch darüber unsicher sind, wie ein Konzept genau beschaffen ist, bleibt dem Lexikographen ungewiß, wie er die Menschen beim Aufbau neuer Konzepte bestmöglich unterstützen kann.

Hier mag eine Unterscheidung hilfreich sein: Eine Theorie des lexikalischen Wissens kann konstruktiv sein, sie kann aber auch bloß unterscheidend sein. In einer konstruktiven Theorie enthält die theoretische Repräsentation genügend und hinreichende Information, um eine präzise Konstruktion des Konzeptes zu ermöglichen (oder sollte sie zumindest enthalten). In einer unterscheidenden Theorie dagegen können Bedeutungen durch beliebige Symbole dargestellt werden, wenn sie dem Theoretiker nur deren Unterscheidung ermöglichen — das könnte im Prinzip auch durch Zahlen erfolgen. Das für eine unterscheidende Theorie Erforderliche ist viel leichter zu gewährleisten.

Im unterscheidenden Fall ist eine Definition nicht mehr als ein Label, das es dem Theoretiker erlaubt, das jeweilige, gerade zur Diskussion stehende lexikalisierte Konzept zu bezeichnen. Man sollte annehmen, daß jemand, der die Definition liest, über das Konzept bereits verfügt und die Erläuterung nur heranzieht, um das Konzept zu identifizieren. Dazu reicht oft ein einzelnes Wort. Jemand, dem bekannt ist, daß etwa *Note* sowohl für einen Geldschein als auch für ein Zeichen innerhalb eines musikalischen Notationssystems stehen kann, wird, um die intendierte Bedeutung ausmachen zu können, nicht mehr benötigen als *Geldschein* oder *Musikzeichen*. Das heißt, daß die Mengen von Synonymen {*Note, Geldschein*} und {*Note, Musikzeichen*} für die Bedeutungen, die diese Wörter ausdrücken können, hinreichend eindeutige Bezeichner sind. Die Synonyme dienen dazu, lexikalische Konzepte relativ zu anderen lexikalischen Konzepten zu verorten. (Die geschweiften Klammern werden verwendet, um Mengen von Synonymen einzuklammern, mit Hilfe derer lexikalisierte Konzepte identifiziert werden.)

Manchmal werden Wörterbücher natürlich auch von Lernenden benutzt, die das in Frage stehende Konzept noch nicht beherrschen, die jedoch hoffen, es aus der Information, die sie der Definition entnehmen, aufbauen zu können. In unserem Zeitalter der Kommunikation wissen selbst Kinder, daß man unbekannte Wörter im Wörterbuch nachschlagen kann. Um auch solchen Benutzern entgegenzukommen, müssen Lexikographen mehr als ein disambiguierendes Synonym dazuschreiben. Sie müssen eine ausformulierte Definition (und manchmal illustrative Verwendungsbeispiele) bringen, aus denen sich der Benutzer das intendierte Konzept dann hoffentlich herleiten kann.

Ausführlichere Erörterungen können außerordentlich hilfreich, aber auch verwirrend oder irreführend sein. Lexikographen, die sich daranwagen, betreten einen schmalen Pfad. Auf der einen Seite kann genügend Präzision eine Terminologie erfordern, die schwieriger zu verstehen ist als das definierte Wort selbst. Von jemandem, der so unbeschlagen ist, daß er zum Beispiel die Bedeutung von *Fuchs* nachschlagen muß, kann man kaum erwarten, daß sie oder er das in der Definition enthaltene *fleischfressende Säugetier* versteht. Auf der anderen Seite droht die Gefahr von Mißverständnissen, wenn die Definitionen so abgefaßt sind, daß die Benutzer sie auf jeden Fall verstehen: Die gängigsten Wörter sind auch die am meisten polysemen, und Wörter mit mehreren Bedeutungen bringen immer die Gefahr eines Mißverständnisses mit sich. Wenn Sie beim nächsten Mal ein Wörterbuch konsultieren, um die Bedeutung irgendeines unbekannten Wortes nachzusehen, bedenken Sie zur Warnung die Geschichte eines kleinen Mädchens, das *löschen* nachschlug, in der Definition bekannte Wörter wie *entfernen, wegmachen* fand und schließlich schrieb: „Der Zahnarzt löschte meinen schmerzenden Zahn." Ein Lexikograph versucht, nicht immer mit Erfolg, sich zwischen Unverständlichem und Mißverständlichem hindurchzulavieren.

Es ist nicht von vornherein klar, daß Wörter die ganze Information, die man zum Aufbau neuer Konzepte braucht, allein liefern können. Viele Bezeichnungen konkreter Gegenstände lernen Kinder nicht aus einer verbalen Definition, sondern durch Beobachtung, wie jemand auf ein entsprechendes Exemplar (oder dessen Abbildung) zeigt und dazu den Namen sagt. Aber weiter können anschauliche Definitionen nicht gehen. Sie können bei wahrnehmbaren Nomina und Adjektiven funktionieren, aber wie soll man durch Zeigen *Handel* oder *Gewohnheit* oder *unerwartet* erklären? Und selbst die einfachsten und gängigsten Verben kann man kaum erklären, indem man auf etwas zeigt.

Eine befriedigende Konzepttheorie — wenn es eine solche gäbe — könnte einen prinzipiellen Weg angeben, wie es sich bestimmen läßt, in welchen Fällen Definitionen möglich sind, aus denen sich neue Konzepte erlernen lassen. Nach dem heutigen Stand der Dinge ist das Schreiben von Definitionen eine schwierige und nicht allzu hoch geschätzte Kunst. Da Wörter täglich in so viele Verwendungen eingezwängt werden, die kein Lexikograph vorhersehen kann, muß immer genügend Verhandlungsspielraum bleiben — ein hinreichendes Maß an Formbarkeit, mit der das Wort auch in ungewöhnliche Zusammenhänge eingepaßt werden kann. In natürlichen Sprachen besitzen die meisten Wörter einen harten, nicht disponiblen Bedeutungskern und aber auch einen Teil, den man je nach dem symbolisch-syntaktischen Feld, in dem es verwendet wird, interpretieren kann. Ein Verb wie *bringen* beispielsweise sollte so definiert werden, daß *Bring mir die Tasse!* auf ganz verschiedene Art und Weise erfüllt werden kann: in der rechten Hand, in der linken Hand, auf einem Tablett, gefüllt oder leer. Um ein angemessenes Maß an Flexibilität zuzulassen, ohne im Meer unbegrenzter Polysemie zu versinken, braucht der Lexikograph eine hohe intuitive Empfindlichkeit für Wörter und ihre Bedeutungsnuancen.

Die schwierige Frage, wie neue Konzepte gebildet werden, bleibt nun aber beiseite zugunsten des einfacheren Problems, wie schon bekannte Konzepte zusammenhängen; es handelt sich hierbei um die Beziehungen, aus denen sich die semantische Struktur des lexikalischen Konzeptfeldes erschließen läßt. Definitionen können solche Schlußfolgerungen leiten, indem sie viele semantische Relationen explizieren; bevor wir dieser Spur folgen, sollten wir jedoch einen direkteren Weg in Betracht ziehen, auf dem sich die Inhalte des mentalen Lexikons untersuchen lassen.

Wortassoziationen

Direkte Nachweise für die Vielfalt und Komplexität semantischer Relationen ergeben sich aus den Wortassoziationstests, einer der ältesten Methoden, mit denen Psychologen lexikalische Felder untersuchen. Erfunden wurde der Test von dem englischen Forscher Sir Francis Galton (1822–1911), einem Cousin Charles Darwins. Galton schrieb mehrere Wörter auf je eine Karte und legte sie für ein paar Tage beiseite, dann betrachtete er eine Karte nach der anderen. Mit einer Stoppuhr maß er bei jedem Wort die Zeit, die er brauchte, bis ihm zwei verschiedene Ideen eingefallen waren. Er schrieb seine Einfälle auf, weigerte

8.5 Francis Galton.

sich jedoch, sie anderen zu entdecken. »Sie legen die Fundamente der Gedanken eines Menschen mit merkwürdiger Klarheit bloß und zeigen seine geistige Anatomie mit mehr Deutlichkeit und Wahrheit, als es ihm wahrscheinlich lieb ist«, schrieb er. [Übersetzung aus H. Hörmann, *Psychologie der Sprache*, 1977.]

Psychologen übernahmen schnell Galtons Idee und standardisierten die Testdurchführung. Der Schweizer Psychiater Carl Gustav Jung zum Beispiel benutzte sie zur Erkundung unterdrückter Emotionen. Er schloß, daß verlangsamte oder ungewöhnliche Reaktionen darauf hinweisen könnten, daß das Reizwort ein Schuldgefühl oder einen emotionalen Komplex geweckt hat. Um eine Reaktion als verlangsamt oder ungewöhnlich zu erkennen, muß man wissen, wie lange Durchschnittspersonen für eine übliche Reaktion brauchen – nur die Abweichungen von dieser Norm wären klinisch interessant. Der Test wurde also sehr vielen Personen vorgegeben, und anhand der gemittelten Ergebnisse wurde eine Norm definiert. Die erste großangelegte Untersuchung im Englischen veröffentlichten im Jahre 1910 zwei US-amerikanische Psychiater, G. H. Kent und A. J. Rosanoff. Sie lasen eine Liste von 100 Testwörtern Wort für Wort laut vor; die Versuchsperson wurde instruiert, »das erste Wort, das ihnen außer dem Reizwort selbst einfällt«, anzusagen. Dieses Vorgehen wurde mit 1000 Frauen und Männern aus den verschiedensten Berufen und Bildungsschichten wiederholt und in tabellierter Form veröffentlicht.

Eigentlich waren die Daten aus einem Interesse an sonderbaren oder ungewöhnlichen Reaktionen heraus erhoben worden; die Ergebnisse sprechen jedoch in beeindruckender Weise für die Einheitlichkeit und Gleichförmigkeit in der Organisation der lexikalischen Felder beim Menschen. Verschiedene Personen geben wieder und wieder dieselben Wortassoziationen an – ein solches Ergebnis würde man erwarten, wenn die Personen dieselben stabilen Netzwerke von Wortverbindungen gemeinsam hätten.

In Wortassoziationen zeigt sich der Vertrautheitseffekt: Reaktionen auf vertraute Wörter erfolgen schneller. Außerdem neigen Erwachsene dazu, auf vertraute Reizwörter mit Wörtern derselben Syntaxklasse zu reagieren. In einer sehr sorgfältig durchgeführten Untersuchung fand sich, das ein Nomen als Reizwort in 79 Prozent der Fälle wieder ein Nomen hervorruft, Adjektive führen zu 65 Prozent wieder zu einem Adjektiv, nach Verben kommt in 43 Prozent der Fälle wieder ein Verb. Da grammatisches Sprechen das (zumindest implizite) Wissen um die jeweiligen syntaktischen Auszeichnungen der einzelnen Wörter erfordert, überrascht es nicht, daß diese Information leicht verfügbar ist. Es ist so, als ob die Menschen drei getrennte lexikalische Matrizen ausgebildet hätten, eine für jede syntaktische Hauptklasse.

Welche Art von Assoziationen der Test hervorruft, kann man am besten anhand eines Beispiels einschätzen. Dazu werden die Reaktionen herangezogen, die Kent und Rosanoff auf das Testwort *chair* erhielten. Da es um die Entdeckung *semantischer* Relationen geht, kann diese Illustration an den korrespondierenden deutschen Begriffen erfolgen (die der nachfolgenden Originaltabelle in Klam-

8.6 Carl G. Jung (1875 – 1961) benutzte in jüngeren Jahren Wortassoziationen, um emotional bedeutsame Gedankengruppierungen – die er „Komplexe" nannte – in den unbewußten Regionen des Geistes zu enthüllen. Schon bald ergaben sich jedoch ernsthafte Schwierigkeiten. Es gab kein Mittel, mit dem sich die abweichenden Assoziationen von normalen Assoziationen mit statistischer Präzision auseinanderhalten ließen. Um Abhilfe zu schaffen, sammelten Jung und seine Mitarbeiter Tausende von Assoziationen normaler Menschen. Da die häufigsten und schnellsten Reaktionen aus diagnostischer Sicht meistens uninteressant sind, probierte Jung verschiedene Arten der Ablenkung aus, jedoch mit geringem Erfolg. Den besten Indikator für emotionale Komplexe erhielt er, indem er die Liste ein zweites Mal durchging und die Patienten bat, die ursprüngliche Reaktion zu wiederholen. Wenn die Assoziation beim zweiten Mal anders ausfiel als beim ersten Mal, vermutete Jung, daß eine emotionale Ablenkung die Erinnerung unterbrochen hat. Die Interpretation ungewöhnlicher, verzögerter oder nicht wiederholter Wortassoziationen übernahm Jung von Freud, was für die nähere Bekanntschaft beider den ersten Anstoß gab.

183

mern beigefügt sind), ohne dabei außer acht zu lassen, daß es sich eigentlich um die einzelsprachspezifische Assoziation von *Wörtern* handelt. Die Übertragbarkeit solcher Assoziationstabellen von einer Sprache in eine andere erfährt jedoch eine weitere Einschränkung: M. R. Rosenzweig hat zu Beginn der sechziger Jahre das Assoziationsverhalten im Englischen mit dem Deutschen und Französischen verglichen und fand, daß die jeweils häufigste Reaktion in allen drei Sprachen konzeptuell dieselbe war: auf die Reizwörter *Stuhl, chair* beziehungsweise *chaise* wurde am häufigsten mit den Wörtern *Tisch, table* beziehungsweise *table* reagiert. Es scheint also so etwas wie eine, die einzelnen Sprachen übergreifende Gemeinsamkeit der assoziativen Strukturen zu geben. Allerdings waren die Assoziationen der amerikanischen Versuchsgruppe viel einheitlicher als die der deutschen und der französischen; die amerikanischen Probanden nannten also zu einem viel höheren Prozentsatz (im genannten Beispiel zu 50 Prozent gegenüber 20 Prozent bei den Deutschen und 24 Prozent bei den Franzosen) das insgesamt häufigste Wort und wiesen entsprechend weniger verschiedene Reaktionen auf. Das ist schwer zu erklären; hilfreich ist vielleicht der Befund von J. J. Jenkins, nach dem auch innerhalb amerikanischer Stichproben 1929 und 1952 zwar die jeweils häufigsten Reaktionen dieselben blieben, die Reaktionsvielfalt aber deutlich abnahm: 1929 deckten die drei häufigsten Reaktionen zusammen knapp die Hälfte aller Reaktionen ab, 1952 waren es bereits zwei Drittel.

Doch nun zurück zu dem Beispiel von Kent und Rosanoff, deren Daten eine Vielfalt assoziativer Beziehungen zutage förderten. Nur wenige Reaktionen sind eindeutig idiosynkratisch – *Schönheit, sorgfältig, ich, Gummi* beispielsweise –, während fast alle Reaktionen, die zwei oder mehr Personen zeigten, zu *Stuhl* in einer erkennbaren semantischen Relation stehen. Das auf *Stuhl* am häufigsten folgende Wort ist *Tisch*, ein nebengeordnetes Wort: *Tisch* und *Stuhl* sind beides Hyponyme zu *Möbel*. Eine andere Reaktion lautet *Möbel*, also der übergeordnete Ausdruck selbst; dann *Schaukelstuhl*, was wiederum ein Hyponym zu *Stuhl* ist. Reaktionen wie *bequem, hölzern, hart* oder *weich* bezeichnen Eigenschaften von Stühlen. Reaktionen wie *Sitzfläche, Polster, Beine, Lehne* oder *Querstab* sind Teile eines Stuhls. Und viele Reaktionen wie *sitzen, ausruhen, entspannen* oder *schaukeln* bezeichnen, was man mit einem Stuhl tun kann.

Der Wortassoziationstest weist nach, daß ein einziges Wort eine ganze Auswahl lexikalischen Wissens verfügbar machen beziehungsweise aktivieren kann. Aber Vorsicht – jede Person gibt nur eine Reaktion ab. Sind die über eine größere Personengruppe hinweg gemittelten Daten für das mentale Lexikon eines jeden einzelnen repräsentativ? Die Antwort lautet „Ja". Man kann die psychologische Validität dieser Assoziationen mit dem Primingverfahren prüfen; die Primingeffekte, die sich für morphologisch verwandte Wörter (siehe Kapitel 7) ergaben, erhält man auch für Wörter, die in anderweitigen Beziehungen zueinander stehen. Nimmt man eine der häufigeren Reaktionen auf *chair* (*table, seat, sit*) für eine lexikalische Entscheidungsaufgabe, dann verkürzt sich die Zeit zum Erkennen, daß es sich um ein Wort handelt, wenn kurz vorher *chair* dargeboten wird. Die statistische Verteilung der Reaktionen auf einen Wortassoziationstest spiegelt somit die Verteilung der Reaktionsstärken bei jedem Individuum wider.

Häufigkeiten bei der Wortassoziation von 1000 Männern und Frauen
Testwort: Chair (Stuhl)

191	table (Tisch)
127	seat (Sitzfläche)
107	sit (sitzen)
83	furniture (Möbel)
56	sitting (Sitzung)
49	wood (Holz)
45	rest (Pause, Ausruhen)
38	stool (Hocker)
21	comfort (Entspannen)
17	rocker (Schaukelstuhl)
15	rocking (schaukeln)
13	bench (Bank)
12	cushion (Polster)
11	legs (Beine)
10	floor (Boden)
9	desk (Schreibtisch), room (Zimmer)
8	comfortable (bequem)
7	ease (entspannen), leg (Bein)
6	easy (behaglich), sofa (Sofa), wooden (hölzern)
5	couch (Couch), hard (hart), Morris, seated (sitzen), soft (weich)
4	arm (Lehne), article (Gegenstand), brown (braun), high (hoch)
3	cane (Rohr), convenience (Annehmlichkeit), house (Haus), large (groß), lounge (Wohnzimmer), low (niedrig), mahagony (Mahagoni), person (Person), resting (Ausruhen), rung (Querstab), settee (Sofa), useful (nützlich)
2	broken (kaputt), hickory (Hickory), home (zu Hause), necessity (Bedarf), oak (Eiche), rounds (Runde), seating (Sitz), use (gebrauchen)
1	back (Rücken), beauty (Schönheit), bed (Bett), book (Buch), Bureau (Büro), caning (prügeln), careful (sorgfältig), carpet (Teppich), cart (Wagen), color (Farbe), crooked (schief), cushions (Kissen), feet (Füße), foot (Fuß), footstool (Fußschemel), form (Form), Governor Winthrop, hair (Haare), idleness (Muße), implement (Werkzeug), joiner (Schreiner), lunch (Mittagessen), massive (massiv), mission (Auftrag), myself (ich), object (Gegenstand), occupy (einnehmen), office (Büro), people (Menschen), place (Stelle), placed (hingestellt), plant (Pflanze), platform (Plattform), pleasant (angenehm), pleasure (Vergnügen), posture (Haltung), reading (lesen), rubber (Gummi), size (Größe), spooning (schmusen), stand (stehen), stoop (Buckel), study (Studium), support (Stütze), tables (Tische), talk (Gespräch), teacher (Lehrer), timber (Holz), tool (Werkzeug), upholstered (gepolstert), upholstery (Polsterung), white (weiß)

Nach Kent und Rosanoff, 1910.

Sieht man von den idiosynkratischen Assoziationen ab, so kann man die meisten der Assoziationsreaktionen, die Erwachsene auf Nomina als Testwörter abgeben, gerade vier Arten konnotativer semantischer Relationen zuordnen:

1. Übergeordnete, nebengeordnete und untergeordnete Begriffe: Begriffe, die Dinge in eine hierarchische Taxonomie bringen.
2. Attributive Begriffe: modifizierende Begriffe, die die Ausprägungen von Merkmalen und Eigenschaften der Dinge angeben.
3. Teil-Ganzes-Relationen: Begriffe, die den Teil von etwas oder das Ganze, von dem etwas ein Teil ist, bezeichnen.
4. Funktionale Begriffe: Begriffe zur Bezeichnung des Zwecks, dem ein Gegenstand dient – was er im Normalfall tut oder was man mit ihm macht.

Die Probleme, auf die man bei der Anwendung dieses Klassifikationsschemas stößt, laufen meistens auf Unsicherheiten dabei hinaus, welche Kategorie die Versuchsperson im Sinn hatte. Dachten zum Beispiel die Personen, die auf *chair* mit *arm* reagierten, an *arm-chair*, also an einen *Lehnstuhl*, was ein untergeordneter Begriff wäre? Oder dachten sie an die *Lehne* selbst, also den Teil eines Stuhls? Wie auch immer, diese Unsicherheiten widersprechen nicht der Behauptung, daß diese vier Arten von semantischen Relationen in der lexikalischen Organisation der meisten (wahrscheinlich nicht nur englischen) Sprecher hervorgehoben sind.

Um zu verstehen, wie diese vier Assoziationsarten untereinander verbunden sind, muß man sich ein Bild davon machen, wie die Bedeutungen von Nomina im semantischen Gedächtnis normaler erwachsener Sprachbenutzer angeordnet sind.

Referenz, Nomina und Hyponymie

Im alltäglichen Sprachgebrauch ist es oft wichtig klarzumachen, worum es geht, dabei ist es aber selten nötig, absolute Identifikationen zu treffen. Relative Unterscheidungen sind normalerweise hinreichend; eine Äußerung kann den beabsichtigten Bezug mit Erfolg herstellen, wenn sie informativ genug ist, um den Referenten von anderen Dingen, die für die Kommunikationsabsicht auch relevant sind, zu unterscheiden. Entscheidend für erfolgreiche Kommunikation über konkrete Objekte ist nicht die Fähigkeit, Referenten in jeder vorstellbaren Situation mit dem korrekten Namen zu identifizieren, sondern vielmehr die Fähigkeit, ein Objekt von allen anderen, mit denen es gerade verwechselt werden könnte, zu unterscheiden.

Eine Sprache muß, um ihren Sprechern solche Unterscheidungen zu ermöglichen, nicht nur Bezeichnungen für Objekte bereithalten, sondern auch Bezeichnungen für Merkmale, anhand derer man die Objekte unterscheiden kann. In einer Situation reicht es vielleicht, um *das Buch* zu bitten, in einer anderen muß man vielleicht die Spezifikation *das kleine Buch mit dem hellen Ledereinband im Regal ganz rechts* treffen, in der das eigentliche Nomen um die Angaben der Größe, Farbe und Lage ergänzt wird.

Derartige Unterscheidungsmerkmale sind nicht nur in referentiellen Ausdrücken erforderlich, sondern auch in Definitionen. In der prototypischen Definition eines Nomens erfolgt zuerst der Bezug zu einem übergeordneten Begriff, dann kommt ein Relativsatz, der diese Klasse von Objekten gegenüber allen anderen abgrenzt. Um diese Differenzierung zu treffen, braucht man Unterscheidungsmerkmale. Ein Beispiel illustriert, wie Unterscheidungsmerkmale eingebaut werden (die Definitionen sind leicht vereinfacht, damit klarer wird, was gemeint ist):

> **Kanarienvogel**: ein Fink, der zum Singen gezüchtet und typischerweise (aber nicht notwendigerweise) gelb-grün ist.

Man beachte die Form des definierenden Ausdrucks. Die übergeordnete Nominalphrase „ein Fink" gibt die Objektklasse an; mit dem Relativsatz „der zum Singen gezüchtet und typischerweise gelb-grün ist" sollen Kanarienvogel von allen anderen Vertretern dieser Objektklasse unterschieden werden. (Der Relativsatz läßt sich im Deutschen natürlich auch durch andere Satzkonstruktionen ersetzen.) Kanarienvögel sind eine Finkenart, und diese biologische Beziehung zeigt sich im Lexikon durch eine semantische Beziehung: *Kanarienvogel* ist ein Hyponym zu *Fink*.

Ein Fink wiederum ist ein Singvogel, so daß dasselbe Muster erneut durchgespielt werden kann:

> **Fink**: ein Singvogel, der klein ist und einen kurzen Schnabel hat.

Ein Singvogel ist aber ein Vogel:

> **Singvogel**: ein Vogel, der eine charakteristische musikalische Tonfolge hervorbringt.

Und ein Vogel ist ein Tier:

> **Vogel**: ein warmblütiges Tier, hat Federn, Flügel und einen Schnabel und kann typischerweise (aber nicht notwendigerweise) fliegen.

Kanarienvogel ist ein Hyponym zu *Fink*, dieses ist wiederum ein Hyponym zu *Singvogel*, was ein Hyponym zu *Vogel* und dies wiederum zu *Tier* ist. Diese semantischen Relationen ergeben sich direkt aus der bekannten Tiertaxonomie, in der Kanarienvögel, Vögel und Tiere einen winzigen Ausschnitt bilden.

Das übliche Taxonomieprinzip bei der Organisation lexikalischer Daten beruht auf der Mengeninklusion. Die Menge der Kanarienvögel ist in der Menge der Finken enthalten, und die Menge der Finken ist Teilmenge der Singvögel und so weiter. Die semantische Relation zwischen den Wörtern, mit denen man diese ineinandergeschachtelten Mengen bezeichnet, nennt man Überordnung oder, in umgekehrter Betrachtungsrichtung, Unterordnung (Hyponymie); oft bezeichnet man die Relation auch einfach mit ISA beziehungsweise IST EIN (von X IST EIN Y). Die sich daraus ergebende semantische Struktur nennt man eine Taxonomie, eine (Begriffs-)Hierarchie oder einfach einen Baum. Es liegen viele Erfahrungen darüber vor, wie Baumstrukturen bei der Organisation bestimmter Teile des Lexikons äußerst nützlich sind — besonders Nomina sind für diese Art der semantischen Organisation geeignet. Im Englischen gibt es zum Beispiel ein Begriffsverzeichnis, *Roget's Thesaurus*, in dem versucht wird, alle englischen Wörter in einer hierarchischen Struktur anzuordnen.

So wertvoll Baumstrukturen auch sein mögen, sie leisten dennoch keine vollständige Lösung für alle Probleme bei der Darstellung semantischer Relationen. Auch die Merkmale, die bei der Differenzierung von Hyponymen herangezogen werden, müssen irgendwie berücksichtigt werden. Das läßt sich am Beispiel des *Kanarienvogels* zeigen. Kanarienvögel, die zu den Finken gehören, weisen alle Merkmale auf, die Finken definieren, plus die zusätzlichen Merkmale, die Kanarienvögel von anderen Finkenarten unterscheiden. Außerdem gehören die Finken zu den Singvögeln, so daß Kanarienvögel auch über alle die Singvögel definierenden Merkmale verfügen. Und so weiter. Trägt man alle Merkmale von Kanarienvögeln, Finken, Singvögeln und Vögeln zusammen, kann man leicht erkennen, daß sie drei Haupttypen bilden:

1. Attribute: „ist klein“, „ist gelb-grün“, „ist warmblütig“
2. Teile: „hat Federn“, „hat Flügel“, „hat einen kurzen Schnabel“
3. Funktionen: „singt“, „ist zum Singen gezüchtet“, „kann fliegen“

Zusammengenommen sollten es diese Merkmale jemandem gestatten, Kanarienvögel von anderen Tieren zu unterscheiden. Es spielt hier keine Rolle, ob diese Behauptung tatsächlich gilt. Es geht hier vielmehr um die Merkmalsarten, mit denen man solche Unterscheidungen treffen kann.

Man beachte, daß diese drei Arten von Unterscheidungsmerkmalen vorher auch schon bei der Klassifikation von Wortassoziationen vorkamen und auch, daß diese drei Klassen von Unterscheidungsmerkmalen aus den Nomina hinaus- und in andere syntaktische Klassen hineinführen. Attribute, Teile und Funktionen könnten in Definitionen keinen Eingang finden, wenn sie sich nicht in Worte fassen ließen. Attribute werden am zweckmäßigsten durch Adjektive und adjektivische Phrasen ausgedrückt, Teile durch Nomina und Nominalphrasen und Funktionen durch Verben und Verbalphrasen.

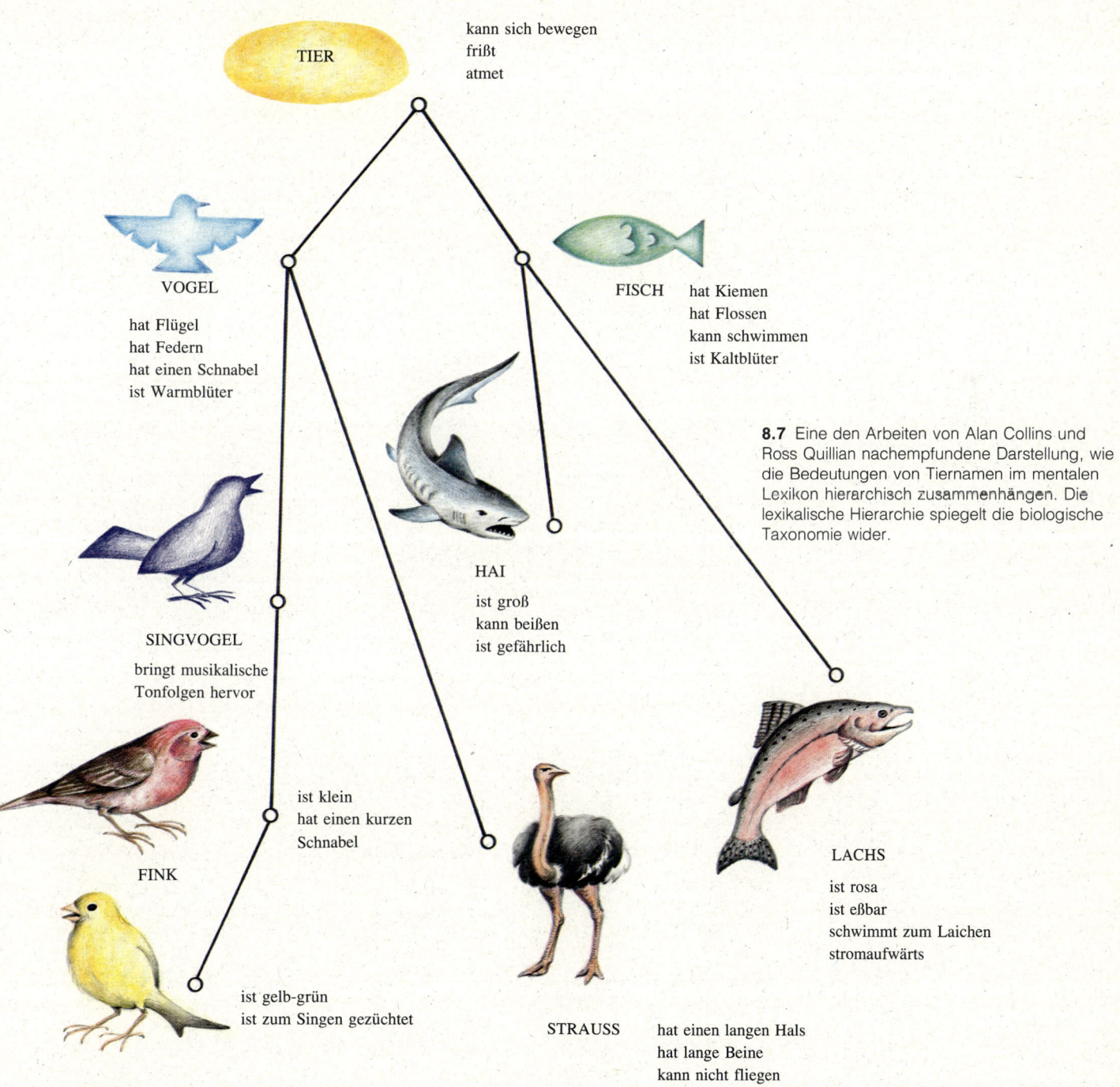

TIER
kann sich bewegen
frißt
atmet

VOGEL
hat Flügel
hat Federn
hat einen Schnabel
ist Warmblüter

FISCH
hat Kiemen
hat Flossen
kann schwimmen
ist Kaltblüter

8.7 Eine den Arbeiten von Alan Collins und Ross Quillian nachempfundene Darstellung, wie die Bedeutungen von Tiernamen im mentalen Lexikon hierarchisch zusammenhängen. Die lexikalische Hierarchie spiegelt die biologische Taxonomie wider.

HAI
ist groß
kann beißen
ist gefährlich

SINGVOGEL
bringt musikalische
Tonfolgen hervor

ist klein
hat einen kurzen
Schnabel

FINK

LACHS
ist rosa
ist eßbar
schwimmt zum Laichen
stromaufwärts

ist gelb-grün
ist zum Singen gezüchtet

STRAUSS
hat einen langen Hals
hat lange Beine
kann nicht fliegen

KANARIENVOGEL

189

Exkurs 8.2: Dr. Rogets Klassifikation der Ideen

Im Alter von 61 Jahren zog sich der englische Arzt Peter Mark Roget (1779–1869) aus seiner beruflichen Praxis und auch von seinen Verpflichtungen als Sekretär der Royal Society zurück, um all seine Energie den verschiedenen wissenschaftlichen Projekten zu widmen, die über die Jahre hinweg seine Neugier geweckt hatten. Eines dieser Projekte war die Veröffentlichung des Thesaurus, wofür er im englischen Sprachraum noch heute bekannt ist. Über viele Jahre hinweg war es sein Steckenpferd gewesen, Wörter nach ihren Bedeutungen zu gruppieren, was damals eine neuartige Idee war. Der Ruhestand schaffte ihm die Gelegenheit, diesem Interesse nachzugehen und seinen Katalog publikationsreif zu machen. Die erste Ausgabe erschien 1852 unter dem, hier übersetzten, Titel *Thesaurus englischer Wörter und Ausdrücke, klassifiziert und angeordnet zur Erleichterung des Ausdrucks von Ideen und zur Hilfe bei der literarischen Komposition*. Die sofortige Popularität dieses Buches gründete ein Familienunternehmen; revidierte und erweiterte Ausgaben wurden nacheinander von seinem Sohn John Roget und von dessen Sohn Samuel herausgegeben, bis das Werk einfach als *Roget's Thesaurus* bekannt war.

Peter Mark Roget.

Dr. Roget hoffte, daß sein Thesaurus nicht nur Autoren helfen würde, die »mit den Schwierigkeiten des Verfassens kämpfen«, sondern auch Gelehrte interessieren würde, die »mit einer tiefergehenden Erforschung der Philosophie der Sprache befaßt sind«. Für Schreiberlinge, die ihrem Gedächtnis nachhelfen wollten, enthielt das Buch zwei Abschnitte, einen alphabetischen Index aller im Thesaurus enthaltenen Wörter und eine Folge mehrerer hundert Kategorien verwandter Wörter. Benutzer, die ein bestimmtes Wort suchen, schlagen erst im Index ein verwandtes Wort nach; dort werden sie auf entsprechende Kategorien semantisch ähnlicher Wörter verwiesen. Diese Art, Rogets Thesaurus zu benutzen, ist so üblich, daß die meisten Menschen, selbst regelmäßige Benutzer, den dritten Abschnitt des Buches völlig übersehen. Doch für Roget stellt dieser dritte Teil, die Synopse der Kategorien, gerade einen Hauptbeitrag zu der »tiefergehenden Erforschung« der Sprache dar. Roget hatte erwartet, daß die Benutzer seines Buches sich dieses Kategoriensystem aneignen und ihre Wortsuche dort — auf konzeptueller Basis — und nicht im alphabetischen Index beginnen würden.

Die Synopse der Kategorien ist eine hierarchische Anordnung aller Ideen, die man mit englischen Wörtern oder allgemeinen Phrasen ausdrücken kann. Roget führte sechs Hauptklassen solcher Kategorien ein: (1) Abstrakte Beziehungen, etwa Existenz, Ähnlichkeit, Menge, Reihenfolge, Anzahl, Zeit, Kraft; (2) Raum, wozu auch die Bewegung gehört; (3) die materielle Welt einschließlich der

Materialeigenschaften wie Stabilität, Flüssigkeit, Wärme, Klang und Licht der Phänomene, die sie darstellen, und der einfachen Wahrnehmungsempfindungen, zu denen sie führen; (4) der Intellekt und seine Operationen, etwa Lernen, Behalten und die Kommunikation von Ideen; (5) der Wille einschließlich der willkürlichen und aktiven Kräfte, etwa der Wahl, der Intention, des Nutzens, des Handelns, der Feindseligkeit, der Autorität, der Übereinkunft oder des Eigentums; und schließlich (6) die persönlichen Anschauungen und moralischen Kräfte wie Gefühle und Empfindungen,

Gemüt, Leidenschaften sowie moralische und religiöse Empfindungen. Die Klassifikation hat sich über die Jahre hin weiterentwickelt und ausgeweitet, doch handelt es sich gewöhnlich um etwa sieben Subkategorien. In der Ausgabe von 1977, überarbeitet von Robert L. Chapman, findet man das Wort *Thesaurus* an drei Stellen, wie das unten abgebildete Diagramm zeigt.

Diese hierarchische Anordnung wurde für Nomina und Nominalphrasen entwickelt; morphologisch verwandte Wörter aus anderen Syntaxklassen – Verben, Adjektive, einige Adverbien – wurden in

die Nominaltaxonomie einfach eingebaut.

Rogets umfassendes Klassifikationssystem gibt das nach damaligem Stand beste Wissen wieder, es erscheint dem heutigen Auge jedoch seltsam antiquiert. Bemerkenswert ist, daß das Kategoriensystem, das er mit so viel Mühe konstruierte und bezeichnete, sich für den praktischen Nutzen seines Thesaurus als so unerheblich erwies. Das hierarchische Kategoriensystem war ein Werkzeug, das Roget brauchte, um den Thesaurus aufzustellen; danach hat sich dieses Werkzeug erübrigt.

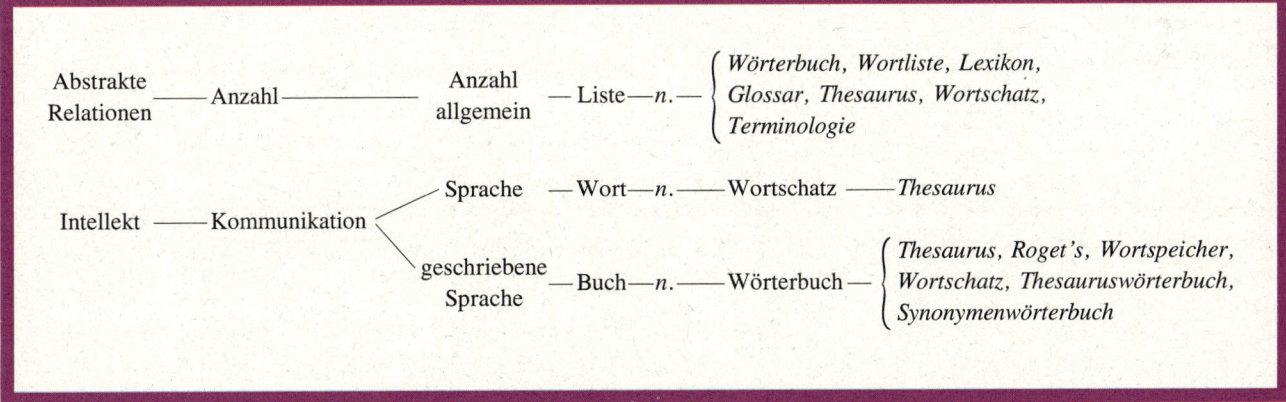

Attribute und Antonymie

Wörter, die sich auf Objekte beziehen, sind hierarchisch organisiert, Wörter, die Ausprägungen von Attributen bezeichnen, dagegen nicht. Die Grundbeziehung, nach der Adjektive organisiert sind, wird im allgemeinen in der Antonymie, das heißt in Gegensatzpaaren, gesehen.

Ein Grund dafür, warum Nomina öfter untersucht wurden als Adjektive, liegt vielleicht darin, daß man Antonymie nur schwer definieren kann. Obwohl manche Antonyme wechselseitig ausschließlich und erschöpfend sind (etwa *männlich/weiblich* oder *tot/lebendig*), gilt dies für Antonyme wie *heiß/kalt* nicht; es können nicht beide Eigenschaften zutreffen, aber beide können nicht zutreffen: *Nicht heiß* bedeutet nicht *kalt*. Da viele Antonyme so beschaffen sind, kann man Antonymie nicht auf logischem Wege durch bloße Negation definieren.

Die entscheidenden Gemeinsamkeiten sind, daß Adjektive Merkmale (Attribute) voraussetzen und daß Attribute gewöhnlich bipolar sind. Wenn man die Semantik der Antonymie anhand von Attributen und nicht durch Negation formuliert, dann ergibt sich die Unterscheidung zwischen ausschließenden (exklusiven) und nicht ausschließenden Antonymen als Folge daraus, ob Attribute abgestufte Ausprägungen haben oder nicht. Exklusive Antonyme drücken die Ausprägungen solcher Attribute aus, die – wie etwa das Geschlecht – keine kontinuierlich ineinander übergehenden Ausprägungen haben. Mit anderen Worten folgen die Semantik der Adjektive und die Tatsache, daß lexikalische Adjektivfelder nach dem Prinzip der Antonymie organisiert sind, direkt aus den Annahmen, die der gesunde Menschenverstand über bipolare Attribute hat, deren Ausprägungen mit eben diesen Adjektiven zum Ausdruck gebracht werden.

Aber ein Wort zur Warnung. Es mag notwendig sein, Adjektive mit Hilfe der Ausprägungen wahrnehmungsbezogener Attribute zu definieren, es ist aber nicht hinreichend. Besonders zieht diese Art der Darstellung nicht den Einfluß des Trägernomens auf die Interpretation der modifizierenden Adjektive in Erwägung. Ein Kanarienvogel ist ein kleiner Vogel und ein Pony ist ein kleines Pferd, aber das durch *klein* vermittelte Maß ist in beiden Fällen verschieden.

Form und Meronymie

Obwohl die Form meistens als Attribut behandelt wird, auf gleicher Ebene mit bipolaren Attributen wie *groß/klein*, *gut/schlecht*, *gewöhnlich/ungewöhnlich*, *belebt/unbelebt* oder *vertraut/fremd*, ist Form eindeutig nicht bipolar. Über bipolare Attribute kann man sich mit einem recht einfachen Wortschatz antonymer Adjektive verständigen, die Kommunikation über die Form von Objekten erfordert jedoch ein ausführlicheres Lexikon zur Beschreibung von Teil-Ganzes-Relationen.

Die Wichtigkeit von Bestandteilen für die Formwahrnehmung wurde zwar schon lange erkannt, doch hat sich die Psycholinguistik der Rolle von Bezeichnungen solcher Bestandteile weit weniger zugewandt als der Rolle, die die Hyponymie für die Organisation lexikalischer Felder spielt. Die „Teil-von"-Relation wird zuweilen mit der „Ist-ein"-Relation (Hyponymie) verglichen. Beide Relationen sind asymmetrisch und transitiv, und beide können Begriffe hierarchisch miteinander verbinden, da Teile wiederum aus Teilen bestehen können: Ein Finger ist Teil einer Hand, eine Hand ist Teil eines Arms, ein Arm ist ein Körperteil. In der Linguistik wird die Teil-Ganzes-Relation Meronymie (von *meros* Teil + *nym* Name) genannt: *Finger* ist Meronym zu *Hand*, *Hand* ist Meronym zu *Arm*, *Arm* ist Meronym zu *Körper*. Doch ist die „Teil-von"-Struktur nicht immer ein verläßlicher Test für das Vorliegen von Meronymie.

In vielen Fällen scheint die Transitivität nur eingeschränkt zu gelten. So ist etwa *Klinke* ein Meronym zu *Tür* und *Tür* ein Meronym zu *Haus*, doch klingt es komisch zu sagen „Das Haus hat eine Klinke" oder „Die Klinke ist Teil des Hauses". Derartige Unstimmigkeiten bei der Transitivität weisen darauf hin, daß es sich in beiden Fällen um verschiedene Teil-Ganzes-Relationen handelt. „Der Zweig ist Teil des Baumes" und „Der Baum ist Teil des Waldes" impliziert nicht „Der Zweig ist Teil des Waldes", weil die Relation *Zweig-Baum* nicht dieselbe ist wie die Relation *Baum- Wald*. Das Beispiel *Klinke-Haus* funktioniert nicht, weil statt „Teil von" besser „ist (dran) an" passen würde: Die „Teil-von"-Relation wäre dann transitiv, was die „ist-an"-Relation eindeutig nicht ist – der Zeh ist am Fuß und der Fuß ist am Bein, aber niemand würde sagen, der Zeh sei am Bein. „Das Haus hat eine Türklinke" ist akzeptabel, weil es den impliziten Schluß aus „Das Haus hat eine Klinke" umgeht, daß die Klinke am Haus (angebracht) ist.

Solche Befunde werfen die Frage auf, wieviele verschiedene „Teil-von"-Relationen es gibt. Man kann zumindest sieben Typen der Meronymie unterscheiden:

1. Teil–Objekt (*Zweig–Baum*)
2. Mitglied–Gruppe (*Baum–Wald*)
3. Anteil–Menge (*Schnitte–Brot*)
4. Material–Objekt (*Aluminium–Flugzeug*)
5. Charakteristikum–Tätigkeit (*bezahlen–einkaufen*)
6. Ort–Gebiet (*Stuttgart–Schwaben*)
7. Zeitabschnitt–Prozeß (*Jugend–aufwachsen*)

Die Meronymie ist nach allem also eine komplexe semantische Relation oder eine ganze Menge von Relationen.

Manche Komponenten können in ganz verschiedenen Dingen als Teile vorkommen: Man denke etwa an all die unterschiedlichen Apparate mit einem Getriebe.

Manchmal kommt es vor, daß ein Objekt zwei Arten von Ding auf einmal sein kann – ein Steinhügel ist zum Beispiel sowohl ein Haufen von Steinen als auch ein Wegzeichen; in einer hyponymischen Hierarchie gibt es das aber selten. In der Hierarchie aus Meronymen dagegen ist es nicht ungewöhnlich, und es ist erstaunlich, daß dieser Sachverhalt so wenig Verwirrung stiftet.

Die bildhafte Vorstellung ist bei der Beurteilung nach Teil und Ganzes so wichtig, daß manche Theoretiker zu der allgemeinen These gelangten, man könne Bedeutungen gar nicht dadurch definieren, daß man Klassen von Objekten spezifiziert, die durch die Auflistung der für sich genommen notwendigen und insgesamt erschöpfenden Bedingungen beschrieben werden. Etwas vorsichtiger formuliert, heißt das, daß Merkmalslisten hilfreich, vielleicht sogar notwendig sind, um die Unterschiede zwischen Objektklassen darzulegen, daß aber die Wichtigkeit formbezogener und topologischer Merkmale beim Verständnis meronymischer Relationen doch darauf hinweist, daß Merkmalslisten allein nicht ausreichen.

Funktionen und Prädikate

Wahrnehmungsbezogene Attribute wurden in der Psychologie jahrelang ausgiebig untersucht, und auch Teil-Ganzes-Beziehungen sind ein bekanntes psychologisches Problem; der dritte Typ von Unterscheidungsmerkmalen, der Zweck, dem etwas dient, wurde dagegen kaum beachtet. Attribute und Bestandteile kann man meistens durch Wahrnehmung erkennen; es beruht jedoch weit mehr auf allgemeinem Wissen, die Funktion eines Objektes zu erfassen – was es ausführt oder was man damit machen kann. Die seitlich abgebildeten Gegenstände zum Beispiel sind wahrscheinlich unbekannt und haben deshalb wenig Bedeutung. Die Attribute und die Teil-Ganzes-Relationen dieser Gegenstände sind hinreichend offensichtlich, aber das allein gibt über diese Gegenstände wenig Auskunft. Es hilft ein bißchen weiter, wenn man weiß, daß es sich bei jedem Gegenstand um ein Werkzeug handelt, das auf eine ganz bestimmte Funktion hin entworfen wurde; wenn diese Funktionen (auf der nächsten Seite) erklärt werden, erhalten die Gegenstände Bedeutung.

Nimmt man als gegeben, daß Teil-Ganzes-Beziehungen wichtig sind, dann kann man Funktionsangaben nur schwer ausschließen. Bestandteile erfreuen sich oft einer Dualität, die in einfachen Attributen nicht zum Ausdruck kommt. Bezeichnungen solcher Teile verweisen sowohl auf den wahrnehmbaren Aspekt als auch auf eine funktionale Rolle: Das *Bein* eines Tisches oder die *Klinke* einer Tür haben nicht nur eine je bestimmte Form, sondern auch eine jeweils bestimmte Funktion. Das Wissen um die Funktion eines Bestandteils kann einen Einfluß darauf haben, wo und in welcher Weise man die äußere Umgrenzung dieses Bestandteils sieht, was man diesem Teil also noch zurechnet und was nicht.

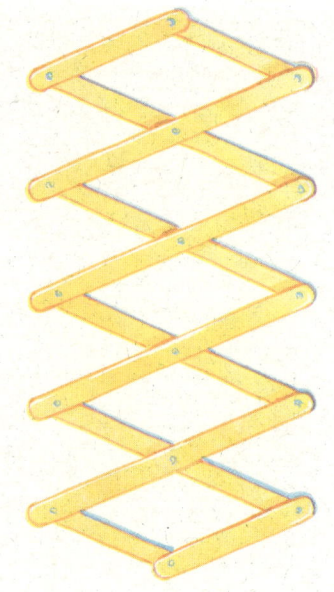

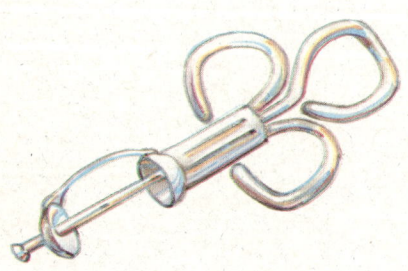

8.8 Einige von J. D. Bransford und N. S. McCarrell entlehnte Beispiele für die Bedeutsamkeit der Funktion. Hat man keine Information darüber, zu welchem Zweck diese Geräte konstruiert wurden, weiß man kaum, wie man sie bezeichnen soll. (Die Funktionsweise wird auf Seite 196 erklärt.)

Obwohl ein gutes Design vorschreibt, daß die Funktion die Form zu bestimmen hat, gehen Form und Funktion leider auch bei künstlich geschaffenen Gegenständen nicht immer eng miteinander einher. Selbst Tischbeine und Türklinken gibt es in einer Formenvielfalt, die sie mehr anhand der Stelle, an der sie sich bei einem Tisch oder einer Tür befinden, denn anhand ihrer bloßen Form erkennen läßt. Die Form eines konkreten Objekts ist normalerweise ein statisches Merkmal eines Gegenstandes; dessen Funktion zeigt sich nach und nach. Wenn ein konkretes Objekt überhaupt eine Funktion hat, dann findet man sie gewöhnlich dadurch heraus, daß man dem Ding lange genug zuschaut, um zu bemerken, wie es sich verhält oder was mit ihm passiert.

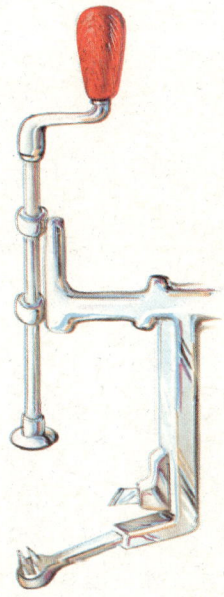

Die mangelnde Übereinstimmung zwischen Form und Funktion zeigt sich am besten in Fällen, in denen ein Gegenstand einer bekannten Funktion dient, aber eine unbekannte Form hat. Man nehme das Beispiel zweier Menschen bei einem Picknick an einem Baumstumpf. Der eine sagt: „Dieser Stumpf ist ein guter Tisch." Ein Baumstumpf ist natürlich kein Tisch und wird es auch nicht, indem man ihn so nennt. Ihn als guten Tisch zu bezeichnen, scheint jedoch völlig akzeptabel zu sein. Wie kann etwas, das kein Tisch ist, ein guter Tisch sein? Eine plausible Antwort schlägt der Philosoph Jerrold J. Katz vor, wonach funktionale Information zusammen mit den meisten wichtigen Nomina gespeichert ist.

Der Vorschlag von Katz gleicht einer schon erwähnten Annahme. Aus der Tatsache, daß ein kleines Pferd größer ist als ein kleiner Vogel, wurde geschlossen, daß die erwartete Größe eines Pferdes beziehungsweise eines Vogels Teil der Bedeutung von *Pferd* und *Vogel* sein muß. Der Katzsche Vorschlag für *gut* ist ähnlich: Aus der Tatsache, daß ein guter Tisch eigentlich überhaupt kein Tisch sein muß, schließt er, daß die zu erwartende Funktion von Tischen Teil der Bedeutung von *Tisch* ist. Die funktionale Information bestimmt die Interpretation der Adjektive *gut* und *schlecht*; diese Adjektive ziehen die funktionale Komponente der Bedeutung des entsprechenden Nomens heraus und weisen ihr einen positiven oder negativen Wert zu. Etwas ist zum Beispiel dann ein guter Tisch, wenn es die Funktion, die man Tischen unterstellt, gut erfüllt; ein schlechter Tisch erfüllt die Funktion schlecht. Demnach ist ein gutes Messer ein Messer, das gut schneidet, ein guter Geiger ist ein Geiger, der gut spielt, ein guter Balken ist ein Balken, der gut trägt, und so weiter. Falls Katz recht damit hat, daß *gut* funktionale Information auswählt, dann ist die Funktion, die man einem Objekt zuschreibt, eine separierbare Bedeutungskomponente des Nomens, mit dem auf dieses Objekt referiert wird. (Und tatsächlich scheint bei Wörtern wie *Verzierung* oder *Schmuck* die funktionale Komponente fast die ganze Bedeutung auszumachen.)

Es ist im allgemeinen von Vorteil, die Funktion eines Gegenstandes zu kennen, zuweilen kann das aber auch hinderlich sein. In der Psychologie wurde das Verhalten von Personen untersucht, die versuchen, ein einfaches, vorgegebenes Problem zu lösen. Dabei konnte man ein Phänomen beobachten, das man die funktionale Gebundenheit oder Fixiertheit nennt. Und zwar blockiert die Bezeichnung, die man einem Gegenstand gibt, die Fähigkeit dieser Personen zu überle-

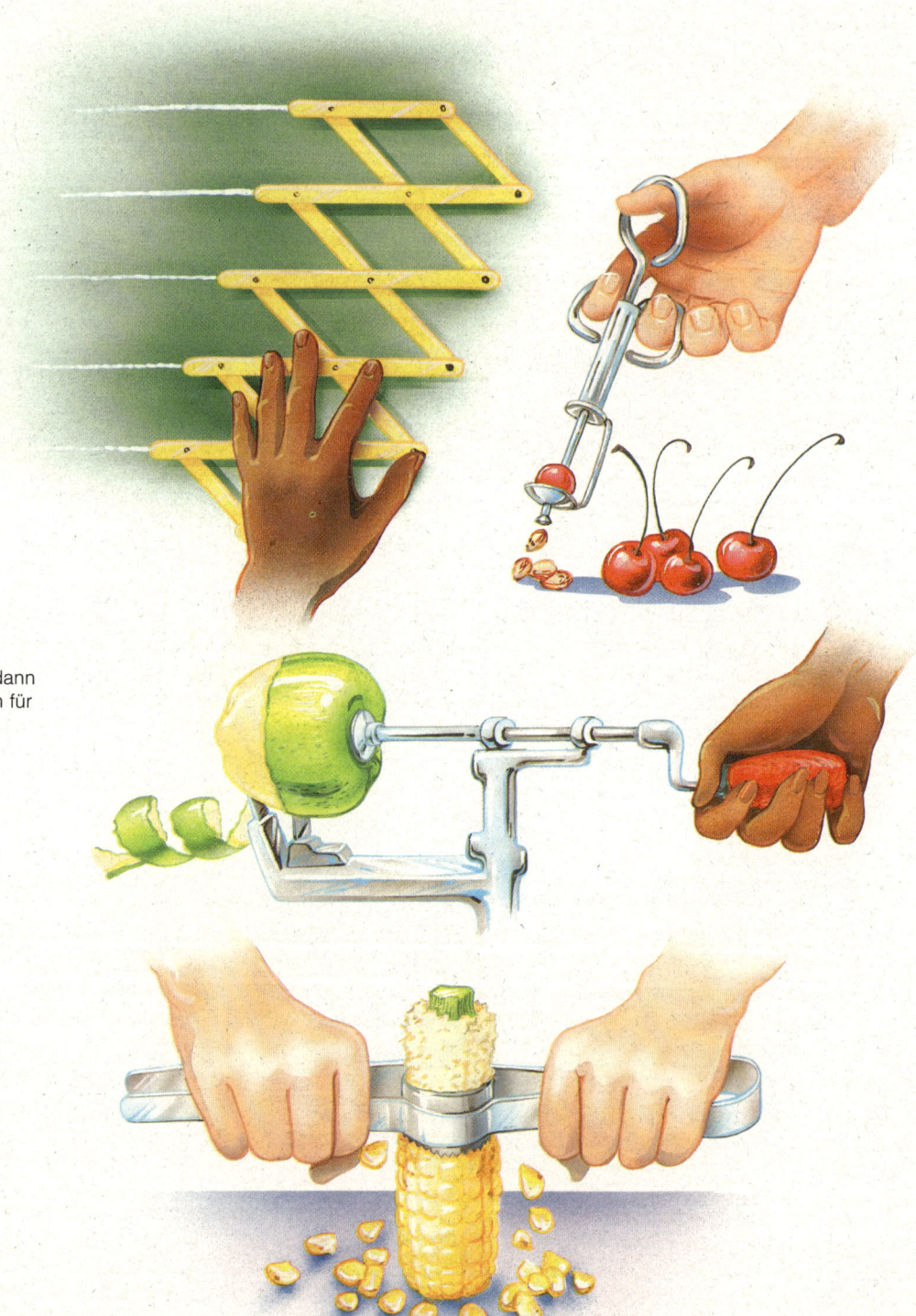

8.9 Kennt man erst einmal die Funktion, dann kann man sich leicht auf passende Namen für die Geräte einigen.

Exkurs 8.3: Benjamin Lee Whorf

Benjamin Lee Whorf (1897–1941) war ein Amateurlinguist, der am Massachusetts Institute of Technology Chemietechnik studiert hatte und in seinem Beruf als Feuerinspektor bei einer Versicherungsgesellschaft in der Stadt Hartford als großer Fachmann galt. Whorfs Interesse an der hebräischen Sprache brachte ihn zur sprachwissenschaftlichen Lektüre, und er fand bald heraus, daß Hartford über eine exzellente Sammlung im Bereich indianischer Sprache und Folklore verfügte. Er fing an, die aztekische Sprache zu lernen, und reiste nach Mexiko. Als Edward Sapir 1931 als Professor für Anthropologie an die Yale University ging, hörte Whorf dessen Vorlesungen.

Am meisten ist Whorf für seine Beiträge bekannt, in denen er behauptet, die Sprache, die eine Person spricht, kontrolliere das ihr mögliche Denken, eine von Sapir entliehene Idee, die man als die Whorfsche Hypothese oder die Sapir-Whorf-Hypothese kennt. Whorf weitete Sapirs Idee aus und führte sie an Beispielen aus, die er sowohl seinem Wissen

Benjamin Lee Whorf.

über indianische Sprachen als auch seiner Erfahrung als Feuerverhütungstechniker entnahm. Kritiker haben behauptet, seine linguistischen Beispiele seien kaum mehr als schlechte Übersetzungen. Aber Whorfs Berichte über Brände, die letztlich durch die für bestimmte Verhältnisse gewählten Bezeichnungen verursacht wurden, liefern dramatische Beispiele für die funktionale Gebundenheit – auf

die Weise, daß die Funktion eines Objekts durch den ihm gegebenen Namen geistig fixiert ist. Er schrieb:

»Eine Gerberei ließ ihr Abwasser, das tierische Substanzen enthielt, in ein im Freien gelegenes Sinkbecken, das teilweise mit Holz überdacht war. Diese Anlage würde man normalerweise als „Wasserbecken" in Worte fassen. Ein Arbeiter hatte Anlaß, in dessen Nähe einen Schweißbrenner zu zünden, und warf sein Streichholz ins Wasser. Die sich zersetzenden Tierabfälle hatten jedoch unter der Holzabdeckung Gase entwickelt, so daß die Anlage gerade das Gegenteil von „wässrig" war. Eine sofort auflodernde Flamme setzte die Holzteile in Brand, und das Feuer breitete sich schnell auf das Nebengebäude aus.«

Whorf konnte viele solcher Beispiele vorführen. »Wir gehen immer davon aus«, kommentierte er, »daß die sprachliche Analyse unserer Bezugsgruppe die Wirklichkeit besser widerspiegelt, als sie es wirklich tut.«

gen, wie man den Gegenstand auch für andere Zwecke benutzen könnte. Zum Beispiel wird eine Schachtel normalerweise als Behältnis gesehen; einen Gegenstand eine Schachtel zu nennen heißt, die Behälterfunktion ins Feld zu führen und damit die Sichtweise zu erschweren, daß man den Gegenstand auch ausleeren und auf andere Weise nutzen könnte. Oder wenn Personen einen Tischtennisball aus einem senkrecht festgemachten Rohr herausbekommen sollten, kamen sie leichter darauf, ihn mit Flüssigkeit hochschwimmen zu lassen, wenn ein Krug Wasser dabei stand, als wenn eine Flasche Champagner da war: Wasser dient zu vielerlei, aber Champagner ist zum Trinken da.

Aus derartigen Beobachtungen erscheint der Schluß nur plausibel, daß die Bedeutungen vieler Wörter eine funktionale Komponente umfassen. Leider ist das Konzept der Funktion jedoch etwas verschwommen. Es stimmt, daß bei vielen vom Menschen gemachten Dingen, die man durch direkten Umgang kennt – Löffel, Bälle, Kämme, Hämmer, Lebensmittel –, die Funktion einen wesentlichen Teil des entsprechenden Handlungssystems ausmacht. Bei anderen Artefakten – Wänden, Brücken, Bergwerken, Gebäuden – ist die Funktion jedoch offensichtlich, ohne daß ein unverwechselbares Handlungssystem dazugehört. Ähnlich verhält es sich bei natürlichen Objekten: Einigen wurden bekannte Funktionen zugeschrieben – Äpfel werden gegessen, Pferde geritten, Bäume spenden Schatten –, anderen jedoch nicht – Atomen, Wolken, Bergen. Diese Unterschiede muß man für jedes einzelne Objekt lernen.

Die Funktion mancher Objektkategorien zu beschreiben heißt aus lexikalischer Sicht, die Klasse der Verben (oder Verbphrasen) anzugeben, die bei diesem Objekt als Prädikat möglich sind. Da zum Beispiel Lebensmittel gegessen werden, kann man *Lebensmittel* und allen zugehörigen Hyponymen *essen* prädizieren; da Klingen zum Schneiden da sind, kann man jedem Nomen, das *Klinge* zum Meronym hat, *schneiden* prädizieren, und so fort.

Vieles von diesen Funktionsinformationen kommt in Wörterbuchdefinitionen vor. Man kann sich durchaus vorstellen, daß man den schon erörterten Aufzählungen von Attributen und Bestandteilen vollständigere Listen der Prädikationsbeziehungen zwischen Verben und Nomina hinzufügen könnte. Allerdings würde die Interpretation solcher Prädikatlisten noch mehr als bei Attributen und Bestandteilen von den durch Wahrnehmung und allgemeines Lernen erworbenen Wissensbeständen abhängen, die durch eine bloße Auflistung der Prädikate nicht klar vermittelt werden können.

***

Die Bedeutung eines Satzes hängt von der örtlichen Situation ab, in der er verwendet wird (dem deiktischen Feld), von den grammatischen Relationen zwischen den Wörtern im Satz (dem syntaktischen Feld) und von den Konzepten, die diese Wörter üblicherweise zum Ausdruck bringen (dem lexikalisch-konzeptuellen Feld). Von diesen dreien ist die wissenschaftliche Erforschung des lexikalisch-konzeptuellen Feldes wahrscheinlich die schwierigste, da man es sich durch geduldige Analyse der semantischen Relationen zwischen lexikalischen Konzepten erschließen muß. Definitionen müssen in jeder ernstzunehmenden Erkundung des lexikalisch- konzeptuellen Feldes eine zentrale Rolle einnehmen, wobei Definitionen auf einer ziemlich beschränkten Menge von Unterscheidungsmerkmalen beruhen. Die Analyse von Wörtern, die diese Merkmale — Attribute, Bestandteile, Funktionen — bezeichnen, führt über lexikalische Felder hinaus weit in die Organisation des allgemeinen Wissens hinein. Der Erwerb des lexikalisch- konzeptuellen Feldes geht Hand in Hand mit dem Erwerb einer allgemeinen Konzeptstruktur in Form von Begriffen, mit denen die Menschen die Welt, in der sie leben, zu verstehen versuchen.

9.1 Obwohl sie sich in vielen Einzelheiten unterscheiden, werden diese drei Strukturen schnell der Klasse der *Blumen* zugerechnet.

9.2 In der Abbildung werden drei semantische Relationen zwischen lexikalischen Konzepten in einem Netzwerk von Nomina illustriert. Die rotbraunen Pfeile bezeichnen semantische Gegensatzpaare (Antonymie). Die dunkelvioletten Pfeile stehen für Teil-Ganzes-Relationen (Meronymie); die *Korolla* ist Teil einer Blume, während ein *Blütenblatt* wiederum Teil der Korolla ist. Die hierarchische Relation, in der Nomina vom Generischen zum Spezifischen angeordnet sind, wird durch gelbe Pfeile angegeben. *Gänseblümchen*, *Rose*, *Lilie* und so weiter werden so als eine Klasse lexikalischer Artgenossen erkannt: sie sind Hyponyme zu *Blume*.

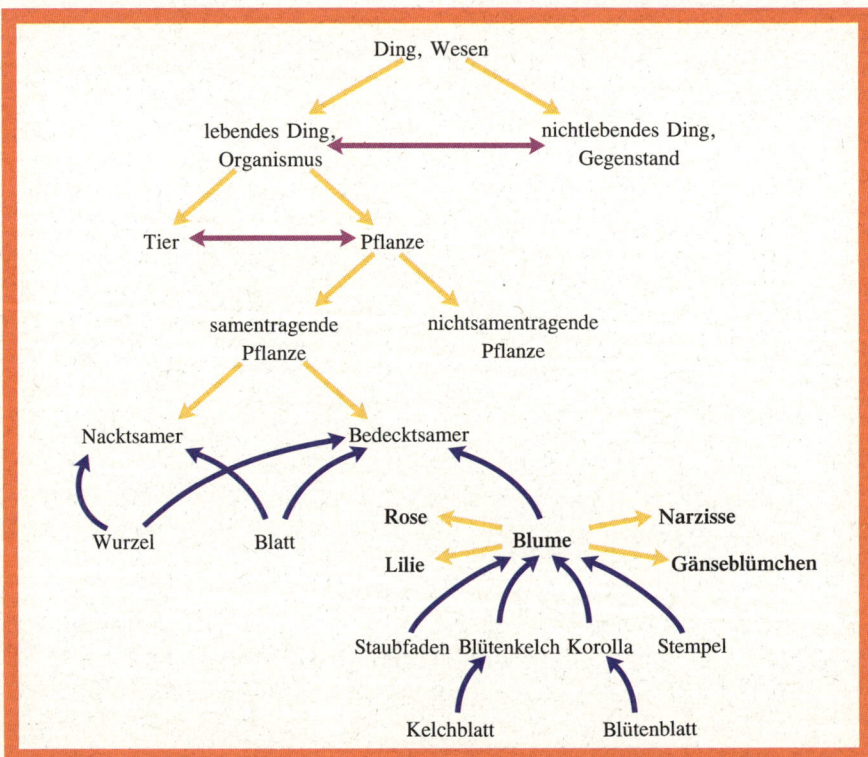

9. Erlebtes klassifizieren

Die Menschen halten sich für die intelligentesten Kreaturen im Reiche der Tiere. Intelligenz kann man auf vielerlei Weise bestimmen; die Definition, die diesen Stolz des Menschen am besten rechtfertigt, ist wohl die Fähigkeit, aus Erlebtem Gewinn zu ziehen. Normalerweise können es Menschen lernen zu vermeiden, denselben Fehler immer wieder zu begehen, und wenn etwas gut klappt, merkt man es sich meistens. Die Menschen sind intelligent beim Problemlösen, sehr intelligent, wenn es darum geht, sich die Lösungen zu merken und auf neuartige Situationen anzuwenden, und einzigartig intelligent darin, Lösungen an nachfolgende Generationen weiterzugeben.

Sprache spielt bei dieser kognitiven Leistung des Menschen eine wichtige Rolle, nicht nur bei der Verbreitung des Wissens, sondern auch bei dessen Aneignung. Um zu erkennen, daß eine vertraute und eingeübte Reaktion in einer neuartigen Situation angebracht ist, bedarf es einer geeigneten Klassifikation von Situationen – man muß erkennen, daß die schon bekannte und die neue Situation derselben Art von Situationen angehören und dieselbe Reaktion nahelegen. Alle höheren Tiere verfügen in gewissem Ausmaß über diese Fähigkeit; die menschliche Begabung, Erlebtes zu klassifizieren, wird durch die Fähigkeit, mit Wörtern auf wiederkehrende Situationen zu verweisen, jedoch enorm erweitert.

Die Wörter, die sich am besten als Namen für wiederkehrende Individuen oder Ereignisse eignen, sind unsere Nomina oder Substantive. Die Struktur dieses Teils des mentalen Lexikons wird durch die Struktur der Kategorien bestimmt, die die Menschen entwickeln, um mit ihren Erfahrungen umzugehen. Natürlich ist die klassifizierende Kategorisierung nicht der einzige Weg, auf dem man seine Erfahrungen in den Griff bekommen und zur Anwendung bringen kann, aber sie ist ein wichtiger Weg mit enormen Konsequenzen für die Sprache, die man spricht. Die Tausende von Nomina, die Menschen kennen und verwenden, sind alle verschieden, und dennoch sind sie dahin gehend gleich, auf welche Art und Weise man sie kennt. Nomina sind durch semantische Relationen verbunden, die ausschließlich für Nomina gelten. Nomina sind in all ihrer Vielfalt tatsächlich so in sich geschlossen, daß sie durch eine Hirnverletzung aus der linguistischen Kompetenz eines Menschen völlig ausgeschaltet werden können, wobei alles andere ziemlich intakt bleibt.

Manchmal sind die Kategorien, in die die Nomina die Welt aufteilen, so wichtig, daß sie in die Morphologie einer Sprache überspringen. Wenn eine Sprache über verschiedene Klassen nominaler Formen verfügt, reden Linguisten von Unterschieden im (grammatischen) Geschlecht oder im Genus. In indoeuropäischen Sprachen geht das Genus mit dem natürlichen Geschlecht einher: Bekannte Beispiele sind das Maskulinum, Femininum und Neutrum im Deutschen oder im Französischen das Maskulinum und Femininum. Im Englischen gibt es keine Genusunterscheidung. Es wird oft angeführt, daß das Genus, das grammatische Geschlecht im Hinblick auf das natürliche Geschlecht nicht immer stimmt – das

Mädchen ist in Wirklichkeit natürlich weiblich und nicht Neutrum. Typischerweise beruht das Genus zum Teil auf der Bedeutung, zum Teil ist es willkürlich. So oder so bleibt die Tatsache, daß die Klassifikation in männlich und weiblich weit in die Ursprünge der indoeuropäischen Sprachen zurückreicht.

Da das Genus für die meisten Mitglieder indoeuropäischer Sprachgemeinschaften an das natürliche Geschlecht gekoppelt ist, nehmen sie es meistens mit erstauntem Mißverstehen auf, wenn sie erfahren, daß es Sprachen mit einem Dutzend oder gar mehr Genera, also grammatischen Geschlechtsunterscheidungen gibt. Zum Beispiel verfügen die Bantusprachen, die in der südlichen Hälfte des afrikanischen Kontinents gesprochen werden, über eine Reihe von Genera, welche durch Präfixe markiert werden. Versuche, den Sprachvorfahr, das Proto-Bantu, zu rekonstruieren, führten zu einer Liste von 19 Klassen von Nomina. Zu deren erster Klasse gehören beispielsweise Nomina, die das Präfix *m-* annehmen und sich auf (einzelne) menschliche Wesen beziehen: *mtu* (*Person*), *mtoto* (*Kind*), *mgeni* (*Fremder*). Klasse Nummer drei enthält Nomina, die ebenfalls das Präfix *m-* aufweisen, die aber eine andere Pluralbildung zeigen und auf dün-

9.3 Nomina dienen im mentalen Lexikon dazu, die Klassen, in die Menschen ihre Erfahrungen einteilen, widerzuspiegeln.

ne oder ausgedehnte Dinge verweisen: *mti* (*Baum*). Andere Genera kennzeichnen Werkzeuge, Tiere, Eigenschaften, Körperteile, Orte.

In manchen Sprachen werden semantische Klassen durch Nominaladjunkte angezeigt; dabei handelt es sich um Wörter, die zur Bildung von Nominalphrasen typischerweise zusammen mit Nomina verwendet werden. Im Thai etwa, also in der siamesischen Sprache, kommen Konstruktionen aus einer Klassifikationsangabe und einem Nomen vor, wobei die Bedeutung des Trägernomens die Wahl der Klassifikationsangabe bestimmt. Wie schon im Fall der Markierung des grammatischen Geschlechts sind die Klassifikationswörter in Thai zum Teil semantisch begründet, zum Teil willkürlich. Die Klassenangabe für Nomina, die menschliche Wesen bezeichnen, ist zum Beispiel *khon*; für Tiere, Möbelstücke und Kleidung lautet sie *tua*; für Zigarren und Zigaretten *muan*; bei Büchern, Karten und scharfen Werkzeugen heißt sie *lêm* und so fort. Es gibt mehr als 60 solcher Wörter, die die Klassenzugehörigkeit angeben, deren Verwendung auch bei Gebrauch bestimmter Zahlwörter im Zusammenhang mit Substantiven verbindlich vorgeschrieben ist.

Im Englischen treten eine Handvoll Nomina mit Klassenangaben auf — beispielsweise *a grain of sand* oder *salt*, ein *Sand-* oder *Salzkorn* also; auch im Deutschen haben wir Ausdrücke wie *ein Kopf Salat* oder *ein Stück Kuchen*. Die meisten semantischen Klassen von Nomina sind jedoch nicht offensichtlich markiert. Im Englischen ist selbst das Genus nur bei Pronomina sichtbar. Doch sind Nomina selbst Klassenangaben. Jedes Nomen bezeichnet eine Klasse von Referenten, und Klassen kann man zu Oberklassen zusammentun oder in Unterklassen aufteilen. Was entsteht, ist eine Klassenhierarchie oder -taxonomie. Diese Hierarchien nachzuvollziehen, bringt die semantischen Klassen auch unserer Sprachen, also etwa des Englischen oder des Deutschen, zum Vorschein.

Lexikalische Hierarchien

Für Dinge, für die es Namen gibt, gibt es gewöhnlich viele Namen. Eine Stute ist ein Pferd, ein Exemplar der zoologischen Klasse der Equidae, ein Unpaarhufer, ein Pflanzenfresser, ein Säugetier, ein Wirbeltier, ein Tier, ein Organismus, ein Objekt. Darüber hinaus kann man die Wörter in eine Ordnung bringen. Alle Stuten sind Pferde, alle Pferde sind Unpaarhufer, und so kann man es bis zu umfassenderen Tierklassen weiterführen. Die Relationen zwischen diesen Begriffen sind transitiv (alle Pferde sind auch Tiere) und asymmetrisch (nicht alle Pferde sind Stuten, nicht alle Unpaarhufer sind Pferde, nicht alle Tiere sind Säugetiere und so weiter); transitive, asymmetrische Relationen führen zu hierarchischen Systemen.

Solche Fakten über den Aufbau des internen Lexikons erfordern eine Erklärung, die jedoch nicht auf der Hand liegt. Introspektion hilft hier nicht. Man kann sich mancher Wörter oder ihrer Bedeutungen bewußt sein, aber niemand kann den komplexen Aufbau seines oder ihres lexikalischen Gedächtnisses bewußt nachvollziehen. Die hierarchische Struktur der Bedeutungen von Nomina ist beispielsweise nicht direkt erfahrbar, sondern muß aus Beobachtungen indirekt erschlossen werden, wobei diese Beobachtungen kaum einen Sinn ergäben, wenn dieser Teil des mentalen Lexikons in einer anderen als der beschriebenen Weise organisiert wäre.

Doch zuerst stellt sich die Frage, ob Nomina im mentalen Lexikon wirklich hierarchisch organisiert SIND. Vielleicht handelt es sich bei der Hierarchie nur um eine künstliche Begriffsanordnung, die zur Befriedigung von Taxonomiefanatikern und Aktenverwaltern erfunden wurde, und nicht um etwas, das jeder als Teil des Beherrschens einer Sprache verinnerlicht hat. Zum Glück kann man die psychologische Realität von semantischen Relationen der Über- beziehungsweise Unterordnung vorführen. Eine überzeugende Demonstration ergibt sich mit vergleichenden Adjektiven. Was stimmt an den folgenden Sätzen nicht?

Ein Affe kann behaarter sein als ein Tier.

Ein Gewehr ist weniger gefährlich als eine Waffe.

Obst schmeckt besser als Birnen.

Ein Auto ist angenehmer als ein Fahrzeug.

Das Absurde der Sätze ist offenkundig. Eine vergleichende Struktur kann man nicht verwenden, um etwas mit sich selbst zu vergleichen; das Musterbeispiel für diese absurden Fälle wäre

Ich bin jünger (größer, lustiger, arroganter ...) als ich.

Die obenstehenden Sätze zeigen, daß diese reflexive Einschränkung über Komparative eines Dings mit sich selbst hinausreicht: Ein Vergleichsadjektiv kann nicht zwischen einem Nomen und irgendeinem seiner Hyponyme, das heißt seiner untergeordneten Begriffe, eingesetzt werden. Ein Affe kann nicht mehr oder weniger als ein Tier sein, weil ein Affe ein Tier IST. Nimmt man an, Gewehre seien weniger gefährlich als Waffen, dann weiß man wohl nicht, daß Gewehre Waffen SIND und so weiter.

Der interessante Punkt besteht darin, daß jegliche Regel, die solche Konstruktionen verhindert, wie immer sie auch formuliert wird, auf ganze Mengen von hierarchisch verbundenen Begriffen angewendet werden muß — *Gewehr, Schußwaffe, Waffe, Gerät, Ding* wäre beispielsweise eine „Menge von hierarchisch verbundenen Begriffen". Anders gesagt, müssen ganze Mengen hierarchisch verbundener Begriffe psychologisch hinreichend einheitlich sein, damit solche Einschränkungen auf sie angewendet werden können. Dazu kommt, daß diese Einschränkungen automatisch und ohne bewußtes Überlegen zum Einsatz kommen; die Absurdität der genannten Sätze erscheint nicht als Schlußfolgerung eines abstrakten Syllogismus, der gewissenhaft durchdacht werden muß. Die Zurückweisung solcher Konstruktionen wird sofort erkannt; das heißt, daß diese hierarchisch verbundenen Begriffe im lexikalischen Gedächtnis eng assoziiert sein müssen.

Weitere Belege für die hierarchische semantische Struktur der Bedeutungen von Nomina findet man in ihrer Verwendung in Anaphern. Ein anaphorisches Nomen kann sich zu einem vorausgegangenen Hyponym koreferentiell verhalten, das heißt auf denselben Referenten verweisen, zum Beispiel:

Ein Gewehr lag auf dem Tisch neben dem Wachtposten,
der nervös darauf achtete, daß er die Waffe schnell erreichen kann.

Man beachte, daß die im zweiten Satzteil erwähnte Waffe (höchstwahrscheinlich, wenngleich nicht notwendigerweise) das am Satzanfang eingeführte Gewehr ist: Das Hyponym *Gewehr* ist (wahrscheinlich) das Bezugswort für das anaphorische Nomen *Waffe*. Der entscheidende Punkt ist, daß sich *Gewehr* und *Waffe* koreferentiell verhalten können, weil ein Gewehr eine Waffe IST. Und ihre Koreferenz kann man nur deshalb verstehen, weil der Leser oder die Leserin ihre semantische Beziehung sofort erkennt. Ersetzt man *Waffe* durch *Schlüssel* oder *Telephon*, ist keine Anapher mehr möglich.

Die psychologische Realität der hierarchischen Struktur von Nominalbedeutungen kann man auch noch auf andere Weise aufzeigen, die meisten akzeptieren die Sache jedoch ohne gesonderte Beweise. Die schwierigen Fragen haben damit zu tun, warum diese Struktur besteht und welche Konsequenzen daraus folgen.

Gedächtnis und Ökonomie

Warum sind die Bedeutungen von Nomina im mentalen Lexikon hierarchisch organisiert? Eine Erklärung baut auf der Sparsamkeit und Wirtschaftlichkeit des Gedächtnisses auf, die dadurch möglich wird.

Die Argumentation verläuft wie folgt: Jedes Wort ist durch bestimme unterscheidende Merkmale gekennzeichnet – Attribute, Teile, Verwendungsbereiche –, die im lexikalischen Gedächtnis gespeichert werden müssen (vergleiche Kapitel 8). Eine hierarchische Organisation macht es möglich, diese Merkmale effizienter zu speichern. Wenn das Wort W_h ein Hyponym zu dem übergeordneten Wort W_a ist, dann umfaßt die Liste der unterscheidenden Merkmale von Wort W_h alle Unterscheidungsmerkmale von Wort W_a. Merkmale, die beiden Wörtern gemeinsam sind, werden bei W_a gespeichert, so daß diese gemeinsamen Merkmale nicht noch einmal bei W_h gespeichert sein müssen, solange das Hyponym und

Exkurs 9.1: Der Mann ohne Nomina

Von Patienten, die Schwierigkeiten beim Benennen von Dingen erleben, sagt man, sie leiden an Anomie. Anomie erscheint in verschiedenster Form, und ein gewisses Maß an Bennungsschwierigkeiten kann bei fast jedem Fall von Aphasie beobachtet werden. Zuweilen ist die Schwierigkeit auf bestimmte semantische Bereiche beschränkt: Eigennamen bereiten spezielle Probleme; seltene Wörter sind gewöhnlich schwerer zu erinnern als häufige; Farbbezeichnungen sind oft besonders empfindlich; die Namen für Körperteile können verschont bleiben, während andere Bezeichnungen verlorengingen; Handlungen können korrekt bezeichnet werden, aber Objekte nicht, oder gerade umgekehrt. Manche Formen der Anomie sind modalitätsspezifisch: Die Patienten können einen Gegenstand benennen, wenn sie ihn berühren, aber nicht, wenn sie ihn bloß sehen; anderen gelingt es beim Sehen, aber nicht bei Berührung. Seltene Fälle von fließender Aphasie wurden berichtet, bei denen die Schwierigkeit des Patienten vorwiegend in der Erinnerung an Verben besteht, die allermeisten Anomiepatienten kommen aber nur bei Nomina in Schwierigkeiten.

Die Standardmethode zur Untersuchung dieser Schwierigkeiten ist die Benennung bei Konfrontation; dem Patienten oder der Patientin wird ein Gegenstand gezeigt, und dieser soll benannt werden. Als man dem Patienten H. W. beispielsweise einen Apfel zeigte, konnte er nicht „apple" sagen, wiewohl er das Wort verstehen konnte — wenn er es vorgesagt bekäme, würde er erkennen, daß

Carl Wernicke (1848 – 1905), der als erster fließende Aphasien beschrieb, also Aphasien, die mit flüssiger Sprachproduktion einhergehen.

es sich um gerade das Wort handelt, welches er nicht produzieren kann. Wenn er in einem Obstkorb auf den Apfel zeigen sollte, war er dazu in der Lage. Er konnte das Bild eines Apfels malen, aber er konnte nicht benennen, was er gerade gemalt hatte. Und er konnte angeben, daß ein Apfel „etwas zum Essen" ist. Aber er konnte nicht das Wort „apple" produzieren, wenn es verlangt war.

Anders als bei Patienten mit Läsionen des Brocaschen Zentrums und dessen Umgebung sprach H. W. durchaus flüssig und hatte kaum Verständnisprobleme. Aber er hatte beträchtliche Schwierigkeiten, die Wörter, die er verwenden

wollte, zu finden; am stärksten trat dieses Problem im Zusammenhang mit Nomina auf. Dr. Kathleen Baynes von der Dartmouth Medical School ließ ihn zum Beispiel das Bild mit dem „Keksdiebstahl" (siehe Kapitel 5) beschreiben. In dem in englischer Sprache belassenen Protokoll sind die verwendeten Nomina durch Fettdruck hervorgehoben. H. W. begann wie folgt:

H. W.: First of all this is falling down, just about, and is gonna fall down and they're both getting something to eat ... but the **trouble** is this is gonna let go and they're both gonna fall down ... but already then ... I can't see well enough but I believe that either she or will have some **food** that's not good for you and she's to get some for her, too ... and that you get it there because they shouldn't go up there and get it unless you tell them that they could have it. And so this is falling down and for sure there's one they're going to have for food and, and didn't come out right, the uh, the **stuff** that's uh, good for, it's not good for you but it, but you love it, um mum mum (*schmatzt mit den Lippen*) ... and that so they've ... see that, I can't see whether it's in there or not.

Untersucher: Yes, that's not real clear. What do you think she's doing?

H. W.: But, oh, I know. She's waiting for this!

Untersucher: No, I meant right here with her hand, right where you can't figure out what she's doing with that hand.

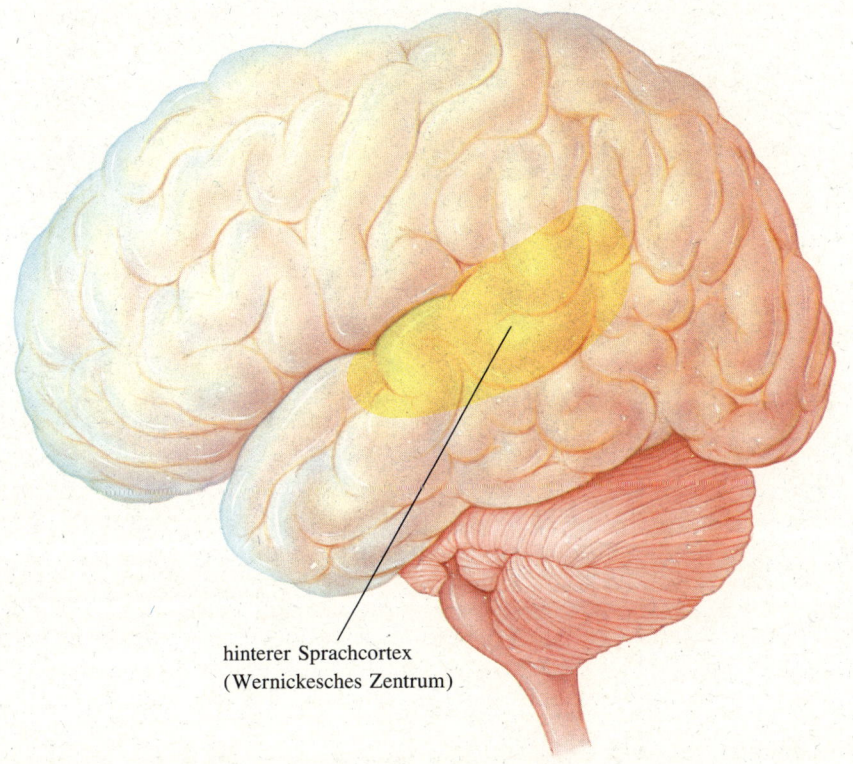

hinterer Sprachcortex
(Wernickesches Zentrum)

Die linke Hemisphäre des menschlichen Gehirns, auf der die Lage des Wernickeschen Zentrums relativ zu anderen wichtigen Bereichen des Cortex zu sehen ist.

H. W.: Oh, I think she's saying I want two or three, I want one, I think, I think so, and so, so she's gonna get this one for sure it's gonna fall down there or whatever, she's gonna get that one and, and there, he's gonna get one himself or more, it all depends with this when they fall down ... and when it falls down there's no **problem**, all they got to do is fix it and go right back up and get some more.

H. W. fuhr noch lang und breit fort, doch ist dieser Teil schon repräsentativ. Es ist zu beachten, daß die Grammatik weitgehend intakt ist und daß das Gesagte viele Pronomina und Nominalphrasen, jedoch nur wenige Nomina enthält. In dem Textauszug kommen nur vier Nomina vor, die alle stark generisch sind. Zwei davon, *trouble* und *problem*, wurden gar nicht referentiell verwendet; die beiden anderen, *food* und *stuff*, kamen beide in Paraphrasen vor bei dem Versuch, seine Unfähigkeit, sich an das

Wort *cookie* zu erinnern, zu umgehen. (Obwohl das Wort *cookie* auf der Keksdose steht, konnte er es nicht sagen; es handelt sich hier um eine Besonderheit im Zustand von H. W., daß er nicht laut lesen konnte, dennoch aber leise lesen konnte und das auch in normaler Geschwindigkeit verstand.) Bemerkenswert an H. W. war, daß er so eindeutig unfähig war, Nomina hervorzubringen, wenn er versuchte, sich auszudrücken, während er gleichzeitig gute Verstehensleistungen aufbrachte.

207

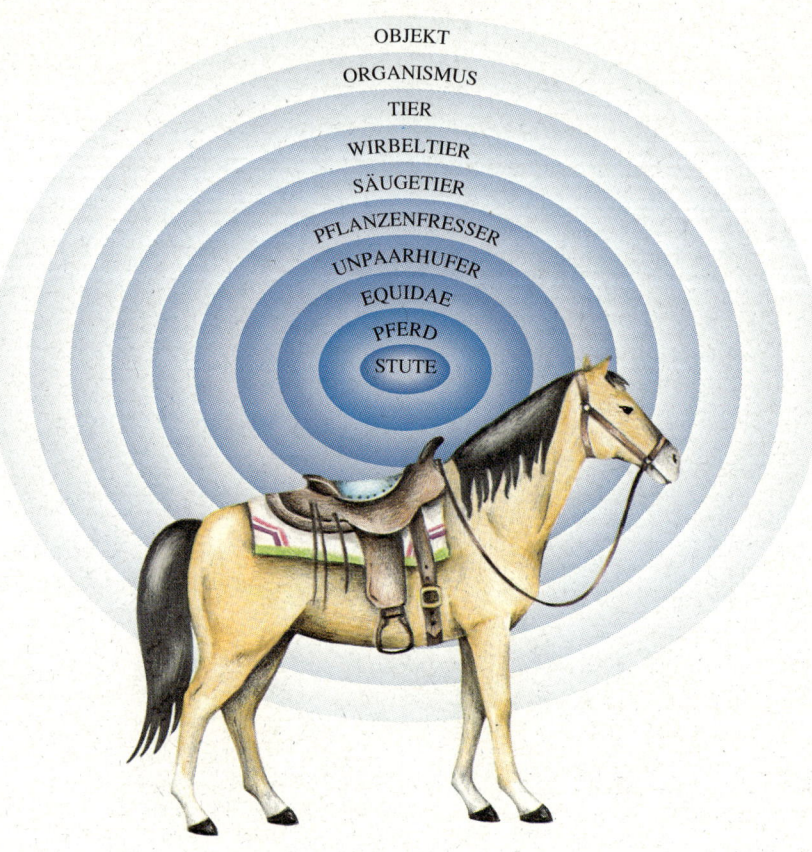

OBJEKT
ORGANISMUS
TIER
WIRBELTIER
SÄUGETIER
PFLANZENFRESSER
UNPAARHUFER
EQUIDAE
PFERD
STUTE

9.4 Hierarchisch verbundene Nomina zeigen Klasseninklusion an. Mit zunehmendem Allgemeinheits- und Abstraktionsgrad der Begriffe bezeichnen sie immer umfassendere Klassen.

sein Überbegriff eng assoziiert sind; bei Bedarf können die Merkmale beim Oberbegriff abgefragt werden. Da *Eiche* zum Beispiel ein Hyponym zu *Baum* ist, schließen die distinktiven Merkmale von Eichen alle distinktiven Merkmale von Bäumen mit ein; das heißt, daß Eichen alle Merkmale von Bäumen aufweisen und dazu noch ein paar weitere, die Eichen von anderen Baumarten unterscheiden. Deshalb müssen nur die für Eichen spezifischen Merkmale bei *Eiche* gespeichert werden; die Merkmale, die Eichen dadurch zukommen, daß sie Bäume sind, kann man leicht auffinden, wenn nur *Eiche* automatisch als Hyponym zu *Baum* erkannt wird.

Diesem Ansatz zufolge erbt ein Hyponym die Eigenschaften seiner übergeordneten Begriffe. Die Tatsache, daß eine Eiche Eicheln hat, ist Information, die direkt bei *Eiche* gespeichert ist, wohingegen die Tatsache, daß eine Eiche einen Stamm hat, von *Baum* vererbt wird. Außerdem verläuft die Merkmalsvererbung transitiv: Die Tatsache, daß eine Eiche Zellwände besitzt, die aus Zellulose bestehen, erbt sie von *Pflanze*, weil Eichen Bäume sind und Bäume Pflanzen und weil Pflanzen Zellwände aus Zellulose besitzen. Es handelt sich hier um eine syllogistische Logik:

Alle Eichen sind Bäume.

Alle Bäume sind Pflanzen.

Deshalb sind alle Eichen Pflanzen.

Alle Pflanzen besitzen Zellwände aus Zellulose.

Deshalb besitzen alle Eichen Zellwände aus Zellulose.

Es wird nicht behauptet, daß jemand diesen Syllogismus bewußt durchlaufen muß, um die Frage „Haben Eichen Zellwände aus Zellulose?" zu beantworten. Der Syllogismus dient bloß als formale Demonstration dafür, daß ein in der beschriebenen Weise organisiertes lexikalisches Gedächtnis alle Informationen enthält, die zur Beantwortung solcher Fragen notwendig sind.

Hat eine Eiche Zellwände aus Zellulose?

Hat eine Eiche Eicheln?

Hat eine Eiche einen Stamm?

Hat eine Eiche Wurzeln?

9.5 Wie sind die verschiedenen Eigenschaften beispielsweise einer Eiche im mentalen Lexikon gespeichert?

Die Art, wie die Vererbung von Eigenschaften funktionieren soll, kann man wie folgt veranschaulichen. Angenommen, ein Freund erzählt einem: „Ich habe einen Terrier, der Rex heißt." Weiterhin angenommen, dies sei das erste Mal überhaupt, daß man von Rex hört. Dennoch weiß man bereits eine ganze Menge über Rex. Man weiß, daß es sich um einen kleinen, haarigen Vierbeiner handelt, der gern Fleisch mag und bellt und der eine Schnauze und einen kurzen Schwanz hat und einen Magen und noch einiges mehr. Man muß nicht gezielte Fragen über jedes dieser Merkmale stellen, da sich die Information über Rex einfach aus der Information über Terrier ableitet. In gleicher Weise muß man, wenn man zuerst gelernt hat, daß W_h der Name für eine Art W_a ist, nicht eigens gezielte Fragen nach denjenigen Merkmalen stellen, die sich aus W_a ableiten lassen.

Da ein Hauptvorteil von Vererbungssystemen in der Einsparung von Speicherplatz liegt, lohnt sich die Überlegung, wie ökonomisch solche Systeme wirklich sind. Man kann grobe Kalkulationen anstellen, die auf einem hypothetischen Idealmodell eines Vererbungssystems (im folgenden HIMEV genannt) beruhen. HIMEV sei eine lexikalische Hierarchie mit fünf Ebenen und einem konstanten Verzweigungsfaktor von 5. Somit gibt es in HIMEV insgesamt $(1 + 5 + 25 + 125 + 625) = 781$ Wörter. Es sei weiter angenommen, daß für die Unterscheidung eines jeden Wortes vier Merkmale benötigt werden. HIMEV muß also $4 \times 781 = 3124$ Merkmale speichern. Würde nun zum Vergleich dieselbe Hierarchie jedes Merkmal eines Wortes bei diesem Wort speichern — wäre eine Vererbung von Merkmalen also nicht möglich —, dann erforderten dieselben 781 Wörter vier Merkmale auf der obersten Ebene, 5×8 Merkmale auf der zweiten Ebene, 25×12 Merkmale auf der dritten, 125×16 Merkmale auf der vierten und 625×20 Merkmale auf der untersten Ebene, insgesamt also 14 844 Merkmale, von denen 70 Prozent redundant wären (das heißt, die vier Merkmale, die die oberste Hierarchieebene kennzeichnen, sind nicht einmal, sondern 781 mal gespeichert). Und mit wachsender Anzahl von Ebenen steigt die relative Ökonomie von HIMEV. Der Vergleich ist natürlich idealisiert, aber er erklärt doch, warum Forscher Vererbungssysteme bevorzugen, wenn es darum geht, große Datenbasen im Speicher eines Computers abzulegen.

Jedoch ist Vorsicht angebracht. Die Tatsache, daß Vererbungssysteme einen Speicher ökonomisch nutzen, beweist noch nicht, daß das mentale Lexikon für Nomina auch in dieser Weise organisiert ist. Einige Psychologen glauben, daß das Gedächtnis für Wörter und ihre Bedeutungen beim Menschen nicht in dieser effizienten Weise organisiert sein kann. Es gibt nun einmal zu viele Befunde, die eine einfache Vererbungstheorie nicht zu erklären vermag.

Man betrachte die Frage: „Haben Eichen Wurzeln?" Betreibt man bei sich selbst Introspektion, während man die Frage beantwortet, wird man auf nichts Berichtbares stoßen — die Antwort kommt einem so schnell, wie man die Frage versteht; oder man hat die geistige Vorstellung von Baumwurzeln: einer entwurzelten Eiche etwa, einer Ausschnittzeichnung von Baumwurzeln im Boden oder was auch immer. In jedem Fall hat man das Gefühl, daß man die Frage auf der

Basis dessen, was man über Baumwurzeln weiß, beantwortet und nicht auf der Basis des Wissens über ein allgemeines Konzept einer abstrakten Pflanze. Solche instrospektiven Befunde sprechen, soweit sie die mentalen Prozesse beim Beantworten der Frage widerspiegeln, für die redundante Speicherung von Merkmalsinformation bei jedem zu kennzeichnenden Begriff.

Eine Art, die Vererbungshypothese zu prüfen, besteht darin, Personen einfache Fragen zu stellen, deren Antworten aus dem lexikalischen Speicher abgerufen werden können, und die Zeit zu messen, die sie brauchen, um auf die Antworten zu kommen. Werden Personen beispielsweise gefragt, ob Collies langhaarig sind, läßt die Vererbungshypothese erwarten, daß sie auf der Basis von Informationen antworten sollten, die bei *Collie* gespeichert sind. Auf die Frage „Haben Collies eine Schnauze?" sollten sie auf der Basis von unter *Hund* gespeicherter Information antworten. Und bei der Frage „Haben Collies eine Leber?" sollte zur Beantwortung die bei *Tier* gespeicherte Information herangezogen werden. Die frühen Experimente, in denen diese Vergleiche überprüft wurden, fanden heraus, daß die Befragten in der Tat zusätzliche Zeit benötigten, von *Collie* zu *Hund* und zu *Tier* überzugehen, um die Information zu finden, mit der sich die drei Fragen beantworten lassen. Diese Ergebnisse wurden als starke Unterstützung für die Annahme eines Vererbungssystems angesehen, da die Reaktionszeit auf alle drei Fragen dieselbe sein müßte, wenn alle Merkmale von Collies auch bei *Collie* abgespeichert wären.

Kaum waren diese Ergebnisse veröffentlicht, als andere Psychologen schon anfingen, ihre Allgemeingültigkeit zu kritisieren. Eine vollständigere Taxonomie für Collies würde beispielsweise auch Säugetiere umfassen: *Collie → Hund → Säugetier → Tier*. So sollten die Reaktionszeiten für Fragen über säugetierbezogene Merkmale von Collies zwischen denen von Hunden und denen von Tieren liegen. Tatsächlich jedoch dauerten die Antworten auf Fragen wie „Ist ein Collie ein Säugetier?" länger als erwartet. Offenbar spielen Unterschiede in der Vertrautheit von Klassen eine wichtige Rolle dafür, wie die Reaktionszeit ausfällt; dies findet in einer einfachen Vererbungstheorie keine Erklärung.

Ein weiterer Grund dafür, in Frage zu stellen, ob Vererbungssysteme ein angemessenes Modell für das lexikalische Gedächtnis abgeben, liegt darin, daß die einzelnen Vertreter einer Klasse von Natur aus ungleich sind. Zum Beispiel sind Spatzen, Hühner und Strauße allesamt Vögel, doch ist der Spatz ein typischerer Vogel als ein Huhn oder ein Strauß. Wenn Personen auf Fragen zu solchen Klassen so schnell wie möglich mit „ja" oder „nein" antworten sollen, dann werden sie auf „Ist ein Spatz ein Vogel?" signifikant schneller mit „ja" antworten als auf „Ist ein Strauß ein Vogel?". In der Theorie einfacher Vererbungssysteme gibt es nichts, was solche Unterschiede erklären könnte.

Läßt man Leute beschreiben, wie sie sich Tiere vorstellen, werden manche Merkmale häufiger erwähnt als andere. Zum Beispiel wird für *Tier* oft *kann sich bewegen* angeführt, *hat Ohren* kommt jedoch selten vor. Sollen Personen auf bestimmte Aussagen so schnell wie möglich mit „ja" oder „nein" antworten, so

9.6 Manche Vögel sind typischere Vögel als andere.

sagen sie nach „Ein Tier kann sich bewegen" signifikant schneller „ja" als nach „Ein Tier hat Ohren". Im allgemeinen verhält es sich so, daß ein Merkmal, das bei den Beschreibungen oft genannt wird, auch schnelle Reaktionszeiten bei der Verifikation von Aussagen bringt — und zwar unabhängig davon, wieviele Hierarchieebenen zwischen dem Wort und der Ebene liegen, aus der sich die Eigenschaft vererben sollte. Derartige Befunde scheinen jeder starken Fassung der Vererbungshypothese zu widersprechen.

Wenn das lexikalische Gedächtnis kein Vererbungssystem sein kann, was dann? Eine alternative Hypothese am diametral entgegengesetzten theoretischen Extrempunkt besteht in der völligen Redundanz: in der Annahme, daß die Merkmale im Gedächtnis bei jedem Wort, zu dessen Bedeutungsdifferenzierung sie beitragen, gespeichert sind, so daß sie direkt abgerufen werden können und nicht erst durch Schlußfolgerung abgeleitet werden müssen. Manche Merkmale sind mit einem Wort stärker assoziiert als andere, und mit diesen Unterschieden in der Assoziationsstärke lassen sich die Unterschiede in den Reaktionszeiten bei der Verifikation von Aussagen erklären. Ein solches reines Redundanzsystem ist aber genauso unplausibel wie ein reines Vererbungssystem. Sicherlich würde niemand annehmen, daß beispielsweise „hat eine Wirbelsäule" bei jedem einzelnen Wort, das einen Organismus aus der Klasse der Wirbeltiere bezeichnet, gespeichert ist. Es gibt unendlich viele solcher Merkmale, die Menschen verifizieren können; der Gedanke ist absurd, daß alle diese Merkmale im Gedächtnis explizit bei den Wörtern, die sie kennzeichnen, gespeichert wurden.

Die psychologischen Experimente zeigen zumindest, daß wahrscheinlich manche Merkmale in einem Vererbungssystem bei mehr als einem Wort gespeichert sind. Die Experimente beweisen NICHT, daß alle jeweils zutreffenden Merkmale bei jedem einzelnen Wort gespeichert sein müssen. Wenn das lexikalische Gedächtnis für Nomina völlig redundant wäre, dann würde die semantische Relation der Hyponymie keine so wichtige und unmittelbare Rolle beim Sprachverstehen spielen. Anders ausgedrückt, gibt es eigene Gründe dafür, an der Annahme einer hierarchischen Struktur mit einem gewissen Maß an Merkmalsvererbung festzuhalten, wie auch immer die vorliegenden Reaktionszeitexperimente ausgefallen sein mögen. Reaktionszeiten auf Aussagen zur Klassenzugehörigkeit werden von vielen anderen komplexen Faktoren beinflußt und nicht nur von den Ebenen einer lexikalischen Hierarchie. Es bleibt eine der großen Herausforderungen für Wissenschaftler, die sich mit diesem Aspekt des lexikalischen Wissens beschäftigen, die Details eines lexikalischen Gedächtnissystems auszuarbeiten, welches teilweise Redundanz zuläßt und zugleich schlußfolgernde Ableitungsregeln unterstützt.

9.7 „Kann sich ein Eichhörnchen bewegen?" wird schneller beantwortet als „Hat ein Eichhörnchen Ohren?" oder als „Hat ein Eichhörnchen eine Wirbelsäule?".

Basiskonzepte

Das lexikalische Gedächtnis für die Bedeutungen von Nomina enthält eine gewisse Form des Vererbungsprinzips, nicht jedoch die Art eines idealen Vererbungssystems, die maximal effizient wäre. So stellt sich die Frage: Wie weit und in welcher Weise weicht das lexikalische Gedächtnis von dem System mit maximaler Effizienz ab?

Eine plausible Spekulation besteht darin, daß der Vertrautheitseffekt (siehe Kapitel 7) zu einem gewissen Teil darin besteht, daß redundante Information mit vertrauten, häufig verwendeten Wörtern assoziiert wird. Dieser Ansicht zufolge würde ein gerade erst erworbenes oder selten benutztes lexikalisches Konzept seine unterscheidenden Merkmale von seinen Oberbegriffen erben, wächst die Vertrautheit jedoch durch häufigen Gebrauch, dann würden die ursprünglich geerbten Merkmale zunehmend direkt mit dem Konzept assoziiert werden. Falls diese Spekulation — nach der also mit stark vertrauten Wörtern viele redundante Merkmale direkt assoziiert sind — korrekt ist, erklärt sie auch, zumindest teilweise, warum Fragen oder Aussagen, in denen es um vertraute Konzepte geht, schneller beantwortet werden können als vergleichbare Fragen zu weniger vertrauten Konzepten.

Man muß deshalb annehmen, daß das lexikalische Gedächtnis einen hybriden Kompromiß zwischen der Effizienz bei der Speicherung und der Effizienz beim Abruf darstellt. Das Grunddesign ist das eines Vererbungssystems, aber an häufig benutzten Wegen entstehen Abkürzungen; Information, die zuerst auf dem Weg einer Schlußfolgerung abgerufen wird, wird durch häufige Assoziation mit der Zeit redundant gespeichert.

Sowie sich im lexikalischen System Redundanzbereiche entwickeln, unterliegt das System bestimmten generellen Einschränkungen redundanter Systeme. Im Vergleich eines hypothetischen Idealmodells eines Vererbungssystems (HIMEV) mit einem völlig redundanten Gedächtnissystem wurde deutlich, daß Redundanzsysteme mit zunehmender Anzahl von Ebenen immer ineffizienter werden. Es ist deshalb interessant, daß nur wenige Gruppen von Namen, die in einer Hierarchie zusammenhängen, mehr als sechs oder sieben Ebenen aufweisen. Wo man mehr als diese findet — *Stute* etwa ist ein Beispiel für eine Hierarchie mit mindestens zehn Ebenen —, schließen einige Ebenen oft Fachkonzepte ein, die nicht zum täglichen Grundwortschatz gehören. Prinzipiell gibt es keinen Grund, warum eine lexikalische Hierarchie nicht beliebig viele Ebenen aufweisen sollte; man könnte die Tatsache, daß es in der Praxis eine Grenze gibt, deshalb als eine Anpassung an die bestehenden Gedächtnisbeschränkungen interpretieren.

Da die Anzahl von Ebenen begrenzt ist, ist gewöhnlich auch die Anzahl von Nomina in einer Hierarchie begrenzt. Mit anderen Worten ist das Lexikon für Nomina durch eine Reihe von Hierarchien bestimmt, an deren Spitze jeweils ein eigener Oberbegriff steht, der eindeutige Startpunkt. Zum Beispiel dürfte das Konzept {*Handlung, Tätigkeit*} an der Spitze einer Hierarchie von Nomina stehen, die auf Sachen referieren, die Menschen tun (geschweifte Klammern bezeichnen wie schon in Kapitel 8 lexikalische Konzepte); ein Konzept {*Tier, Kreatur*} etwa überschreibt eine Hierarchie von Nomina, die sich auf alle verschiedenen Tierarten beziehen; mit dem Konzept {*Produkt, Artefakt*} könnte eine Hierarchie von Nomina anfangen, die auf all die verschiedenen, vom Menschen geschaffenen Gegenstände referieren, und so weiter. Jede dieser Hierarchien umfaßte zwischen fünf und zehn unterscheidbare Ebenen. Es ist ziemlich leicht, mögliche eindeutige Startpunkte für das Deutsche aufzulisten – Handlung; Tier; Gegenstand; Eigenschaft; Körperteil; Erkennen; Kommunikation; Ereignis; Gefühl; Nahrung; Gruppe; Ort; Motiv; natürliches Objekt; Person; Naturphänomen; Pflanze; Besitz; Vorgang; Menge; Beziehung; Form; Zustand; Stoff; Zeit – nicht ganz so klar ist, wo man aufhören soll. Der entscheidende Punkt ist jedoch, daß die eindeutigen Startpunkte die allgemeinsten Oberbegriffe in einer Sprache bilden; jeden eindeutigen Startpunkt kann man als Ausgangspunkt eines eigenen semantischen Feldes heranziehen.

Der Vergleich von HIMEV mit einem System völliger Redundanz zeigt außerdem, daß die Wiederholung der Merkmale der oberen Ebenen bei jedem Unterbegriff besonders ineffizient ist. Eine naheliegende Ersparnis bestünde deshalb darin, die Anzahl der Merkmale auf den obersten Ebenen zu verringern. Zu Berechnungszwecken wurden bei HIMEV auf jeder Ebene vier weitere distinktive Merkmale eingeführt; diese Annahme ist jedoch kaum realistisch. In den meisten lexikalischen Hierarchien gibt es eine Ebene irgendwo in der Mitte, der die meisten distinktiven Merkmale zugeordnet sind. Sprachwissenschaftlich orientierte Anthropologen bezeichnen diese Ebene als Basislevel des nominalen Lexikons und die auf diesem Level liegenden Konzepte als Basiskonzepte.

Bei den auf Basisniveau liegenden Begriffen handelt es sich um die Wörter, die Kinder als erste lernen und die Erwachsene am häufigsten verwenden, wenn sie Objekte oder Bilder von Objekten benennen sollen. Für lexikalische Konzepte auf Basislevel können Personen viele unterscheidende Merkmale, Teile und Verwendungszusammenhänge angeben. Über diesem Basislevel werden die Beschreibungen notwendigerweise kurz und allgemein. Unter dem Basislevel wird zu den Merkmalen, die die Basisbegriffe kennzeichnen, nur wenig hinzugefügt. Läßt man Personen zum Beispiel die Unterscheidungsmerkmale von *Möbel* aufzählen, gibt es kaum mehr zu sagen, als daß Möbelstücke dazu dienen, einen Raum bewohnbar zu machen. *Möbel* ruft keine Eigenschaften, Formen oder bestimmte Benutzungsweisen ab. Befragt man Personen jedoch über *Stuhl*, haben sie weitaus mehr zu sagen: Er hat eine übliche Form mit einer Sitzfläche, einer Rückenlehne und Beinen; er wird zum Sitzen gebraucht und so weiter. *Stuhl* ist ein Wort auf Basislevel. Geht man in der Hierarchie weiter hinunter zu *Lehnstuhl*, werden die Lehnen hinzugefügt, was aber nur einen kleineren Zusatz zum Basiskonzept ausmacht. *Hund*, *Pferd*, *Hammer* und *Baum* sind Beispiele für weitere Basislevelbegriffe im Deutschen.

Reduziert man die Anzahl der Unterscheidungsmerkmale, die mit Konzepten auf den oberen Ebenen der lexikalischen Hierarchie assoziiert sind, so lassen sich

Hundert universelle lexikalische Konzepte

1. I (ich)	26. root (Wurzel)	51. breasts (Brüste)	76. rain (Regen)
2. thou (du)	27. bark (Rinde)	52. heart (Herz)	77. stone (Stein)
3. we (wir)	28. skin (Haut)	53. liver (Leber)	78. sand (Sand)
4. this (diese/r/s)	29. flesh (Fleisch)	54. drink (trinken)	79. earth (Erde)
5. that (das, jene/r/s)	30. blood (Blut)	55. eat (essen)	80. cloud (Wolke)
6. who (der/die/das als Relativpronomen)	31. bone (Knochen)	56. bite (beißen)	81. smoke (Rauch)
7. what (was)	32. grease (Fett)	57. see (sehen)	82. fire (Feuer)
8. not (nicht)	33. egg (Ei)	58. hear (hören)	83. ash (Asche)
9. all (alle)	34. horn (Horn)	59. know (wissen, kennen)	84. burn (brennen)
10. many (viele)	35. tail (Schwanz)	60. sleep (schlafen)	85. path (Weg, Pfad)
11. one (ein/e)	36. leather (Leder)	61. die (sterben)	86. mountain (Berg)
12. two (zwei)	37. hair (Haar/e)	62. kill (töten)	87. red (rot)
13. big (groß)	38. head (Kopf)	63. swim (schwimmen)	88. green (grün)
14. long (lang)	39. ear (Ohr)	64. fly (fliegen)	89. yellow (gelb)
15. small (klein)	40. eye (Auge)	65. walk (gehen, laufen)	90. white (weiß)
16. Woman (Frau)	41. nose (Nase)	66. come (kommen, erscheinen)	91. black (schwarz)
17. man (Mann)	42. mouth (Mund)	67. lie (liegen)	92. night (Nacht)
18. person (Mensch)	43. tooth (Zahn)	68. sit (sitzen)	93. hot (heiß)
19. fish (Fisch)	44. tongue (Zunge)	69. stand (stehen)	94. cold (kalt)
20. bird (Vogel)	45. claw (Kralle, Klaue)	70. give (geben)	95. full (voll)
21. dog (Hund)	46. foot (Fuß)	71. say (sagen)	96. new (neu)
22. louse (Laus)	47. knee (Knie)	72. sun (Sonne)	97. good (gut)
23. tree (Baum)	48. hand (Hand)	73. moon (Mond)	98. round (rund)
24. seed (Samen)	49. belly (Bauch)	74. star (Stern)	99. dry (trocken)
25. leaf (Blatt)	50. neck (Hals)	75. water (Wasser)	100. name (Name)

9.8 Der Linguist Morris Swadesh erstellte Listen von Konzepten, von denen er annahm, daß sie so grundlegend seien, daß es in jeder Sprache dafür Wörter gibt. Seine erste Liste umfaßte 200 Konzepte, aber viele davon erwiesen sich als unbefriedigend, als er auch Sprachen außerhalb der indoeuropäischen Familie heranzog. Diese Liste von 100 Einträgen wurde dann ausgewählt; in Klammern sind deutsche Wörter für die entsprechenden Konzepte angegeben. Die 54 Nomina sind fett gedruckt; zu den Basisbegriffen dürften davon für die meisten anglophonen Sprecher die folgenden Wörter (und vielleicht noch ein paar mehr) gehören: *person, fish, bird, dog, tree, sun, moon, star, water, stone, path, mountain.*

damit die mit der Einführung von Redundanz verbundenen Kosten enorm senken. Der Preis dafür ist natürlich, daß die Spitze der Hierarchie nichtssagend allgemein wird. Ein Theoretiker könnte zum Beispiel ein inhaltsleeres Konzept wie *Entität* ganz an die Spitze der Nomina setzen, direkt darunter *Objekt* und *Vorstellung* als nächste Hyponyme, und so weiter herunter bis zu spezifischeren Konzepten — und auf diese Weise alle Nomina in einer einzigen Hierarchie zusammenpacken. Derartige Übungen verleihen eine gewisse ontologische Befriedigung, doch vermitteln die allgemein-abstrakten Konzepte an der Hierarchiespitze wenig semantische Information; hätte eine Sprache für diese Konzepte keine Wörter, würde man sie auch nicht vermissen.

Man kann also die Kosten redundanter Merkmale im Rahmen halten, indem man eindeutige Startpunkte einführt, die über wenige definierende Merkmale verfügen. Das zugrundeliegende Design des Lexikons für Nomina ist jedoch immer noch ein Vererbungssystem. Die Möglichkeiten zur Sparsamkeit, die ein Vererbungssystem bietet, werden nicht gänzlich ausgenutzt, aber sie bieten einen allgemeinen Plan für diesen Teil des mentalen Lexikons und erleichtern das rapide Wachstum des Wortschatzes.

Wo genau die verschiedenen Unterscheidungsmerkmale dem Vererbungssystem angegliedert werden sollten, wird so zu einer heiklen theoretischen Entscheidung. *Hat Räder* kann beispielsweise nicht bei *Fahrzeug* angebracht werden, weil Boote und Schlitten Fahrzeuge sind, die keine Räder haben. Wenn man eine Kategorie mit der Bezeichnung *rädrige Fahrzeuge* schaffen würde (für die es im Deutschen kein spezielles Wort gibt), gehören dazu nicht nur Autos, Lastwagen, Züge und dergleichen, sondern auch Fahrräder, Kinderwagen, Skateboards, Schubkarren und einiges mehr; wird die Mitgliedschaft zu verschiedenartig, könnte es notwendig werden, die Entscheidung zu überdenken, nach der man die Lücke im Lexikon mit *rädrige Fahrzeuge* gefüllt hatte. Die Alternative bestünde darin, *hat Räder* bei allem, was Räder hat, zum Merkmal zu machen und nicht zu versuchen, zu einer Generalisierung zu kommen, die die Vererbung dieses Merkmals zuließe.

Der Miteinbezug von Teil-Ganzes-Hierarchien in Vererbungssysteme wirft für den lexikalischen Semantiker komplexe Fragen auf. Ein Teil kann nicht nur als ein Merkmal dienen, das bei der Definition mehrerer unterschiedlicher nominaler Konzepte zum Einsatz kommt, die Bezeichnung des Teils ist vielmehr auch selbst ein nominales Konzept, welches in dem Vererbungssystem seinen Platz finden muß und selbst wiederum Teile haben kann. *Rad* beispielsweise spielt nicht nur eine definierende Rolle als Teilmerkmal bei rädrigen Fahrzeugen, ein Rad ist auch – wie ein Brecheisen, eine Schraube, ein Keil oder eine feste Rolle – ein einfaches Gerät; *Rad* ist ein Hyponym zu *Gerät*. Außerdem kann ein Rad Teile aufweisen: einen Reifen, eine Felge oder Speichen. So kommt *Rad* in zwei Hierarchien gleichzeitig vor, einmal in einem Vererbungssystem für Geräte und das andere Mal in einer Inklusionshierarchie, die aus Teilen und dem Ganzen, das sie bilden, besteht. Diesen Komplexitätsgrad gibt es bei komplizierten Erzeugnissen des Menschen und bei Bezeichnungen für Körperteile häufig.

Um in diesem Detailliertheitsgrad eine theoretische Darstellung des lexikalischen Gedächtnisses zu erstellen, bedarf es der intensiven Abstimmung der Assoziationen zwischen den einzelnen Ebenen und der Zuordnung von Merkmalen zu Konzepten. Die Annahme erscheint berechtigt, daß menschliche Lernende im Zuge des Anwachsens ihres Wortschatzes ähnliche Zuordnungen vornehmen müssen, doch weiß man noch ziemlich wenig darüber, wie es genau funktioniert, daß fehlerhafte Information ausgegliedert und durch korrekte Information ersetzt wird.

Polysemie

Ein polysemes Wort hat zwei oder mehrere Bedeutungen. Die meisten Menschen spüren, daß bei der Polysemie etwas nicht ganz in Ordnung ist, da sie zu Mißverständnissen einlädt: Eine gut durchgeplante Sprache würde sie um größerer Klarheit und Genauigkeit willen vermeiden. Die Polysemie abzuschaffen ließe den Wortschatz jedoch zu einem rigiden System werden, unfähig, sich an unerwartete Situationen oder die intensive Beschäftigung mit etwas anzupassen. Wäre der Vorrat an verschiedenen Wörtern unbegrenzt, könnte man sich natürlich einen Wortschatz denken, in dem ein Wort genau einem Begriff entspricht; das Englische kommt diesem Ziel näher als die meisten anderen Sprachen. Das mündliche Chinesisch ist dagegen, gemessen an westlichen Standards, außerordentlich polysem, und dennoch kommen die Chinesen damit ganz gut zurecht. Offenbar ist Polysemie kein so schlimmer Nachteil, wie es auf den ersten Blick scheint.

Man kommt dem Wesen der Polysemie am besten auf die Spur, indem man konkrete Beispiele heranzieht, zum Beispiel das deutsche Wort *Engländer*. Es ist ein polysemes Nomen, dessen Bedeutungen man mit { *Engländer, Angehöriger der englischen Bevölkerung* } und { *Engländer, verstellbarer Schraubenschlüssel* } angeben kann. Im entsprechenden – oder besser: ohne hinreichenden – Kontext kann die Polysemie zur Mehrdeutigkeit führen. Einen Satz wie

Der Engländer war völlig gebrochen.

kann man mit jeder der beiden Lesarten von *Engländer* verstehen, aber nur, weil auch das Partizip *gebrochen* zwei Bedeutungsaspekte zuläßt. In den meisten Kontexten sind polyseme Wörter eindeutig – der Kontext „desambiguiert" polyseme Wörter, um es im Jargon der lexikalischen Semantiker zu sagen. Im Englischen kommt es häufig vor, daß die beiden Bedeutungen eines Wortes in verschiedenen Syntaxklassen stehen, etwa *board*, was als Nomen (unter anderem) *Brett* und als Verb (unter anderem) *einsteigen* bedeutet. In diesen Fällen kann der grammatische Kontext den Unterscheidungshinweis geben. Der schwierigere Fall tritt ein, wenn beide Bedeutungen zu derselben Syntaxklasse gehören. Wie es den Leuten gelingt, polyseme Wörter beim Verstehen eines grammatisch geregelten Diskurses zu desambiguieren, ist eines der reizvolleren Probleme der Psycholinguistik; es liegt jedoch nicht im Bereich dieses Buches. Hier reicht es zu wissen, daß von der Polysemie nicht die Gefahr ausgeht, die ihr manchmal zugeschrieben wird.

Die Polysemie hilft zu erinnern (falls dies nötig ist), daß die lexikalischen Hierarchien, die die Theoretiker mit Hilfe von Vererbungssystemen darstellen, wirklich Hierarchien lexikalischer Konzepte und nicht Hierarchien von Wörtern sind. Das Wort *Engländer* mit der Bedeutung { *Engländer, Angehöriger der englischen Bevölkerung* } ist ein Hyponym zu dem Konzept { *Europäer* } beziehungsweise { *Mitglied einer nationalen Gruppe* }; das Wort *Engländer* mit der Bedeutung { *Engländer, verstellbarer Schraubenschlüssel* } ist ein Hyponym zu dem Konzept { *Werkzeug* }. Jeder der beiden *Engländer* – man kann sie *Engländer$_1$* und *Engländer$_2$* nennen – bringt ein anderes lexikalisches Konzept zum Ausdruck und ist in einem anderen Vererbungssystem plaziert. In anderen Sprachen kann jeder der beiden *Engländer* durch ein anderes Wort ausgedrückt werden.

In verschiedenen Sprachen ist die Polysemie auch verschieden verteilt. In jedem zweisprachigen Lexikon sind diese Unterschiede detailliert verzeichnet. Das deutsche Wort *Engländer* wird, was {*Engländer, Angehöriger der englischen Bevölkerung*} betrifft, als *Englishman* ins Englische übersetzt, aber als *monkey wrench*, wenn es um {*Engländer, verstellbarer Schraubenschlüssel*} geht. Genau derselbe Bedeutungsumfang, den *Engländer* hat, läßt sich im Englischen nicht mit einem einzigen Wort ausdrücken. Dasselbe gilt etwa auch für {*Schloß, Palast*} – *castle* und {*Schloß, Türverschluß*} – *lock*. Dagegen werden beispielsweise {*Bank, Geldinstitut*} und {*Bank, Damm*} auch im Englischen durch dasselbe polyseme Wort *bank* ausgedrückt; für {*Bank, Sitzgelegenheit*} besteht die Polysemie im Englischen jedoch nicht, wie *bank* im Englischen wiederum auch Bedeutungen annimmt, die in keiner Verwendungsart des deutschen Wortes *Bank* enthalten sind. Das Erlernen einer Zweitsprache erhöht die Sensibilität für die Feinheiten der Polysemie in beiden Sprachen.

Diese Unterschiede zwischen Sprachen sind in der Tat so häufig anzutreffen, daß Ausnahmen – wie im obigen *Bank*-Beispiel – überraschen, aber es gibt auch Ähnlichkeiten. Zum Beispiel gibt es in etwa zwei Drittel der verschiedenen Sprachen, die untersucht wurden, ein einziges Wort, mit dem sich sowohl {*Holz*} als auch {*Baum*} ausdrücken läßt. Ein Drittel fassen {*Hand*} und {*Arm*} unter einem einzigen Wort. Diese nomenklatorischen Beziehungen spiegeln die gemeinsame Art wider, wie Dinge in der Welt wahrgenommen und kategorisiert werden.

Polysemie spielt bei lexikalischen Veränderungen eine Rolle. Üblicherweise wird die Bedeutung eines Wortes erweitert, wenn man eine Bezeichnung für einen neuen Referenten braucht; dabei muß jedoch der neue Referent in irgendeiner Weise mit dem alten Referenten zusammenhängen. Beispielsweise spreche ein Volk eine Sprache, die über ein Wort *W* für {*Baum*} verfügt. Braucht das Volk nun ein Wort für {*Holz*} und sieht es Bäume als Holzquelle an, dann wird es wohl *W* so erweitern, daß es auch {*Holz*} bezeichnet. Cecil H. Brown, ein Sprachanthropologe, der vergleichende Untersuchungen zur Polysemie durchgeführt hat, kam zu der Beobachtung, daß »die Entwicklung der Polysemie typischerweise mit einer Ausweitung eines Begriffs für einen wichtigen, im täglichen Leben auffälligen Referenten auf einen verwandten Referenten geringerer Auffälligkeit verbunden ist.«

Brown sah sich beispielsweise die Wörter zur Bezeichnung von {*Wind*} und {*Luft*} in 221 verschiedenen Sprachen an. Eines der beiden Konzepte, {*Wind*}, tritt anfänglich auffälliger hervor; alle 221 Sprachen verfügten über einen Ausdruck für {*Wind*}, nur 137 dagegen über einen Ausdruck für {*Luft*}. 77 Sprachen hatten jedoch ein polysemes Wort für sowohl {*Wind*} als auch {*Luft*}. Diese Zahlen sprechen für eine Darstellung der lexikalischen Evolution als Widerspiegelung des wachsenden technischen Entwicklungsstandes. Winde sind direkt spürbar, sich mit der Luft zu beschäftigen erfordert jedoch ein umfassenderes Verständnis. So überrascht es nicht, daß {*Wind*} anfangs das auffälligere Konzept ist. Wenn das Konzept {*Luft*} entsteht, kann der schon bestehende Ausdruck für {*Wind*} ausgedehnt werden und {*Luft*} mit einschließen. Zwischen den beiden nimmt man eine Beziehung wahr – Wind ist ein Strom von

Luft –, so löst die Polysemie ein terminologisches Problem auf einfache Weise. Und wenn {*Luft*} noch wichtiger wird, kann dieser polyseme Zustand durch einen eigenen Ausdruck für {*Luft*} ersetzt werden.

Mit Hilfe des *Oxford English Dictionary* kann man diesen allgemeinen Sachverhalt am Beispiel des polysemen englischen Wortes *board* illustrieren, auch wenn die exakten Einzelheiten im Verlauf der Geschichte verlorengingen. Vor langer Zeit bezog sich *bord* auf ein dünn gesägtes, großflächiges Stück Holz. Da diese Holzstücke gute Oberflächen zum Arbeiten und Essen abgaben, wurde *bord* um ein Konzept erweitert, das man inzwischen als *table* (*Tisch*) kennt; Ausdrücke wie *aboveboard* (*ehrlich, über dem Tisch*), *sideboard* (*Anrichte, neben dem Tisch*) und *bed and board* (*Tisch und Bett*) zeugen noch von dieser Verwendung. Als nächstes wurde der Bedeutungsbereich des Wortes ausgedehnt auf den Tisch, an dem eine Beratung stattfindet, und von da aus auf die Gesellschaft, die am Beratungstisch sitzt, woraus sich die heute noch verwendeten Ausdrücke wie *board of directors* (*Vorstand*), *board of health* (*Gesundheitsamt*) oder *school board* (*Schulbehörde*) ableiten.

Die Geschichte von Wörtern nachzuzeichnen ist etwas für Kenner, die es dann jedoch mit Hingabe betreiben. Jedes Wort hat seine eigene Geschichte; diese zu dokumentieren, die Lücken mit plausiblen Spekulationen zu füllen, kann zu einer vereinnahmenden Beschäftigung werden. Zum Teil beruht die Faszination darauf, daß diese Geschichten sich oft als so überraschend und unerwartet erweisen. Das soll heißen, daß es nicht notwendig ist, die Etymologie eines Wortes zu kennen, um zu wissen, was es bedeutet oder wie es verwendet wird, aber gerade diese Selbständigkeit der Wortgeschichte macht einen Teil ihres Reizes aus. Wer hätte erwartet, ein Bruchstück der Menschheitsgeschichte in einem alltäglichen Nomen zu finden?

***

Eine Art, wie die Menschen mit ihrem Erleben zurechtkommen, liegt in der Kategorisierung, und aus den Kategorien, die einer Gruppe von Menschen wichtig sind, formen sich die Wörter, die diese verwenden. So entsteht eine hierarchische Struktur lexikalischer Konzepte, in der die Bedeutung eines Wortes anhand ihrer Plazierung in der Hierarchie festgestellt werden kann. Diese Art der Organisation stellt einen Rahmen zur Verfügung, in den neue Konzepte eingepaßt werden können; dieser Rahmen wird durch die multiplen Beziehungen sowohl morphologischer als auch semantischer Art, die ihn zusammenhalten, zu einem stabilen Gebilde, das dennoch offen genug bleibt, um Erweiterungen zuzulassen, die neuen Erkenntnissen und neuen Interessen gerecht werden.

10.1 Dieses Netzwerk stellt die einander gegenüberliegenden Begriffe *groß* und *klein* (und
ihre jeweiligen Synonyme) dar; es veranschaulicht die grundlegende Rolle der (direkten wie
indirekten) Antonymie bei der Anordnung der
Adjektive im mentalen Lexikon.

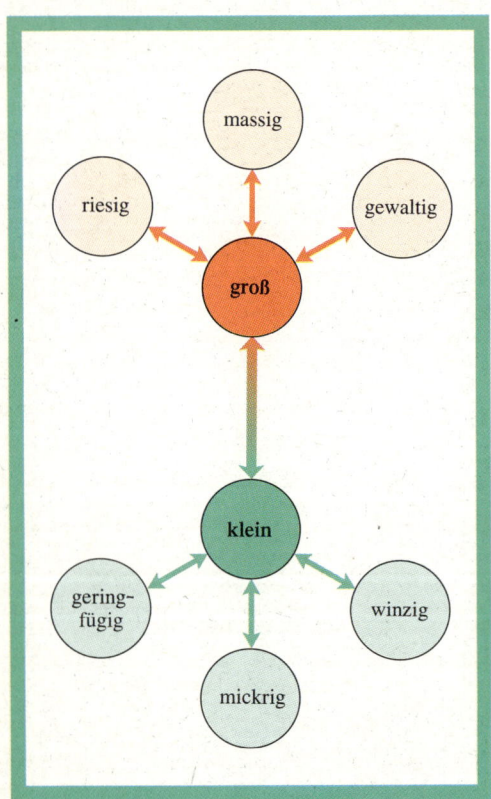

10.2 Will man diese beiden Hände verbal unterscheiden, so nimmt man die Wortklasse
der Adjektive zu Hilfe, welche die Ausprägung von Merkmalen — hier: der Größe —
ausdrücken.

10. Unterscheidungen treffen

Kategorisieren heißt, Unterschiede außer acht zu lassen. Ein Haus und eine Scheune sind etwas Verschiedenes, wenn sie jedoch gemeinsam als Instanzen des Konzepts {*Gebäude*} klassifiziert werden, bleiben ihre Unterschiede beiseite. Die Fähigkeit zur Klassifikation ist eine wichtige Komponente der allgemeinen Fähigkeit des Menschen, mit seinem Erleben zurechtzukommen, und ein umfangreicher Teil des Wortschatzes einer jeden Sprache — nämlich die Nomina — ist der Vereinheitlichung der Kategorien gewidmet, die für wichtig erachtet werden. Von den Unterschieden abzusehen ist jedoch nicht immer die intelligenteste Reaktion auf die jeweilige Situation. Zuweilen ist es gerade notwendig, Unterschiede zu bemerken und Unterscheidungen zwischen Personen oder Ereignissen zu treffen. Alle höheren Lebewesen verfügen über diese Diskriminationsfähigkeit, deren Ausprägung bei der dem Menschen eigenen Anpassung an die Umwelt jedoch stark erhöht ist, indem die Fähigkeit, wichtige Unterschiede mit Wörtern zu belegen, hinzukommt.

Sprache dient vielerlei Zwecken, unter anderem der Übermittlung von Information. Andere Zwecke bereiten zwar mehr Vergnügen, aber ernsthafte Menschen heben auf die informationsübermittelnde Kommunikation ab und damit auch auf die Referenz: Wenn sich die an einer Diskussion Beteiligten nicht einigen können, worüber sie sprechen, werden sie aus dem Informationsaustausch sicherlich keinen Gewinn ziehen. Deshalb kommt sprachlichen Mitteln, mit denen sich mögliche Referenten unterscheiden lassen, besonderes Gewicht zu.

Ein Eigenname bezeichnet normalerweise ein einzelnes Ding — es gibt zum Beispiel nur einen Kölner Dom; die referentielle Zielrichtung eines Eigennamens ist somit ziemlich klar. Bei gewöhnlichen Nomina kann sich jedoch Verwirrung ergeben; sie bezeichnen Klassen von Objekten oder Ereignissen und nicht bestimmte Vertreter dieser Klassen. Im Deutschen gibt es eine Vielzahl syntaktischer Mittel, um ein bestimmtes Mitglied einer solchen Klasse einzeln hervorzuheben. Um zum Beispiel ein bestimmtes Auto zu benennen, kann man einen Relativsatz verwenden (*das Auto, das gegen den Baum fuhr*), eine Präpositionalphrase (*das Auto in der Einfahrt*), eine Genitivergänzung (*das Auto deines Vaters*) oder adjektivische Modifikationen (entweder in attributiver, *das kleine Auto*, oder in prädikativer Verwendung, *das Auto ist klein*). Alle diese syntaktischen Vorrichtungen setzen voraus, daß die jeweiligen Objekte oder Ereignisse bestimmte Merkmale aufweisen — eine Vorgeschichte, eine räumliche Lage, einen Besitzer, ein bestimmtes Aussehen, Teile, Verwendungszwecke, was auch immer — und daß man diese Merkmale benutzen kann, um ein Exemplar von einem anderen zu unterscheiden. Die Wörter, mit denen sich solche Unterscheidungen am besten treffen lassen, sind die Wörter aus der Kategorie der Modifikatoren: Adjektive und Adverbien. Auch hier leitet sich die Organisation eines großen Teils des mentalen Lexikons aus den zugrundeliegenden Mechanismen ab, mit denen der menschliche Verstand das Erleben bewältigt und daraus lernt.

10.3 Selbst bei Auberginen gibt es mehrere Dimensionen, nach denen sie sich unterscheiden; und jede Dimension bildet sich in einem adjektivischen Merkmal unserer Sprache ab.

Bedeutungsdimensionen

Man nehme einen einfachen Gegenstand — sagen wir, eine Tasse. Das Wort *Tasse* erscheint unzweideutig, wenngleich es noch lange nicht angibt, ob eine bestimmte Tasse groß oder klein, voll oder leer, weiß oder braun, sauber oder verschmutzt, aus Ton oder Porzellan, im Schrank oder auf dem Tisch ist. Diese Merkmale und Eigenschaften — wir sprechen im folgenden von *Attributen* — können wichtig werden, wenn es erforderlich wird, eine Tasse von anderen zu unterscheiden. Eine Tasse besitzt Größe (sowohl Höhe als auch Breite, und die Wände weisen eine bestimmte Dicke auf), Farbe (Farbton, Helligkeit, Sättigung), Gewicht, Temperatur, Form, Volumen, Härte, Elastizität. Eine Tasse hat einen Wert, einen Preis, ein Alter, eine Lage im Raum; sie ist mehr oder weniger brauchbar, nützlich, zugänglich, transportierbar, angenehm. Die Liste möglicher Attribute kann man immer weiter führen. Jedes dieser Attribute kann man heranziehen, um eine Tasse von einer anderen zu unterscheiden.

Attribute müssen immer Attribute VON etwas sein. Das soll heißen, daß verschiedene Attribute zu verschiedenen Arten von Dingen gehören; Menschen können viel mehr Attribute unterscheiden als die, die sie brauchen, um eine Tasse gegenüber einer anderen hervorzuheben. Von einer Tasse sagt man normalerweise nicht, sie sei ehrgeizig, einsichtig, aggressiv, überzeugend, kräftig oder nachdenklich – eine Liste irrelevanter Attribute wäre länger als die der relevanten. Das Wissen über ein normales Nomen umfaßt auch die Attribute seiner Referenten, die Attribute, die bestimmen, welche Modifikatoren angemessen sind, wenn bestimmte Exemplare benannt werden.

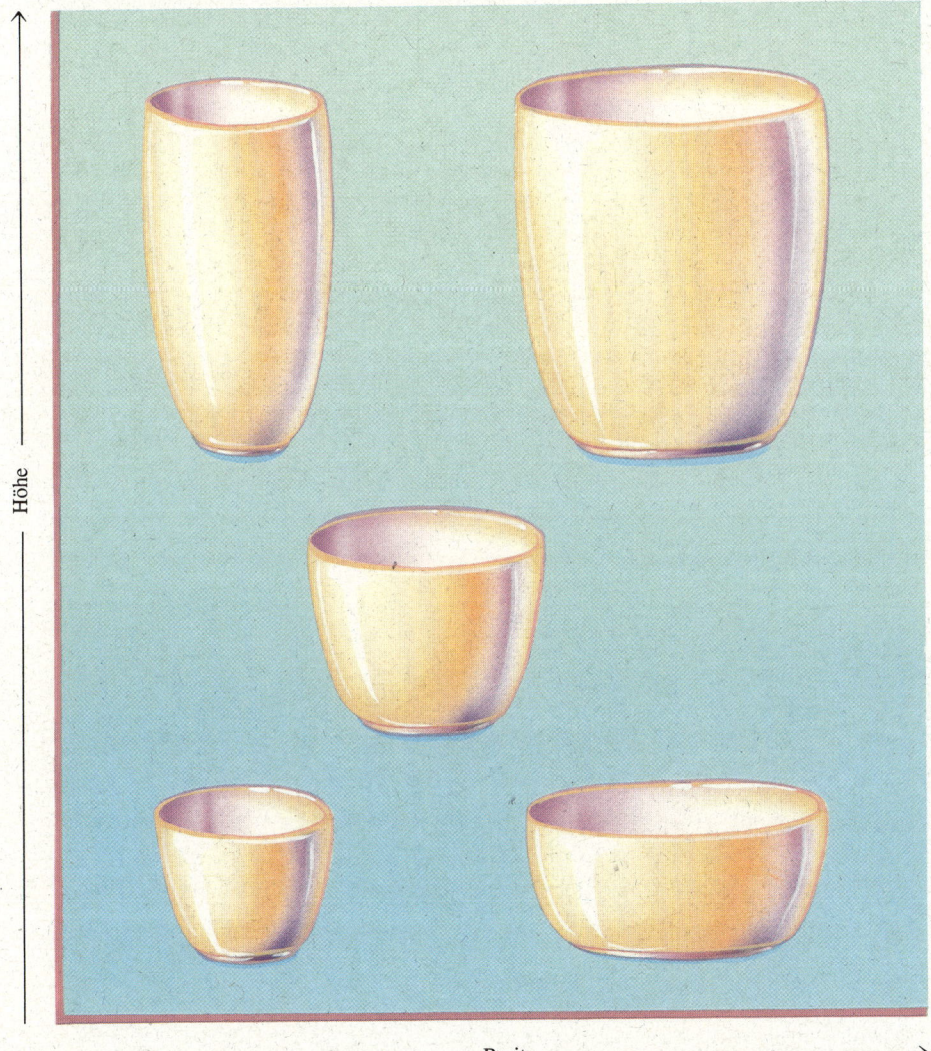

10.4 Was passiert, wenn man zwei Merkmale eines Objekts verändert? In diesem Fall rufen Höhe und Breite die folgenden lexikalischen Bezeichnungen hervor (von links oben nach rechts unten): *Vase*, *Tasse*, *Schale*.

Manche Theoretiker stellen sich Attribute als Dimensionen vor. In diesem Fall definieren die *N* Attribute eines gegebenen Referenten einen abstrakten *N*-dimensionalen Raum (einen Hyperraum); jedes einzelne Exemplar kann man sich als einen Punkt in diesem Raum vorstellen, dessen Raumkoordinaten sich aus seiner Ausprägung auf jeder Dimension ergeben. Man beachte, daß die Attribute durch Nomina bezeichnet werden, daß jedoch Modifikatoren die Ausprägungen auf diesen Attributen angeben. Die Größe (Nomen) der Tasse kann beispielsweise groß oder klein (Modifikatoren) sein, ihre Oberflächenbeschaffenheit (Nomen) glatt oder rauh (Modifikatoren) und so weiter. Jeder Modifikator gibt die Position eines Referenten auf einer bestimmten Dimension an; die Gesamtmenge der Modifikatoren bestimmt einen bestimmten Punkt im *N*-dimensionalen Raum; Unterschiede zwischen Referenten ergeben sich aus ihrer unterschiedlichen Stellung in diesem Raum. Natürlich muß nicht jede Ausprägung jedes Referenten auf jedem Attribut spezifiziert werden; normalerweise reicht eine kleine Teilmenge, um eine gerade bestehende Verwechslungsmöglichkeit zwischen den in Frage kommenden Referenten aufzulösen. Es geht jedoch darum, daß Modifikatoren ein detailliertes mehrdimensionales System liefern, mit dem ein Objekt oder ein Ereignis von einem anderen unterschieden werden kann, und daß sie damit eine Übereinkunft, worüber man gerade redet, erleichtern.

In indoeuropäischen Sprachen bilden Modifikatoren eine offene Klasse; es können neue Wörter eingeführt werden, um die Ausprägungen neuer Attribute auszudrücken. Diese Freiheit besteht jedoch nicht in jeder Sprache. In manchen Sprachen (etwa in Suaheli) gibt es eine Wortklasse, die man Adjektive nennen kann, bei der es sich jedoch um eine geschlossene Klasse mit einer begrenzten Anzahl von Klassenmitgliedern handelt — im Normalfall zwischen acht und etwa fünfzig. In anderen Sprachen gibt es überhaupt keine Adjektive; diese Sprachen bringen aber adjektivische Bedeutungen vorwiegend durch Nomina oder Verben zum Ausdruck.

Sprachen, in denen die Adjektive eine geschlossene Klasse bilden, werfen ein vielsagendes Licht auf die Attribute, die man auswählen würde, wenn es nur sehr wenige sein dürften. Über diese Sprachen hinweg ist der Bedeutungsbereich, den die Adjektive zum Ausdruck bringen, bemerkenswert konstant. Üblicherweise nehmen sie Adjektive auf, die Ausprägungen der Größe, der Farbe, des Alters und des Wertes angeben; in manchen Sprachen gibt es auch Adjektive für Ausprägungen des Standortes, der Härte, der Freundlichkeit oder der Geschwindigkeit. Ein Musterbeispiel ist Igbo, eine in Westafrika gesprochene Sprache. Sie verfügt nur über acht Adjektive, die Ausprägungen von vier Attributen angeben; sie entsprechen im Deutschen etwa *groß/klein*, *hell/dunkel*, *alt/neu* und *gut/schlecht*.

Im Deutschen ist die Vielfalt von Adjektiven natürlich unbegrenzt. Wenn der Vorrat an reinen Adjektiven abnimmt, stehen viele Affixe zur Verfügung, um Nomina in Adjektive zu verwandeln: *-haft* (*knabenhaft*), *-lich* (*freundlich*), *-en* (*seiden*) beziehungsweise *-ern* (*elfenbeinern*), *-voll* (*grauenvoll*), *-ig* (*rosig*), *-isch* (*räuberisch*) beziehungsweise *-alisch* (*musikalisch*). Weitere Verwandlungsmöglichkeiten für Verben kommen hinzu (*-lich*, *-bar*). Im Englischen wird die ebenfalls sehr produktiv mögliche Adjektivierung von Nomina durch Affixe wie *-y* (*flowery*), *-ly* (*leisurely*), *-like* (*childlike*), *-ful* (*wonderful*), *-some* (*burdensome*), *-ish* (*foolish*) oder *-en* (*silken*) geleistet. Als akzeptable adjektivische Konstruktionen werden im Englischen auch Konstruktionen wie *a meat-and-potatoes restaurant* betrachtet; im Deutschen würde man hier eher nominalisierte Kontraktionen verwenden (*ein Obst-und-Gemüse-Laden*); im Französischen sind derartige Konstruktionen völlig undenkbar.

Adjektive sind eine komplizierte Angelegenheit; hier Ordnung in die bestehende Vielfalt zu bringen ist ein geeigneter Startpunkt für die Besprechung der Semantik der Modifikation.

Prädizierbare Adjektive

Ein prädizierbares Adjektiv kann man in einem Satz als Prädikat verwenden. Zum Beispiel ist *vermögend* ein prädizierbares Adjektiv, weil man es in Sätzen wie *Der Mann ist vermögend* prädikativ verwenden kann. Im Englischen gibt es ein paar Adjektive, die nur prädikativ verwendet werden können; *afloat* (*auf See*; *im Wasser*) zum Beispiel kann man prädikativ in *The boat is afloat* verwenden, nicht aber attributiv wie in *the afloat boat*. Die meisten Adjektive lassen sich jedoch attributiv verwenden — *der vermögende Mann*. Der Punkt, auf dessen Verständis es hier ankommt, ist, daß manche Adjektive nicht prädikativ verwendet werden können. Zum Beispiel ist *der vormalige Besitzer* zulässig, nicht aber *der Besitzer ist vormalig*. Adjektive, die prädikativ nicht verwendet werden können, nennt man nichtprädizierbare Adjektive. Im Englischen gibt es recht viele solcher Adjektive, vor allem in Konstruktionen, die im Deutschen als zusammengesetzte Nomina gebildet werden: *The natal day* (*der Geburtstag*) ist zulässig, nicht aber *The day is natal*; *natal* ist hier, syntaktisch gesehen, ein adjektivischer Modifikator.

Die Unterscheidung zwischen prädizierbaren und nichtprädizierbaren Adjektiven wird dadurch kompliziert, daß viele Adjektive beides sein können. Ein Beispiel ist das Adjektiv *mechanisch*: *ein mechanisches Gerät* ist ein Gerät, das mechanisch ist; eine Verwendungsart von *mechanisch* ist also prädikativ. *Ein mechanisches Genie* meint aber wohl nicht ein Genie, das mechanisch ist; *mechanisch* hat also eine zweite, nichtprädikative Verwendung. Ein anderes Beispiel liefert *nervös*: *ein nervöser Patient* versus *eine nervöse Störung*. Bei einer prädikativen Wendung würde man sich hier im Falle der zweitgenannten Verwendungsart allenfalls mit *Die Störung ist nervös bedingt* oder *ist nervöser Art* behelfen. Manchmal kann die Unterscheidung mehrdeutig sein: Ohne Kontext wird nicht deutlich, ob *dramatische Kritik* sich auf eine Kritik des Dramas bezieht oder auf eine Kritik, die dramatisch ausgefallen ist.

Von Linguisten gibt es mehrere Kriterien, anhand derer man die prädikative von der nichtprädikativen Verwendung im Englischen unterscheiden kann:

1. Prädizierbare und nichtprädizierbare Adjektive können nicht durch Konjunktionen kombiniert werden (durch *and, or* oder *but*): *The rude and civil engineer* (*der unhöfliche und Tiefbau-Ingenieur*) kann syntaktisch allenfalls als Witz gemeint sein.

2. Nichtprädizierbare Adjektive teilen das Trägernomen in Unterklassen: *criminal lawyer, corporate lawyer, divorce lawyer, trial lawyer* und so fort. (Dies sind wiederum Beispiele für Fälle, die im Deutschen durch Nominalkontraktion ausgedrückt werden: *Strafverteidiger, Firmenanwalt, Scheidungsanwalt* et cetera.) Die so gewonnenen Teilklassen können nicht (durch *sehr, ziemlich* und so weiter) abgestuft werden: *the quite corporate lawyer* oder *a very divorce lawyer* sind nicht zulässig.

3. Prädizierbare Adjektive lassen sich nominalisieren, nichtprädizierbare jedoch nicht. Zum Beispiel läßt die prädikative Verwendung von *nervous* in *the nervous patient* Konstruktionen wie *the patient's nervousness* zu, bei der nichtprädikativen Verwendung in *the nervous disorder* ist das nicht der Fall — *the disorder's nervousness* klingt eindeutig schief. (Das gilt im übrigen auch für das oben schon angeführte Beispiel im Deutschen: *die Nervösheit des Patienten* kann man sagen, nicht aber *die Nervösheit der Störung*.)

Durch alle drei Kriterien hindurch verhalten sich nichtprädizierbare Adjektive wie Nomina, die als Modifikatoren eingesetzt werden. In *garden party* (*Gartenparty*) zum Beispiel wird das Nomen *garden* wie ein Adjektiv verwendet; wie bei den nichtprädizierbaren Adjektiven verbindet sich das nominale Adjektiv nicht mit prädizierbaren Adjektiven, es kann nicht abgestuft und auch nicht nominalisiert werden:

1'. Prädizierbare Adjektive und adjektivische Nomina können nicht durch Konjunktionen kombiniert werden: *the large and garden party* ist unmöglich.

2'. Adjektivische Nomina können nicht abgestuft werden: *the highly garden party* ist unmöglich.

3'. Adjektivische Nomina kann man nicht nominalisieren: *the party's gardenness* ist unmöglich.

Insgesamt kann man nichtprädizierbare Adjektive also als stilistische Varianten modifizierender Nomina betrachten. In Wörterbüchern fangen die Definitionen nichtprädizierbarer Adjektive meistens mit einer Wendung der Art „of or pertaining to . . .", also mit „von, betrifft, gehört zu . . ." an.

Zahlwörter sind im Deutschen wie im Englischen eine Klasse nichtprädizierbarer Adjektive. Man kann nicht sagen *die teuren und sechs Bücher* und auch nicht *die äußerst sechs Bücher* oder *die Sechsheit der Bücher*. Natürlich begegnet man auch solchen scheinbar prädikativen Verwendungen wie *Die Apostel waren zwölf*, doch führt diese Aussage, zusammen mit *Petrus war ein Apostel*, nicht zu dem Schluß *Petrus war zwölf*. Obwohl es gerade im Englischen viele nichtprädizierbare Adjektive gibt, denken die Menschen auch dort fast immer an prädizierbare Adjektive, wenn sie über Adjektive sprechen. Die folgenden Ausführungen sind deshalb auf prädizierbare Adjektive beschränkt; soweit nicht gesondert angeführt, steht im folgenden *Adjektiv* für *prädizierbares Adjektiv*.

Antonymie

Hyponymie liegt der Organisation der Nomina im mentalen Lexikon zugrunde, und aus dieser transitiven und asymmetrischen Relation entstehen die Vererbungshierarchien (siehe Kapitel 9). Adjektive sind jedoch anders organisiert; es ist nicht klar, was es bedeuten sollte zu sagen, ein Adjektiv sei „eine Art" eines anderen Adjektivs. Anstelle der Hyponymie ist die semantische Grundrelation, nach der die Adjektive organisiert sind, die Antonymie, also die Gegenüberstellung von Begriffen.

Die psychologische Rolle der Antonymie wurde erstmals in den Ergebnissen sichtbar, die man aus Wortassoziationstests erhält. Ist das Testwort in einem solchen Test ein geläufiges Adjektiv, so ist das Assoziationswort, mit dem die meisten Erwachsenen reagieren, ebenfalls ein Adjektiv – fast immer der Gegenbegriff zum Testwort. Ist zum Beispiel *heiß* das Reizwort, so lautet die häufigste Antwort *kalt*; auf *kalt* als Reizwort folgt am häufigsten *heiß*. Diese Wechselseitigkeit bei der Assoziation ist ein hervorstechendes Merkmal bei Befunden zu Adjektiven; sie brachte Psychologen dazu, die Antonymie schon früh für wichtig zu nehmen.

Es wäre deshalb von Nutzen, über eine eindeutige Definition dieser wichtigen semantischen Relation zu verfügen. Leider läßt sich die Antonymie aber nicht leicht definieren. Die Grundidee besteht darin, vorgegebene Dimensionen zu kontrastieren, einander gegenüberzustellen, doch können Wörter einander auf vielfache Weise gegenüberstehen. Mindestens die folgenden sechs Typen von Antonymie wurden in der Literatur zu diesem Thema unterschieden:

1. Widersprüchliche Ausdrücke (*vollkommen/unvollkommen*)
2. Gegensätzliche Ausdrücke (*schwarz/weiß*)
3. Umkehrende Ausdrücke (*konstruktiv/destruktiv*)
4. Gegenüberliegende Ausdrücke (*reich/mittellos*)
5. Beziehungsausdrücke (*Bruder/Schwester*)
6. Ergänzende Ausdrücke (*Frage/Antwort*)

Schon bei oberflächlicher Durchsicht dieser Aufstellung wird deutlich, daß kein einfacher linguistischer Test allen diesen verschiedenen Arten der Gegenüberstellung gerecht wird. Dennoch hat man in seiner Muttersprache kaum Probleme, Antonyme zu erkennen, wenn man auf sie stößt.

229

Das Definitionsproblem der Antonymie vereinfacht sich, wenn man die Diskussion auf Adjektive beschränkt, da man mit diesem Schritt die Beziehungs- und Ergänzungsausdrücke ausschließt, bei denen es um Gegensatznomina oder -verben geht. Die verbleibenden vier Klassen kann man anhand einiger weniger vernünftiger Annahmen erklären, die die semantische Rolle der Adjektive im Deutschen wie im Englischen betreffen. Die folgenden Vorstellungen sind schon eingeführt worden:

A1. Adjektive bringen Ausprägungen von Attributen zum Ausdruck.

A2. Attribute sind bipolar.

A3. Attribute können abstufbar (mit kontinuierlichen Ausprägungen) sein oder nicht (mit diskreten Ausprägungen).

Nach A1 bedeutet *x ist Adj*, daß es ein Attribut *A* gibt mit $A(x) = Adj$; das heißt, *Adj* ist der Wert der Funktion $A(x)$. Zum Beispiel bedeutet *Der Stuhl ist schwer*, daß es ein Attribut *Gewicht* gibt mit *Gewicht* $(Stuhl) = schwer$.

A2 impliziert, daß Antonyme die Bezeichnungen für die einander gegenüberliegenden Enden eines bipolaren Attributs sind: *Die Feder ist leicht* bedeutet, daß *Gewicht* $(Feder) = leicht$ – in Richtung auf den Pol der Gewichtsdimension, der dem mit *schwer* gekennzeichneten Pol gegenüberliegt. Natürlich ist A2 bei strenger Auslegung falsch. Manche Attribute erscheinen eher dreifaltig (*fest/ flüssig/gasförmig*) und andere weisen eine noch höhere Polarität auf (*rot/grün/ gelb/blau*). Doch nimmt A2 an, daß solche Komplikationen eher die Ausnahme sind und daß die Zweipoligkeit der allgemeinen Regel entspricht. Es liegt in der Zweipoligkeit von Attributen begründet, daß man sie sich so natürlich als Dimensionen vorstellt.

A3 zufolge gibt es zwei Arten von Attributen, je nachdem, ob es auf ihnen Zwischenstufen annimmt oder nicht. *Gewicht* ist beispielsweise ein abstufbares Attribut, dessen Ausprägungen sich über ein Kontinuum von *leicht* bis *schwer* erstrecken; *Geschlecht* hingegen ist kein abstufbares Attribut, es nimmt nur die Ausprägungen *männlich* und *weiblich* an. A3 ist eigentlich zu unscharf, als daß es widerlegt werden könnte. Manchmal ist der Unterschied zwischen vorhandener und fehlender Abstufbarkeit nicht so eindeutig, und jedes Adjektiv, für das es die Steigerungsformen des Komparativs und des Superlativs gibt, dürfte auch abstufbar sein. Doch zumal die Mehrzahl der gut und oft verwendbaren Adjektive im Deutschen wie im Englischen abstufbar ist, ist die Unterscheidung mehr logischer denn praktischer Natur.

Exkurs 10.1: C. K. Ogden über Gegensätze

Der britische Psychologe Charles Kay Ogden (1889–1957) ist vornehmlich durch sein 1930 erschienenes Buch *Basic English* bekannt; darin schlägt er eine internationale Hilfssprache vor, die sich aus dem Englischen ableitet, dessen Grammatik vereinfacht und den Wortschatz auf 850 Wörter reduziert. Weit weniger bekannt ist die kurze Monographie, die er zwei Jahre später veröffentlichte, *Opposition: A Linguistic and Psychological Analysis*. Darin analysierte er verschiedene Typen des Gegensatzes (der Opposition) zwischen englischen Wortpaaren. Ogden erachtete die Klassifikation und die Opposition als die beiden Grundmethoden, die dem Lexikographen bei der Definition von Wörtern zur Verfügung stehen, und er befürchtete, daß die Bedeutung der Opposition vernachlässigt würde. »Die meisten kontroversen Diskussionen, in denen praktische Definitionsprobleme aufzutreten pflegen«, schrieb er, »drehen sich um Fragen der Steigerungsstufen und des Kontrasts, so viel wie um *differentia* und Hierarchie.« Und Fragen zur Ausprägung und zum Kontrast, bemerkte er, haben mit Opposition zu tun.

Zwei Arten von Opposition waren für Ogden grundlegend. Er nannte sie Skala (Scale) und Schnitt (Cut) – Gegensätze zwischen den beiden Extrema einer Skala (*lang* und *kurz* zum Beispiel) und Gegensätze zwischen den beiden Seiten eines Schnittes (zum Beispiel *innen* und *außen*). Nun haben verschiedene Skalen und Schnitte aber verschiedene Eigenschaften, was ihn zu einer komplizierten

Charles K. Ogden.

Notation für die Darstellung verschiedener Gegensatztypen führte.

Der praktische Grund für Ogdens Beschäftigung mit Gegensätzen lag darin, daß schätzungsweise 20 Prozent seiner 850 Wörter umfassenden Liste für Basic English paarweise angeordnet werden konnten. Durch Ausschluß der Gegensätze und ein paar weiterer Ausdrücke konnte er die Liste der Basiswörter von 850 auf 500 verringern. Er rechnete hoch, daß die durch diese Verringerung eingesparte Zeit – ein paar Stunden pro Person, die man beim Lernen der Vokabeln zubringen würde –, multipliziert mit der Weltbevölkerung, der Erhaltung der produktiven Lebensspanne von Tausenden von Menschen gleichkäme.

Für die allermeisten Adjektive sind diese drei Annahmen hinreichend als Erklärung für die Beobachtung, daß die Antonymie für die Semantik von Adjektiven grundlegend ist: Die semantische Rolle von Adjektiven besteht darin, entgegengesetzte Ausprägungen von (abstufbaren oder diskreten) bipolaren Attributen auszudrücken. Jeden der vier Typen antonymischer Adjektive kann man in dieser Begrifflichkeit darstellen, was wir nun nacheinander tun wollen.

Fangen wir an mit der Unterscheidung zwischen (1) widersprüchlichen und (2) gegensätzlichen Begriffen. Diese Terminologie stammt aus der Logik, wo man zwei Sätze widersprüchlich nennt, wenn daraus, daß einer der beiden wahr ist, sofort folgt, daß der jeweils andere der beiden falsch ist: *Caesar ist tot* impliziert, daß *Caesar lebt* falsch sein muß, und umgekehrt. Die Logiker unterscheiden die Widersprüchlichkeit von der Gegensätzlichkeit; gegensätzlich sind zwei Sätze dann, wenn nur einer von ihnen jeweils wahr sein kann, jedoch beide auch falsch sein können: *Das ist heiß* und *Das ist kalt* können nicht beide in bezug auf dasselbe „das" wahr sein, aber beide können falsch sein. *Heiß* und *kalt* sind somit gegensätzliche Ausdrücke.

Diese logische Unterscheidung weist ein Problem auf, nämlich daß die Definition gegensätzlicher Ausdrücke nicht auf Gegensätze beschränkt ist. Man kann sie so breit anwenden, daß sie praktisch bedeutungslos wird. Zum Beispiel können *Das ist ein Baum* und *Das ist ein Hund* nicht beide wahr sein, aber beide können falsch sein, und somit sind *Hund* und *Baum* gegensätzliche Ausdrücke. Die Annahmen A1 bis A3 berücksichtigen diese logische Unterscheidung nicht und erachten statt dessen die Abstufbarkait als grundlegend. Was ein Logiker widersprüchliche Ausdrücke nennen würde, sind einfach Ausprägungen nicht abstufbarer Attribute; im Falle der Gegensätzlichkeit sind die Attribute abstufbar.

Dieselben Annahmen erklären auch die dritte Klasse der umkehrenden Ausdrücke (3), welche Handlungen oder Zustände bedeuten, die sich wechselseitig umkehren oder aufheben. Umkehrende Ausdrücke sind üblicherweise antonyme Verben, aber sie erscheinen auch als Verbadjektive (*festgebunden/losgebunden*). Umkehrende Adjektive sind einfach Ausprägungen nicht abstufbarer Attribute; der wechselseitige Ausschluß der Ausprägungen kommt von der besonderen Relation der Umkehrbarkeit her.

Es bleibt noch die Erörterung der (4) gegenüberliegenden Ausdrücke.

Indirekte Antonymie

Definiert man Antonyme als Bezeichnungspaare für gegenüberliegende Pole eines Attributs, so sind Paare wie *trocken/feucht* und *groß/schmächtig* eindeutig Antonyme. Wie unterscheiden sie sich von anderen Antonymen? Der augenfälligste Unterschied besteht darin, daß sie nicht ihre wechselseitigen primären Assoziationswörter sind, verglichen mit *trocken/naß* und *groß/klein*.

Zur Erleichterung der Diskussion kann man die gegenüberliegenden Ausdrücke indirekte Antonyme nennen und damit von den sogenannten widersprüchlichen, gegensätzlichen und umkehrenden Ausdrücken unterscheiden, die man als direkte Antonyme bezeichnen kann. Diese Einteilung verringert die Vielfalt antonymer Adjektive von vier Typen auf zwei: direkte versus indirekte Antonyme. Dann entsteht die Frage: Warum braucht man die Unterscheidung zwischen direkten und indirekten Antonymen? Warum spürt ein Muttersprachler, daß die Beziehung zwischen *trocken/feucht* anders ist als die zwischen *trocken/naß*? Warum hören sich *groß/schmächtig* irgendwie weniger gegensätzlich an als *groß/klein*?

Das Rationale dieser Unterscheidung fängt bei der Beobachtung an, daß viele Adjektive gar keine direkten Antonyme haben. Was ist etwa das direkte Antonym von *feucht*? Ein gegenüberliegender Ausdruck ist *trocken*, dessen direktes Antonym jedoch *naß* ist. *Feucht/trocken* indirekte Antonyme zu nennen heißt anzunehmen, daß der konzeptuelle Kontrast zwischen *trocken* und *feucht* über die semantische Ähnlichkeit zwischen *feucht* und dem direkten Antonym von *naß* vermittelt wird. In ähnlicher Weise wird der konzeptuelle Kontrast zwischen *frisch* und *alt* durch die Bedeutungsähnlichkeit von *frisch* und *neu* vermittelt; *groß/schmächtig* kommt über die Bedeutungsähnlichkeit von *schmächtig* und *klein* in Beziehung und so weiter.

Der Regelfall ist also, daß das direkte Antonym eines Adjektivs A_1, welches eine ähnliche Bedeutung aufweist wie Adjektiv A_2, das indirekte Antonym zum Adjektiv A_2 ist. Diese Regel ist eine zusätzliche semantische Annahme wert:

A4. Adjektive, denen direkte Antonyme fehlen, sind Synonyme zu Adjektiven, die solche direkten Antonyme haben.

Mit anderen Worten bedarf es sowohl der Synonymie als auch der Antonymie, um die semantische Struktur von Adjektiven zu beschreiben.

Das allgemeine Bild, das sich aus diesen vier Annahmen ergibt, sieht so aus, daß prädizierbare Adjektive im mentalen Lexikon in Gruppen synonymer (oder

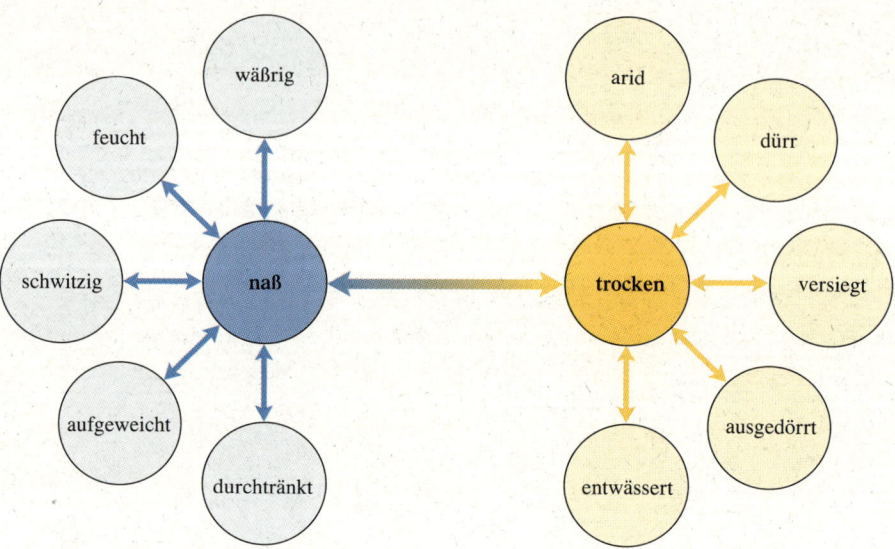

10.5 Zwei Gruppen von Adjektiven ähnlicher Bedeutung sind über die direkte Antonymie von *naß* und *trocken* miteinander verbunden. Innerhalb jeder Gruppe sind die Adjektive durch die Ähnlichkeit ihrer Bedeutungen verbunden.

beinahe synonymer) Begriffe organisiert sind und daß Paare solcher Gruppen durch bipolare Adjektive zusammengehalten werden, deren entgegengesetzte Endpunkte durch direkte Antonyme gekennzeichnet sind; diese stehen den Gruppen als zentrale Bezugspunkte zur Verfügung. Oder, um es anders herum auszudrücken, mit jedem der beiden Vertreter eines Antonymenpaares ist eine Gruppe weiterer Adjektive ähnlicher Bedeutung assoziiert. *Trocken* und *naß* zum Beispiel sind direkte Antonyme; um *naß* herum gruppieren sich *feucht*, *wäßrig*, *aufgeweicht* und so weiter, während um *trocken dürr*, *verdorrt*, *dehydriert* et cetera gruppiert sind.

Abstufung

Zusätzlich zur Antonymie und zur Synonymie wird dem Adjektivsystem, als Folge aus der Abstufbarkeit bipolarer Attribute, eine dritte semantische Relation hinzugefügt. Beispielsweise gibt es Unterschiede zwischen *groß* und *riesig* und zwischen *klein* und *winzig*. Diese quantitativen Unterschiede zwischen Begriffen, die ähnliche Ausprägungen eines Attributs zum Ausdruck bringen, sind Unterschiede in der Abstufung. Die Abstufung wird jedoch nicht völlig auf lexikalischem Wege geleistet. Sie ist zum Teil lexikalisiert, in den meisten Fällen wird eine Abstufung jedoch durch Suffixe oder adverbielle Modifikationen vorgenommen.

Abstufbare Adjektive gibt es in drei Geschmacksrichtungen: etwas, mehr und am meisten, die im Englischen mit *some*, *more* und *most* auch den Steigerungsstufen des Positivs, Komparativs und Superlativs entsprechen. Bei einsilbigen Adjektiven werden Komparativ und Superlativ durch Anhängen von *-er* beziehungsweise *-est* gebildet; dies war die angelsächsische Regel für alle Adjektive und gilt generell für die Steigerung im Deutschen. Im Englischen gilt diese Regel auch für zweisilbige Adjektive, aber nicht verläßlich. So gilt sie für *tender*, aber nicht für *proper*, und für *able*, aber nicht für *hostile*; die Endlaute der Adjektive sind also keine zuverlässigen Führer. Es handelt sich hier um Dinge, die man sich fürs Englische einfach merken muß.

Wenn die morphologische Regel dort nicht zur Anwendung kommt, werden *more* und *most* verwendet. Nimmt man noch *less* (*weniger*) und *least* (*am wenigsten*) hinzu, entsteht eine natürliche Fünf-Punkte-Skala:

least desirable, less desirable, desirable, more desirable, most desirable.

Psychologen, die oft Ratingskalen verwenden, also Skalen, auf denen Personen ein Schätzurteil abgeben, versuchen diese natürliche Terminologie jedoch meistens zu vermeiden, wahrscheinlich weil *least* und *less* als Bezeichnungen von einzelnen Exemplaren und nicht von Klassen von Exemplaren verstanden werden. Im Deutschen würde diese Art von sprachlicher Skalenbildung (am wenigsten erwünscht, wenig erwünscht, erwünscht, mehr erwünscht, am meisten erwünscht) allemal sonderbar klingen. Psychologen bevorzugen dafür eher so etwas wie

highly undesirable, undesirable, indifferent, desirable, highly desirable

beziehungsweise

sehr unerwünscht, unerwünscht, weder-noch, erwünscht, sehr erwünscht,

wobei die Interpretation weniger relativistisch ausfällt. Das heißt, die am wenigsten erwünschte Option muß nicht unerwünscht sein, und die am meisten erwünschte nicht unbedingt erwünscht. Sir Winston Churchill zum Beispiel stimmte der Aussage zu, daß die Demokratie keine gute Regierungsform sei, und kam doch zu dem Schluß, daß sie die beste sei, die es gibt.

Manche Abstufungen sind lexikalisiert. Die Adjektivgruppen, die beispielsweise an der Polarität zwischen *heiß* und *kalt* beteiligt sind, leisten eine lexikalisierte Stufenfolge von Feuer bis Eis:

torrid, scalding, fiery,	*sengend, siedend, glühend,*
HOT, sweltering, tropical,	*HEISS, tropisch,*
warm, toasty, heated,	*warm, erhitzt, geheizt,*
tepid, temperate, lukewarm,	*lau, temperiert,*
cool, chilly, bracing,	*kühl, frisch,*
COLD, frosty, wintry,	*KALT, frostig,*
frigid, ice-cold, frozen	*eisig, winterlich, arktisch*

235

Wenn man in diesem Fall das Englische mit dem Deutschen vergleicht, so sieht man, daß beide Sprachen prinzipiell die Möglichkeit bereitstellen, Abstufungen zwischen den Polen der Hitze und der Kälte lexikalisch zu markieren. Allerdings unterscheiden sich die beiden Sprachen ein wenig dahingehend, wie viele solcher lexikalisierter Ausdrücke im einzelnen zur Verfügung stehen.

Lexikalische Abstufungen sind im Englischen jedoch die Ausnahme und nicht die Regel. Nur wenige Attribute lassen sie zu; gute Beispiele liefern Größe, Helligkeit, Alter und Wert (wichtige Attribute in allen Sprachen).

Die meisten Gruppen bestehen aus Adjektiven, die nur eine begrenzte Klasse von Nomina modifizieren. Zum Beispiel kann sowohl ein Klima als auch ein Schnitzel heiß oder kalt sein, aber *sengendes Klima* und *kochendheißes Schnitzel* sind *kochendheißem Klima* und *sengendem Schnitzel* vorzuziehen. Wie die einzelnen Adjektive einer Gruppe untereinander und mit den Nomina, die sie modifizieren, zusammenhängen, ist ein komplexes und tüfteliges Thema.

Markiertheit

Attribute, die einem Gegensatzpaar zugrunde liegen, haben gewöhnlich eine Richtung. 1967 veröffentlichte der (damals ost-)deutsche Linguist Manfred Bierwisch eine wichtige Analyse deutscher Adjektive. Darin führte er aus, daß nicht alle Raumadjektive für Maßausdrücke taugen. Zum Beispiel ist

   Der Zug ist zehn Wagen lang

zulässig; der Maßausdruck *zehn Wagen* beschreibt, wie lang der Zug ist. Verwendet man jedoch das Antonym

   Der Zug ist zehn Wagen kurz,

so ist das Ergebnis — und das gilt genauso für das Englische — nicht zulässig (es sei denn, es wurde bereits eingeführt, daß der Zug kurz ist in dem Sinne, daß einige Wagen fehlen).

Die Antonymenpaare *lang/kurz* beziehungsweise *long/short* im Englischen sind Beispiele für das Phänomen der Markiertheit. Der vorgeordnete Repräsentant (*lang, long*) ist unmarkiert und kann einen Maßausdruck bilden; der nachgeordnete Ausdruck (*kurz, short*) ist markiert und kommt als Maßausdruck nicht ohne spezielle Vorbereitung vor. Man beachte, daß es der unmarkierte Ausdruck ist, der dem Attribut seinen Namen verleiht (*Länge, length*). In Bierwischs Terminologie ist der primäre Pol des Attributs positiv und der andere negativ. Oder, um zu der Vorstellung von Dimensionen im Hyperraum zurückzukommen, ein

Ende jeder Dimension (und zwar das durch den unmarkierten Vertreter des Antonymenpaars ausgedrückte Ende) ist im Ursprung dieses Raumes verankert.

Nicht alle unmarkierten Adjektive können Maßausdrücke bilden. Gleichwohl ist die Markiertheit ein generelles linguistisches Phänomen, das alle direkten Antonyme zu charakterisieren scheint. In fast jedem Fall ist ein Vertreter eines Antonymenpaars vorgeordnet: er ist üblicher, wird häufiger benutzt, ist weniger ungewöhnlich. Es ist der default-Wert, der Wert, von dem man ausgehen würde, wenn keine gegensätzliche Information vorliegt. Und es ist der Vertreter, den man normalerweise in Fragen verwendet: *Wie lang ist das? Wie groß waren sie?* Zu den unmarkierten Adjektiven gehören *lang*, *groß*, *hell*, *freundlich*, *bequem*, *gut*, *stark*, *glücklich*, *gesund*, *legal*, und so fort — eine perfekte Welt für Berufsoptimisten.

Wie kann man angeben, welches Mitglied eines gegebenen Antonymenpaars markiert ist? Einige wenige Fälle sind knifflig, aber bei den allermeisten Paaren kann man die Markierung klar erkennen. *Unfreundlich* trägt das Präfix *un-* als explizite Markierung; *impotent* wird durch *im-* markiert, *illegal* durch *il-* und so weiter. *Un-* ist das produktivste dieser Negationsaffixe, im Deutschen wie im Englischen. Aber selbst die gängigen angelsächsischen Adjektive, deren Antonyme nicht morphologisch markiert sind, besitzen normalerweise eine klare Ausrichtung; so ungewisse Paare wie *naß/trocken* oder *heiß/kalt* sind Ausnahmen. Kommen in einer Sprache Modifikatoren vor, so wird es beispielsweise auch ein Adjektiv geben, das man als *gut* übersetzen kann. Viele Sprachen verfügen jedoch über kein Wort für *schlecht*, was dann als *nicht gut* ausgedrückt wird. Es ist aber keine Sprache bekannt, der ein Wort für *gut* fehlt und die dieses Konzept als *nicht schlecht* zum Ausdruck bringt. *Gut* ist in allen bekannten Sprachen das unmarkierte Wort.

Der Tatbestand, daß die meisten Antonyme durch Hinzufügen eines Negationsaffixes gebildet werden, erinnert daran, daß es sich bei der Antonymie, wie auch bei der Synonymie, um eine semantische Relation zwischen Wörtern handelt und nicht um eine semantische Relation zwischen Konzepten oder Bedeutungen. Synonymie ist eine Relation der Bedeutungsähnlichkeit zwischen Wörtern: Je zwei oder mehrere Wörter, mit denen sich dieselbe Bedeutung ausdrücken läßt, werden als synonym bezeichnet. Antonymie ist eine Relation der Bedeutungsopposition zwischen Wörtern: Antonymie ist in vielen Fällen die semantische Veränderung, die mit dem Hinzufügen des Negationspräfixes *un-* einhergeht. (Man erinnere sich an das notwendige Element bei semantischen Veränderungen beziehungsweise Bedeutungsveränderungen im Zusammenhang mit den in Kapitel 6 eingeführten Ableitungsregeln sowie daran, daß der Anwendungsbereich solcher Regeln immer konkrete Wörter sind.) In dieser Hinsicht unterscheiden sich die Antonymie (und die Synonymie) von der Hyponymie und der Meronymie, die semantische Relationen zwischen Konzepten bezeichnen.

Dieses Merkmal der Antonyme ist für die Einteilung in direkte und indirekte Antonyme verantwortlich. Zwei Gruppen von Adjektiven, die gegensätzliche Be-

Exkurs 10.2: Quantifikatoren

Quantifikatoren sind eine spezielle Klasse von Adjektiven. Drei davon sind besonders wichtig: *alle*, *einige* und *kein/e*. Diese drei spielten in den Aristotelischen Syllogismen eine zentrale Rolle und übten auf die Logiker seither ihre Faszination aus. Ein Beispiel:

Alle Männer sind sterblich.
Einige Griechen sind Männer.
Deshalb sind einige Griechen sterblich.

Die Schlußfolgerung, daß einige Griechen sterblich sind, schließt in logischer Hinsicht nicht ein, daß einige Griechen nicht sterblich sind, obwohl man es in der Alltagssprache auf diese Weise verstehen würde. In der Logik folgt aus der Aussage, alle Männer seien sterblich, daß auch einige Männer sterblich sind, im täglichen Sprachgebrauch würde man es als irreführend erachten zu sagen, einige Männer seien sterblich, wenn man weiß, daß es alle sind. Das ist aber nur eine der Diskrepanzen zwischen der Logik und der natürlichen Sprache.

Als Hilfe zum logischen Denken mit diesen Wörtern führte der englische Logiker John Venn (1834–1923) die Verwendung von Kreisen ein, um damit die Mengen der Dinge, um die es geht, darzustellen — im vorliegenden Beispiel Griechen und Männer. Leider kann dieselbe Aussage bei mehr als einem Venn-Diagramm wahr sein.

Die genannten drei Adjektive bilden ein geschlossenes logisches System. Zusammen mit dem Negativoperator NICHT können sie sich selbst gegenseitig definieren:

Alle Männer sind sterblich.
≡ Es ist NICHT der Fall, daß *einige* Männer NICHT sterblich sind.
≡ *Kein* Mann ist NICHT sterblich.

Oder:

Einige Griechen sind Männer.
≡ Es ist NICHT der Fall, daß *alle* Griechen NICHT Männer sind.
≡ Es ist NICHT der Fall, daß *kein* Grieche ein Mann ist.

Und so weiter. Die Kombinationsmöglichkeiten sind wirklich unendlich.

Natürliche Sprachen sind viel reicher an Quantifikatoren als die Logik. Im Deutschen gibt es beispielsweise solche Quantifikatoren wie *jeder*, *irgendein*, *viele*, *mehr*, *fast alle*, *die meisten*, *nicht viele*, *wenige*, *bloß*, *nur*, *beide* — und vielleicht noch ein paar mehr, außerdem noch die in ihrer Verwendung mehr spezialisierten definiten und indefiniten Artikel *der/die/das* und *ein* sowie die spezifischen Zahlwörter *ein*, *zwei*, *drei*, ... und *alle drei*, *alle vier*, ... Wie man die formale Logik erweitern könnte, um all diese wichtigen Quantifikationskonzepte darzustellen, ist ein Thema, dessen Diskussion man den Experten überlassen sollte. Es ist jedoch offensichtlich, daß es sich bei diesen Wörtern um keine normal prädizierbaren Adjektive handelt.

Venn-Diagramme. Nicht nur sind für jeweils dasselbe Diagramm mehrere Aussagen wahr, sondern dieselbe Aussage (zum Beispiel *Einige Griechen sind Männer*) kann in mehreren Diagrammen wahr sein.

Nicht alle Griechen sind Männer.
Nicht alle Männer sind Griechen.
Einige Griechen sind Männer.
Einige Männer sind Griechen.

Alle Griechen sind Männer.
Alle Männer sind Griechen.
Einige Griechen sind Männer.
Einige Männer sind Griechen.

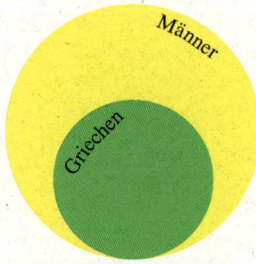

Alle Griechen sind Männer.
Nicht alle Männer sind Griechen.
Einige Griechen sind Männer.
Einige Männer sind Griechen.

deutungen ausdrücken, können nicht alle wechselseitig ihre direkten Antonyme sein, weil ein Adjektiv nur ein direktes Antonym haben kann. *Stark* und *mächtig* haben zum Beispiel ähnliche Bedeutungen wie auch *schwach* und *machtlos*, doch ist die Bedeutung { *stark, mächtig* } nicht das Antonym der Bedeutung { *schwach, machtlos* }. Vielmehr bilden die Wörter *stark/schwach* ein Paar direkter Antonyme, und *mächtig/machtlos* bilden ein anderes. *Mächtig/schwach* sind indirekte Antonyme, die konzeptuell zwar einander gegenüberliegen, aber nicht paarweise angeordnet sind.

Farbbezeichnungen

Farbe verfügt über ein eigenes Lexikon: Im Englischen gibt es mehr als 3000 Farbausdrücke. Dem Farbnamenlexikon wurde soviel Aufmerksamkeit zuteil, und es scheint in so besonderer Weise organisiert zu sein, daß es dazu besonderer Ausführungen bedarf.

Zuerst ist zu sagen, daß Farbausdrücke im Deutschen (wie auch im Englischen) sowohl als Nomen als auch als Adjektiv vorkommen. Als Nomen stehen sie in einer eindeutigen hierarchischen Struktur: Zum Beispiel ist Scharlachrot ein Rot, ein Rot ist eine Farbe, und eine Farbe ist ein sichtbares Attribut. Scharlachrot ist, wie auch purpurrot und zinnoberrot, ein sekundärer Farbausdruck; *rot*, *grün*, *gelb*, *blau*, *schwarz* und *weiß* (und manchmal auch *braun*, *oliv*, *orange*, *violett*, *lila*, *rosa* und *grau*) werden Grundfarbwörter genannt. Anders als bei den meisten Nomina sind Farbausdrücke jedoch, wenn sie adjektivisch verwendet werden, prädizierbare Adjektive. Das übliche Muster direkter und indirekter Antonyme, das man bei anderen prädizierbaren Adjektiven beobachten kann, gilt bei Farbadjektiven jedoch nicht. Nur ein Attribut ist eindeutig durch direkte Antonymie beschrieben: die Helligkeit, deren Ausprägungen *hell/dunkel* oder *weiß/ schwarz* heißen. Beim Studium des Farbensehens kann man Anhaltspunkte dafür gewinnen, daß rot und grün einander gegenüberliegen und ebenso gelb und blau, doch werden die Namen für diese Farbpaare laiensprachlich nicht als direkte Antonyme behandelt. Man kann die sekundären Farbausdrücke als Gruppe ähnlicher Adjektive sehen, die sich um ein Grundfarbwort gruppieren, doch spielt die Antonymie keine zentrale Rolle.

Kurzum, Farbausdrücke sind weder ein gutes Beispiel für eine Nominalhierarchie noch für die Opposition von Adjektiven. Die semantische Organisation der Farbausdrücke ist eher direkt durch die Dimensionen der Farbwahrnehmung vorgegeben: Farbton, Helligkeit und Sättigung. Diese Dimensionen definieren einen abstrakten geometrischen Farbenkörper, und jede Farbe, die das Auge erkennen kann, ist in diesem Körper verortet. Die achromatischen Farben weiß, grau und schwarz bilden eine kontinuierliche Helligkeitsskala, die durch das Zentrum eines Farbenkreises verläuft und die die senkrechte Dimension des Far-

10.6 Die Vielfalt an Farbausdrücken in einer Sprache scheint von dem Entwicklungsstand der Farbtechnologie in der jeweiligen Gesellschaft abzuhängen. Im Deutschen und im Englischen kann man Tausende von Farbtönen unterscheiden.

benkörpers bildet. Der Sättigungsgrad plaziert die Farbe zwischen dem achromatischen Zentrum und den hochgesättigten Farben an der Oberfläche des Körpers. Der Farbenkörper ist kein konkretes Objekt, welches einer Untersuchung zugänglich wäre; es ist nur eine konzipierte Struktur, eine Darstellung der Theorie der Farbwahrnehmung. Farbausdrücke werden definiert, indem man sie in dem Farbenkörper verortet – indem man ihren Fokus (das Zentrum derjenigen Farbschattierungen, die mit dem jeweiligen Farbausdruck bezeichnet werden) und ihre Grenzen in dem Körper angibt. Der Fokus für das Wort *gelb* beispielsweise ist das typischste, hochgesättigte Gelb im äußeren Bereich des Körpers. Andere Farben, die direkt an dieses fokale Gelb angrenzen, werden ebenso als *gelb* bezeichnet; gelb ist ein Gebiet in dem Farbenkörper. Je weiter man sich jedoch von diesem Fokus wegbewegt, um so weniger überzeugt wird man sein, daß man die Farbe noch *gelb* nennen sollte. Die Stelle, an der die Mehrzahl der Personen sie nicht mehr gelb nennen würden, sondern mit einem anderen Farbausdruck belegen, ist die Grenze der Kategorie Gelb. Generell sind Einschätzungen der fokalen Farben (also der Farben im Zentrum solcher kategorialer Gebiete) ziemlich stabil und unabhängig von der Sprache, in der jemand spricht; Ein-

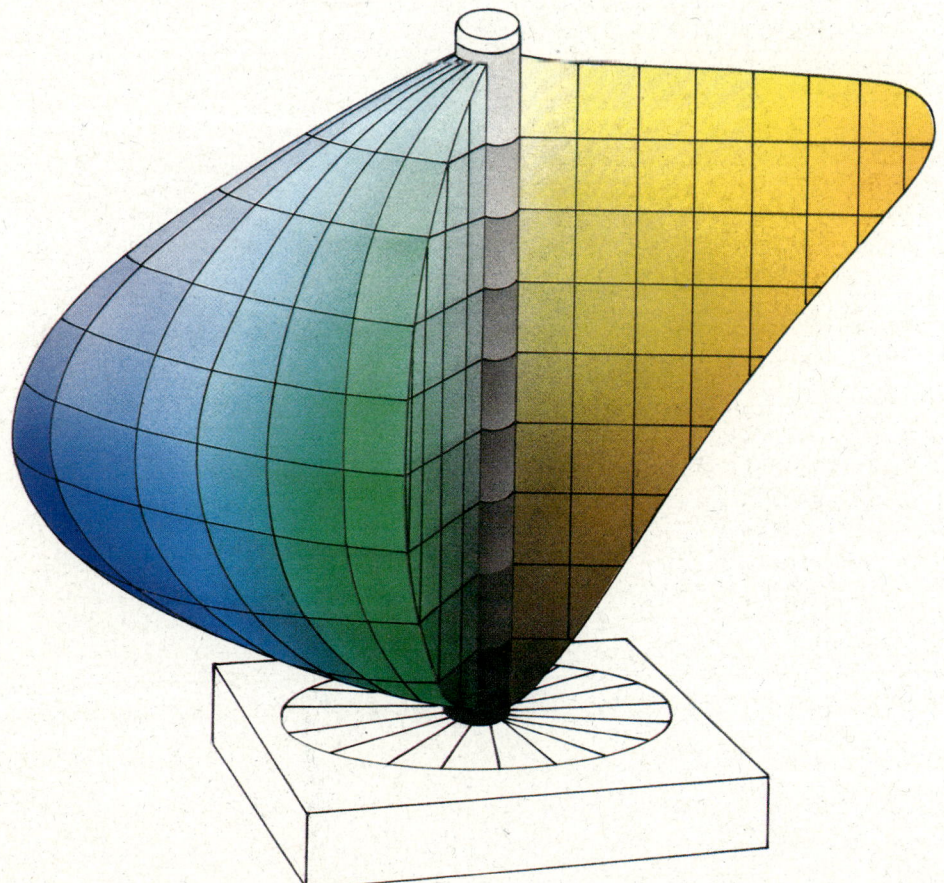

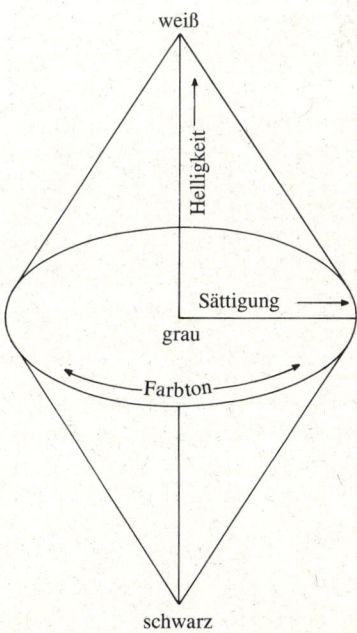

10.7 Der Farbenkörper, von der blau-grünen Seite aus gesehen. Jeder Punkt in diesem dreidimensionalen Raum stellt eine eigene Farbe dar.

241

schätzungen der Kategoriegrenzen sind jedoch variabel und hängen davon ab, welche weiteren Farbausdrücke einem zur Verfügung stehen.

In psychologischen Experimenten wurde gezeigt, daß jede beliebige chromatische Farbe durch Kombination von nur vier Ausdrücken beschrieben werden kann: *rot*, *gelb*, *grün* und *blau*. Diese vier Farben sind die sogenannten psychologischen Primärfarben. Orange kann man zum Beispiel als 50 Prozent rot und 50 Prozent gelb beschreiben. In diesen Experimenten fand sich jedoch keine Farbe, die entweder als Kombination aus rot und grün oder als Kombination aus gelb und blau beschrieben wurde. Rot/grün und gelb/blau sind einander ausschließende Prozesse; das visuelle System hat sich so entwickelt, daß Licht entweder eine Rot- oder eine Grün-Reizung (aber nicht beide zugleich) erregen kann und entsprechend nur entweder eine Gelb- oder eine Blau-Reizung (aber nicht beides zugleich). Im Konzept wird dieser Befund so dargestellt, daß auf dem Farbenkreis rot gegenüber von grün und gelb gegenüber von blau zu liegen kommt. Lexikalisch kommt der Befund darin zum Ausdruck, daß es keinen Farbausdruck gibt, den man etwa als *rötliches Grün* oder als *bläuliches Gelb* definieren würde.

Nicht alle Sprachen sind mit so vielen Farbausdrücken gesegnet; die Vielzahl von Farbwörtern scheint mit dem technologischen Entwicklungsstand einherzugehen. Man hat festgestellt, daß Farbausdrücke oft in einer festen Reihenfolge auftauchen. In einigen Sprachen gibt es nur zwei Wörter, mit denen man Farben bezeichnen kann; sie lassen sich als *hell/dunkel* oder *weiß/schwarz* übersetzen. Das erste chromatische Adjektiv, das hinzugefügt wird, ist ein Ausdruck für fokales *Rot*. In vielen Sprachen gibt es nur diese drei Farbausdrücke. Eines der Rätsel, dem viel Aufmerksamkeit gewidmet wurde, ist die Existenz vieler Sprachen mit fünf Grundfarbwörtern *schwarz*, *weiß*, *rot*, *gelb*, und einem fünften Ausdruck, der sich sowohl auf blau als auch auf grün bezieht. Aber in keiner uns bekannten Sprache gibt es primäre Farbausdrücke für braun, rosa, grau, purpur, violett oder orange, wenn nicht auch Wörter für alle sechs primären Farben vorhanden sind. Es scheint, als ob die Farbterminologie mit einem konventionellen Adjektiv anfing, dann jedoch, als das Bedürfnis nach größerer Genauigkeit wuchs, einer Entwicklungslinie folgte, die mehr durch die Wahrnehmung denn durch linguistische Prinzipien bestimmt ist.

Für diese Verallgemeinerung spricht auch, daß in manchen Kulturen das Farbenwesen vielleicht nicht so vollkommen von der Art der Oberfläche abstrahiert ist, wie es in Ländern des technologischen Fortschritts der Fall ist. Zum Beispiel verwenden die Hanunóo auf den Philippinen ihre Wörter für rot und grün in der Bedeutung für getrocknet beziehungsweise für saftig. Ein glänzend nasses braunfarbiges Stück frisch geschnittenen Bambus ist *malatuy*, ein Farbausdruck, den man normalerweise mit *grün* übersetzen würde.

Auswahlprinzipien

Adjektive wählen die Nomina aus, die sie modifizieren können. Ein Gefäß kann verzinnt und ein Hund kann folgsam sein, aber nicht umgekehrt. Es sieht so aus, als ob gängige Nomina Bündel von Attributen bezeichnen, und man kann nur diejenigen Adjektive verwenden, die auf Attributen, die zu dem Bündel gehören, Ausprägungen angeben. Diese Verallgemeinerung wird beim figurativen Sprachgebrauch systematisch übertreten, sie scheint aber den normalen beziehungsweise den erwartbaren Zustand der Welt zu beschreiben.

Bewertende Adjektive – zum Beispiel *gut/schlecht, angenehm/unangenehm, sauber/dreckig* – können fast jedes beliebige Nomen modifizieren, aber für andere Arten von Adjektiven bestehen eingeschränktere Anwendungsbereiche. Charles E. Osgood war Experimentalpsychologe an der University of Illinois und einer der Begründer der heutigen Psycholinguistik. Er beschäftigte sich ausgiebig mit dieser Frage. Er fing mit 50 Ratingskalen an, die über Paare antonymer Adjektive definiert waren, und ließ seine Versuchspersonen jedes von 20 nominalen Konzepten (Nomina oder Nominalphrasen) auf allen 50 Ratingskalen einschätzen. Zum Beispiel wurde *Krankenschwester* etwa auf der *gut/schlecht*-Skala näher bei *gut* als bei *schlecht* eingeschätzt, näher bei *tätig* als bei *untätig*, etwa in der Mitte zwischen *eckig* und *rund*; und so durch alle 50 Skalen hindurch. Er fand einheitliche Korrelationsmuster zwischen den Skalen: Konzepte, die als *gut* eingeschätzt wurden, wurden ebenso für *nett* und *sauber* gehalten; Konzepte mit der Einschätzung *schwach* wurden zumeist auch als *feige* eingeschätzt und so weiter.

Osgood fand, daß die Dimension der BEWERTUNG (EVALUATION) die meiste Varianz der getroffenen Einschätzungen erklärte; alle nominalen Konzepte konnten sinnvoll auf den bewertenden Skalen eingeschätzt werden. Die nächstwichtigsten Skalen waren die, in denen die STÄRKE (POTENCY; *stark/schwach, mutig/feige*) und die AKTIVITÄT (ACTIVITY; *tätig/untätig, schnell/langsam*) eingeschätzt wurden; diese Adjektive können nicht alle Nomina modifizieren, sie sind aber für Nomina geeignet, die Lebewesen bezeichnen. Die Einschätzungen auf diesen drei Skalenarten waren untereinander nicht mehr korreliert, so daß sie zusammen einen dreidimensionalen Raum definierten, in dem Osgood die einzelnen Konzepte, die seine Probanden beurteilt hatten, lokalisieren konnte. Osgood interpretierte die Position in diesem Raum als Indikator für den affektiven Wert der Konzepte. Beispielsweise liegen die Konzepte *Schlaf* und *Sanftheit* in diesem Raum eng beieinander; diese Wörter bedeuten Verschiedenes, aber man kann sie mit Hilfe derselben Adjektive modifizieren, und Osgood sprach ihnen ähnliche emotionale Konnotationen zu. (Konnotationen sind die mit einem Wort neben der direkten – denotativen – Bedeutung einhergehenden Assoziationen.)

Es hat demnach den Anschein, daß jedes gängige Nomen bewertende Attribute mit sich führt und daß Nomina für belebte Dinge über Attribute der Stärke und der Aktivität verfügen. Über diese sehr allgemeinen Bedeutungsdimensionen hinaus hat jedes Nomen aber auch sein eigenes Bündel an Attributen.

Man kann häufig beobachten, daß die Ausprägungen, die Adjektive zum Ausdruck bringen, entscheidend vom Trägernomen abhängen, das sie modifizieren. Bei einem Pferd etwa erwartet man eine bestimmte Größe, und diese Erwartung bestimmt die Interpretation von Wendungen wie *ein großes Pferd* oder *ein kleines Pferd*. Daraus, daß man ein Pony ein kleines Pferd und einen Kanarienvogel einen kleinen Vogel nennt, folgt nicht, daß Ponys und Kanarienvögel gleich groß wären. In der Linguistik wird normalerweise angenommen, daß die Bedeutung des Trägernomens Informationen über die erwarteten (oder als Vorabsetzung bestehenden) Ausprägungen seines Referenten enthalten muß. Das heißt jedoch, daß die Bedeutung eines Nomens nicht NUR ein Bündel von Attributen sein kann; Normalausprägungen auf zumindest einigen Attributen müssen ebenfalls zur Bedeutung eines Nomens gehören. Dann verändert ein Adjektiv einfach den erwarteten Wert nach oben oder nach unten: Ein großes Pferd ist größer als die erwartete Pferdegröße; ein großer Schneemann ist ein Schneemann, der größer gebaut wurde, als man es bei einem Schneemann erwartet, und so weiter. Warum jedoch der große Schneemann, den eine Basketballmannschaft baut, sehr viel größer ist als der große Schneemann einer Kindergartengruppe, kann man nur in bezug auf allgemeines Weltwissen erklären, nicht anhand spezifischen lexikalischen Wissens.

***

Eine einzige Theorie kann all die verschiedenen semantischen Strukturen, die im mentalen Lexikon nebeneinander bestehen, nicht erklären. Hierarchische Vererbungssysteme können die semantischen Relationen zwischen Nomina abbilden; Hyperräume sind praktisch, wenn man sich über die Organisation von Modifikatoren im mentalen Lexikon Gedanken macht. Aber wie sind diese Repräsentationen verbunden? Vermutlich stellen die Adjektive Merkmale zur Verfügung, mit denen Nomina unterschieden werden können: Die glitzernden Hyperräume, definiert durch bipolare Attribute, hängen an der Hierarchie aus nominalen Konzepten wie Glaskugeln am Christbaum.

Je eingehender semantische Strukturen untersucht werden, desto komplizierter erscheinen sie. Und die kompliziertesten Wörter von allen liegen noch immer vor uns.

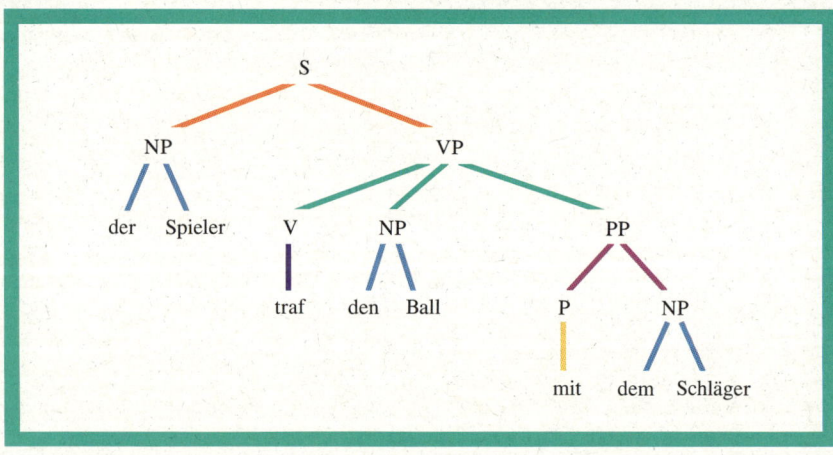

11.1 Wenn Nomina aufeinanderstoßen — oder anderweitig in Wechselwirkung geraten —, dann kommen Verben ins Spiel.

11.2 Verben ermöglichen Sätze, sie verbinden Handelnde und Handlungen nach den Struktur-regeln der Syntax. Dieser Zerlegungsbaum, eine graphische Darstellung des Satzes *Der Spieler traf den Ball mit dem Schläger*, trägt zur Verdeutlichung dieser Regeln bei.

11. Sätze bilden

Wenn Kinder ihre Erstsprache erlernen, folgt dies einem universalen allgemeinen Erscheinungsbild. Für alle Kinder und alle Sprachen ist der Entwicklungsablauf in etwa derselbe. Mitten in dieser Allgemeingültigkeit besteht jedoch Vielfalt: Unterschiede in den Lernchancen, Unterschiede in der Lerngeschwindigkeit, Unterschiede im Lernstil. Manche Kinder sind zuerst Benenner. Sie laufen im Spielzimmer herum, schauen sich die Sachen an und sagen, meistens zu sich selbst, „Puppe" oder „Auto" oder „Buch"; dabei üben sie diese Assoziationen leise vor sich hin, ohne groß die Aufmerksamkeit der Erwachsenen zu erregen. Am entgegengesetzten Extrem befinden sich die Kontrollierer. Für sie ist Sprache ein Mittel zum Zweck. „Mehr!" fordern sie. „Auf!" rufen sie, die Arme hochgestreckt. Sie schreien: „Äh, Äh!" und zerren einen dorthin, wo etwas liegt, das sie haben wollen. Ihr Wortschatz mag begrenzt sein, doch ihre Macht ist groß. Das Geräusch, das eine Stimme hervorbringt, kontrolliert die Menschen, und diese Kinder treiben es bis zum Äußersten.

Selten fallen Kinder ausschließlich in die eine oder die andere dieser beiden Kategorien, die zwei getrennte Entwicklungen veranschaulichen sollen, die man bei einem normalen Kind nur schwer auseinanderdividieren kann. Es ist, als ob zwei verschiedene Bäche fließen, einer gefüllt mit Referenz, der andere mit Handlung. Bei manchen Kindern ist der eine Bach am Anfang stärker als der andere, doch schließlich müssen beide zusammenfließen: Die Referenz muß die Bezeichnungen für die Beteiligten an einer Handlung liefern. Kinder brauchen ein wenig Zeit, um herauszufinden, wie diese Kombination in der jeweiligen Sprache, in die sie hineingeboren wurden, bewerkstelligt wird, aber letztendlich beherrschen sie es alle; ist doch die Verbindung zwischen Akteur und Handlung das Wesentliche der menschlichen Sprache.

In seiner reinsten Form lernen die Kinder das, was man die Prädikation nennt. Zum Beispiel verbindet der Satz *Das Baby weinte* die Referenz auf ein Baby mit der Handlung des Weinens. Diese Kombination bringt etwas fertig, was weder die Bezeichnung des Handelnden, *das Baby*, noch die Bezeichnung der Handlung, *weinen*, für sich allein leisten könnte. Dieses zusätzliche Etwas, das die Prädikation zuwege bringt, kann man je nach dem, aus welcher Sicht man es betrachtet, auf verschiedene Art beschreiben. Linguisten würden sagen, der Satz besteht aus Subjekt und Prädikat; *das Baby* ist das Subjekt und *weinte* ist das, was der Satz über dieses Subjekt aussagt. Bei einem Logiker etwa bestätigt der Satz eine Aussage oder Proposition, in der von *dem Baby* behauptet wird, es *weine*. Ein Mathematiker dagegen könnte WEINEN mit einer Funktion und *Baby* mit einem Argument dieser Funktion gleichsetzen: WEINEN (*Baby*) = *wahr*, analog zu QUADRAT(3) = 9. Ein Psychologe hebt vielleicht darauf ab, daß ein Aussagesatz – anders als seine Teile für sich allein genommen – etwas ist, dem jemand anderes zustimmen kann oder nicht. Wie immer man es jedoch formuliert, alle erkennen, daß die Prädikation der Summe ihrer Teile etwas Unerläßliches hinzufügt.

Die Wörter, die es vermögen, in Behauptungen Bezeichnungen einzubauen, nennt man Verben. Schulkindern bringt man bei, daß Verben das sind, worin die Handlung steckt, und das stimmt auch tatsächlich soweit, als die typischsten Verben Handlungsverben wie *laufen*, *schlagen* oder *klettern* sind. Aber im Gegensatz zu dem, was man so gemeinhin annimmt, sind nicht alle Verben durch Handlungen gekennzeichnet: Auch bei *schlafen*, *wissen*, *lieben*, *enthalten*, *besitzen* und vielen anderen handelt es sich um Verben, wiewohl sie mit keiner offen faßbaren Handlung zu tun haben. Solche Verben nennt man manchmal Zustandsverben, eben weil sie eher Zustände als Handlungen beschreiben; das Verb *sein* verbindet sich im Deutschen mit Adjektiven, um einen großen Bereich von Zuständen auszudrücken. Zustandsverben und Konstruktionen der Art *ist*/*sind* + Adjektiv tragen zur Beschreibung von Situationen bei, nicht von Handlungen. Und dennoch ist die weitverbreitete Ansicht, nach der Sätze die Handlungen von Akteuren beschreiben, so grundlegend, daß Zustandsverben in grammatischer Hinsicht genauso eingesetzt werden wie Handlungsverben. Außerdem ist das Akteur-Handlungs-Modell der Prädikation für alle indoeuropäischen Sprachen charakteristisch. Der entscheidende Punkt ist nicht, daß Verben Handlungen zum Ausdruck bringen, obwohl das viele ja tun, sondern daß es sich bei Verben um Wörter handelt, die Sätze erst ermöglichen.

11.3 Die typischsten Verben sind Handlungsverben.

Klassifikation und Unterscheidung sind grundlegende psychologische Mechanismen, die es intelligenten Tieren wie Hunden oder Affen erlauben, bekannte Situationen wiederzuerkennen. Auch trifft es zu, daß intelligente Tiere es lernen können, angemessene Handlungen mit bekannten Situationen zu koppeln – einen Großteil intelligenten Verhaltens kann man anhand solcher Situations-Handlungs-Paare beschreiben. Was diesen Tieren jedoch fehlt oder nur schwach hervorscheint, ist die Dimension, die die Prädikation dem menschlichen Denken dazugibt. Da es Verben sind, die diesen intellektuellen Vorteil einräumen, muß die semantische Struktur von Verben im mentalen Lexikon dem Zentrum dessen, was die Analyse der Wörter an Erkenntnissen über den menschlichen Geist hervorbringen kann, ziemlich nahe kommen.

Ein wenig Syntax

In allen Sprachen gibt es die Unterscheidung zwischen Nomina und Verben, auch wenn sie in den einen feiner ausgeprägt ist als in den anderen. Und in allen Sprachen werden Wörter aus diesen Klassen zusammengefügt, um gültige Sätze zu bilden. Doch werden die Bausteine der Sprache nicht wahllos zusammengeworfen. In jeder Sprache werden die Wörter nach eigenen Regeln kombiniert, und diesen Regeln muß man folgen, wenn grammatische Sätze entstehen sollen. *Das Baby weinte* ist im Deutschen ein Satz, weil er den Regeln der Satzbildung folgt, *weinte Baby das* entspricht nicht den Regeln und ist deshalb kein Satz. Die Regeln, nach denen Wörter in einer Sprache zu grammatischen Sätzen kombiniert werden, nennt man die Syntax oder die Grammatik einer Sprache.

Jeder, der eine Sprache fließend sprechen kann, kennt die Grammatik dieser Sprache, doch ist es eine seltsame Art von Kenntnis. Man kennt die Regeln in dem Sinne, daß man sie befolgen kann und Regelverstöße bemerkt. Versteht man unter „eine Regel kennen" jedoch die Fähigkeit, die Regel explizit angeben zu können, dann kennen die meisten die Regel nicht. Gewandte Sprecher sind wie Ballspieler, die wissen, wie man wirft und fängt, die jedoch niemals die Differentialgleichungen der Bewegung lösen könnten, aus denen die Flugbahn des Balls im voraus bestimmt werden kann. Das Problem liegt darin, das implizite Wissen explizit zu machen.

Seit Jahrhunderten versuchen die Gelehrten, die Regeln der Syntax deutlich und vermittelbar zu machen. Die Grammatik ist jedoch überraschend komplex. Vieles von dem, was als Grammatik gelehrt wurde, waren normative Regeln, was man für einen guten Sprachgebrauch tun und was man lassen sollte. Erst im 20. Jahrhundert begann eine beschreibende Wissenschaft von der Grammatik zu entstehen, und hier waren Logiker und Mathematiker wegweisend. Als die Logik und die Mathematik als künstliche Sprachen gesehen wurden, gelangten einige der impliziten Gestaltungsmerkmale aller Sprachen eindringlich ins Blickfeld.

Und als die heutigen Computer die Erfindung künstlicher Sprachen zu Programmierzwecken anregten, wurde der Wert solcher abstrakter Beschreibungen ersichtlich. So grundlegende Begriffe, die man einem menschlichen Wesen nie und nimmer erklären müßte, mußten den Computern dargelegt werden. Es wurde nicht nur die Bedeutsamkeit dieser grundlegenden Vorstellungen deutlich, es wurden auch Wege entwickelt, um diese Vorstellungen exakt auszudrücken und ihre Folgeeffekte zu prüfen. Die Linguistik entlehnte diese logischen Vorstellungen, paßte sie an natürliche Sprachen an und definierte so die Sprachwissenschaft neu. Die Idee der „Sprache an sich" wurde über das Reich der von Menschen gesprochenen Sprachen hinaus erweitert. Heute kann man sich Grammatiken — das heißt Syntaxtheorien natürlicher Sprachen — als Spezialfall einer Syntaxtheorie vorstellen, die so allgemein ist, daß sich alles, gleich ob natürlich oder künstlich, damit beschreiben läßt, wenn man es nur als Sprache betrachten will.

Die Übernahme dieses neuen Werkzeugsets verhalf der Linguistik dazu, ihre Probleme mit größerer Genauigkeit darzustellen, aber sie löste sie nicht. Es war noch notwendig herauszufinden, was natürliche Sprachen zu einem Spezialfall macht, und das erwies sich als schwierig. Künstliche Sprachen sind Spielzeuge des Intellekts. Sie wurden für einen eingegrenzten Anwendungsbereich gestaltet, die Regeln können einfach und praktisch sein, und den Wortschatz kann man von jeglicher Mehrdeutigkeit befreien. Mit natürlichen Sprachen muß sich nun aber alles und jedes ausdrücken lassen. Die Komplexität ihrer Regeln hält keiner vernünftigen Begründung stand, und die Auflösung von Mehrdeutigkeiten bleibt nach wie vor erforderlich. Man weiß in der Linguistik nunmehr besser, wo das Problem liegt, aber es gibt noch etliches über die Syntax natürlicher Sprachen, das man noch nicht gut verstanden hat.

Geht man von der dem Gegenstand eigenen Komplexität aus, könnte man in die Versuchung kommen, die Syntax unbeachtet zu lassen. Nach allem kommen, solange die Diskussion auf einzelne, isolierte Wörter beschränkt bleibt, Syntaxregeln nicht zur Anwendung. Es wäre aber ein seichtes Verständnis der Wörter, wenn man nichts darüber wüßte, wie sie zu Sätzen zusammenspielen. Am dringendsten bräuchte man zumindestens ein Teilverständnis dessen, wie Verben einzelne Phrasen zu Sätzen zusammenbauen. Die Pionierarbeiten und entscheidenden Theorien auf diesem Gebiet wurden am Beispiel des Englischen entwikkelt; aus Gründen der Verständlichkeit erfolgt die Darstellung anhand von Beispielen im Deutschen, auf das sich die englischsprachigen Arbeiten im großen und ganzen übertragen lassen.

Zuerst stellt sich die Frage, wie Syntaxregeln aussehen. Man nehme zum Beispiel die Regel, die deutschen Sätzen eine Subjekt-Prädikat-Struktur auferlegt. Eine bekannte Darstellungsart, die Noam Chomsky 1956 einführte, verwendet eine syntaktische Ersetzungsregel der Art

---

S1. S → NP VP.

Diese Regel besagt, daß ein Satz (S) analysiert beziehungsweise ersetzt werden kann als eine Nominalphrase (NP), der eine Verbalphrase (VP) folgt. Ist S zum Beispiel *Das Baby weinte*, dann ist die NP *das Baby* und die VP *weinte*:

$[_S[_{NP}$das Baby$]\ [_{VP}$weinte$]]$

Exkurs 11.1: Künstliche Sprachen

Eine künstliche Sprache kann man mit denselben Mitteln wie eine natürliche Sprache beschreiben – beide verfügen über einen Symbolwortschatz, über eine Grammatik zur Kombination von Symbolen zu zulässigen Ketten, über Regeln zur Bestimmung bedeutungshaltiger Kombinationen von Symbolketten und über die Möglichkeit zur Interpretation in übertragenen Bereichen. Der Hauptunterschied liegt darin, daß Menschen künstliche Sprachen für bestimmte Zwecke erfinden, wogegen sich natürliche Sprachen herausbildeten, um einer großen und unvorhersagbaren Vielfalt menschlicher Bedürfnisse zu dienen.

Man kann zwei Arten künstlicher Sprachen unterscheiden, je nachdem, ob ihr Zweck in der Kommunikationserleichterung oder in der Berechnung liegt. Esperanto zum Beispiel ist eine Kunstsprache für den Einsatz zur internationalen Verständigung: Sein Wortschatz besteht soweit wie möglich aus Wörtern, die in den europäischen Hauptsprachen geläufig sind. Basic English ist eine weitere internationale Kunstsprache: Sie entstand, indem die Grammatik des natürlichen Englisch vereinfacht und der Wortschatz reduziert wurde. Keines dieser Produkte linguistischer Technologie hat sich als internationale Sprache durchgesetzt. Komischerweise jedoch sind viele der Kunstsprachen, die zur Unterstützung des logischen Denkens erfunden

Gottfried Wilhelm von Leibniz.

wurden – die Sprachen der Logik, der Mathematik und die Programmiersprachen –, international akzeptiert worden.

Die moderne Vorstellung, eine Sprache, mit der sich denken läßt, zu schaffen, stammt wahrscheinlich von Baron Gottfried Wilhelm von Leibniz (1646–1716), dem deutschen Mathematiker und Philosophen, einem der ganz großen Genies überhaupt. Eine der vielen Leistungen Leibniz' besteht in den Vorarbeiten zur mathematischen Logik. Zeit seines Lebens arbeitete er an der Entdeckung einer Art Universalsprache, die er *Characteristica Universalis* nannte; sie würde Menschen dazu verhelfen, so zu denken, wie Mathematiker rechnen. »Wenn wir sie hätten«, schrieb er, »sollten wir in der Lage sein, in der Metaphysik und der Morallehre fast genauso logisch zu denken wie in Geometrie und Analysis.« Seine Hoffnung, daß eine richtig gestaltete Sprache der Menschheit dazu verhelfen würde, Kontroversen durch Berechnungen zu ersetzen, dürfte wohl die optimistischste Einschätzung künstlicher Sprachen sein, die jemals von einem ernstzunehmenden Intellekt hervorgebracht wurde.

Heute zeigt sich die mathematische Logik gut entwickelt, nur hat sie wenig dazu beigetragen, den Umfang öffentlicher Kontroversen zu verringern. Die Fortschritte beim Verstehen solcher Kunstsprachen haben jedoch viel dazu beigetragen, die logische Struktur natürlicher Sprachen zu klären und zu bestimmen, was man unter einer formalen Theorie der Sprache an sich verstehen könnte.

Es ist zu beachten, daß S1 anhand syntaktischer Klassen formuliert ist, wogegen es sich bei „Subjekt" und „Prädikat" um syntaktische Relationen handelt. Nimmt man Syntaxklassen als die Elemente in Ausdrücken zur Formulierung von Syntaxregeln, bedarf es zusätzlicher Definitionen für diese wichtigen Relationen: Das Subjekt ist eine NP, die direkt von S dominiert wird, und das Prädikat ist eine VP, die direkt von S dominiert wird.

Man kann sich nur schwerlich eine für das Deutsche grundlegendere Regel denken als S1. Sie ist so grundlegend, daß man sie nicht eigens lehren muß: Jeder Schüler und jede Schülerin, der oder die zum Verständnis einer Erklärung der Regel S1 fähig ist, würde die Regel implizit schon kennen. Tatsächlich ist S1 so grundlegend, daß man sie völlig übergehen kann — solange man nicht darauf aus ist, eine ganz eindeutige, formale Beschreibung einer Sprache zu geben, eine Beschreibung, die so ausführlich ist, daß sie sogar ein Computer verstehen kann.

Es geht uns hier um die Prädikation, der zu untersuchende Teil der Sytaxstruktur ist also die Verbalphrase VP. Chomsky analysierte 1965 die syntaktische Komplexität der englischen Verbalphrase in seinem folgenreichen Buch *Aspects of the Theory of Syntax* (Cambridge, Mass., MIT Press. Deutsch: *Aspekte der Syntaxtheorie*, Frankfurt/M., Suhrkamp, 1973). Darin wurde die Begrifflichkeit gesetzt, in der die Syntax für zumindest das nächste Vierteljahrhundert behandelt werden sollte. In den *Aspekten* führte Chomsky zwei Konzepte ein, die strikte Subkategorisierung und die Selektionsbeschränkungen, die für das Verständnis der Art, in der das lexikalische Gedächtnis des Menschen im Dienste der Prädikation aufgebaut sein könnte, von kritischer Bedeutung sind.

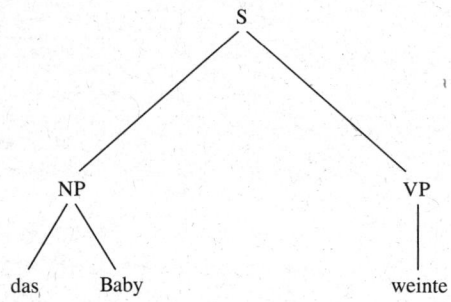

11.4 Der Zerlegungsbaum zeigt die grammatische Struktur des einfachen Satzes *Das Baby weinte*. Der Satzknoten (S) dominiert direkt die Nominalphrase (NP) und die Verbalphrase (VP); NP dominiert direkt die Wörter *das* und *Baby*.

Subkategorisierung

Da die Verbalphrasen im Deutschen wie im Englischen auf vielfältige Weise erscheinen, braucht man eine entsprechende Vielzahl an Ersetzungsregeln für VP; dazu gehören etwa

S2a. VP → V $[_S[_{NP}sie][_{VP}[_Vweinte]]]$

S2b. VP → V NP $[_S[_{NP}sie][_{VP}[_Vtraf][_{NP}den\ Ball]]]$

S2c. VP → V NP NP $[_S[_{NP}sie][_{VP}[_Vgab][_{NP}dem\ Jungen][_{NP}den\ Ball]]]$

S2d. VP → V NP PP $[_S[_{NP}sie][_{VP}[_Vlegt][_{NP}den\ Ball][_{PP}in\ den\ Korb]]]$

S2e. VP → V daß S′ $[_S[_{NP}sie][_{VP}[_Vsagt]daß[_S das\ Baby\ weinte]]]$

Die verschiedenen Versionen von S2 listen nur die erforderliche Umgebung der Verben auf. Es gibt natürlich auch andere Konstituenten, die durch die Wahl eines Verbs weder erforderlich noch ausgeschlossen sind. Zum Beispiel kann man eine lokative Präpositionalphrase (PP) — etwa *im Haus* — im Deutschen fast überall einfügen.

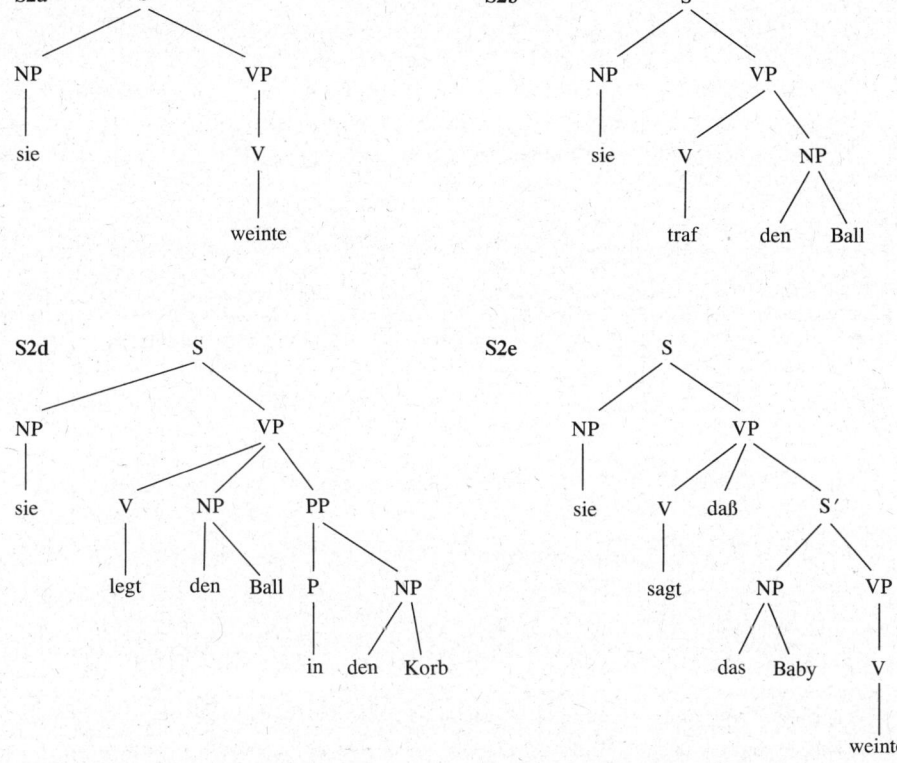

11.5 Einfache Zerlegungsbäume, die mit den Regeln S1 und S2 erzeugt werden.

In Kombination erzeugen S1 und S2 eine Phrasenstruktur, die man wie oben, in der Form indizierter Klammerausdrücke oder in graphischer Darstellung als Zerlegungsbaum angeben kann. Weitere Regeln zur Ersetzung von NP und PP würden der Struktur weitere Details hinzufügen. Am unteren Ende des Zerlegungsbaums stehen die zu äußernden Wörter; es gibt keine Regeln zur Ersetzung der Wörter, die somit bei dieser Analysemethode die Endsymbole oder terminalen Symbole sind.

Man muß darauf achten, daß verschiedene Arten von Verben unterschiedlichen Regeln folgen. Regel S2a gilt für intransitive Verben (*heulen, sterben, vergehen*), Verben, die kein Objekt annehmen. S2b ist für transitive Verben, die ein Objekt NP annehmen können (*aufhängen, erfinden, erkennen*). Regel S2c kommt bei doppelt transitiven Verben, die sowohl ein direktes als auch ein indirektes Objekt NP annehmen, zur Anwendung (*verkaufen, geben, schicken, lehren*). Regel S2d braucht man für Verben wie *legen* oder *stellen*, die ein Objekt NP erfordern und danach eine lokative Präpositionalphrase PP. Regel S2e ist für Verben des Mitteilens oder Denkens (*sagen, glauben*), die einen anderen Satz (S´) als Verbergänzung brauchen. Und es gibt noch weitere Verbklassen, die man anhand ähnlicher Formulierungen beschreiben kann. Die entscheidende Idee liegt jedoch darin, daß es notwendig ist, Verben auf der Grundlage von Satzkonstituenten, mit denen sie auftreten, zu klassifizieren.

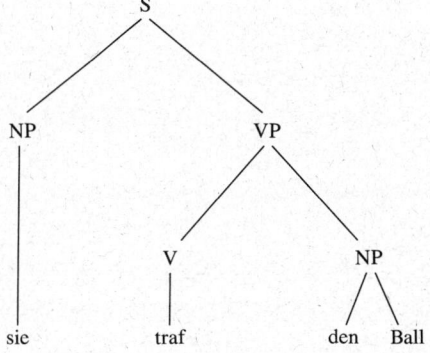

11.6 Der oben mit den Regeln S1 und S2b erzeugte Zerlegungsbaum in einer Anordnung, die zeigt, daß die Wörter des Satzes die terminalen Symbole der Analyse sind.

253

Exkurs 11.2:
Noam Chomsky und die *Syntactic Structures*

Avram Noam Chomsky war 27 Jahre alt, als 1957 die *Syntactic Structures* die Phase einläuteten, die man seitdem die Chomskysche Revolution in der Linguistik nennt. Diese kurze Monographie faßte mehrere Jahre einschlägiger Forschungen im Fach anhand dreier einfacher Modelle zusammen. Jedes Modell war eine generative Grammatik – es bestand aus einer Menge expliziter Regeln zur Erzeugung grammatischer Sätze. Die drei Grammatiken unterschieden sich hinsichtlich der Komplexität der Regeln, die sie umfaßten. In der ersten, „finite state grammar" genannt (Grammatik des finiten Zustands), gab es Regeln der Form $S \rightarrow Sx$ (die Kette S kann ersetzt werden durch S und nachfolgendes x); hier wird also ein linguistisches Element x an das rechte Ende einer bestehenden Kette S angehängt. Mit diesem Modell hatten sich explizit Kommunikationsingenieure und implizit Verhaltenspsychologen befaßt; es zeigte sich schnell, daß es für die syntaktische Analyse des Englischen und anderer natürlicher Sprachen unzulänglich ist.

Noam Chomsky.

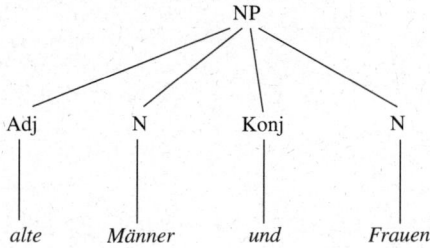

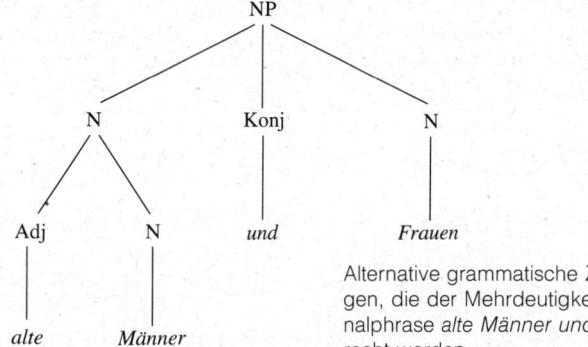

Alternative grammatische Zergliederungen, die der Mehrdeutigkeit der Nominalphrase *alte Männer und Frauen* gerecht werden.

In der zweiten, der „Phrasenstrukturgrammatik", gab es Regeln für den Einbau linguistischer Elemente an jeder Stelle einer bestehenden Kette. Dieses Modell, dem sich die meisten Linguisten zumindest implizit, wenn nicht gar explizit angeschlossen hatten, ließ Regeln der Form $S \rightarrow A\,B$ zu (in denen auch A und B weiter ersetzt werden können), außerdem Regeln der Form $A \rightarrow x$, wobei x ein terminales Element ist (ein linguistisches Element, für das es keine Ersetzungsregel gibt: ein Wort beispielsweise). Eine Phrasenstrukturgrammatik weist den Wortketten, die sie erzeugt, eine Strukturbeschreibung zu, sie leistet eine grammatische Analyse der Sätze. Auf diese Weise wird es möglich zu erklären, warum Wendungen wie *alte*

Männer und Frauen mehr als eine Interpretation zukommt.

Chomsky baute Phrasenstrukturregeln in seine eigene Grammatiktheorie ein, er behauptete jedoch, daß solche Regeln nicht umfassend genug seien, um die syntaktische Struktur natürlicher Sprachen einzufangen. Und so schlug er ein drittes Modell vor, „Transformationsgrammatik" genannt, in dem es Regeln gibt, die die Umordnung von Phrasenstrukturkomponenten zulassen. Transformationsregeln ermöglichen der Grammatik, die Relationen zwischen Sätzen wie den folgenden zu beschreiben: *Sie ist hier. Ist sie hier? Wo ist sie?* Diese Sätze würden zu ihrer Ableitung ansonsten drei verschiedene Mengen von Phrasenstrukturregeln erfordern.

Transformationsgrammatiken können zu umfassend sein. Es konnte gezeigt werden, daß die Leistung einer uneingeschränkten Transformationsgrammatik der einer universellen Turing-Maschine entspricht, die in der Lage ist, jede berechenbare Funktion zu berechnen. Daß man angibt, eine Sprache könne von einer universellen Turing-Maschine erzeugt werden, ist so, als ob man sagt, man könne sie mit Tinte schreiben. Die Frage, wie man um Transformationsregeln herumkommt — oder, falls man sie akzeptiert, wie man plausible Einschränkungen ihrer Leistungsfähigkeit formulieren könnte —, hat auf die eine oder andere Weise einen Großteil der nachfolgenden Diskussion über die Syntaxtheorie motiviert.

„Verb" ist eine Syntaxklasse, diese Verbklassen heißen deshalb Unterklassen beziehungsweise Subkategorien. Chomsky nannte Regeln wie S2 „strikte Subkategorisierungsregeln" und fügte dem Lexikon Informationen über diese Unterklassen hinzu. Das bedeutet, daß im lexikalischen Gedächtnis zusammen mit diesen Wörtern nicht nur ihre Aussprache, ihre Bedeutung und die Tatsache, daß es sich um ein Verb handelt, gespeichert sind, sondern auch die Arten von Konstituenten, mit denen sie zusammen vorkommen. Das Verb *sterben* beispielsweise ist intransitiv, man würde ihm deshalb ein Subkategorisierungsmerkmal zuschreiben, aus dem hervorgeht, daß es kein Objekt NP hat:

sterben [V, + __]

In dieser Notation bedeutet „V", daß es sich um ein Verb handelt, „+" gibt an, daß das Merkmal auf das Wort zutrifft, und der Unterstrich „__" zeigt an, in welcher Position das Verb relativ zu den anderen Konstituenten steht. Das Verb *geben*, um ein komplizierteres Beispiel zu wählen, ist doppelt transitiv; ihm käme das folgende Subkategorisierungsmerkmal zu:

geben [V, + __ NP NP]

Diese beiden Subkategorisierungsmerkmale reichen hin, um sicherzustellen, daß *sie starb* und *sie gab dem Jungen ein Buch* zulässig sind, nicht aber *sie gab* und *sie starb dem Jungen ein Buch*.

Manche Verben scheinen mehr als ein Subkategorisierungsmerkmal aufzuweisen. Das Verb *singen* zum Beispiel kann sowohl intransitiv, *sie sang*, als auch transitiv, *sie sang ein Lied*, vorkommen und erfordert deshalb mindestens zwei Subkategorisierungsmerkmale:

singen [V, + __, + __ NP]

Man kann natürlich das intransitive *singen* und das transitive *singen* als getrennte lexikalische Einträge mit leicht unterschiedlicher Bedeutung ansehen; dann könnte man jeden Lexikoneintrag einer einzigen Subkategorie zuweisen. Eine reine Syntaxtheorie würde sich jedoch nicht mit semantischen Unterschieden befassen.

Subkategorisierte Nominalphrasen dienen in logischer Hinsicht als Argument, das Verb bildet die Funktion. Im Gegensatz zu diesen (obligatorischen) Argumenten gibt es andere Nominalphrasen, die spezialisiertere Rollen einnehmen, die (optionalen, fakultativen) Adjunkte. In dem Satz *Sie gab dem Jungen ein Buch in der Bücherei* sind *dem Jungen* und *ein Buch* die Argumente des Verbs, die PP (nach der Regel PP → Präposition NP) ist aber ein Adjunkt, mit dem das Ereignis lokalisiert wird.

Chomskys Formulierung strikter Subkategorisierung richtete die Aufmerksamkeit auf ein bedeutsames Problem, aber die von ihm vorgeschlagene Lösung warf auch Schwierigkeiten auf, auf die er zum Teil selber hinwies. Zum einen setzt sie die Existenz der VP als Satzkonstituente voraus; diese Bedingung ist nicht in allen Sprachen erfüllt. Außerdem ist seine Lösung redundant, indem sie die Subkategorisierung zweimal spezifiziert, einmal in syntaktischen Ersetzungsregeln wie S2 und dann noch einmal in den Subkategorisierungsmerkmalen, die jedem Verb zugewiesen werden. Diese zweifache Repräsentation scheint zu implizieren, daß die beiden in irgendeiner anderen Sprache verschieden ausgeprägt sein können, das lag jedoch eindeutig nicht in Chomskys Absicht. Da man die zweifach repräsentierte Information nicht aus den lexikalischen Einträgen eines jeden Verbs entfernen kann, liegt der Versuch nahe, sie aus den Ersetzungsregeln zu streichen und diese Komponente damit viel einfacher zu gestalten. Ist jedoch jedes Verb einzeln im Lexikon aufgeführt, könnte auch jedes Verb die genau ihm eigene Menge von Argumenten abrufen; dann leuchtet es nicht mehr ein, wie man allgemeine Syntaxregeln für ganze Subkategorien von Verben formulieren sollte.

Es bleibt unklar, wie sich dieses Redundanzproblem lösen läßt, manche Theoretiker haben jedoch bei der Semantik nach einer Antwort gesucht. Wenn man zeigen könnte, daß Verben mit ähnlichen Subkategorisierungsmerkmalen auch ähnliche Bedeutungen teilen, stünde eine andere Grundlage der Verallgemeinerung über Subkategorien hinweg zur Verfügung. Doch bleibt es offen, wie die Vorstellungen der Subkategorisierung und der semantischen Rolle am besten formuliert werden, um sowohl der syntaktischen Allgemeingültigkeit als auch der lexikalischen Spezifität gerecht zu werden.

Selektionsbeschränkungen

In den *Aspects* schlug Chomsky eine zweite Art von Merkmalen vor, die mit jedem Verb in Verbindung stehen — Selektionsmerkmale. Ein Subkategorisierungsmerkmal kann eine NP erfordern, aber es wird nicht mit jeder beliebigen NP funktionieren. Der Satz *Die Aufrichtigkeit erschreckt den Jungen* ist zulässig, der Satz *Der Junge erschreckt die Aufrichtigkeit* aber nicht; *erschrecken* fordert ein belebtes Objekt NP. Chomsky zufolge sollte der Lexikoneintrag für *erschrecken* Information darüber enthalten, daß die subkategorisierte NP auf etwas verweist, dem das Merkmal [+belebt] zukommt. Man kann das Subkategorisierungsmerkmal für *erschrecken* im Lexikoneintrag dann wie folgt darstellen:

$$erschrecken\ [V, +\ \underline{\quad}\ NP_{[+belebt]}]$$

Das ist natürlich redundant, da nur Nomina belebte oder unbelebte Referenten haben. Eine sparsamere Fassung des Subkategorisierungsmerkmals wäre

$$erschrecken\ [V, +\ \underline{\quad}\ [+belebt]]$$

Diese Schreibweise zeigt, wie sich das Subkategorisierungsmerkmal aus der Selektionsbeschränkung ableiten läßt, was bestimmte theoretische Vorteile mit sich

bringen dürfte, da Selektionsmerkmale allgemeiner sind als Subkategorisierungsmerkmale. Subkategorisierungsmerkmale werden normalerweise nur der Prädi-
katphrase zugeordnet, wogegen Selektionsbeschränkungen für Nominalphrasen
sowohl in Subjekt- als auch in Prädikatrolle gelten: *Das Mädchen verstrich*
klingt komisch, weil *verstreichen* ein unbelebtes Subjekt mit dem Merkmal
[+Zeitdauer] annehmen muß. Vermutlich ist diese Information im lexikalischen
Gedächtnis bei dem Verb *verstreichen* gespeichert. Außerdem können Selektionsmerkmale auch Adjektiven zugewiesen werden (siehe Kapitel 10) —
schmächtig modifiziert beispielsweise nur Nomina, die sich auf etwas mit dem
Merkmal [+belebt] beziehen.

In seiner ersten Fassung sah Chomsky die Selektionsbeschränkungen als Syntaxregeln an; Sätze wie *Geräusche erschreckten den Stuhl* würden danach als ungrammatisch eingestuft werden. Mit der Zeit und nach allgemeiner Übereinkunft
wurden die Selektionsmerkmale der syntaktischen Komponente ausgegliedert und
der Semantikkomponente zugeschlagen. Unter semantischer Interpretation ist *Er
erschreckte die Uhr* nicht ungrammatisch; der Satz ist einfach bedeutungsleer —
oder semantisch anomal, wie solche Verstöße gegen Selektionsbeschränkungen
meistens genannt werden.

„Bedeutungsleer" ist natürlich schlechter definiert als „ungrammatisch", und es
gibt eine weite Grauzone. *Jemanden ansprechen* beispielsweise erfordert gewöhnlich ein menschliches Objekt, aber die Leute sprechen auch Tiere und sogar unbelebte Dinge an. Und der übertragene, metaphorische Sprachgebrauch ist
gerade durch Verstöße gegen Selektionsbeschränkungen gekennzeichnet, die
dennoch verstanden werden. Die Untersuchung der Frage, warum manche Selektionsbeschränkungen leichter verletzt werden als andere, wäre ein komplexes
Projekt. Zum Teil wurde vorgeschlagen, diese Beschränkungen doch besser Se-
lektionspräferenzen zu nennen, da man Präferenzen leicht übertreten kann.

Die Subkategorisierung nimmt an, daß die Information beim Lexikoneintrag des
Verbs gespeichert ist, die Selektionsbeschränkungen nehmen jedoch an, daß die
Information beim Verb und auch bei den Nomina gespeichert ist. Wenn also das
Verb *heiraten* etwa Argumente braucht, die mit [+menschlich] markiert sind,
dann muß es möglich sein zu bestimmen, welche Nomina diese Markierung tragen. Tatsächlich haben einige Theoretiker behauptet, das Lexikon der Nomina
sei anhand der Verben und Adjektive organisiert, die den einzelnen Nomina prädiziert werden können. Die semantische Grundunterscheidung zwischen [+be-
lebt] und [−belebt] leitet sich beispielsweise aus der Tatsache ab, daß man *leben*, *sterben* und *lebendig sein* nur einer Klasse von Nomina zuschreiben kann,
nicht aber der anderen. Das soll heißen, daß Selektionsbeschränkungen etwas
von den grundlegendsten Begriffsunterscheidungen widerspiegeln, die man über
die Welt treffen kann.

Semantische Komponenten von Verben

Wenn es für ein Verb zwei unterschiedliche Subkategorisierungen gibt, hat es dann notwendigerweise zwei verschiedene Bedeutungen? Dazu ein Beispiel. In der Sprache des amerikanischen Baseballs kann das Verb *walk* entweder intransitiv oder transitiv verwendet werden. Im intransitiven Fall ergeben sich Sätze wie *The batter walked* (*Der Schlagmann lief*), im anderen Fall *The pitcher walked the batter* (*Der Werfer lief den Schlagmann*). Diese beiden Verwendungen von *walk* hängen sicherlich zusammen; man kann mit beiden Sätzen dasselbe Geschehen beschreiben. Sind sie synonym? Dazu betrachte man die Unterschiede. In *The batter walked* besteht die Bedeutung von *walk* darin, daß der Schlagmann etwas tat: Er veränderte seine Position vom Schlagmal zum ersten Laufmal. In *The pitcher walked the batter* besteht die Bedeutung von *walk* darin, daß der Werfer etwas tat: Er veranlaßte den Schlagmann dazu, seine Position vom Schlagmal zum ersten Laufmal zu verändern. (Man beachte, daß Werfer einen Schlagmann absichtlich „walken" können, daß der Schlagmann jedoch nicht absichtlich „walken" kann.) Das transitive *walk* enthält eine Kausalitätsangabe, die beim intransitiven Gebrauch fehlt. Die Unterscheidung mag zwar spitzfindig sein, aber sie trifft zu. Eine Semantiktheorie sollte über Möglichkeiten verfügen, solche Unterschiede darzustellen, und genau das ist das Erfordernis, dem die Komponentenanalyse gerecht zu werden versucht. Im Kontext des Baseballspiels kann man das transitive *walk* in (mindestens) zwei semantische Komponenten zerlegen: das intransitive *walk* plus eine kausale Komponente. Keines der beiden *walk* enthält jedoch eine intentionale semantische Komponente – die Absicht muß explizit ausgedrückt werden.

Die Zerlegung in semantische Komponenten ist im gesamten Lexikon der Verben möglich. Das bekannteste Beispiel stammt wahrscheinlich von dem Chicagoer Linguisten James McCawley aus dem Jahre 1968. Er analysierte das Verb in *Brutus tötete Caesar*, indem er den Satz in eine Reihe von Sätzen zerlegte:

S   → Brutus verursachte S′
S′   → werden S″
S″   → nicht S‴
S‴ → lebend Caesar

Andere haben diese Analyse in einer Schreibweise dargestellt, in der Funktionen mit Kapitälchen gekennzeichnet werden:

VERURSACHEN (*Brutus*, WERDEN (NICHT (LEBEND (*Caesar*))))

In der einen wie der anderen Notationsweise kann man McCawleys Analyse des Satzes *Brutus tötete Caesar* als *Brutus verursachte, daß Caesar nicht-lebend wird* lesen. Damals nahm McCawley an, daß diese zusammengesetzte Konzeptstruktur immer erzeugt wird, wenn man ein Satz, der diese Bedeutung trägt, produziert; bevor man den Satz äußert, wird jedoch *tötete* an die Stelle gesetzt.

Exkurs 11.3: Hilfsverben

Manche Linguisten glauben, daß die Anzahl der verfügbaren syntaktischen Klassen begrenzt ist und daß die Klassen, die man in jeder einzelnen Sprache findet, immer eine Untermenge, das heißt eine Auswahl aus dieser Anzahl sein werden. Nomina und Verben werden in jeder Sprache ausgewählt; über diese beiden Syntaxklassen hinaus ergeben sich jedoch allmählich Unterschiede, und die Theoretiker sind sich nicht mehr einig. Wann ist es gerechtfertigt, daß ein Linguist zum Beispiel sagt „DIESE Wortklasse in der Sprache L_1 spielt dieselbe syntaktische Rolle wie JENE Klasse in der Sprache L_2"? Es ist nicht leicht, Regeln aufzustellen, die Syntaxklassen über Sprachen hinweg abgleichen; so kann es selbst vorkommen, daß sich Linguisten über die Existenz einer universalen Liste einig sind und sich dennoch über deren Mitgliederzahl nicht einigen können.

Ein Beispiel ist die Wortklasse der Hilfsverben. Hilfsverben sind Wörter, die Verben beigefügt werden, um solche Merkmale wie Modalität, Zeit oder Aspekt auszudrücken. Nicht jede Sprache hat Hilfsverben – in vielen Sprachen werden statt dessen Affixe verwendet. Aber selbst Sprachen, in denen es lexikalisierte Verbadjunkte gibt, verwenden sie so unterschiedlich, daß einem Skeptiker leicht Zweifel an der Existenz jeglicher universaler Klasse der Hilfsverben aufkommen können.

Das Englische und das Deutsche zum Beispiel sind historisch verwandt, und dennoch sind ihre Hilfsverbsysteme sehr unterschiedlich – die Hilfsverben des heutigen Deutsch liegen näher an denen des Altenglisch denn am heutigen Englisch. Manche Linguisten nehmen an, daß die zunehmende Vereinfachung der englischen Flexionsmorphologie es erschwerte, zwischen dem Konjunktiv und dem Indikativ zu unterscheiden; grammatisch abhängige oder nichtfaktische Ausdrücke mußten deshalb lexikalisch durch Modalverben wie *should*, *would*, *may* oder *might* markiert werden. Worin die Ursache auch liegen mag, das Englische machte in relativ kurzer Zeit einen beträchtlichen Wandel durch, aus dem ein Hilfsverbsystem hervorging, das sich von jedem anderen unterscheidet.

Im heutigen Englisch gibt es eine kleine, geschlossene Klasse von Hilfsverben. Man erinnere sich an die Verzweiflung der Bärenfamilie, als sie nach Hause kam:

„Somebody *has been sitting* in my chair!"

(Im Deutschen kommen Hilfsverbkonstruktionen mit Verlaufsform allenfalls als regionale Variante vor: „Jemand ist auf meinem Stuhl am Sitzen gewesen!" Ansonsten gilt für Hilfsverben das am Beispiel des Englischen Ausgeführte entsprechend.)

Das Hauptverb ist *sit*; die Hilfsverben des Aspektes *have* und *be* bringen die zeitliche Gestalt der Handlung des Verbs zum Ausdruck – in diesem Fall die Verlaufsform im Perfekt. Die Bären könnten genauso gut gesagt haben

„Somebody *must have been sitting* in my chair!"

Hier wurde das Modalverb *must* hinzugefügt, welches anzeigt, daß die Aussage des Satzes *Somebody has been sitting in my chair* als notwendige Schlußfolgerung auf der Basis von Belegen angesehen wird. („Jemand *muß* auf meinem Stuhl *gesessen haben*!") Die Bären hätten ein noch reichhaltigeres Beispiel liefern können, wenn sie gesagt hätten

„My chair *must have been being sat* in by somebody!"

Das Hilfsverb *be* am Ende der Hilfsverbreihe gibt das Passiv an. („Es *muß* auf meinem Stuhl *gesessen worden sein*!") Weil im Englischen und im Deutschen die beschriebenen Funktionen von Verben ausgeführt werden, wurde bislang von Hilfsverben gesprochen. In manchen Sprachen hängen diese Funktionen aber nicht an Verben; in korrekter Terminologie handelt es sich bei den genannten Wörtern um *Auxiliare*.

Modalauxiliare stellen Übersetzer und Leute, die Englisch als Zweitsprache lernen, vor besondere Probleme. Der Grundgedanke ist, daß die Modalausdrücke auf der Grundlage ihrer Bedeutung in drei Gruppen zerfallen:

Bedeutung	Modalverb	Periphrase
möglich/erlaubt	*can, could, may, might,*	*is able to, was able to*
notwendig/verbindlich	*must, should,*	*has to, had to, ought to*
voraussagend/gewollt	*shall, will, would,*	*is going to, was going to*

Probleme entstehen bei der Unterscheidung der epistemischen Bedeutungen (möglich, notwendig, voraussagend) von den deontischen oder Stammbedeutungen (erlaubt, verbindlich, gewollt) dieser Wörter. Der Grund, warum ein Sprecher Modalverben im epistemischen Sinne verwendet, liegt in einer wie auch immer beschaffenen Theorie von den Dingen; der Grund für die deontische Verwendung liegt in einem ethischen oder moralischen Kodex. *Du mußt zur Kirche gehen* kann etwa sowohl bedeuten, daß der Sprecher eine Theorie über das gewohnte Verhalten des Angesprochenen hat (die epistemische Bedeutung), als auch, daß der Sprecher annimmt, der Angesprochene stehe in einer ethischen oder moralischen Verpflichtung zum Besuch des Gottesdienstes (die deontische Bedeutung). Dieser Unterschied ist wichtig; widersprechen die Ereignisse nämlich der epistemischen Interpretation, sollte der Sprecher korrigiert werden; stimmt die deontische Interpretation jedoch nicht mit den Gegebenheiten überein, sollte der Angesprochene korrigiert werden.

Die Interaktion zwischen Modalverben und der Negation kann im Englischen auch Verwirrung stiften. *He can go* (*Er kann gehen*) und *He must go* (*Er muß gehen*) haben eindeutig verschiedene Bedeutung; man füge die Negation hinzu, und der Unterschied verschwindet – sowohl *He cannot go* als auch *He must not go* bedeuten, daß es für ihn notwendig/erforderlich ist zu bleiben. An diesem Beispiel kann man auch die Unterschiede zwischen den Modalsystemen des Deutschen und des Englischen und die damit verbundenen Übertragungsprobleme skizzieren. *Er kann nicht gehen* kann sowohl epistemisch als auch deontisch gemeint sein; *er muß nicht gehen*, *er braucht nicht zu gehen* wird in der Regel deontisch, als Ausdruck der Abwesenheit einer Verpflichtung, verwendet. *Er darf nicht gehen* kommt ebenfalls vorwiegend in deontischer Verwendung vor, kann aber sowohl eine Verpflichtung (im Sinne von *es ist ihm nicht erlaubt zu gehen*) als auch eine Willensäußerung (im Sinne von *er soll nicht gehen*) bedeuten.

Der entscheidende Aspekt bei englischen Modalverben ist, daß sie schlußfolgernde Behauptungen bezeichnen. Ein Modalverb zu verwenden heißt zu behaupten, einen (epistemischen oder deontischen) Grund dafür zu haben, die Schlußfolgerung zu ziehen, auf der die Aussage beruht. Wenn man sich also im Haus befindet und ein Freund sagt „Es muß am Regnen sein", ist es plausibel zu fragen „Warum glaubst Du das?" Wenn jedoch beide zusammen in einem Platzregen stehen, wird die Äußerung des Freundes nur wie ein Witz erscheinen – unter diesen Umständen bedarf es nicht der Behauptung, einen Grund für die Aussage zu haben, daß es regnet.

Die Wichtigkeit des Kontexts. In manchen Situationen zeigt *It must be raining* an, daß der Sprecher Grund zu einer Schlußfolgerung hat; in dieser Situation kann man es nur als Witz verstehen.

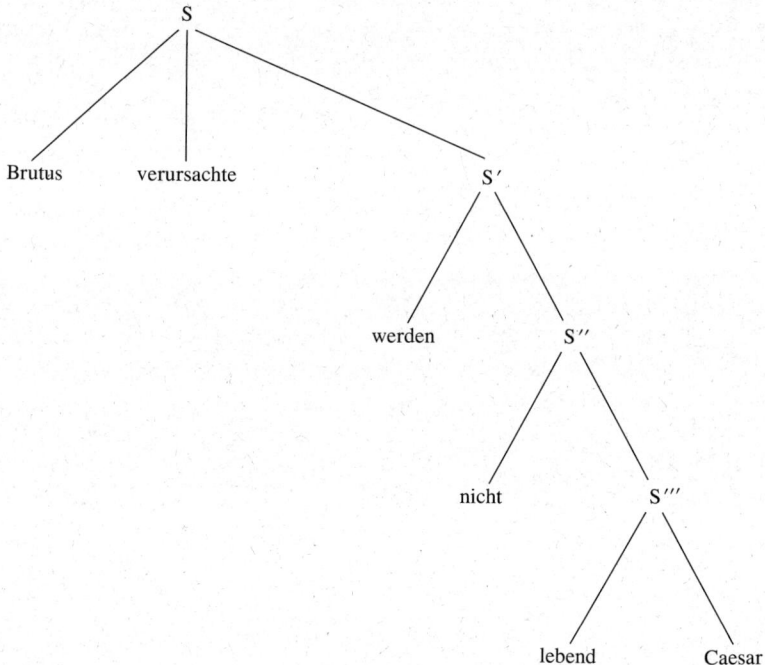

11.7 Die semantische Zergliederung des Verbs *töten* in dem Satz *Brutus tötete Caesar* ist hier in Form eines Zerlegungsbaums dargestellt.

Diese Annahme, als Teil einer Theorie, die als generative Semantik bekannt wurde, war in den siebziger Jahren von Einfluß und wird, in der einen oder anderen Form, noch immer von manchen Computerlinguisten befürwortet.

Die Zerlegung in semantische Komponenten muß allerdings nicht an eine bestimmte Syntaxtheorie angebunden werden. Sie ist einfach nützlich, um Bedeutungsähnlichkeiten oder -unterschiede zwischen verschiedenen Wörtern oder verschiedenen Verwendungsweisen desselben Wortes zu verstehen. Dazu betrachte man beispielsweise das englische Verb *move*. Man könnte leicht ein Dutzend unterschiedlicher Bedeutungen ausmachen, aber hier soll es nur um vier ziemlich zentrale Bedeutungen gehen:

1. *Die Position verändern*, intransitiv gebraucht wie in *The boat moved through the water* (*Das Boot bewegte sich durchs Wasser*)
2. *Die Orientierung verändern* ohne Ortsveränderung, intransitiv gebraucht wie in *The deck moved under his feet* (*Das Deck bewegte sich unter seinen Füssen weg*)
3. *Etwas dazu bringen, die Position zu verändern*, transitiv gebraucht wie in *He moved the bag of food into the galley* (*Er beförderte die Einkaufstasche in die Bordküche*)
4. *Etwas dazu bringen, die Orientierung zu verändern*, transitiv gebraucht wie in *He moved the wheel in a clockwise direction* (*Er bewegte das Rad im Uhrzeigersinn*)

(Diesen Beispielsätzen wurden Präpositionalphrasen beibefügt, damit die Einschätzung ihrer Zulässigkeit leichter fällt.)

Man sieht, daß die vier definierenden Phrasen diese vier Bedeutungen wirksam in semantische Komponenten zerlegen. In allen vieren kommt das Konzept der Veränderung vor; die Position, die Orientierung und die Verursachung werden in jeweils zwei der Definitionen angeführt. Die vier Bedeutungen kann man so schreiben:

1. MOVE_1 (*boat*) = VERÄNDERN (POSITION (*boat*))
2. MOVE_2 (*deck*) = VERÄNDERN (ORIENTIERUNG (*deck*))
3. MOVE_3 (*he, bag*) = BEWIRKEN (*he*, VERÄNDERN (POSITION (*bag*)))
4. MOVE_4 (*he, wheel*) = BEWIRKEN (*he*, VERÄNDERN (ORIENTIERUNG (*wheel*)))

Diese Formeln scheinen einfache Definitionen zu erschweren, aber dahinter steckt eine kühne Idee.

Die Idee besteht darin, daß sich all die Tausende verschiedener Bedeutungen, die Wörter ausdrücken, auf eine ziemlich kleine Menge semantischer Primitive zurückführen lassen, eine Menge universaler Konzepte, die nicht weiter zerlegt werden können, sondern die einfach als allen Menschen in gleicher Weise gegeben angenommen werden müssen. Wenn jemand diese semantischen Keimzellen nicht verstünde, gäbe es keine Möglichkeit, sie mit Hilfe einfacherer Vorstellungen zu erklären. Die Konzepte, die die Funktionen VERURSACHEN, WERDEN, NICHT, VERÄNDERN, POSITION und ORIENTIERUNG darstellen, sind Kandidaten für einen solchen universalen Status.

Führt man die Komponentenanalyse systematisch durch das Verblexion durch, so findet man, daß zwei Arten semantischer Komponenten erforderlich sind. Deren eine kann man Kernkonzepte nennen, weil sie in ihrem semantischen Feld Teil der Bedeutung eines jeden Verbs sind. BEWEGEN zum Beispiel ist ein Kernkonzept für Bewegungsverben; SEHEN ist für Verben der visuellen Wahrnehmung zentral; BESITZEN für Verben des Besitzens; BERÜHREN für taktile Verben; MACHEN für Verben des Schaffens; und so weiter. Die Kernkonzepte, die in die Analyse der Verbbedeutungen eingehen, sind selbst immer auch Verben. Je nach Theorie werden unterschiedliche Kernverben postuliert, im Englischen gibt es aber schätzungsweise nicht mehr als 20.

Im Kontrast zu den Kernkomponenten stehen die ausführenden semantischen Komponenten, die man auch semantische Operatoren nennt, weil man sie sich so vorstellen kann, daß sie über den Kernkonzepten operieren. Zum Beispiel ist das Negationskonzept NICHT eine notwendige Bedeutungskomponente vieler Verben in verschiedenen semantischen Feldern; doch ist NICHT kein Verb, und es gibt auch kein semantisches Feld der Negationsverben. In ähnlicher Weise scheint es kein semantisches Feld von Verursachungsverben zu geben; VERURSACHEN kommt in jedem Feld vor, wo es eine Standardoperation über Kernkonzepte leistet: verursachen, sich zu bewegen (zum Beispiel *schubsen*), verursachen zu sehen (zum Beispiel *zeigen*), verursachen zu besitzen (zum Beispiel *schenken*) et cetera. Ein weiteres ausführendes Konzept ist die ART UND WEISE; dieses Konzept vermittelt eine unterschiedliche Modulation der Kernkonzepte: die Art des Bewegens (zum Beispiel *tanzen*), die Art des Sehens (zum Beispiel *glotzen*), die Art des Besitzens (zum Beispiel *horten*), die Art des Berührens (zum Beispiel *grabschen*), die Art des Schaffens (zum Beispiel *bauen*) und so weiter.

Es ist jedoch problematisch, diese ausführenden Konzepte als semantische Konzepte auf einer Stufe mit Kernkonzepten zu behandeln. Die zeitliche Gestalt der durch Verben bezeichneten Handlungen ist besonders schwierig als semantische Komponente einzubauen. *Weggehen* und *ankommen* beispielsweise sind Ausformungen von BEWEGEN, aber die zeitliche Gestalt – anzufangen versus aufzuhören –, die sie voneinander und von Verben wie *reisen* unterscheidet, in denen die Vorstellung des Anfangs oder Endes nicht enthalten ist, ist nur schwerlich zur Beschreibung als semantische Komponente geeignet.

Die meisten Psycholinguisten kamen zu der Annahme, daß eine Komponententheorie psychologische Implikationen enthält, daß am Prozeß des Verstehens eines Verbs also die Zerlegung in die definierenden semantischen Primitive beteiligt sein muß. Um zum Beispiel *Brutus ermordete Caesar* zu verstehen, wäre es nötig, *ermorden* in ABSICHTLICH VERURSACHEN, NICHT-LEBEND ZU WERDEN zu zerlegen. Eine solche Zerlegung ist ein kognitiver Prozeß, und kognitive Prozesse kosten Zeit; je mehr Komponenten ein Verb deshalb aufweist, desto länger sollte das Verstehen dauern. Alle experimentellen Anläufe, diesen Zeitunterschied sichtbar zu machen, schlugen jedoch fehl. Es ist immer noch möglich, daß die komponentenweise semantische Analyse zum Zeitpunkt des ersten Lernens eines Verbs psychologische Funktion erfüllt – hinsichtlich der Komponenten einfach strukturierte Verben könnten leichter lernbar sein –; es sieht jedoch so aus, daß die semantische Zerlegung keinen notwendigen Teil des Verbverstehens im Alltagsgebrauch bildet.

Eine alternative Analyseweise versucht nicht, alles anhand universaler semantischer Komponenten zu erklären, sondern achtet statt dessen auf die semantischen Relationen zwischen Verben. Bei der Besprechung von Nomina und Modifikatoren in den Kapiteln 9 und 10 wurden semantische Relationen ausgiebig herangezogen: die Synonymie, die Antonymie und so weiter. Ähnliche semantische Relationen kann man zwischen Verben ausmachen.

Semantische Relationen zwischen Verben

Zur Beschreibung der Struktur des Lexikons für Nomina und Modifikatoren wurde eine Reihe semantischer Relationen benötigt: Synonymie, Antonymie, Hyponymie und Meronymie. Nähert man sich der Struktur des Verbenlexikons, ist es nur natürlich, erst einmal zu fragen, ob dieselben semantischen Relationen auch zwischen Konzepten gelten, die durch Verben ausgedrückt werden. Auf manche trifft das offenbar zu. Synonymie und Antonymie gelten etwa für Verben genauso wie für Nomina und für Adjektive. Was Hyponymie und Meronymie angeht, bestehen oberflächliche Ähnlichkeiten und tiefgreifende Unterschiede. Diese Unterschiede sind der näheren Betrachtung wert, da sie interessante Fragen über Verben aufwerfen.

Hyponymie im Verbenlexikon

Manche Verben scheinen begrifflich allgemeiner zu sein als andere. *Bewegen* beispielsweise beschreibt einen weiteren Bereich von Aktivitäten als *gehen*, und *gehen* ist allgemeiner als *stolzieren*. Demnach müßte es Verbhyponyme geben. Wie kann man diese Möglichkeit überprüfen?

Der Satzrahmen, mit dem man die Hyponymie zwischen Nomina überprüft hat, *Ein x ist ein y*, eignet sich für Verben nicht, weil darin *x* und *y* Nomina sein müssen. Im Englischen können *strut* (*stolzieren*) und *walk* (*gehen*) zwar auch als Nomina verwendet werden, aber in einem Satz wie *A strut is a walk* (*Ein Stolziergang ist ein Gang*) geht es dann eben nicht mehr um Verben. Verwendet man im Deutschen den Infinitiv *Stolzieren ist gehen* oder im Englischen das Gerundivum *Strutting is walking*, kommt man einer Prüfung der semantischen Relationen zwischen Verben schon näher, aber irgendwie ist an diesen Sätzen etwas Eigenartiges. Sprecher, die mit Aussagen wie *Ein Spatz ist ein Vogel* oder *Ein Hammer ist ein Werkzeug* völlig einverstanden sind, werden bei der Akzeptanz solcher Aussagen wie *Stolzieren ist gehen* oder *Lispeln ist sprechen* wahrscheinlich zögern. Auf Nachfrage sagen sie, ihrem Gefühl nach sollte das übergeordnete Verb in irgendeiner Weise näher bestimmt werden.

Welche Bestimmung ist notwendig? Eine einfache Lösung besteht darin, die Angabe der ART UND WEISE einzuführen: *Stolzieren ist eine Art zu gehen.* Oder, um sicherzustellen, daß die Wörter im Satzrahmen wirklich als Verben gebraucht sind: *Zu stolzieren heißt, auf eine bestimmte Art zu gehen.* Das führt zu einem allgemeinen Test: Wenn man zwei Verben in den Satzrahmen *Zu x heißt, auf eine bestimmte Art zu y* einsetzen kann, dann kann man *x* ein Verbhyponym von *y* nennen.

Diese Lösung erfordert zwei Anmerkungen. Erstens wird ART UND WEISE in den komponentiellen Theorien der Semantik als semantische Komponente von Verben betrachtet. Unter komponentieller Sicht ist die ART UND WEISE eine nichtverbale Komponente eines Verbs; es ist in theoretischer Hinsicht nicht vorteilhaft, Verben in Nomina zu zerlegen. Hier wird ART UND WEISE als eine semantische Relation zwischen Verbbedeutungen eingeführt, wodurch dieser spezielle Nachteil vermieden wird. Zweitens kann es sich nicht um dieselbe Relation wie bei den Nomina handeln, da dort bei der Hyponymie die ART UND WEISE überhaupt nicht vorkommt. Um hier Verwechslungen zu vermeiden, verwendet man für die Relation zwischen Verben einen anderen Ausdruck; *stolzieren* nennt man also nicht ein „Verbhyponym" zu *gehen*, sondern ein Troponym (von *tropos* Art und Weise + *nym* Name). Zusammenfassend:

V1. Wenn man zwei Verben in den Satzrahmen *Zu V₁ heißt, auf eine bestimmte Art zu V₂* einsetzen kann, dann ist V_1 ein Troponym zu V_2.

Troponyme können mit ihren übergeordneten Begriffen auf verschiedene Weise verbunden sein; dabei gruppieren sich meistens Teilmengen in einem bestimmten semantischen Feld. Unter den Verben des Berührens sind viele Troponyme beispielsweise Zusammenfassungen der Verben *schlagen*, *schneiden* und *befestigen* mit Nomina, die Werkzeuge oder Materialien bezeichnen; zum Beispiel *hämmern*, *knüppeln*, *stechen*, *sägen*, *kabeln*, *pflastern*. *Zu hämmern heißt* also, *auf eine bestimmte Weise zu schlagen, zu sägen heißt, auf eine bestimmte Art zu schneiden,* und so fort. Troponyme von Kommunikationsverben bringen oft die Absicht oder die Motivation des Sprechers zur Kommunikation zum Ausdruck, wie in *bitten*, *überreden* oder *schmeicheln*.

Obwohl die Troponymie zu einer hierarchischen Struktur der Verben führt, ähnlich der Hierarchiestruktur der Nomina, gibt es wichtige Unterschiede. Verben haben gewöhnlich eine flache, dafür aber buschige Struktur; in den meisten Fällen gibt es nicht mehr als vier Hierarchieebenen. Außerdem kann man innerhalb eines semantischen Feldes nicht alle Verben in einer einzigen Hierarchie, unter einem einzigen Anfangskonzept, anordnen. Für die Bewegungsverben beispielsweise gibt es zumindest zwei oberste Knoten, einen für das Konzept der Bewegung am Ort { *sich bewegen, eine Bewegung machen* } und den anderen für das Konzept der Bewegung durch den Raum { *sich bewegen, sich fortbewegen, eine Ortsveränderung vornehmen* }. Verben des Besitzes kann man in die drei Verben { *geben, übergeben* }, { *nehmen, erhalten* } und { *haben, innehaben* } aufspalten; meistens bilden sich ihre Troponyme so, wie die Gesellschaft den Wechsel der Besitzverhältnisse ritualisiert hat: *vermachen, spenden, erben, sich aneignen, besitzen, gehören, ausstatten* und so weiter. Viele Kommunikationsverben, in denen es um Sprache geht, etwa *verkünden, ersuchen* oder *bejubeln*, kann man als Troponyme von Verben klassifizieren, die die grundlegenden Sprechakte bezeichnen: *sagen, fragen, befehlen* und so weiter. Nur die Verben des Veränderns scheinen einen einzigen Obergriff, nämlich *verändern*, zu haben.

11.8 Zu springen heißt, sich auf eine bestimmte Art zu bewegen.

Meronymie im Verbenlexikon

Wie die Hyponymie ist auch die Meronymie eine Relation, die gut auf Nomina paßt, aber weniger für Verben geeignet ist. Das soll heißen, daß sich die Teil-Ganzes-Relation bei Verben von der Teil-Ganzes-Relation bei Nomina unterscheidet; die Unterschiede sind jedoch so filigran, daß man sie mit einiger Sorgfalt aufzeigen muß.

Um zu prüfen, ob ein Wort ein Meronym zu einem anderen ist, wird gewöhnlich der Prüfsatzrahmen *Ein x ist eines Teil eines y* verwendet. Da *Teil* selbst ein Nomen ist, sollten *x* und *y* Nomina sein, damit der entstehende Satz akzeptabel wird. Englische Verben kann man jedoch in einen solchen Rahmen einsetzen, wenn man ihre Gerundivformen verwendet. Dieses Einsetzen führt aber zu unerwarteten Effekten. Dazu die folgenden Sätze:

267

A. *Weighing is a kind of measuring.*
B. *Measuring is a part of weighing.*

C. *Weight is a kind of measure.*
D. *Measure is a part of weight.*

Für das Deutsche kann man diese Sätze nachbilden, wenn man statt der Gerundivformen den substantivierten Infinitiv heranzieht:

A′. *Wiegen ist eine Art des Messens.*
B′. *Messen ist ein Teil des Wiegens.*

C′. *Gewicht ist eine Art Maß.*
D′. *Maß ist ein Teil des Gewichts.*

Der einzige Unterschied zwischen den oberen und den unteren Satzpaaren liegt darin, daß die Verben im Gerundivum beziehungsweise im Infinitiv aus dem ersten Satzpaar im zweiten Satzpaar durch Nomina ersetzt werden. Die Sätze A und B, in denen die verwandten Verben *to weigh* und *to measure* verwendet werden, werden von den meisten akzeptiert; für das entsprechende deutsche Satzpaar dürfte ähnliches gelten. Setzt man jedoch die Nomina für ihre Verbentsprechungen ein, bleibt C akzeptabel, D wird jedoch auf jeden Fall schief.

Satz D soll auch ungewöhnlich sein; wenn *x* eine Art *y* ist, erwartet man normalerweise nicht, daß *y* ein Teil von *x* ist. *Hammer* ist eine Art Werkzeug, aber *Werkzeug* ist nicht Teil eines Hammers. Dennoch ist genau dies zulässig, wenn *x* und *y* Verben sind. Satz B ist ein harter Brocken. Natürlich wird der *ist-Teil-von*-Testrahmen bei Verben nicht auf dieselbe Weise interpretiert wie bei Nomina. Die Anforderung liegt in dem Versuch herauszufinden, welche semantische Relation zwischen zwei Verben gelten muß, damit Sprecher die Behauptung akzeptieren, das eine sei ein Teil des anderen. Woran denkt man, wenn man zustimmt, daß Messen ein Teil des Wiegens ist? Die Antwort ist kompliziert wie alles bei den Verben.

Manche Verben kann man auseinandernehmen, aber nicht auf dieselbe Weise wie Nomina; Verbteile entsprechen nicht den Teilen von Nomina. Gültige Aussagen über Teil-Ganzes-Relationen zwischen Verben haben immer mit zeitlichen Beziehungen zwischen den Aktivitäten zu tun, die die beiden Verben bezeichnen. Eine Aktivität oder ein Geschehen ist nur dann Teil einer anderen Aktivität oder eines anderen Geschehens, wenn sie ein Teil oder eine Phase in deren zeitlicher Realisierung darstellt.

Manche Aktivitäten kann man in zeitlich geordnete Untertätigkeiten aufspalten. *Im Restaurant essen* beispielsweise kann man aufgliedern in *betreten, setzen, lesen, bestellen, essen, bezahlen* und *gehen.* Aber solche komplexen Handlungsfolgen sind selten lexikalisiert; kein einzelnes Verb bedeutet *im Restaurant essen, eine Maschine saubermachen, eine Vorsorgeuntersuchung durchführen las-*

Exkurs 11.4:
John Austin und die performativen Verben

Seinen Kollegen, die darauf vertrauten, daß Bedeutungen auf Wahrheitsbedingungen beruhen, stellte der Oxforder Philosoph John Langshaw Austin (1911–1960) die folgende Frage: Was sind die Wahrheitsbedingungen des Satzes „Hiermit wette ich mit dir, daß es morgen regnet"? Austin brachte vor, daß dem Satz Bedeutung zukommt und daß er dennoch keine Wahrheitsbedingungen hat, weil er keine Behauptung trifft. Solche Sätze SAGEN nichts, sie TUN etwas – dieser bietet eine Wette an. Anstelle die Bedingungen, unter denen dieser Satz wahr wird, anzugeben, muß der linguistische Analytiker ihre Glückensbedingungen bestimmen: die Bedingungen, unter denen die Ausführung der beabsichtigten Handlung mit Hilfe der Sätze glückt.

Austin wies darauf hin, daß es Hunderte von Verben gibt, mit denen man etwas tun kann: *auffordern, befehlen, einladen, ernennen, fordern, verlangen, versprechen, warnen, wetten* und viele andere mehr. Austin nannte sie performative Verben, weil man mit ihnen etwas vollziehen (*to perform*) kann. Ein Test dafür, ob es sich um ein performatives Verb handelt, besteht darin, ob man die erste Person Singular mit *hiermit* verwenden kann. „Ich frage Dich hiermit …" ist zulässig; *fragen* ist also ein performatives Verb. „Hiermit überrede ich Dich …" kann man nicht sagen, *überreden* ist also kein performatives Verb.

Als Austin und seine Mitarbeiter die Untersuchungen zu performativen Verben weiterführten, wurde deutlich, daß alle Sätze implizit, wenn nicht explizit performativ sind, selbst die, mit denen einfache Tatsachen ausgesagt werden sollen. Zum Beispiel wird man den Satz „Die Sonne scheint" in jedem üblichen Kommunikationskontext so verstehen, daß er bedeutet *Hiermit behaupte ich, daß die Sonne scheint*; in derselben Weise wie „Gib mir mal das Salz" in der Bedeutung *Hiermit fordere ich Dich auf, mir das Salz zu geben* verstanden wird.

Aus Austins speziellem Interesse an dieser Klasse von Verben erwuchs so die Sprechakttheorie, die die Grundlagen aller Sprachen nicht darin sieht, ob das Gesagte wahr oder grammatisch ist, sondern welche Handlung der Sprecher mit der Produktion seiner Äußerung vollziehen wollte.

„Ich taufe Dich hiermit …" Das traditionelle Champagnerbad unterstreicht den performativen Satz, der dem Schlachtschiff *South Dakota* seinen Namen gibt.

11.9 Es gibt kein englisches Verb, das für sich allein *ein Staffelholz tragen* oder *in einem Staffellauf laufen* bedeutet. (Im Deutschen könnte man zumindest das Verb *staffellaufen* erfinden.) Da die beiden entsprechenden englischen Verbphrasen *to carry a baton* beziehungsweise *to run in a relay race* zusammenhängen, als ob sie lexikalisiert wären, kann man sie als lexikalische Lücken des Englischen betrachten. Das heißt, wenn man Verben dafür einführte (etwa *to carbat* und *to runlay*), würden diese in die allgemeine semantische Struktur anderer englischer Verben passen. Zuerst ist zu beachten, daß *ein Staffelholz tragen* kein Troponym zu *in einem Staffellauf laufen* ist — es bedeutet nicht

sen und so weiter. Außerdem ist die Zerlegung in lexikalisierte Teiltätigkeiten, die bei den genannten Verbphrasen vorgenommen werden kann, bei vielen einfachen Verben nicht möglich. Man denke an die Beziehung zwischen *reisen* und *fahren*. *Reisen* und *fahren* wird simultan ausgeführt — die beiden Tätigkeiten fallen zeitlich zusammen. Doch die meisten werden *Fahren ist ein Teil des Reisens* akzeptieren und *Reisen ist ein Teil des Fahrens* zurückweisen, obwohl doch keine der beiden Aktivitäten eine sequentiell geordnete Teilaktivität der anderen ist. So kann es sich nicht immer um die Zerlegung in aufeinanderfolgend geordnete Teilaktivitäten handeln, an die man denkt, wenn man einen ist-Teil-von-Satz, der Verben in Beziehung setzt, nach seinem Zutreffen beurteilt. *Reisen* und *fahren* hängen semantisch zusammen, weil man, wenn man reist, notwendigerweise fährt.

Bei den Unterschieden zwischen Paaren wie *reisen* und *fahren*, *schnarchen* und *schlafen*, *versuchen* und *scheitern* kommt es auf die zeitliche Relation zwischen den Vertretern der einzelnen Paare an. Die Aktivitäten können simultan erfolgen (wie bei *reisen* und *fahren*); das eine kann das andere beinhalten (wie bei *schnarchen* und *schlafen*); oder das eine kann dem anderen vorausgehen (*versuchen* und *scheitern*). Allen Paaren ist gemeinsam, daß die Beteiligung an der einen Aktivität es erfordert, sich auch an der anderen Aktivität zu beteiligen oder beteiligt zu haben. Zwischen jedem Verbpaar besteht eine Art einer allgemeinen Implikationsbeziehung.

Lexikalische Implikation

Die strenge Implikation ist eine logische Relation, die für Propositionen und nicht für Wörter definiert wurde. Eine Proposition *P* impliziert eine Proposition *Q* dann und nur dann, wenn es keine vorstellbare Situation gibt, in der *P* wahr

und *Q* falsch ist. Man kann die Vorstellung einer Implikationsbeziehung jedoch anpassen und auf die Relation beziehen, die zwischen den beiden Verben V_1 und V gilt, wenn die Aussage *jemand* V_1 die Aussage *jemand* V_2 impliziert. *Schnarchen* impliziert somit *schlafen*, weil die Aussage *Er schnarcht* die Aussage *Er schläft* impliziert; die zweite Aussage gilt notwendigerweise, wenn die erste zutrifft. Um jede Gefahr einer Verwechslung zu vermeiden, kann man die Übernahme der logischen Implikationsbeziehung lexikalische Implikation nennen. Wenn ein Verb V_1 ein anderes Verb V_2 lexikalisch impliziert, dann kann es nicht der Fall sein, daß V_2 auch V_1 lexikalisch impliziert — es sei denn, beide Verben seien Synonyme. Die Negation dreht die Richtung der lexikalischen Implikation um; *nicht schlafen* impliziert *nicht schnarchen*, *nicht schnarchen* impliziert aber nicht *nicht schlafen*.

Zu den Fällen lexikalischer Implikation gehören die verschiedenen Relationen in den Paaren *reisen–fahren*, *schnarchen–schlafen* und in der zwischen *scheitern* und *versuchen* geltenden rückgerichteten Präsupposition. Weiterhin gehören Verben dazu, die über eine Folge- oder Zweckrelation miteinander verbunden sind wie etwa *mästen–füttern* und *glätten–schmirgeln*. Man kann die unter die lexikalische Implikation fallenden Relationen auf der Basis der Zeitrelationen, in der die Vertreter der Verbpaare zueinander stehen, unterscheiden.

Verben, die durch Implikation verbunden sind, lassen sich erschöpfend in gegenseitig ausschließende Klassen einteilen, und zwar auf der Grundlage der zeitlichen Inklusion. Ein Verb V_1 steht zu einem Verb V_2 in einer Inklusionsbeziehung, wenn es eine Zeitstrecke gibt, während der die durch die beiden Verben bezeichneten Aktivitäten gemeinsam auftreten, und wenn zu keinem Zeitpunkt V_2, aber nicht V_1 auftritt. Gibt es eine Zeitstrecke, in der V_1 stattfindet, aber nicht V_2, spricht man von echter Inklusion. Anders ausgedrückt: Immer, wenn man V_2 tut, tut man auch V_1, aber nicht immer, wenn man V_1 tut, tut man auch V_2.

auf eine bestimmte Art in einem Staffellauf laufen. Die meisten werden jedoch zustimmen, daß *ein Staffelholz tragen* ein Teil von *in einem Staffellauf laufen* ist, und sie werden die Vorstellung ablehnen, daß *in einem Staffellauf laufen* ein Teil von *ein Staffelholz tragen* sei. Dieses Urteil, nach dem *ein Staffelholz tragen* ein Meronym zu *in einem Staffellauf laufen* ist, spiegelt nicht nur die Tatsache wider, daß *in einem Staffellauf laufen ein Staffelholz tragen* impliziert, sondern auch, daß die beiden Tätigkeiten zeitlich zusammenfallen. Insgesamt wäre die semantische Relation zwischen *runlay* und *carbat* dieselbe wie zwischen *reisen* und *fahren*.

271

Man betrachte die drei möglichen Arten einer Implikationsbeziehung. Die erste Art ist die rückgerichtete Präsupposition, die zwischen Verben wie *scheitern* und *versuchen* oder *freilassen* und *einsperren* besteht. Eine zweite Klasse besteht aus Paaren wie *schnarchen* und *schlafen* oder *kaufen* und *bezahlen*: *Schnarchen* steht in einer echten Implikationsbeziehung zu *schlafen*; dasselbe gilt für *kaufen* und *bezahlen*. Eine dritte Klasse schließlich besteht aus Paaren wie *lispeln* und *reden* oder *hinken* und *gehen*, wo das erste Verb das zweite impliziert und sich beide wechselseitig einschließen, das heißt gleiche zeitliche Ausdehnung haben. Diese Klassifikation führt zu einer einfachen Verallgemeinerung:

V2. Wenn das Verb V_1 das Verb V_2 impliziert und wenn zwischen beiden eine Relation der zeitlichen Inklusion besteht, dann kann man die Relation, die zwischen den beiden Verben besteht, als Teil-Ganzes-Aussage darstellen.

Manche Verbpaare, die durch Implikation und zeitliche Inklusion verbunden sind, verbindet auch die Troponymie: *Lispeln* und *reden* beispielsweise erfüllen V2, wie auch *latschen* und *gehen*. Latschen impliziert gehen, und beide Aktivitäten haben dieselbe zeitliche Erstreckung (wenn man latscht, muß man notwendigerweise auch gehen), und das Gehen kann man als einen Teil des Latschens bezeichnen. Aber *latschen* heißt auch, *auf eine bestimmte Art zu gehen*; *latschen* ist ein Troponym zu *gehen*.

Im Gegensatz dazu impliziert *schnarchen schlafen* und ist zeitlich darin eingeschlossen, aber es ist kein Troponym zu *schlafen*; schnarchen ist nicht eine bestimmte Art zu schlafen. In ähnlicher Weise schließt *eine Vorsorgeuntersuchung durchführen lassen* den *Arztbesuch* ein und impliziert ihn, ist aber kein Troponym zu *Arztbesuch*; und *kaufen* impliziert *bezahlen*, ohne ein Troponym zu *bezahlen* zu sein. Die Verben in diesen Paaren sind durch Implikation und echte Zeitinklusion miteinander verbunden; daraus läßt sich schließen, daß Verben, die in einer Implikations- und echten zeitlichen Inklusionsbeziehung zueinander stehen, nicht durch Troponymie verbunden sein können.

V3. Wenn zwei Verben zueinander in der Relation der Troponymie stehen sollen, dann müssen die Aktivitäten, welche sie bezeichnen, zeitgleich ablaufen.

Man kann vor oder nach dem Schnarchen schlafen, zum Kaufen gehören auch andere Aktivitäten, als zu bezahlen, und der Arztbesuch ist nicht zeitgleich mit der Durchführung der Vorsorgeuntersuchung; auch wenn diese Paare also durch

Implikation verbunden sind, steht keines davon in der Beziehung der Troponymie. Man muß übrigens darauf achten, daß in Verbpaaren, die in der Beziehung V_1 *impliziert* V_2 stehen, die Beziehung der Zeitinklusion in beide Richtungen verlaufen kann. Das heißt, irgendeine der beiden Aktivitäten schließt die andere zeitlich ein. *Schnarchen* impliziert also *schlafen*, und *schlafen* schließt *schnarchen* zeitlich echt ein, wohingegen *kaufen bezahlen* sowohl impliziert als auch zeitlich echt einschließt.

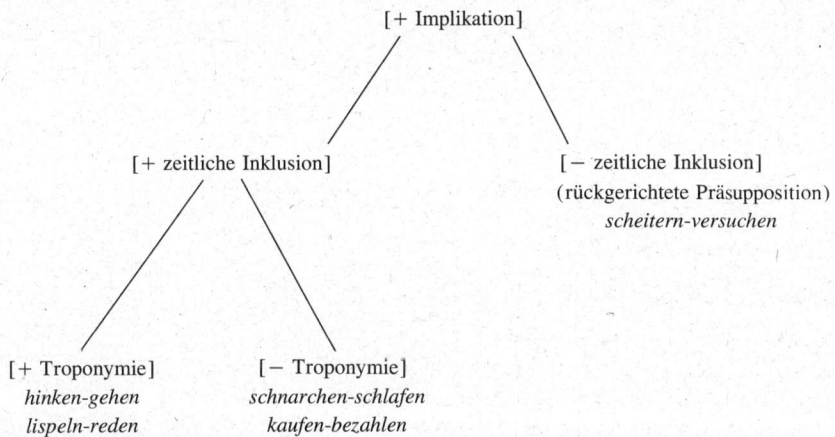

11.10 Eine graphische Darstellung der Beziehungen zwischen drei Arten von Verbpaaren.

Die Analyse der semantischen Organisation der Nomina läßt eine komplizierte Wechselwirkung zwischen der Hyponymie und der Meronymie sichtbarwerden. Unter den Verben gibt es eine gleichermaßen komplizierte Wechselwirkung zwischen der Troponymie und der zeitlichen Inklusion. Die beiden Wechselwirkungen sind einander so ähnlich, daß jeder ordentliche Sprachingenieur beide sicherlich auf dieselbe Weise gelöst hätte. Aber so nicht. Nomina und Verben sind so verschieden, in semantischer wie in syntaktischer Hinsicht, daß sie jeweils anders organisiert sein müssen.

***

Verben sind wohl die wichtigste Wortfamilie von allen, weil sie die Prädikation ermöglichen. Sie sind auch die komplizierteste. Nicht nur, daß sie eine Vielzahl semantischer Felder abdecken — Bewegung, Besitz, Veränderung, Kommunikation, Wahrnehmung und dergleichen; indem sie Adverbien, Präpositionen und Nomina zusammenbringen und integrieren, teilen sie auch die semantischen Kennzeichen dieser anderen Wortfamilien.

Es ist bemerkenswert, daß diese komplizierte Konzeptstruktur, diese geistige Kathedrale, organisch — und fast unbemerkt — im Kopf eines jeden Kindes heranwächst.

12.1 Schulkinder lernen jedes Jahr Tausende von Wörtern — Einträge ins mentale Lexikon, die dessen fortwährende Umorganisation bewirken.

12.2 Wörter zu lernen ist weit mehr als das Erlernen der Wörterbuchdefinitionen. Das merkt jedes Kind, wenn es mühsam neue Wörter in Sätze einbaut, in die sie gut passen.

12. Wie der Wortschatz wächst

Wenn Erwachsene eine neue Sprache lernen wollen, wissen sie, was ihnen bevorsteht. Ihnen ist klar, daß sie eine neue Phonologie lernen müssen, eine neue Grammatik, einen neuen Wortschatz, eine neue Art, sich auszudrücken. Sie nehmen es hin, daß sie sich jahrelang täglich mehrere Stunden lang damit beschäftigen müssen, um die Sprache fließend zu beherrschen. Sie erwarten aber auch, daß sie sich dabei auf Lehrer verlassen können, die ihnen in ihrer Muttersprache alles erklären können, was sie über die Zweitsprache wissen müssen.

Für Kinder sieht die Sache ganz anders aus. Sie verfügen über keine Sprache, in der man ihnen sagen könnte, was sie zu lernen haben. Und doch kommen sie mit drei Jahren schon mit den Grundzügen ihrer Muttersprache zurecht und sind auf dem besten Wege zur Erreichung umfassender kommunikativer Kompetenz.

Bei der wissenschaftlichen Beschäftigung mit dem Spracherwerb erwies sich im großen und ganzen die äußerst schnelle Beherrschung der Syntax als erstaunlichste Leistung, beeindruckender als etwa der langsamere Prozeß der Ausbildung des Wortschatzes. Wörter zu lernen ist nicht leicht – es kann viel Zeit und Mühe kosten; doch erscheint dieser Lernprozeß einfacher und leichter zu verstehen. Die Eltern können im allgemeinen beim Verständnis unbekannter Wörter Hilfestellungen leisten, wohingegen nur wenige einen vergleichbaren Zugriff auf ihr Wissen über die Syntaxregeln haben. Aber dennoch ist die Fähigkeit der Kinder, Syntaxregeln zu beachten, nicht viel erstaunlicher als ihr unbeirrbares Interesse am Lernen neuer Wörter.

Ist ein Kind einmal sechs oder sieben, dann besteht die offensichtlichste Veränderung in seinen sprachlichen Fähigkeiten im Anwachsen des Wortschatzes. Schätzungen (siehe Kapitel 7) lieferten bei Durchschnittsabiturienten in den USA (High School) um die 60 000 Grundwörter. Manche kennen mehr, manche weniger – Wortschatztests bilden eine Standardmethode bei der Bestimmung individueller Intelligenzunterschiede. Nimmt man diesen Durchschnitt als repräsentativ, dann sagt er doch etwas Wichtiges über die kindliche Fähigkeit zum Wörterlernen aus. Geht man davon aus, daß der Durchschnittsabsolvent einer High School 17 Jahre alt ist, so muß er die 60 000 Grundwörter binnen 16 Jahren erlernt haben. Das ergibt eine durchschnittliche Lernquote von 3750 Grundwörtern pro Jahr, oder mehr als zehn neue Wörter täglich!

Bezifferbare Schätzungen des Wortschatzwachstums sind beeindruckend, sie liefern aber nur ein oberflächliches Bild von dem, was wirklich vorgeht. Gleichzeitig mit dem Hinzufügen neuer Wörter wird das lexikalische Wissen, das Wissen, auf das der Wortschatz aufbaut, umorganisiert. Kinder fangen an, Beziehungen zwischen schon gelernten Wörtern zu sehen, und diese Beziehungen ermöglichen ihnen, ihr lexikalisches Wissen zu einem abstrakterem, geordneterem System umzuorganisieren – zu der Art eines mentalen Lexikons, wie es auf den vorangehenden Seiten beschrieben wurde. Auf jeden Fall läuft bei jedem normalen Kind ein Lernprozeß ungeheurer Komplexität in einem imposanten Tempo ab.

Die ersten Wörter

Die meisten Kinder fangen Mitte ihres ersten Lebensjahres an, Wörter hervorzu-bringen. „Wörter" ist vielleicht nicht der richtige Ausdruck; manche Beobachter sprechen lieber von Äußerungen, die sowohl Wörter als auch Sätze sind. Wenn es sich tatsächlich um Wörter handelt, dann sollte sich entscheiden lassen, ob es Nomina, Verben, Modifikatoren oder Partikeln sind. Die ersten wortartigen Äußerungen stehen jedoch allein, ohne Syntax, und somit kann es keine Syntax-klassen geben, bevor es überhaupt eine Syntax gibt. So oder so halten diese vor-grammatischen Äußerungen einige Monate an, in denen manche Eltern versu-chen, über all die „Wörter", die ihr Kind schon sagen kann, Buch zu führen. Bevor die Liste jedoch 100 Einträge umfaßt, hat das Kind schon angefangen, die Wörter zu längeren Äußerungen zusammenzufügen, und die Anzahl neuer Wör-ter wird so schnell wachsen, daß man als Eltern gar nicht mehr erkennen kann, welche Wörter neu sind und welche schon alt.

Niemand bringt einem Kind zehn Wörter am Tag bei. Vielmehr erscheint die Annahme notwendig, daß Kinder mit einem spezifischen Talent für diese Art des Lernens auf die Welt kommen. Ein paar wertvolle Hinweise darauf, wie Kinder das bewerkstelligen, erbrachten Elsa Bartlett und Susan Carey bei ihrer Zusammenarbeit in einem Experimentalkindergarten an der Rockefeller Univer-sity in New York. Die beiden Entwicklungspsychologinnen beobachteten kleine Kinder beim Lernen von Farbnamen. Zuerst zeigten sie, daß eine Gruppe Drei-jähriger das englische Farbwort *olive* nicht kannten. Manche nannten die Farbe grün, andere braun. Bartlett und Carey brachten den Kindern sodann einen will-kürlichen Namen für Olivgrün bei — ein Farbwort, das sie auf keinen Fall schon einmal woanders gehört hatten. Sie nahmen zwei Tabletts und lackierten das eine oliv und das andere blau.

Jedes Dreijährige wurde einzeln ganz beiläufig geheißen: „Bring mir das chro-merne Tablett! Nicht das blaue, das chromerne!"

Das angesprochene Kind zögerte vielleicht kurz und zeigte auf das olivgrüne Ta-blett. „Dieses hier?" Ja, das da. Danke."

Nach einer Woche sollten die Kinder ohne weitere Instruktionen wiederum Far-ben benennen. Als olivgrün dargeboten wurde, hielten sie inne. Sie konnten sich nicht daran erinnern, wie das genannt wurde, aber sie wußten nun, daß man die-se Farbe nicht grün oder braun nennt. Eine einzige Darbietung eines Farbna-mens hatte gereicht, um die Umorganisation ihres Farbenlexikons anzuregen.

Diesem einfachen Experiment folgte eine Reihe sorgfältiger kontrollierter Unter-suchungen, in denen sich zwei wichtige Schlußfolgerungen über die Art, wie Kinder Wörter lernen, bestätigten. Erstens muß ein Kind, um ein Wort zu ler-nen und der Wörtermatrix hinzuzufügen, in der Lage sein, den Klang des Wor-tes mit dessen Bedeutung im Verbindung zu bringen. Die Mechanismen der

Worterzeugung und -erkennung zu beherrschen, ist eine Art des Lernens; mit dem Konzept, welches das Wort ausdrückt, umgehen zu können, ist etwas anderes. Und das eine mit dem anderen in Zusammenhang zu bringen, ist noch eine dritte Sache. Die Kinder im oben genannten Experiment wußten nach ihrer Erfahrung mit den Tabletts, daß es einen speziellen Namen für oliv gibt und daß man nicht grün oder braun sagt; sie konnten sich aber nicht an die entsprechende Äußerung erinnern, die mit der wahrgenommenen Farbe assoziiert ist. Es dürfte einige Wiederholungen brauchen, bis die Lautgestalt eines neuen Wortes vertraut und nachsprechbar wird, und noch etliche Wiederholungen mehr, bis das Wort mit dem richtigen Referenten in Zusammenhang gebracht wird.

Zweitens scheint das Erkennen der Bedeutung eines Wortes bei Kindern in zwei Stufen zu erfolgen, einer schnellen und einer viel langsameren. Kinder bemerken schnell neue Wörter und weisen sie breiten semantischen Klassen zu. Nachdem sie den willkürlichen Namen *chromern*, mit dem das eine Tablett hervorgehoben wurde, gerade einmal gehört hatten, rechneten die Dreijährigen das Wort zum semantischen Feld der Farbnamen. Kinder bringen es also fertig, solche semantischen Felder getrennt zu halten, bevor sie überhaupt wissen, was die einzelnen Wörter bedeuten. Wenn man sie nach der Farbe von irgend etwas fragt, so antworten sie vielleicht zufällig mit irgendeinem Farbnamen, aber sie werden nie *groß* oder *sechs* oder *Puppe* antworten.

Die langsamere Stufe fängt an, wenn die Kinder allmählich Unterschiede zwischen den Wörtern innerhalb einer umfänglichen semantischen Klasse herausarbeiten. Ein Kind, das mehrere Ausdrücke korrekt dem Bereich der Farben zugeordnet hat, muß immer noch lernen, welche Unterschiede und Beziehungen zwischen diesen Ausdrücken bestehen. Dieser Prozeß des Aussortierens von Ähnlichkeiten und Unterschieden innerhalb eines semantischen Feldes dauert normalerweise viel länger als die erste Stufe und kommt vielleicht niemals zu einem endgültigen Abschluß. Mancher Erwachsene kann beispielsweise *Platane* und *Hickory* richtig dem semantischen Feld der Baumarten zuordnen, ohne zu wissen, welche Bäume sie bezeichnen, und ohne sie erkennen zu können, wenn sie welche sehen. Zu jedem individuellen Zeitpunkt werden viele Wörter in diesem Zwischenstadium sein, in dem sie vertraut und grob klassifiziert, aber noch nicht klar voneinander unterschieden sind.

Aufmerksame Eltern stellen häufig fest, daß ihre Kinder die Bedeutung neuer Wörter gelegentlich übergeneralisieren. Ein Kleinkind, das das Wort *Apfel* lernt, bezeichnet damit zum Beispiel vielleicht auch eine Tomate. Das wird üblicherweise so erklärt, daß man sich *Apfel* als Bezeichnung für eine bestimmte Merkmalsliste vorstellt — etwa rund, rot und in einer bestimmten Größe — und daß Verwechslungen deshalb vorkommen, weil die Liste unvollständig ist. Ohne weitere Einschränkungen definieren diese Merkmale reife Tomaten genauso wie reife Äpfel. Der entgegengesetzte Fehler, die Untergeneralisierung, kommt auch vor, doch bemerkt man sie nicht so leicht. Man muß ganz bestimmte Fragen stellen, um das Phänomen zum Vorschein zu bringen. Denkt ein Kind, daß es einen Apfel definiert, daß er rot, rund und von einer bestimmten Größe ist, so wird es sich vielleicht weigern, sich mit dem Wort *Apfel* auf grüne oder gelbe Äpfel zu beziehen. Ob ein Fall von Untergeneralisierung vorliegt, findet man nur heraus, wenn man dem Kind einen grünen oder gelben Apfel zeigt und fragt, wie man dazu sagt.

Für Semantiktheorien, die die Wortbedeutung in universale Komponenten zerlegen, ist es ein leichtes, die Übergeneralisierung zu erklären. Wenn das Verstehen davon abhängt, semantische Komponenten zu erkennen, und wenn kleinere Kinder angeborenermaßen dazu veranlagt sind, eine Grundmenge dieser Komponenten zu erkennen, dann erscheint die Annahme sinnvoll, daß das Lernen von Wortbedeutungen vonstatten geht, indem mit einem Wort nach und nach derartige Grundkonzepte verbunden werden, bis die Bedeutung endgültig feststeht. Beispielsweise bezieht sich *Apfel* vielleicht zuerst auf alles mögliche Runde, dann auf alles, was rund ist und die richtige Größe hat, schließlich auf Rundes und Rotes der entsprechenden Größe. Merkmal für Merkmal würde sich so die Bedeutung des Wortes im Kopf des Kindes zusammenfügen. Wenn mehrere semantische Konzepte dazukommen, geht die Bedeutung schließlich auf das korrekte Konzept von Äpfeln über, wie es die Erwachsenen haben.

Nicht jeder teilt die Überzeugung, daß Kinder die Wortbedeutungen dadurch erlernen, daß sie immer mehr semantische Merkmale hinzunehmen. Was Kritiker an dieser Vorstellung irritiert, ist, daß viele Fehler, die dieser Theorie zufolge eigentlich auftreten müßten, scheinbar nicht vorkommen. Zum Beispiel wird ein Verb wie *springen*, welches in komponentieller Hinsicht komplex ist, nicht nur

Überdehnung von Wörtern

Wort des Kindes	erstes Bezugsobjekt	neue Anwendungen und Überdehnungen	mögliche gemeinsame Eigenschaft
Bird	Spatzen	Kühe, Hunde, Katzen, jedes Tier, das sich bewegt	Bewegung
Mooi	Mond	Kuchen, runde Flecken am Fenster, runde Formen in Büchern, Verzierungen an ledernen Buchhüllen, Poststempel, der Buchstabe O	Form
Fly	Fliege	kleine Schmutzflecken, Staub, alle kleinen Insekten, die eigenen Zehen, Krümel, eine kleine Kröte	Größe
Koko	Krähen eines Hahns	Tonfolgen auf Geige, Klavier, Akkordeon, Plattenspieler, Musik allgemein, Karussell	Klang
Wau-wau	Hunde	Alle Tiere, Spielzeughunde, weiche Hausschuhe, Bild eines alten Mannes im Pelzmantel	Materialbeschaffenheit

Aus: Clark, E. (1973). What's in a word? On the child's acquisition of semantics in his first language. In T. Moore (ed.), *Cognitive development and the acquisition of language*. New York: Academic Press.

12.3 Überdehnung bei der Verwendung von Wörtern kommt bei Kindern dann vor, wenn sie die Bedeutung eines Wortes noch nicht ganz verstanden haben. Ein Kind, das meint, alles Runde und Rote einer bestimmten Größe sei ein Apfel, wird auch eine reife Tomate *Apfel* nennen.

12.4 Auch die Bedeutungseinengung kommt vor, ist jedoch schwieriger zu bemerken. Ein Kind, das meint, alles Runde und Rote in einer bestimmten Größe sei ein Apfel, kann das Wort vielleicht nicht auf grüne oder gelbe Äpfel anwenden. Um die Bedeutungseinschränkung sichtbar zu machen, muß man das Kind fragen, wie man solche Äpfel nennt.

genauso leicht beherrscht wie das diesbezüglich einfachere Verb *sich bewegen*; es scheint auch kein Zwischenstadium zu geben, in dem das Wort *springen* übergeneralisiert wäre, so daß es auch einfachere Bewegungen bezeichnet. Bringt man die Einwände auf einen generellen Nenner, dann gibt es keinen Grund zu der Annahme, daß sich die semantischen Komponenten, die man als Definitionsprimitive heranzieht, gleichermaßen auch als Entwicklungsprimitive heranziehen lassen. Eine Alternative bestünde in der Suche nach den Primitiven der semantischen Entwicklung. Eine andere liegt in der Annahme, daß Kinder Wortbedeutungen als unzergliedertes Ganzes lernen.

Man kann darüber streiten, ob Kleinkinder instinktiv semantische Analysen vornehmen oder nicht; man ist sich jedoch dahingehend einig, daß sie zu Anfang keine morphologischen Analysen leisten. Eine anfängliche Fehleinschätzung eines kleinen Kindes liegt in seiner Annahme, jedem Konzept komme seine eigene, klar erkennbare phonologische Darstellung zu – eine Erwartung, nach der die Wortschatzmatrix aus lauter Eins-zu-eins-Zuordnungen besteht. Zum Beispiel können *kommen* und *kam* einem Kind beide geläufig sein, und dann lernt es, daß die Vergangenheitsform durch Hinzufügen von *-te* gebildet wird; an dieser Stelle tritt in der spontanen Sprache des Kindes dann *kommte* (oder vielleicht sogar die doppelte Vergangenheitsbildung *kamte*) auf. Am produktiven Gebrauch der Flexion *-te* kann man erkennen, daß die morphologische Analyse einsetzt, und das geht mit dem Schluß einher, daß die morphologische Beziehung zwischen *kommen* und *kam* bis dahin unbeachtet blieb.

Ein weiteres Beispiel liefern die bedeutungsumkehrenden Verbflexionen, die im Englischen mit *un-* gebildet werden. Die ersten Verben dieser Art, die ein Kind lernt – *untangle* (*entwirren*), *unfasten* (*aufmachen*), *unbuckle* (*abschnallen*), *uncover* (*aufdecken*) –, werden wie unzergliederte, aus einem Morphem bestehende Einheiten behandelt. Bevor das Kind nicht etwa dreieinhalb Jahre alt ist, gibt es keine Hinweise darauf, daß *un-* als unabhängiges Morphem erkannt würde. Doch dann wird es sich der Analyse bewußt, und *un-* erscheint allmählich produktiv vor vielen verschiedenen Verben. Die Entwicklungspsychologin Melissa Bowerman berichtet über diese Veränderung bei ihrer vierjährigen Tochter Christy:

> Christy fragt ihre Mutter, warum die Kombizange auf dem Tisch liegt.
> M: »I've been using them for straightening the wire.«
>   (Ich habe sie gebraucht, um den Draht gerade zu machen.)
> C: »And unstraighting it?«
>   (Und um ihn ungerade zu machen?)

Hier würde man im Englischen *to bend* verwenden; die Bedeutungsumkehrung, die Erwachsene verwenden, ist *to unbend*. Es ist also unwahrscheinlich, daß Christy schon einmal jemanden *unstraighting* sagen hörte. Mit vier Jahren hat Christy die morphologische Analyse durchgeführt und *un-* in äußerst produktiver Weise verwendet. Davor waren die Umkehrbildungen jedoch unzergliederte Ganze.

Die langsamere Phase des Wörterlernens dauert noch, lange nachdem sich die Assoziation zwischen dem ausgesprochenen Wort und seiner Bedeutung gebildet hat, an. Zwischen drei und vier Jahren fangen Kinder an, ihr Denken über die schon gelernten Wörter umzuorganisieren. Wenn ein Kind einmal einen Grundwortschatz und grammatische Grundkenntnisse erworben hat, wird diese verborgene Umstrukturierung besonders wichtig, und das Anwachsen des Wortschatzes entwickelt sich eingehender und differenzierter. Bei manchen Kindern scheint diese tiefergehende Analyse weiter zu gehen als bei anderen, und sicherlich fühlen sich manche freier als andere, die entdeckten Regelhaftigkeiten in den eigenen Sprachgebrauch zu übernehmen. Doch hat dieser Umorganisationsprozeß bei allen Kindern schon lange vor Schuleintritt begonnen.

Ostension

Erwachsene erklären Kindern ein Wort oft, indem sie auf Beispiele zeigen. Diese Lehrmethode, die man Ostension (oder ostensive Definition) nennt, ist so einfach und effektiv, daß man die Fragen, die sich dabei stellen, leicht übersieht.

Wenn ein Erwachsener beispielsweise auf ein Kaninchen zeigt und sagt „Das ist ein Kaninchen", wie erkennt das Kind, daß *Kaninchen* sich auf das ganze Tier bezieht und nicht bloß auf eine Eigenschaft, einen Teil, eine Körperhaltung, eine Tätigkeit, den Entwicklungsstand oder die räumliche Ausrichtung des Kaninchens? Oder auf eine Kombination daraus? Oder vielleicht sogar auf einen Aspekt des Zeigens selbst? Normalerweise nimmt man an, daß die Verknüpfung von „Das ist ein Kaninchen" mit einer Vielzahl von Kaninchen unwesentliche Merkmale ausscheidet, aber dieses Vorgehen eröffnet die weitere Möglichkeit, daß sich *Kaninchen* auf eine Folge von Kaninchen, auf ihre Anzahl oder auf den Zeitpunkt ihres Erscheinens beziehen könnte. Kurzum, in solchen Zeigegesten steckt nicht genügend Information, um alle Hypothesen auszuschalten, die mit den verfügbaren Befunden in logischem Einklang stehen.

Kinder bekommen es schnell hin, sich die Referenten, die die Erwachsenen meinen, herauszugreifen, weil sie schon mit der Voreinstellung auf die Welt kamen, manche Möglichkeiten in Betracht zu ziehen und andere unbeachtet zu lassen. Diese Voreinstellung fängt damit an, daß Kinder und Erwachsene über einen gleichartigen Wahrnehmungsapparat verfügen. Für Kinder wie für Erwachsene treten Objekte und Formen gegenüber dem Hintergrund als zusammenhängende Figur hervor – wenn ein Erwachsener auf etwas zeigt, kann das Kind davon ausgehen, daß er dasselbe Wahrnehmungs-Ganze bezeichnen will, das auch das Kind wahrnimmt. Dem wahrnehmungsbezogenen Ganzen den Vorrang zu geben, schränkt die Vielzahl von Möglichkeiten, die das Kind berücksichtigen muß, stark ein.

Das Problem liegt natürlich darin, daß Teile, Merkmale und Beziehungen oft ostensiv definiert WERDEN. Wenn Kinder davon ausgehen, daß ein unbekanntes Nomen wahrscheinlich auf eine wahrnehmungsbezogene Ganzheit verweist und nicht auf dessen Teile oder Merkmale, wie soll es dann ostensive Definitionen von irgend etwas anderem verstehen? Angenommen, ein Kind beherrscht es gerade eben, daß man zu einem Kaninchen „Kaninchen" sagt. Nun zeigt der Erwachsene auf dasselbe Ding und sagt „Das ist ein Ohr" oder „Das ist weiß" oder „Das ist ein Tier". Warum kommt das Kind nicht zu dem Schluß, daß *Kaninchen*, *Ohr*, *weiß* oder *Tier* Synonyme sind, mit denen man jeweils dieselbe Wahrnehmungseinheit bezeichnet?

Die Antwort hat damit zu tun, wie Kinder über Bezeichnungen denken. Kleinkinder halten den Namen eines Dings für eine dem Ding innewohnende Eigenschaft. „Schlange", so sagen sie einem, „ist ein langes Wort". Wenn einem Ding zwei Namen zukämen, wäre dies genauso verwirrend, als ob es zwei Formen oder zwei Längen hätte. Ellen M. Markmann und ihre Mitarbeiter konnten zeigen, daß kleinere Kinder zu der Annahme neigen, daß jedes Ding einen und auch nur einen Namen hat; sie spricht hier von der kindlichen Annahme der Exklusivität.

Die Annahmen eines kleineren Kindes funktionieren wie folgt. Das erste Nomen, das mit einem Ding in Verbindung gebracht wird, wird für dessen Namen gehalten (wegen des Vorrangs der gesamten Wahrnehmungseinheit), und nachfolgende Nomina müssen sich auf etwas anderes beziehen (wegen der Annahme

„Das ist Harvey.“

„Das ist ein Ohr.“

„Das ist ein Kaninchen.“

„Das ist ein Bild.“

„Das ist der Osterhase.“

12.5 Wie schaffen es Kinder, mit diesen Informationen zurechtzukommen?

„Das ist weiß.“

„Das ist ein Tier.“

der Exklusivität). Um was es sich bei „etwas anderes“ handelt, wirft neue Probleme auf.

Wie kann ein Erwachsener auf ein Ding zeigen (beispielsweise auf ein Kaninchen), um auf etwas anderes zu verweisen (vielleicht auf dessen Farbe)? Zur Behandlung solcher indirekter Ostensionen muß man die Unterscheidung zwischen dem Ding P, auf das gezeigt wird, und dem Ding R, auf das referiert wird, treffen. Der Linguist Geoffrey D. Nunberg hat diesen Unterschied treffend illustriert. Er führte das Beispiel einer Kellnerin an, die auf ein Schinkenbrot zeigt und dabei sagt: „Er sitzt an Tisch 20“. Man braucht nur wenig Restaurantkenntnisse, um zu merken, daß das belegte Brot (P) und „er“ (R) zwei verschiedene Dinge sind – zwei Dinge, die kraft einer Funktion in Verbindung stehen: *der R, der das P bestellt hat*. Nunberg vertritt den Standpunkt, daß eine Theorie der Ostension erklären muß, wie es die Kenntnis von P dem Zuhörer ermöglicht, R zu identifizieren. Seinem Ansatz zufolge gibt es immer eine Funktion – er nennt sie die Referenzfunktion –, die P und R so in Beziehung setzt, daß bei (ostensiv) gegebener Besetzung von P die Besetzung von R erschlossen werden kann. Wenn ein Erwachsener auf das Kaninchen zeigt und sagt: „Das ist ein Ohr“, dann ging er davon aus, daß das Kind genug weiß, um die Referenzfunktion TEIL zu verstehen: *Das Ohr (R) ist ein Teil des Kaninchens (P)*. In ähnlicher Weise verwendet der Erwachsene, der hinzeigt und sagt: „Das ist ein Tier“, die Referenzfunktion ART: *Das Kaninchen (P) ist eine bestimmte Art Tier (R)*. Und so lassen sich viele andere mögliche Referenzfunktionen angeben.

Es ist bemerkenswert, daß es kleineren Kindern schon gelingt, die angemessenen Referenzfunktionen auszuwählen. Oder, um es vorsichtiger auszudrücken, es ist bemerkenswert, wie gut Erwachsene einschätzen können, welche Referenzfunktionen das Kind wohl schon versteht. Das Ganze fängt wahrscheinlich mit der Unterscheidung zwischen Eigennamen und Gattungsnamen an. Zeigt der Erwachsene auf ein Kaninchen und sagt: „Das ist Harvey", so sind *P* und *R* identisch. Sagt der Erwachsene beim Zeigen jedoch: „Das ist ein Kaninchen", handelt es sich um indirekte Ostension; vom Kind wird erwartet, daß es die Referenzfunktion EXEMPLAR versteht: *Dieses Objekt (P) ist ein Exemplar der Klasse von Kaninchen (R)*. Wenn Kinder EXEMPLAR verstehen, dann verstehen sie auch bald BILD: „Das ist ein Kaninchen" wird in der Bedeutung *Dieses Objekt (P) ist das Bild eines Kaninchens (R)* verstanden.

Da die Überordnung beim Aufbau des lexikalischen Gedächtnisses für Nomina eine zentrale Rolle spielt, wurden experimentelle Untersuchungen mit der Referenzfunktion ART durchgeführt. Sandra Waxman und Rochel Gelman beispielsweise stellten Dreijährigen eine Puppe vor und zeigten ihnen dann Bilder von einem Hund und einem Pferd und einer Ente. Dabei sagten sie den Kindern: „Diese Puppe mag nur Dinge wie einen Hund oder ein Pferd oder eine Ente." Dann bekamen die Kinder ein Dutzend Bilder von Tieren, Nahrungsmitteln und Kleidungsstücken; sie sollten diejenigen Dinge aussuchen, die die Puppe mag. Unter dieser Bedingung ordneten die Kinder nicht durchgängig alle Tierbilder der Puppe zu und legten alle Bilder von Eßbarem und von Kleidungsstücken beiseite; die Dreijährigen hatten die freie Wahl und gingen nicht davon aus, daß die Puppe nichts anderes als Tiere mag. Dann wiederholten Waxman und Gelman das Experiment jedoch in exakt gleicher Weise, wobei den Kindern nun gesagt wurde: „Diese Puppe mag nur Dobutsus. Ich weiß nicht, was Dobutsus sind, aber diese Puppe mag nur Dinge wie einen Hund oder ein Pferd oder eine Ente." Nach dieser kleinen Änderung, bei der das neue Wort *Dobutsu* (das japanische Wort für *Tier*) eingeführt wurde, gaben die Kinder der Puppe ausschließlich Tiere.

Kleinere Kinder teilen Dinge nicht von sich aus in Klassen ein, aber beim Erlernen neuer Wörter tun sie es. Das bloße Hinzufügen eines verbalen Etiketts führte die Kinder in den Glauben, sie seien in einer Situation, in der es um das Lernen von Wörtern geht. Und auf diese Weise interpretierten sie das Tun des Versuchsleiters, der auf Hund, Pferd und Ente (*P*) zeigte, als indirekte Referenz auf die Dobutsus (*R*). Die Kinder definierten das neue Wort über die Referenzfunktion ART: *Der Hund, das Pferd und die Ente (P) sind jeweils eine Art Dobutsu (R)*. Wenn es einen Hinweis auf die Wichtigkeit taxonomischer Beziehungen gab, dann fiel es den Dreijährigen nicht schwer, die passende Referenzfunktion auszuwählen.

12.6 Können kleinere Kinder die semantische Relation der Überordnung erfassen? Dreijährige bekamen eine Puppe, und man zeigte ihnen diese Standardbilder. Ihnen wurde entweder gesagt: „Diese Puppe mag nur solche Dinge" oder „Diese Puppe mag nur Dobutsus". Dann sollten sie aus einer Reihe anderer Bilder die Dinge auswählen, die die Puppe mag. Die Kinder, die dachten, sie lernten, was *Dobutsu* bedeutet, wählten ausschließlich Tierbilder aus, den anderen Kindern gelang dies nicht.

Lesen und Wortschatz

Von Kindern erwartet man in den USA wie auch in Deutschland, daß sie in den ersten drei oder vier Grundschuljahren Lesen und Schreiben lernen. Anfangs lesen und schreiben sie nur Wörter, die sie schon vor Schulbeginn kannten. Ab der vierten Klasse etwa begegnen sie geschriebenen Wörtern, die sie im täglichen Umgang nie zuvor gehört hatten. An diesem Punkt angekommen, glauben die Pädagogen in den USA, daß es besonderer Maßnahmen bedarf, um den Schülern beim Lernen dieser unbekannten Wörter zu helfen. (Die deutschen Verhältnisse sind hier wahrscheinlich nicht vergleichbar.)

12.7 Leseunterricht mit Zweitkläßlern.

Eine Möglichkeit besteht darin, ein spezielles Training anzubieten: das Einpauken der Phonologie und begriffliche Klarstellungen. Doch geht diese Art des Lehrens selbst bei guter Durchführung langsam und schmerzhaft voran. Auf diese Weise können nicht mehr als 100 oder 200 Wörter pro Schuljahr beigebracht werden. Doch das Lernen läuft dem Unterricht weit voraus — pro Jahr werden circa 3750 Wörter gelernt. Vergleicht man diese Zahlen, läßt sich die Frage kaum vermeiden: Wie lernen Schulkinder so viel mehr als ihnen im Unterricht beigebracht wird?

Kinder, die lesen können, begreifen viele neue Wörter aus dem Kontext; dieser Vorgang wird in der Psychologie inzidentielles (beiläufiges) Lernen genannt. Das heißt, daß Kinder in der Schule Wörter genauso lernen können wie vorher zu Hause: indem sie darauf achten, wie diese Wörter in verständlichen Kontexten verwendet werden. Der Hauptunterschied liegt darin, daß die akademische Umwelt mehr von schriftlichen denn von mündlichen Kontexten geprägt ist. Es ist allgemein bekannt, daß man Schulkindern bei der Erweiterung ihres Wortschatzes am besten dadurch nachhelfen kann, daß man sie ermuntert, so viel wie möglich zu lesen.

Wörter zu lernen, indem man sie im Kontext liest, ist wirksam, aber nicht effizient. Manche Kontexte sind nicht informativ. Manche sind geradezu irreführend. Wenn das Lesen irgendeinen wesentlichen Effekt auf den Wortschatz haben soll, muß ein Wort mehrere Male auftreten – und das heißt, daß eine Menge gelesen werden muß.

Was ist hier unter einer Menge zu verstehen? Da helfen einige grobe Berechnungen weiter. Ein Kind, das pro Schultag 50 Minuten mit Lesen verbringt bei einer Geschwindigkeit von etwa 200 Wörtern pro Minute, kommt bei einem Schuljahr von 100 Schultagen auf eine Million Wörter. Das klingt viel, reicht aber nicht. Eine Million Wörter aus fortlaufenden Prosatexten enthalten nicht mehr als 50 000 verschiedene Wortformen, die sich aus vielleicht 10 000 Grundwörtern oder „Wortfamilien" ableiten. Texte in Schulbüchern enthalten wahrscheinlich sogar weniger als 10 000, aber selbst mit dieser angenommenen Vielfalt ist es unwahrscheinlich, daß es sich bei mehr als 1000 Wörtern um völlig unbekannte lexikalische Einheiten handelt. Da man einem neuen Wort mehrfach begegnen muß, um es zu beherrschen, wird schnell deutlich, daß es nicht ausreicht, eine Million Wörter pro Jahr zu lesen. Es überrascht deshalb nicht, daß Kinder, die außerhalb der Schule nur wenig oder überhaupt nicht lesen, bei Wortschatztests im allgemeinen schlechter abschneiden.

Man könnte meinen, daß sich die ganze Leserei abkürzen ließe, wenn man unbekannte Wörter im Wörterbuch nachschlägt. Aber das Nachlesen im Wörterbuch ist selbst eine erworbene Fähigkeit. Etwa in der vierten Klasse wird in den Schulen in den USA deshalb damit angefangen, die Fähigkeiten zu lehren, die man im Umgang mit Wörterbüchern braucht: Rechtschreibung, die alphabetische Ordnung, Betonung, Wortarten, ein wenig Morphologie und Etymologie. Das Ziel besteht darin, den Kindern beizubringen, wie man unbekannte Wörter im Wörterbuch findet und, wenn man sie gefunden hat, was man mit dem anfängt, was man dort liest.

Bei diesem Ansatz gibt es die Schwierigkeit, daß die meisten normalen und vernünftigen Kinder eine starke Abneigung gegen Wörterbücher zeigen. Und das mit gutem Grund, weil sie nach langem, ödem Nachschlagen oft nicht richtig verstehen, was da steht. Eine Fünftkläßlerin beispielsweise schlug *stimulate* (*anregen*) in ihrem Schulwörterbuch nach und schrieb dann den Satz *Mrs. Mirrow stimulated the soup* (*Frau Mirrow regte die Suppe an*), da sie unter den Definitionen auch *stir up* fand; *stir up* heißt im Englischen zwar *umrühren*, wird aber im übertragenen Sinne auch für *erregen*, *anregen* verwendet. Ein anderer Schüler schrieb *Me and my parents correlate* (*Meine Eltern und ich korrelieren*),

285

weil er als Definition von *correlate* fand „be related one to another"; *related* bedeutet im Englischen aber sowohl *zusammenhängend* als auch *verwandt*. Solche Fehler ließen sich vielleicht vermeiden, wenn die Autoren von Kinderwörterbüchern mehr an die Benutzungsstrategien der Kinder denken würden.

Beobachtungen, wie Kinder Wörterbücher benutzen, verdeutlichen das, was man eine einfache Ersetzungsstrategie nennt: Finde ein bekanntes Wort, nimm an, daß es ein Synonym für das unbekannte Wort ist, und ersetze dann das bekannte Wort durch das unbekannte in Kontexten, in denen man das bekannte Wort verwenden könnte. Die Ersetzungsstrategie ist nicht auf den Gebrauch von Wörterbüchern beschränkt; Ähnliches tritt auf, wenn Kinder neue Wörter lernen, die sie in einem bestimmten Kontext lesen. Eine Gruppe Fünftkläßler beispielsweise — wir führen das Beispiel hier im Deutschen an — las den Satz *Der Bruder des Königs versuchte, den Thron zu usurpieren* und bildete dann Sätze wie *Der blaue Stuhl wurde aus dem Zimmer usurpiert*; *Versuche nicht, diese Tonkassette aus dem Laden zu usurpieren*; *Der Dieb versuchte, das Geld aus dem Safe zu usurpieren* und so weiter. Sie hatten dem gelesenen Satz entnommen, daß *usurpieren* dasselbe bedeutet wie (ungerechtfertigt) *wegnehmen*, und nun schrieben sie Sätze, in denen *wegnehmen* vorkommt und ersetzten es durch *usurpieren*.

Diese Lernstrategie sieht der Übergeneralisierung sehr ähnlich. So wie kleinere Kinder *Apfel* überdehnen, weil sie nur einen Teil seiner Bedeutung kennen, so führte eine Teildefinition von *usurpieren* zu dessen Überdehnung. Das heißt, wenn *usurpieren* unvollständig als *wegnehmen* definiert ist, kann man es allem prädizieren, was man wegnehmen kann: Stühle, Tonkassetten, Geld oder was auch immer. Die Ersetzungsstrategie kann somit als eine spätere Phase in der Entwicklung eines Wörterlernprozesses betrachtet werden, den schon Vorschulkinder anwenden.

Die interessantere Frage ist jedoch, wie die Kinder das Konzept des *Wegnehmens* aus dem Kontext *Der Bruder des Königs versuchte, den Thron zu . . .* abstrahierten. Die Suche nach einer Antwort auf diese Frage schließt eine nähere Betrachtung von Kontexten und der Information, die sie enthalten, ein.

Bedeutungen und Definitionen

Die meisten Diskussionen darüber, wie Kinder neue Wörter lernen, setzen zwei Annahmen voraus: erstens, daß ein Wort zu lernen heiße, seine Bedeutung zu lernen, und zweitens, daß die Bedeutung eines Wortes durch dessen Definition gegeben sei. Zusammengenommen liegen diese Annahmen der allgemeinen Ansicht zugrunde, daß ein Wort zu lernen bedeute, seine Definition zu lernen. Daraus ergibt sich eine Sichtweise des Wörterlernens, die zu einigen praktischen Konsequenzen führen kann. Zum Beispiel werden Vertreter dieser Ansicht den

12.8 Für die Entwicklung des kindlichen Wortschatzes reicht es nicht aus, eine Million Wörter pro Schuljahr zu lesen.

Schülern raten, sich beim Lernen neuer Wörter mit Wörterbüchern zu befassen. Sie werden den Wortschatz von Schülern prüfen, indem sie sie Definitionen geben oder zu Wörtern die zugehörigen definierenden Phrasen auswählen lassen. Wenn sie außerdem noch glauben, Definitionen seien semantische Zerlegungen, dann kommen sie zu der Annahme, daß Kinder neue Wörter lernen, indem sie deren semantische Komponenten einzeln oder paarweise zusammensetzen.

Und sie werden sich darüber wundern, daß es Leuten, die ein Wort kennen, oft schwerfällt, eine akzeptable Definition anzugeben. Es gelingt einem vielleicht zu beschreiben, worüber jemand wohl spricht, wenn er das Wort verwendet, aber diese Beschreibung bleibt weit hinter einer wirklichen Definition zurück. Gute, konstruktive Definitionen zu verfassen ist eine Kunst, und wie jede Kunst beruht sie auf angeborenem Talent, geschliffen durch lange, lange Übung. Ohne spezielles Training gelingt es den meisten kaum, Wörter zu definieren, deren Bedeutung sie völlig richtig kennen. Manche versuchen es erst gar nicht. Andere geben ungeeignete oder falsche Definitionen. Einige wenige wenden ein, sie verstünden die Aufgabe nicht: Eine Person, die *crime* (*Verbrechen*) definieren sollte, antwortete: „Ich weiß nicht, was ‚crime‘ bedeutet. Ich weiß viel über Verbrechen und Kriminelle. Meinen Sie das mit einer Definition von ‚crime‘?"

Auf den ersten Blick könnte diese Unbeholfenheit, Definitionen abzugeben, wie ein weiteres Beispiel für implizites sprachliches Wissen erscheinen. So wie der Grammatiker sagt, daß die Leute die Syntaxregeln implizit kennen und befolgen, ohne sie explizit angeben zu können, so könnte der lexikalische Semantiker sagen, daß die Leute die Definitionen implizit kennen und einhalten, ohne sie ex-

287

plizit angeben zu können. Aber es gibt Gründe für die Annahme, daß diese Erklärung einem lexikalischen Semantiker nicht zur Verfügung steht. Man betrachte folgendes Gegenbeispiel.

Laien finden, manche Wörter lassen sich leichter definieren als andere. Als Grundregel gilt, je spezifischer ein Wort ist, desto einfacher läßt sich seine Definition formulieren. Es ist zum Beispiel einfach, *Pony* als ein kleines Pferd zu definieren, schwieriger ist es aber, *Pferd* zu definieren – und noch schwerer fällt eine gute Definition für *Tier*. Auch kann *steigen* leicht als sich nach oben bewegen definiert werden, *sich bewegen* ist aber schwieriger; *sich bewegen* könnte man definieren als den Ort oder die Lage verändern, aber die Definition von *verändern* stellt einen vor ein noch größeres Problem. Offenbar braucht man die Wörter, die semantische Primitive ausdrücken, um weniger abstrakte Wörter zu definieren, aber die Primitive selbst liegen vor; sie bedürfen keiner Definition. Diese Behauptung jedoch, nach der die Bedeutung der meisten Grundwörter unmittelbar verstanden wird und nicht anhand von – expliziten oder impliziten – Definitionen, muß jeden verblüffen, der glaubt, ein Wort zu kennen heißt, seine Definition zu kennen. Die Behauptung, daß man Definitionen auch implizit wissen kann, mag zutreffen, aber sie erklärt nicht, wie es möglich ist, die semantischen Primitive unmittelbar, ohne jegliche Definition, zu kennen.

Bedeutung und Kontext

Wenn Wörter zu kennen mehr heißt, als ihre Definition zu wissen, worin besteht dann dieses „mehr"? Eine Möglichkeit, die oft vorgeschlagen wurde, besteht darin, daß ein Wort zu kennen heißt zu wissen, wie es verwendet wird. In solchen Ansätzen versteht man unter „Verwendung" meistens die Zwecke, denen die Sprache dient; Sprache wird „verwendet", um Information mitzuteilen, um Hilfe einzufordern, um zu unterhalten, um zu beten, um Gefühle auszudrükken, um jemanden zu überzeugen – die Liste möglicher Verwendungen ist unendlich. Unter dieser Sichtweise hängt die Bedeutung jeder einzelnen Äußerung von dem Ziel ab, das eine Person mit der Produktion dieser Äußerung zu erreichen hofft. Von Sprechakten, in denen Sprache auf verschiedene Weise verwendet wird, wurden umfassende Aufstellungen entworfen und bis ins Detail analysiert. Die Pragmatiktheorien, die sich aus derartigen Analysen ergeben, sind unzweifelhaft recht aufschlußreich, aber sie handeln mehr von den Verwendungsmöglichkeiten der Sprache als vom Gebrauch der Wörter. Wenn es um die Verwendung von Wörtern geht, muß man die Antwort im Bereich der Kontexte, in denen sich Wörter verwenden lassen, suchen.

Die Vorannahmen, die in diesen alternativen Ansatz zum Wörterlernen eingehen, sind erstens, daß ein Wort zu lernen heißt zu lernen, wie es verwendet wird, und zweitens, daß es beim Lernen der richtigen Verwendung gilt, die

Kontexte zu lernen, in denen das Wort vorkommen kann. Insgesamt ergeben diese Vorannahmen die Ansicht, daß ein Wort zu kennen heißt, die Kontexte zu kennen, in denen es vorkommen kann; auch diese Sichtweise führt zu praktischen Konsequenzen. So werden die Vertreter dieser Sichtweise Schülern raten, neue Wörter dadurch zu lernen, daß sie sie lesen und sich über die Kontexte, in denen sie vorkommen, Gedanken machen. Sie werden die Wortkenntnis daran beurteilen, wie gewandt ein Schüler Wörter in passenden Kontexten benutzt. Wenn sich die Ansicht, daß semantische Komponenten wichtig sind, noch dazugesellt, dann kommt man zu der Annahme, daß Kinder Wörter beim Erlernen zuerst geeigneten semantischen Feldern zuweisen und dann später die Beziehungen und Regelmäßigkeiten innerhalb eines jeden Feldes bestimmen, und zwar in Übereinstimmung mit den verschiedenen Kontexten, in denen die Wörter verwendet werden.

Diese Formulierung vernachläßigt scheinbar die entscheidende Wichtigkeit der Wortbedeutung, aber sie wird der Tatsache gerecht, daß es Kindern gut gelingt, Wörter aus Kontexten zu lernen. Mit anderen Worten, wenn ein Wort zu lernen heißt, seine Verwendung zu lernen, dann wäre die beste Übung, es im Gebrauch zu sehen oder zu hören. Allein schon aus diesem Grund verdient die Rolle des Kontextes eine eingehende Betrachtung.

Anfangen kann man etwa mit der semantischen Relation der Synonymie. Wörter nennt man synonym, wenn sie dieselbe Bedeutung haben, aber „dieselbe Bedeutung" muß ja gerade definiert werden. Es ist schwer, die Bedeutung eines Wortes außerhalb von Kontexten, in denen es verwendet wird, zu bestimmen. Deshalb formulieren die meisten Semantiker die Definition der Synonymie gern mit Hilfe von Aussagen, die dieselbe Bedeutung tragen, wobei „dieselbe Bedeutung" hier heißt, dieselbe Wahrheitsfunktion zu besitzen. Nach einer Formulierung, die gewöhnlich Leibniz zugeschrieben wird, kann man zwei Wörter dann als synonym bezeichnen, wenn man in einer Aussage das eine für das andere einsetzen kann, ohne daß sich der Wahrheitswert der Aussage ändert. Oder, wie es manche Linguisten gerne nennen, müssen zwei Synonyme dieselbe kontextuelle Distribution aufweisen.

Die Synonymie bringt somit Bedeutung und Kontext in Verbindung. Doch ist die Synonymie bei strikter Definition keine abstufbare semantische Relation; zwei Wörter sind entweder Synonyme, oder sie sind es nicht. In der Praxis sollte die Synonymie jedoch abstufbar sein; in natürlichen Sprachen gibt es wenige exakte Synonyme. Paare wie *freudig* und *fröhlich* scheinen sehr nah beieinanderzuliegen, aber sie sind nicht in allen Kontexten austauschbar; so wünscht man jemandem *fröhliche Weihnachten*, aber *freudige Weihnachten* klingt sonderbar. Einige Semantiker kamen zu dem Schluß, man sollte den Begriff der Synonymie aufgeben – man könne nicht weiter gehen als zu sagen, zwei Wörter haben einen höheren oder niedrigeren Grad der „Bedeutungsähnlichkeit". Psycholinguisten stimmen dem im allgemeinen zu; sie haben die „Synonymie" weitgehend aufgegeben zugunsten von Begriffen wie der „Bedeutungsähnlichkeit", der „semantischen Distanz" oder öfter noch der „semantischen Ähnlichkeit".

Exkurs 12.1: Kontext und ereignisbezogene Potentiale

Ein Elektroencephalogramm (EEG) ist eine Aufzeichnung der Spannungveränderungen, gemeinhin Hirnströme genannt; diese werden durch die elektrische Aktivität der Zellen im Gehirn erzeugt und mit Hilfe von Elektroden auf der Kopfhaut abgeleitet. Das EEG zeigt die Summe vieler Prozesse, die im Gehirn gleichzeitig ablaufen; es ist jedoch möglich, mit einem Verfahren der digitalen Mittelwertsbildung Aufzeichnungen ganz bestimmer Aktivitäten zu erhalten. Dabei erfolgen die Aufzeichnungen jeweils in zeitlicher Abhängigkeit von der wiederholten Darbietung eines Reizes; mittelt man viele solcher Aufzeichnungen, hebt sich das zufällig verteilte Hintergrundrauschen der Hirnaktivität auf, und es bleiben nur die systematischen Effekte des jeweiligen Reizes. Die so entstandene Durchschnittskurve zeigt das ereignisbezogene Potential („event rela-

ted potential"; kurz ERP), das sich bei Reizen der jeweiligen Art ergibt.

Marta Kutas und Steven Hillyard entdeckten 1980 an der Universität von Kalifornien in San Diego, daß Wörter, die in ihrem Kontext vom Erwarteten semantisch abweichen, im ERP eine starke negative Welle hervorrufen, die etwa 200 Millisekunden nach Darbietung des Wortes beginnt und ihren Gipfel bei 400 Millisekunden hat — diese Potentialverschiebung ist seitdem als „N400" bekannt. Dazu wurden kurze Sätze auf einem Computerbildschirm gezeigt, und zwar Wort für Wort. Das ERP wurde bei Erscheinen des letzten Wortes aufgezeichnet. Die Teilnehmer lasen beispielsweise Sätze wie *Ich trinke meinen Kaffee mit Zucker und . . .*, wobei das letzte Wort entweder *Milch* lauten konnte, was wohl die wahrscheinlichste Fortsetzung sein dürfte, oder aber *Hund*, was

semantisch recht ungewöhnlich ist. Nimmt man das durchschnittliche ERP von Sätzen mit hochgradig vorhersagbaren Wörtern am Satzende als Nullinie, dann zeigen die Sätze, die mit einem ungewöhnliches Wort enden, eine ausgeprägte N400.

Kontrollexperimente wiesen nach, daß die N400 nicht auf einer einfachen Überraschungsreaktion beruht. Etwa die Schriftart zu ändern überraschte die Leser auch, aber erzeugte keine N400. Auch Grammatikfehler, bei denen beispielsweise ein Verb am Satzende in falscher Flexionsform auftrat, riefen keine N400 hervor. Auch geht es nicht um eine Reaktion auf etwas Unzutreffendes; *Ein Spatz ist kein Fahrzeug* führte genauso zu einer N400 wie *Ein Spatz ist ein Fahrzeug*. Die Reaktion hängt von der Bedeutung ab, aber je unwahrscheinlicher die Fortsetzung eines Satzes ist, desto ausgeprägter wird die N400 sein.

Eine plausible Interpretation dieser Beobachtungen lautet, daß die N400-Komponente des ERP ein Maß dafür ist, wie stark das Wort am Satzende durch den vorangegangenen Kontext voraktiviert wurde. Das heißt, die N400 wird nicht auftreten, wenn ein Satzkontext gut mit der Kontextrepräsentation eines Wortes übereinstimmt. Ist ein Satzkontext plausibel, aber unwahrscheinlich — zum Beispiel *Ich trinke meinen Kaffee mit Zucker und Kuchen —*, kann man eine mäßige N400 beobachten. Maximale N400 tritt auf, wenn es sich bei dem Wort am Ende eines Satzes um ein Wort handelt, dessen Kontextrepräsentation mit dem vorangegangenen Kontext völlig unvereinbar ist.

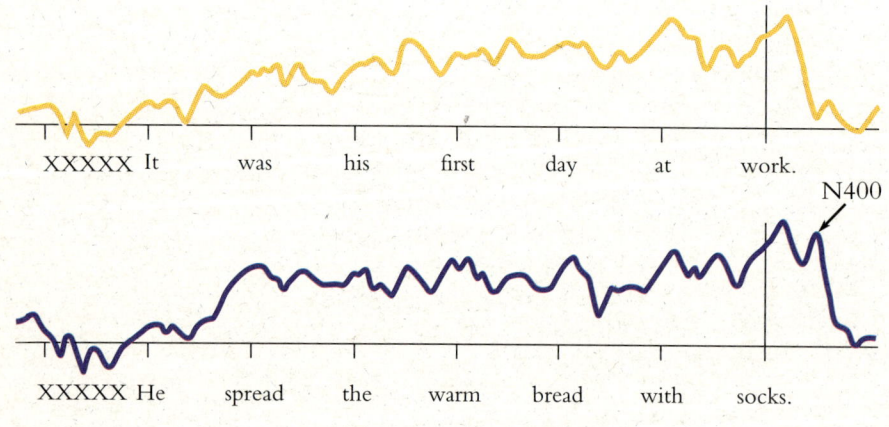

Kurvenverläufe des gemittelten ERP aus den Daten von Marta Kutas und Steven Hillyard. Versuchspersonen lasen die Sätze Wort für Wort von einem Computerbildschirm ab. Die N400 zeigte sich (untere Kurve), wenn das Wort am Satzende semantisch unpassend war.

Dieser Schritt führt eine kontinuierliche Variable ein, wo vorher Dichotomie herrschte. Ausgerüstet mit der semantischen Ähnlichkeit ist es nicht mehr nötig zu entscheiden, ob sich etwa *Büchse* und *Dose* genau synonym zueinander verhalten. Es reicht, wenn man sagen kann, daß deutsche Muttersprachler sie als stark bedeutungsähnlich einschätzen. Jemand, der Deutsch beherrscht, kann in der Tat eine Reihe von Wortpaaren bilden, die nach ihrer semantischen Ähnlichkeit geordnet sind, zum Beispiel *Büchse/Dose, Büchse/Flasche, Büchse/Eimer, Büchse/Waschbecken, Büchse/Eßtisch, Büchse/Rasenmäher, Büchse/Herrschsucht.*

Wird die Synonymie zur semantischen Ähnlichkeit verallgemeinert, dann gibt man die Wahrheitswerte auf – in zweiwertigen Logiken gibt es keine mittleren Wahrheitswerte, die den mittelhohen Ähnlichkeiten entsprächen. Die wechselseitige Ersetzbarkeit muß dagegen nicht aufgegeben werden. Wörter mit unterschiedlicher, aber ähnlicher Bedeutung kann man oft füreinander einsetzen, ohne einen Satz in ein sprachliches Gebilde zu verwandeln, das kaum jemand je verwenden würde. Zellig S. Harris, der ein berühmter Linguistikprofessor an der Universität von Pennsylvania war, formulierte den Gedanken so:

»Wenn wir Wörter oder Morpheme A und B in ihrer Bedeutung als unterschiedlicher betrachten als A und C, dann finden wir oft, daß die [kontextuellen] Verteilungen von A und B sich stärker unterscheiden als die von A und C. Mit anderen Worten geht ein Bedeutungsunterschied mit einem Verteilungsunterschied einher.«

Man kann es wie folgt zusammenfassen: Zwei Wörter werden in ihrer Bedeutung in dem Maße als ähnlich eingeschätzt, in dem sie beide in ähnlichen Zusammenhängen vorkommen können.

Die Argumentation verläuft also wie folgt: Ein Wort zu kennen heißt, die Kontexte zu kennen, in denen es auftreten kann. Zwei Wörter, die in vielen jeweils gleichen Kontexten vorkommen können, werden hinsichtlich ihrer Bedeutung als ähnlich eingeschätzt. Wenn man deshalb in einem Kontext, der zu einem schon bekannten Wort passen würde, auf ein unbekanntes Wort stößt, dann wird das unbekannte Wort im Vergleich zu dem bekannten als bedeutungsähnlich eingeschätzt. Beim Lesen des Satzes *Der Bruder des Königs versuchte, den Thron zu usurpieren* beispielsweise erkennt man, daß der Kontext des unbekannten *usurpieren* für manche schon bekannte Verben passen würde, eines der wahrscheinlicheren wäre dabei *wegnehmen*. Dieser schnellen Beurteilung der allgemeinen Bedeutung von *usurpieren* folgt dann eine langsamere Phase, in der die besondere Art des Wegnehmens allmählich herausgearbeitet wird.

Man nimmt deshalb an, daß die Wortkenntnis so aufgebaut sein muß, daß man sofort erkennen kann, welche Kontexte ein Wort zulassen und welche nicht. Ansonsten wären Sprecher kaum in der Lage, Wörter schnell und passend in Phrasenstrukturen einzusetzen, und Hörern gelänge es nicht, den Kontext zur Verbesserung ihrer Sprachwahrnehmung heranzuziehen. Um leichter darüber reden zu können, nennt man diese abstrakte Repräsentation der Kontexte, in denen ein Wort vorkommen kann, die *Kontextrepräsentation* des Wortes. Dieser Ausdruck läßt den kontextbezogenen Ursprung eines Großteils des lexikalischen Wissens erkennen — zu wissen, wie ein Wort verwendet wird, heißt, die Kontextrepräsentation dieses Wortes zu kennen — und räumt auch anderer als semantischer Information bei der Charakterisierung der Wortkenntnis Platz ein.

Am einfachsten kann man einen Eindruck davon gewinnen, welche Information aus Kontexten abstrahiert und einer Kontextrepräsentation einverleibt werden kann, indem man spezielle Beispiele heranzieht.

1. *Kollokation:* Es gibt in Sprachen viele Aneinanderreihungen von Wörtern, die mit mehr als Zufallswahrscheinlichkeit zusammen auftreten; im Deutschen etwa *außer Atem* oder *kraft Amtes*. Zum Beispiel dürfte die wenn nicht einzige, so doch allerhäufigste Verwendung von *hermetisch*, auf die Schüler stoßen können, *hermetisch abgeschlossen* sein (allenfalls noch Synonyme von *abgeschlossen* wie *hermetisch abgeriegelt*). Der entsprechende Eintrag ins mentale Lexikon könnte also lauten:

   hermetisch [Adv, + __ *abgeschlossen*]

   Dieser Kontext käme auch in den Kontextrepräsentationen von *sorgfältig* oder von *dicht* vor.

2. *Syntaktischer Kontext:* Die meisten Syntaktiker nehmen an, daß mit jedem Verb eine strikte Subkategorisierung gespeichert ist (siehe Kapitel 11). Das Verb *töten* kann zum Beispiel nur in Kontexten wie

   töten [V, + __ NP]

   vorkommen; auf das Verb folgt also eine Nominalphrase (NP), die das Objekt des Verbs darstellt. Dieser Teil einer Kontextrepräsentation spielt in vielen Syntaxtheorien eine wichtige Rolle.

3. *Semantischer Kontext:* Kontexte vermitteln auch Selektionsrestriktionen — Informationen über Beschränkungen bei den Argumenten, die ein gegebenes Prädikat binden kann. So sagt zum Beispiel die Syntax, daß *töten* mit einem Objekt NP steht, die Semantik sagt jedoch, daß die NP ein belebtes Objekt bezeichnen sollte. Der hierarchische Aufbau des Lexikons für Nomina kann im großen und ganzen aus den Verben und Adjektiven, die den Nomina prädiziert werden können, abgeleitet werden.

4. *Pragmatischer Kontext:* Eine breite und heterogene Vielfalt von Einschränkungen bei der Verwendung von Wörtern kann man den pragmatischen Kontexten zurechnen. Fragen zum Beispiel schränken die möglichen Antworten ein; in einer treffenden Antwort auf die Frage *Was möchtest Du essen?* sollte ein Wort vorkommen, das etwas Eßbares bezeichnet. Anaphern sollten den vorangegangenen Begriffen, auf die sie rückverweisen, übergeordnet sein. In *Er sah einen Bomber; das Flugzeug stand auf der Startbahn* wird die Information gegeben, daß *Bomber* ein Hyponym zu *Flugzeug* ist.

Diese ganze Palette kontextueller Information muß bei jedem Wort im mentalen Lexikon gespeichert sein. Insgesamt kommt dabei so viel Information zusammen, daß manche lexikalischen Semantiker zu der Annahme kamen, daß die einzelnen Aspekte der Beziehungen zwischen einer lexikalischen Einheit und ihren tatsächlichen und möglichen Kontexten alle semantischen Eigenschaften dieser Einheit voll und ganz widerspiegeln. Wenn die Bedeutung eines Wortes nicht mehr ist als das Produkt seiner Kontextbeziehungen, dann wird es offensichtlich, daß eine Ähnlichkeit der Bedeutung und eine Ähnlichkeit der Kontexte miteinander einhergehen müssen.

Doch kann eine ausschließlich kontextbezogene Beschreibung des Lernprozesses ausreichend sein? Eine eigenartige Konsequenz aus der engen Bindung der Bedeutung an Kontexte führt dazu, daß verschiedene Wortarten mit grundlegenden Bedeutungsunterschieden einhergehen müssen. Da man Nomina, Verben und Adjektive nicht wechselseitig austauschen kann, ohne die Syntax eines Satzes zu zerstören, müssen sich ihre Bedeutungen stark unterscheiden. Zum Beispiel scheinen *Gewicht, wiegen* und *gewichtig* ähnliche Bedeutungen zu tragen, doch sind die Wörter im Kontext niemals austauschbar. Es hat den Anschein, daß es auch noch, nachdem all die die Information, welche die Kontexte enthalten, abstrahiert wurde, spezifisch semantischer Informationen bedarf, um Wörter auf dem Boden der Erfahrung zu verankern.

Kontextrepräsentationen schließen semantische Information jedoch nicht aus. Ein eingefleischter Kontexttheoretiker könnte solchen Fragen mit einer breiteren Definition des Kontexts begegnen. Die Kontexte, in denen Wörter vorkommen, müssen nicht ausschließlich sprachbezogener Art sein; die materielle und soziale Umgebung, in der Sprache zum Einsatz kommt, ist Teil eines umfassenderen Kontexts, der auch zum Verständnis der Wortbedeutung bei einem Lernenden beiträgt.

Der definitionsbezogene und der kontextbezogene Ansatz des Wörterlernens sind zwei Sichtweisen derselben Sache. Sie unterscheiden sich im Prinzip danach, was als Figur und was als Hintergrund herangezogen wird. In einem definitionsbezogenen Ansatz sind das Wort, die Figur und seine Kontexte der Hintergrund; ein kontextueller Ansatz stellt die Kontexte ins Zentrum der Aufmerksamkeit und beläßt das Wort im Hintergrund. Der Definitionsansatz scheint jedem, der mit Definitionen und Wörterbüchern vertraut ist, der natürlichere zu sein, aber der Kontextansatz bietet eine notwendige Erinnerung daran, daß beim Lernen eines Wortes viel mehr eine Rolle spielt als nur das Lernen seiner Definition.

***

Es dürfte keine zwei Menschen geben, die genau dieselben Wörter lernen; wenn die Menschen jedoch nicht über viele Wörter gemeinsam verfügen, können sie nicht effektiv kommunizieren oder zusammenarbeiten. Eine Sprache mit einem gemeinsamen Wortschatz definiert eine soziale Gruppe mehr als alle anderen geteilten Wissensbestände und liefert eine Grundlage für den kulturellen Zusammenhalt.

Kinder kommen mit einem großen Interesse an Wörtern und einer natürlichen Begabung, sich die Wörter anzueignen, auf diese Welt. Die Verantwortung, diese Gaben zu beachten und zu pflegen, ist nicht auf Lehrer beschränkt, sondern betrifft jeden, der sich eine Zukunft mit intelligenteren, besser informierten Mitbürgern erhofft. Ein vorrangiges Ziel der öffentlichen Erziehung sollte darin bestehen zu gewährleisten, daß alle Mitglieder einer nationalen Gemeinschaft einen gemeinsamen Wortschatz teilen – einen Wortschatz, mit dem sich wichtige Themen klar formulieren lassen, mit dem man Fragen stellen und Antworten diskutieren kann. Von all den faszinierenden Fakten und Vorstellungen über Wörter ist nichts von größerer praktischer Wichtigkeit als der Gedanke, daß die Wörter zum Anwachsen eines gemeinschaftlichen Wortschatzes beitragen.

12.9 Einen gemeinsamen Wortschatz teilen.

Der früheste wichtige Text in der germanischen Familie der indoeuropäischen Sprachen, zu der auch das Deutsche gehört, ist die Gothische Bibel, übersetzt von Bischof Wulfila um 350 nach Christus. Der Codex Argenteus, die oben abgebildete Kopie seiner Arbeit, stammt aus dem 5. oder 6. Jahrhundert.

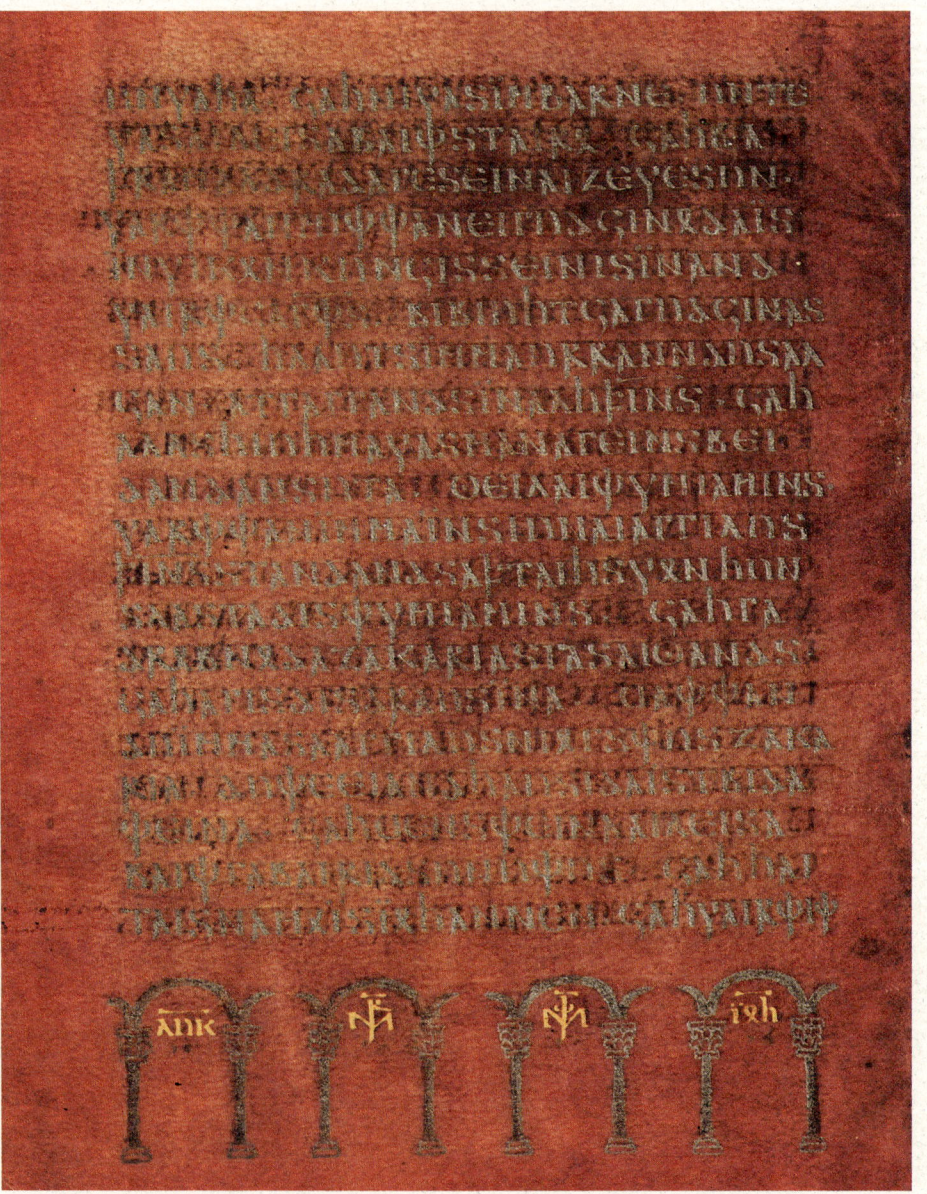

Ein Wort zum Schluß

Die voranstehenden Seiten verdeutlichen eine bestimmte Art, Wissenschaft zu treiben; man sucht dabei nach einer Rahmenvorstellung, einem Koordinatensystem, in welchem man die interessierenden Gegenstände begreifen kann, indem man sie relativ zueinander lokalisiert. Wörter kommen auf diese Weise zu ihrer Bedeutung aufgrund ihrer Stellung in konkreten Situationen hier und jetzt, aufgrund ihrer syntaktischen und rhetorischen Position im Diskurs und (was hier im Zentrum des Interesses steht) aufgrund ihrer Stellung in den lexikalisch- konzeptuellen Strukturen des menschlichen Gedächtnisses.

Diejenigen, die von einer Wissenschaft erwarten, sie fange mit der Suche nach physikalischen Ursachen an, kann das Denken in Systemen vage beunruhigen. Oder es kommt ihnen beunruhigend vage vor. Selbst wenn ein Systemansatz den Fakten gerecht wird, bleibt die Frage nach den Ursachen unbeantwortet. Warum gerade dieses System und nicht ein anderes? Einem Reduktionisten gilt ein Systemansatz nicht als Erklärung; ein solcher Ansatz bedarf vielmehr selbst der Erklärung. Reduktionistische Ansätze menschlicher Funktionen und menschlicher Sprache scheinen jedoch zum Scheitern verurteilt zu sein. Reduziert man das menschliche Verhalten auf Muster des Energieaustauschs in der Welt der Physis, bleibt nichts genuin Menschliches über – das Ergebnis unterscheidet sich kaum von einer Analyse des Verhaltens von Ameisenkolonien. Physische Vorgänge zu analysieren, um zu Erklärungen für soziale Konventionen zu gelangen, ist wie eine Analyse der Luftmoleküle zur Erklärung des Windes.

Wer auf historische Erklärungen im Sinne des Bestimmens der ursprünglichen Ursachen setzt, wird ein systemisches Denken auch eher enttäuschend finden. Die meisten Ansätze zu komplexen Systemen sagen nichts darüber aus, wann oder unter welchen Umständen das System erstmals entstand. Zum Beispiel bleiben trotz großartiger Leistungen beim Nachvollzug der Geschichte von Sprachen die chronologischen Darstellungen ihres Ursprungs fast reine Spekulation; diejenigen, die nach historischen Quellen suchten, fanden nur übriggebliebene sprachliche Strukturen. So weit es sich zurückrechnen läßt, waren Sprachen genau so kompliziert wie heute. Die Sprachen der heutigen Industrienationen verfügen natürlich über größere Wortbestände; die systematische Struktur der Sprache blieb jedoch unverändert.

Diese Art, Wissenschaft zu betreiben – der systemische Ansatz für Probleme von vielschichtig strukturierter Komplexität –, entstand im 19. Jahrhundert und kam im 20. Jahrhundert zur Blüte. Seinen wohl endgültigen Ausdruck findet der Systemansatz im heutigen Computer. Ein Computer IST nicht nur ein System, er kann zu jedem beliebigen System werden, sofern es einem gelingt, dieses exakt zu definieren. Ein Computer ist ein Labor, in dem sich die Ablauffähigkeit und die Geschlossenheit jedes hypothetischen Systems erkunden läßt – und zwar schnell. Doch hatte die Entwicklung dieser Art, Wissenschaft zu treiben, nicht erst die Erfindung des Computers abgewartet; manche Vertreter systemischer

Ansätze denken noch immer, daß High-Tech eine Erfindung des Teufels sei. Anthropologen und Soziologen, die sich nie auch nur in die Nähe eines Computers begeben würden, gelangen dennoch zu theoretischen Rahmenvorstellungen. Sie sehen ihre Aufgabe darin, die zusammenhängenden Systeme zu beschreiben, die den Werten und Konventionen, die den Menschen das Zusammenleben als Gesellschaft ermöglichen, ihre Bedeutung verleihen. Und die moderne Sprachwissenschaft hält einen Prototyp systemischen Denkens bereit, ein Modell für diejenigen, die sich mit anderen sozialen Phänomenen beschäftigen. Und dennoch benutzen die führenden linguistischen Theoretiker selten einen Computer.

Trotz allem verliert es natürlich nicht seine Gültigkeit, daß eine Art, sein Verständnis eines Systems zu prüfen, darin besteht, sich selbst eines zu bauen. Wüßte man, wie man einen Computer programmiert, damit er natürliche Sprache versteht, so hätte man damit auf jeden Fall eine gute Theorie der Sprachsysteme. Ein Computer, der menschliche Sprache verstehen und darauf antworten kann, war natürlich jahrelang ein Hauptthema der Science Fiction, aber damit befinden wir uns doch noch weit von der praktischen Realität entfernt. Eine der ersten Anwendungen von Computern auf sprachliche Fragestellungen war die Übersetzung, und das klägliche Scheitern dieser frühen Versuche gab beredtes Zeugnis davon, wieviel von der menschlichen Sprache noch nicht angemessen verstanden ist. In den 30 Jahren seither gab es viele Fortschritte, aber der Roboter, der Sprache wie ein Mensch verwendet, ist noch immer nicht in Sicht.

Es ist nicht nur ein einziges Problem, einen Computer sprechen und verstehen zu lassen. Es sind mehrere Probleme, zu einem zusammengepackt; und nicht alle sind gleich schwierig. Wie man einen Computer zum Beispiel dazu bringt, sprachartige Laute hervorzubringen, war ein recht einfaches Problem; wie man einen Computer jedoch dazu bringt, gesprochene Wörter – dem Menschen gleich – zu erkennen, erwies sich als viel, viel schwieriger. Das lexikalisch-konzeptuelle System nachzubauen ist ganz besonders vertrackt. Man konnte Computer programmieren, mit Miniaturproblemen intelligent umzugehen, bei denen sich das Lexikon auf einige hundert Wörter begrenzen ließ, aber bis heute hat dieses Ergebnis noch niemand auf das volle Wortrepertoire einer natürlichen Sprache ausdehnen können.

Warum kann man das Lexikon so schwer modellieren? Darauf sind mehrere Antworten möglich, aber hier soll beispielhaft eine genügen. Dazu betrachte man das Problem, das sich durch polyseme Wörter ergibt. Man stelle sich ein computerbasiertes System vor, das auf den Satz *Er leistete sich einen Hammer* stößt. Wie kann es mit den polysemen Wörtern *sich leisten* und *Hammer* umgehen? In einer Miniaturanwendung mit einem kleinen Lexikon läßt sich das Problem umgehen, indem man dem Computer nur die wichtigen Bedeutungen mitgibt; *für etwas Erwünschtes Geld ausgeben* und *ein Werkzeug zum Einschlagen von Nägeln*. Ist die Einrichtung des Computers jedoch für den allgemeineren Sprachgebrauch vorgesehen, würde der Computer auch die anderen Bedeutungen kennen: *sich ungebührlich verhalten* und *eine Ungeheuerlichkeit*. Die besser informierte Einrichtung steht also vor dem

Polysemieproblem: Welche Bedeutungen polysemer Wörter passen in einem vorliegenden Kontext am besten?

Wer das Deutsche beherrscht, löst die mögliche Mehrdeutigkeit von *Er leistete sich einen Hammer* so rasch auf, daß er kaum versteht, worin das Problem liegt. Bislang ist jedoch kein allgemeingültiger Algorithmus zur Lösung des Polysemieproblems bekannt.

Warum mehrere vorgeblich plausible Ansätze zum Polysemieproblem nicht funktioniert haben, ist eine Frage der Technik, die hier nicht weiter interessieren muß. Das Polysemieproblem wurde hier nicht eingeführt, um es zu lösen, sondern nur, um seine Wichtigkeit aufzuzeigen.

Angenommen, das Problem wäre gelöst. Das heißt, angenommen, daß man lexikalisch-konzeptuelle Systeme so weit hätte erforschen können, daß Computerwissenschaftler Programme erstellen könnten, mit denen sich die passende Bedeutung eines mehrdeutigen Wortes anhand einer Bestimmung seines Kontextes auswählen ließe. Die ersichtliche Folge wäre, daß ein Haupthindernis für die Entwicklung von Sprachverstehensapparaturen aus dem Weg geräumt wäre. Aber was heißt das? Wozu wären Computer dann in der Lage, wozu sie heute nicht in der Lage sind?

Man stelle sich die Situation vor: Eine Schülerin liest eine Aufgabe und stößt auf ein unbekanntes Wort. Zieht man ein Wörterbuch zu Rate, so stellt sich heraus, daß das Wort mehrere Bedeutungen hat. Die Schülerin schaut sich den Kontext, in dem das Wort aufgetreten ist, noch einmal an, probiert die definierenden Erläuterungen nacheinander durch und wählt schließlich die am besten passende aus. Das ist ein langsames Vorgehen; eine beachtliche Unterbrechung der eigentlichen Aufgabe, den Text zu verstehen. Nun vergleiche man die folgende Situation: Ein Computer gibt einem Schüler eine Aufgabe zum Lesen vor; da erscheint ein unbekanntes Wort. Der Schüler klickt das Wort an, und der Computer, der die Lösung des Polysemieproblems beherrscht, zeigt dem Schüler nur die Bedeutungen, die in dem vorliegenden Kontext passen – als ob neben dem Schüler ein Nachhilfelehrer säße. Die gewünschte Information erscheint sofort, und die eigentliche Verstehensaufgabe erfährt keine Unterbrechung.

Oder man denke an die rücksichtsvolle Autorin, die es gerne vermeiden würde, mehrdeutige Wörter zu verwenden. Man könnte ihr einen Wortprozessor zur Seite stellen, der ihr jedes Wort kennzeichnet, welches die Maschine auf der Basis seines Kontextes nicht zu desambiguieren vermag. Dort, wo der Computer das Polysemieproblem nicht zu lösen vermochte, könnte die Autorin ihr Manuskript überarbeiten, um dem Leser das Problem zu ersparen.

Ein weiteres Beispiel liefert der Informationsabruf aus Datenbanken. Angenommen, man ist Zimmermann und sucht Informationen über eine neue Sorte Nägel, und man konsultiert eine Informationsdatenbank nach allen Einträgen, bei denen das Wort *Nagel* oder *Nägel* im Titel oder in der Beschreibung vorkommt. Wenn

299

man keine bessere Suchbeschreibung weiß, dann bekommt man auch unerwünschte Einträge für Fingernägel und Zehennägel — man spricht hier vom Problem der falschen Treffer. Man verändert die Suchbeschreibung also in *Nagel aus Draht* oder *Nagel aus Metall* und versucht es erneut. Jetzt fallen die anatomischen Nägel aus Horn heraus, doch damit scheidet man auch viele Einträge über metallene Nägel aus der Suche aus, in denen die Wörter *Metall* oder *Draht* weder im Titel noch in der Beschreibung vorkommen — das ist das Problem der fehlenden Treffer. Falsche Treffer und fehlende Treffer sind die Skylla und Charybdis des Informationsabrufs; was die eine Fehlerart reduziert, führt zu einer Erhöhung der anderen. Ein Computer, der mit dem Polysemieproblem zurechtkommt, würde jedoch nur die Einträge mit passender Bedeutung auswählen; damit ließe sich die Effizienz des Informationsabrufs enorm steigern.

Alles in allem könnte man also eine Vielzahl praktischer und technischer Vorteile einbauen, wenn es gelänge, das Polysemieproblem sauber und zuverlässig zu lösen. Der Grund für die wichtige Bedeutung des Polysemieproblems liegt darin, daß es ganz zentral den Prozeß der Überführung von Wortformen in Wortbedeutungen betrifft. Viele der Beschränkungen, die Computer an den Tag legen, wenn sie mit menschlicher Sprache zu tun haben, ergeben sich daraus, daß Computer im Moment noch vornehmlich mit Wortformen umgehen, wohingegen es die Menschen beim Reden und Denken mit Wortbedeutungen zu tun haben. Doch ist der Grund, warum das Polysemieproblem so wichtig ist, auch der Grund dafür, daß es ein so schwieriges Problem ist. Für eine allgemeine Lösung des Polysemieproblems bedarf es keiner Ursachen-Wirkungs-Erklärung der Polysemie oder einer chronologischen Darstellung ihrer Entstehungsgeschichte. Statt dessen bräuchte man eine tiefergehende Kenntnis des lexikalisch-konzeptuellen Systems.

Es sagt etwas über die Computer aus, daß sie mit etwas solche Schwierigkeiten haben, was Menschen so leichtfällt. Und auch etwas über Menschen. Und über den derzeitigen Stand der Psycholinguistik.

Hinsichtlich der Computer zeigt sich, daß die heutige Vorstellung von Maschinen, ihrer Beschaffenheit und ihrem Tun sich dramatisch weiterentwickelt hat. Die meisten technischen Entwürfe gehen davon aus, daß ein Computer, der zur Beherrschung des Polysemieproblems in der Lage ist, schnellen Zugang zu einem gewaltigen Umfang und einer enormen Vielfalt an Information haben wird. Aber wie diese Information im Speicher abgelegt sein sollte und wann man sie abrufen muß, muß erst noch erforscht werden.

Was die Menschen anbelangt, so bestätigt sich, daß Sprache dem Menschen einzigartig ist — nur Menschen beherrschen die weitläufigen Relationssysteme, die eine Sprache ausmachen. Die relationale Natur der lexikalischen Komponente der Sprache verdient noch einmal eine kurze Übersicht. Fangen wir damit an, daß ein Geräusch oder ein sichtbares Zeichen, um als Wort zu gelten, ein Konzept ausdrücken oder übermitteln muß: Es muß eine Bedeutung haben. Wenn ein Geräusch oder ein sichtbares Zeichen eine Bedeutung haben soll, muß es

Teil eines lexikalisch-konzeptuellen Systems sein. Doch ein lexikalisch-konzept-uelles System ist hochgradig willkürlich:

● Erstens gibt es keine notwendige Menge an Wortformen, die in jeder Sprache vorkommen müßte.
● Zweitens gibt es keinen universalen Konzeptkatalog, den jede Sprache aus-drücken können muß.
● Drittens gibt es keine immanente Verbindung zwischen einer Wortform und einer Wortbedeutung: Einer Form können mehrere Bedeutungen zukommen, und eine Bedeutung kann durch viele Formen zum Ausdruck gebracht werden.
● Viertens müssen, damit dieses hochgradig willkürliche System irgendeine Zu-sammenhangsstruktur erhält, sowohl die Formen als auch die Bedeutungen anhand ihrer Beziehungen zu anderen Formen und Bedeutungen definiert sein; ein mentales Lexikon ist eine weitgespannte, kompliziert verwobene Wissens-struktur.

Das Polysemieproblem läßt sich nicht lösen, solange ein solches umfassendes mentales Lexikon nicht fertig vorliegt. Menschen sind nicht nur angeborenerwei-se darauf ausgelegt, sich solche Relationssysteme anzueignen, sie sind auch in einzigartiger Weise befähigt, dieses vernetzte Wissen bei der Produktion und dem Verstehen von Schrift und Sprache zu nutzen.

Mit Blick auf die Psycholinguistik schließlich liegt es nahe, in der Polysemie — ohne sie gleich als Problem zu betrachten — eine Gelegenheit zur Forschung zu sehen. Natürlich weiß man im Moment nicht genug darüber, wie Menschen mit der Polysemie zurechtkommen, als daß es jemandem möglich wäre, ein Compu-terprogramm zu schreiben, welches dasselbe leisten könnte. Doch indem man sorgfältig die Bedingungen analysiert, unter denen Menschen die Auflösung der Polysemie gelingt (oder gerade nicht gelingt), wird es vielleicht möglich, mehr über die Art der Kontextinformation zu lernen, die dabei eine Rolle spielt, und auch etwas über die wechselseitigen Beziehungen dieser Kontexte mit der ge-speicherten lexikalischen Information zu erfahren. Die Polysemie bietet ein Fen-ster zur Verknüpfung von Form und Bedeutung.

Man sollte Wörter nicht isoliert und jedes für sich untersuchen. Die lexikalische Komponente einer jeden Sprache ist ein Beziehungssystem und nicht eine alpha-betische Liste; sie sollte als ganzes System untersucht werden. Es steht nämlich fest, daß der Verstand des Menschen Bedeutung durch die Errichtung von Be-ziehungen schafft: Wörter — und zwar sowohl Wortformen als auch Wortbedeu-tungen — können ihre symbolbildende Rolle nur in Relation zu anderen Wortfor-men und Wortbedeutungen spielen. Was die Beschäftigung mit Wörtern über den Verstand des Menschen zum Vorschein bringt, ist keine Menge primitiver Konzepte und keine universale Reihe von angeborenen Vorstellungen, die jede Sprache zum Ausdruck bringen müßte. Es sind vielmehr allgemeine Denkpro-zesse des In-Beziehung-Setzens und Strukturierens, mit Hilfe derer die Wörter — die grundlegenden Einheiten der menschlichen Sprache — voneinander unter-schieden werden und ihre Bedeutsamkeit erlangen.

301

1824 veröffentlichte Jean-Francois Champollion
seine Übersetzung der königlichen Verlautba-
rung, die auf diesem Stein aus schwarzem Ba-
salt eingehauen ist. Hier wurden erstmals ägyptische Hieroglyphen (oben) – die über drei
Jahrtausende hinweg benutzt wurden – und
die mit den Hieroglyphen in Verbindung stehende demotische Schrift der Griechen (Mitte) entziffert. Die unten eingravierte griechische Version lieferte den Schlüssel. Die Inschrift stammt
aus dem Jahre 196 vor Christus und wurde
1799 von Napoleons Truppen bei Rosetta
(dem arabischen Rashid) in Ägypten gefunden.

Eine Chronologie des Lexikalischen

Die folgende Auflistung umfaßt in chronologischer Reihenfolge einige der wichtigeren Entwicklungen und Veröffentlichungen, die die wissenschaftliche Beschäftigung mit Wörtern beeinflußten.

1690 John Locke führt aus, daß Wortbedeutungen notwendige und hinreichende Bedingungen haben.

1755 Samuel Johnson verfaßt sein berühmtes neuzeitliches einsprachiges Wörterbuch der englischen Sprache.

1779 Christian Kratzenstein entwickelt Resonatoren, die Vokale hervorbringen.

1786 Sir William Jones beginnt mit der Suche nach der proto-indo-europäischen Sprache.

1811 Rasmus Rask veröffentlicht Belege für Lautveränderungen in den germanischen Sprachen.

1822 Jacob Grimm formuliert die Lautgesetze der germanischen Sprachen.

1824 Jean-François Champollion entziffert den Hieroglyphentext des Steins von Rosetta.

1828 Noah Webster bringt *An American Dictionary of the English Language* heraus.

1833 H. Feldmann kommentiert Berichte über den Wortschatz von 33 Kindern.

1838 Das Morsealphabet wird vorgestellt.

1848 Johannes Müller vertritt die Quellen-Filter-Theorie des Sprechens.

1852 Die erste Ausgabe von Peter Mark Rogets *Thesaurus* erscheint.

1857 Ein Entwurf für ein neues Wörterbuch führt zum *Oxford English Dictionary*.

1861 Pierre Paul Broca lokalisiert das Sprachvermögen in der linken Hirnhälfte.

1874 Carl Wernicke beschreibt sensorische Aphasien und liefert die wissenschaftliche Grundlage der Aphasieforschung.

1875 Karl Verner reformuliert die Lautgesetze, um bisherige Diskrepanzen zu erklären.

1876 Alexander Graham Bell erfindet das Telephon.

1877 Thomas Alva Edison erfindet den Phonographen.

1878 Ferdinand de Saussure sagt die Entdeckung der Kehlkopflaute im Proto-Indoeuropäisch voraus.

1879 Sir Francis Galton veröffentlicht die erste Untersuchung zu Wortassoziationen.

1880 Wilhelm Wundt standardisiert das Wortassoziationsexperiment.

1884 James Murray bringt die erste Lieferung des *Oxford English Dictionary* heraus.

1885 James McKeen Cattell demonstriert, daß Buchstaben sich leichter lesen lassen, wenn sie ein Wort bilden.

1888 Die erste Version des internationalen phonetischen Alphabets (IPA) kommt heraus.

1892 Gottlob Frege trifft die Unterscheidung zwischen Sinn und Bedeutung.

1901 Karl Marbes Gesetz zufolge gehen gewöhnliche Wortassoziationen schneller als ungewöhnliche.

1904 Carl G. Jung erstellt Wortassoziationsnormen.

1905 Bertrand Russell stellt seine Theorie der Deskriptionen vor.

1905 Henri Binet und Theodore Simon nehmen in die *Metrical Scale of Intelligence* Wortschatzfragen auf.

1906 Lee De Forest entwickelt Vakuumröhren als Spannungsverstärker.

1906 Ferdinand de Saussure beginnt seine Vorlesungen über die wissenschaftliche Grundlegung der Sprachwissenschaft.

1910 Für das Englische veröffentlichen G. H. Kent und A. J. Rosanoff Wortassoziationsnormen.

1911 *The Handbook of North American Indians* von Franz Boas erscheint.

1921 Edward Sapirs Buch *Language* bietet eine anthropologische Sichtweise der Linguistik.

1923 *The Meaning of Meaning* von C. K. Ogden und I. A. Richards erscheint.

1926 M. E. Smith standardisiert einen Wortschatztest für Vorschulkinder.

1928 Die letzte Lieferung des kompletten *Oxford English Dictionary* erscheint.

1928 E. V. Condon stellt eine Gleichung auf, die die Verteilung von Worthäufigkeiten beschreibt.

1929 Harvey Fletchers Buch *Speech and Hearing* faßt die Forschungen der Bell Telephone Laboratories zusammen.

1930 C. K. Ogden schlägt Basic English als internationale Verkehrssprache vor.

1931 Alfred Tarski definiert den Wahrheitsbegriff in formalisierten Sprachen.

1933 Leonard Bloomfields *Language* bietet eine theoretische Integration der Sprachwissenschaft.

1934 Karl Bühlers *Sprachtheorie* richtet die Aufmerksamkeit auf deiktische Wörter.

1935 J. Ridley Stroop demonstriert, wie die automatische Worterkennung mit der Benennung von Farben interferieren kann.

1938 L. L. Thurstones Faktoranalyse liefert eine Unterscheidung zwischen der Wortflüssigkeit (*verbal fluency*) und der Teilfähigkeit des Sprachverstehens (*verbal comprehension*).

1940 R. H. Seashore und L. D. Eckerson führen die Methode der Stichprobenauswahl aus Wörterbüchern zur Bestimmung des Wortschatzumfangs ein.

1944 Edward Lee Thorndike und Irving Lorge veröffentlichen eine Häufigkeitstabelle für Wörter in geschriebenem Englisch.

1945 Tonbandgeräte kommen auf.

1945 George Kinsley Zipf zeigt die gesetzesförmige Beziehung zwischen der Worthäufigkeit in Texten und dem Rangplatz der Wörter in einer Häufigkeitsliste.

1946 John Mauchly und John Eckert jr. erfinden den elektronischen Vakuumröhrencomputer ENIAC.

1947 Ralph Potter, George Pott und Harriet Green stellen in ihrem Buch *Visible Speech* Spektrogramme gesprochener Sprache vor.

1948 *The Mathematical Theory of Communication* von Claude Shannon kommt heraus.

1950 Heinz Werner und Edith Kaplan untersuchen den Erwerb der Wortbedeutung aus dem sprachlichen Kontext.

1951 George Miller, George Heise und William Lichten zeigen die Rolle der Erwartung bei der Wortwahrnehmung.

1952 Michael Ventris entziffert Linear B.

1952 Charles Osgoods semantisches Differential paßt Konzepte in einen von Adjektiven aufgespannten Raum ein.

1953 Ludwig Wittgenstein behauptet, zwischen Wörtern gebe es Familienähnlichkeiten.

1954 Charles Osgood und Thomas Sebeoks Buch *Psycholinguistics* gibt einer neuen wissenschaftlichen Disziplin ihren Namen.

1955 John Austin hält seine Vorlesung über *How to do things with words*, in der er die Sprechakttheorie begründet.

1957 Noam Chomsky formuliert die Generative Transformationsgrammatik.

1962 Die *Digital Equipment Corporation* bringt Minicomputer auf den Markt.

1963 I. J. Gelbs *A Study of Writing* erscheint.

1963 Jerrold Katz' und Jerry Fodors Semantiktheorie liefert eine Basis für die Desambiguierung von Wörtern.

1964 James Deese beschreibt die Rolle der Antonymie bei der Organisation des lexikalischen Gedächtnisses für Adjektive.

1964 Das Institut für deutsche Sprache wird als zentrale Forschungseinrichtung der deutschen Gegenwartssprache in Mannheim gegründet.

1965 Die Wortverarbeitung wird erstmals von IBM vorgestellt.

1965 Jeffrey Grubers thematische Relationen analysieren die semantischen Rollen von Wörtern in Sätzen.

1967 Michael Gazzaniga und Roger Sperry zeigen, daß jede Hirnhälfte ihr eigenes Lexikon haben kann.

1967 Manfred Bierwisch erklärt den Unterschied zwischen markierten und unmarkierten Adjektiven.

1967 Ross Quillian erstellt das erste semantische Netzwerk und vertritt die Vererbung von Attributen.

1968 James McCawleys Analyse der lexikalischen Einsetzungsregeln bringt die generative Semantik aufs Gleis.

1969 Allen Collins und Ross Quillian verwenden Reaktionszeiten zur Überprüfung von Quillians Vorstellungen zur Semantik.

1969 Gerald Reicher zeigt, wie sich der Wortüberlegenheitseffekt demonstrieren läßt.

1970 Noam Chomsky schlägt eine lexikalistische Alternative zur generativen Semantik vor.

1970 Herbert Rubenstein führt die lexikalische Entscheidungsaufgabe zur Untersuchung des subjektiven Lexikons ein.

1971 David Meyer und Roger Schvaneveldt demonstrieren das semantische Priming lexikalischer Entscheidungen durch verwandte Wörter.

1971 Samuel Fillenbaum und Anatol Rapoport setzen Skalierungsmethoden zur Untersuchung der Struktur des lexikalischen Gedächtnisses ein.

1972 Ray Jackendoff formuliert eine semantische Interpretation innerhalb einer Theorie der generativen Grammatik.

1972 Roger Schank schlägt die Theorie der konzeptuellen Abhängigkeit vor, um zu erklären, wie Wortbedeutungen zusammenspielen.

1976 Eleanor Rosch und ihre Mitarbeiter tragen psychologische Belege für die Annahme einer Ebene von Basisbegriffen vor.

1976 Mark Aronoff formuliert eine Morphologie innerhalb einer Theorie der generativen Grammatik.

1977 *Semantics* von John Lyons faßt die linguistische Semantik zusammen.

1979 Hartvig Dahl veröffentlicht eine Häufigkeitstabelle für Wörter in gesprochenem Englisch.

1980 Marta Kutas und Steven Hillyard entdecken die corticale Reizantwort N400.

1982 W. Nelson Francis und Henry Kučeras syntaktisch bereinigte Auszählung englischer Worthäufigkeiten erscheint.

1982 Paul Kiparskys Theorie der lexikalischen Phonologie kennzeichnet morphologische Ebenen.

1986 *Lexical Semantics* von D. A. Cruse stellt die Wichtigkeit des Kontextes heraus.

1987 Marcel Just und Patricia Carpenter bauen den lexikalischen Zugriff und die semantische Analyse in eine Theorie des Lesens ein.

1988 Die Positronen-Emissions-Tomographie (PET) wird zur Lokalisierung lexikalischer Prozesse im Gehirn eingesetzt.

1989 Die zweite Ausgabe des *Oxford English Dictionary* wird on line, d. h. auf elektronischen Speichermedien, verfügbar.

1989 Die Deutsche Forschungsgemeinschaft richtet an den Universitäten Heidelberg und Mannheim einen von Psychologen und Linguisten getragenen Sonderforschungsbereich zur Erforschung der Sprache im sozialen Kontext ein.

Die Skulptur *The Words We Have Spoken* von Ian Hamilton Finlay,
zusammen mit Nicholas Sloan, stammt aus dem Jahre 1985. Sie gibt
ein Zitat von Louis-Antoine de Saint-Just wieder, den man den „Erz-
engel" der französischen Revolution nannte. Saint-Just wurde 1794
zusammen mit Robespierre geköpft, dessen Sache er seinen leiden-
schaftlichen und wortgewandten Idealismus gewidmet hatte. Indem
sie Stein verwenden, haben die Künstler versucht, den Widersprü-
chen in der Aussage und im Sprecher selbst Ausdruck zu verleihen.

Lesevorschläge

Jeder Autor ist voreingenommen. Ernsthafte Leser vergessen nicht, nach alternativen Sichtweisen Ausschau zu halten, und die folgende Liste sollte genügen, um eine wissenschaftliche Recherche nach diesen alternativen Darstellungen zu ermöglichen. Die Vorschläge sind jeweils nach den Kapiteln, auf die sie sich am ehesten beziehen, gruppiert, aber in den meisten Angaben findet man Stoff von weit breiterem Interesse.

Kapitel 1: Sprachwissenschaftliche Ansätze

Blumenthal, Arthur L. (1970). *Language and Psychology: Historical Aspects of Psycholinguistics*. New York: Wiley.

Jankowsky, Kurt R. (1972). *The Neogrammarians*. Den Haag: Mouton.

Lenneberg, Eric H. (1976). *Biological Foundations of Language*. New York: Wiley. Deutsch: (1967). *Biologische Grundlagen der Sprache*. Frankfurt/M.: Suhrkamp.

Miller, George A. (1981). *Language and Speech*. New York: W. H. Freeman.

Osherson, Daniel N. & Lasnik, Howard. (1990). *Language: An Invitation to Cognitive Science* (vol. 1). Cambridge, Mass.: The MIT Press.

Kapitel 2: Analyseeinheiten

de Saussure, Ferdinand. (1967). *Grundfragen der allgemeinen Sprachwissenschaft*. Berlin: de Gruyter.

Sapir, Edward. (1921). *Language*. New York: Harcourt, Brace & Co. Deutsch: (1961). *Die Sprache: Eine Einführung in das Wesen der Sprache*. München: Hueber.

Shannon, Claude E. & Weaver, Warren. (1949). *The Mathematical Theory of Communication*. Urbana, Ill.: University of Illinois Press. Deutsch: (1976). *Mathematische Grundlagen der Informationstheorie*. München: Oldenbourg.

Kapitel 3: Das geschriebene Wort

Gelb, Ignace J. (1963). *A Study of Writing* (revised edition). Chicago, Ill.: University of Chicago Press.

Just, Marcel, A. & Carpenter, Patricia A. (1987). *The Psychology of Reading and Language Comprehension*. Newton, Mass.: Allyn & Bacon.

Pope, Maurice. (1975). *The Story of Decipherment: From Egyptian Hieroglyphic to Linear B*. London: Thames and Hudson. Deutsch: (1989). *Rätsel alter Schriften*. Herrschig: Pawlak.

Sampson, Geoffrey. (1985). *Writing Systems*. Stanford, Calif.: Stanford University Press.

Kapitel 4: Das gesprochene Wort

Chomsky, Noam & Halle, Morris. (1968). *The Sound Pattern of English*. New York: Harper & Row.

Eimas, Peter D. & Miller, Joanne L. (1981). *Perspectives on the Study of Speech*. Hillsdale, N. J.: Lawrence Erlbaum Associates.

Lieberman, Philip. (1991). *Uniquely Human: The Evolution of Speech, Thought, and Selfless Behavior*. Cambridge, Mass.: Harvard University Press.

Kapitel 5: Wortfamilien

Hudson, Richard. (1984). *Word Grammar*. Oxford: Basil Blackwell.

Schachter, Paul. (1985). Parts-of-speech systems. In Timothy Shopen (Ed.), *Language Typology and Syntactic Description. Volume 1. Clause Structure* (S. 3–61). New York: Cambridge University Press.

Kapitel 6: Wortbildung

Anderson, Stephen R. (1982). Where's morphology? *Linguistic Inquiry*, *13*, S. 571–612.

Aronoff, Mark. (1976). *Word Formation in Generative Grammar*. Cambridge, Mass.: The MIT Press.

Di Sciullo, Anna Maria & Williams, Edwin. (1987). *On the Definition of Word*. Cambridge, Mass.: The MIT Press.

Gleitman, Lila R. & Gleitman, Henry. (1970). *Phrase and Paraphrase: Some Innovative Uses of Language*. New York: Norton.

Marchand, Hans. (1969). *The Categories and Types of Present-Day English Word-Formation*. München: C. H. Beck.

Selkirk, Elizabeth. (1982). *The Syntax of Words*. Cambridge, Mass.: The MIT Press.

Kapitel 7: Das mentale Lexikon

Aitchison, Jean. (1987). *Words in the Mind: An Introduction to the Mental Lexicon*. Oxford: Basil Blackwell.

Carroll, David W. (1986). *Psychology of Language*. Monterey, Calif.: Brooks/Cole.

Fillenbaum, Samuel & Rapoport, Anatol. (1971). *Structures in the Subjective Lexikon*. New York: Academic Press.

Fromkin, Victoria A. (Ed.). (1973). *Speech Errors as Linguistic Evidence*. Den Haag: Mouton.

Kintsch, Walter. (1974). *The Representation of Meaning in Memory*. Hillsdale, N. J.: Lawrence Erlbaum Associates.

Levelt, Willem J. M. (1989). *Speaking: From Intention to Articulation*. Cambridge, Mass.: The MIT Press.

Schvaneveldt, Roger W. (Ed.). (1990). *Pathfinder Associative Networks: Studies in Knowledge Organization*. Norwood, N. J.: Ablex.

Kapitel 8: Die Wortbedeutung

Cruse, D. A. (1986). *Lexical Semantics*. New York: Cambridge University Press.

Jackendoff, Ray. (1983). *Semantics and Cognition*. Cambridge, Mass.: The MIT Press.

Kempson, Ruth M. (1977). *Semantic Theory*. New York: Cambridge University Press.

Landau, Sidney I. (1984). *Dictionaries: The Art and Craft of Lexicography*. New York: Scribners.

Lehrer, Adrienne. (1974). *Semantic Fields and Lexical Structures*. Amsterdam: North Holland.

Lyons, John. (1977). *Semantics* (2 Bände). New York: Cambridge University Press. Deutsch: (1980). *Semantik*. München: Beck.

Miller, George A., Beckwith, Richard, Fellbaum, Christiane, Gross, Derek & Miller, Katherine. (1990). Five Papers on WortNet. *International Journal of Lexicography*, 3, S.235–244.

Kapitel 9: Erlebtes klassifizieren

Lakoff, George. (1987). *Women, Fire, and Dangerous Things: What Categories Reveal about the Mind*. Chicago, Ill.: University of Chicago Press.

Smith, Edward E. & Medin, Douglas L. (1981). *Categories and Concepts*. Cambridge, Mass.: Harvard University Press.

Touretzky, David S. (1986). *The Mathematics of Inheritance Systems*. Los Altos, Calif.: Morgan Kaufman.

Kapitel 10: Unterscheidungen treffen

Berlin, Brent & Kay, Paul. (1969). *Basic Color Terms: Their Universality and Evolution*. Berkeley, Calif.: University of California Press.

Bierwisch, Manfred. (1967). Some semantic universals of German adjectives. *Foundations of Language*, 3, S. 1–36.

Bolinger, Dwight. (1972). *Degree Words*. Den Haag: Mouton.

Dixon, R. M. W. (1982). *Where Have All the Adjectives Gone?* Berlin: de Gruyter.

Kapitel 11: Sätze bilden

Bresnan, Joan. (1978). A realistic transformational grammar. In Morris Halle, Joan Bresnan & George A. Miller (Eds.), *Linguistic Theory and Psychological Reality* (S. 1–59). Cambridge, Mass.: The MIT Press.

Chomsky, Noam. (1957). *Syntactic Structures*. Den Haag: Mouton. Deutsch: (1973). *Strukturen der Syntax*. Frankfurt/M.: Suhrkamp.

Chomsky, Noam. (1965). *Aspects of the Theory of Syntax*. Cambridge, Mass.: The MIT Press. Deutsch: (1973). *Aspekte der Syntax-Theorie*. Frankfurt/M.: Suhrkamp.

Gleitman, Lila R. (1990). The structural sources of verb meaning. *Language Acquisition*, 1, S. 3–55.

Pinker, Steven. (1989). *Learnability and Cognition: The Acquisition of Argument Structure*. Cambridge, Mass.: The MIT Press.

Kapitel 12: Wie der Wortschatz wächst

Anglin, Jeremy M. (1977). *Word, Object, and Conceptual Development*. New York: Norton.

Brown, Roger. (1973). *A First Language: The Early Stages*. Cambridge, Mass.: Harvard University Press.

Keil, Frank C. (1979). *Semantic and Conceptual Development: An Ontological Perspective*. Cambridge, Mass.: Harvard University Press.

McKeown, Margaret G. & Curtis, Mary E. (Eds.). (1987). *The Nature of Vocabulary Acquisition*. Hillsdale, N. J.: Lawrence Erlbaum.

Slobin, Dan. (1985). *The Crosslinguistic Study of Language Acquisition*. Hillsdale, N. J.: Lawrence Erlbaum Associates.

Wanner, Eric & Gleitman, Lila R. (Eds.). (1982). *Language Acquisition: The State of the Art*. New York: Cambridge University Press.

Die oben angeführte Auswahlbibliographie nennt die wesentlichen, oft auch bahnbrechenden Arbeiten zu den in den einzelnen Kapiteln behandelten Fragestellungen. Soweit zu diesen Literaturangaben deutsche Ausgaben vorliegen, wurden diese angegeben. Diese Literaturliste wird im folgenden durch einige deutschsprachige Originalausgaben ergänzt.

Engelkamp, Johannes. (1983). *Psycholinguistik* (2. Auflage). München: Fink (= UTB 297). – *Diese schon ältere, aber gleichwohl aktuelle Ausgabe gibt eine leichtverständliche Darstellung der früheren, noch stark an linguistischen Vorgaben orientierten Ansätze zur Psycholinguistik.*

Grabowski, Joachim. (1981). *Der propositionale Ansatz der Textverständlichkeit: Kohärenz, Interessantheit und Behalten*. Münster: Aschendorff. – *Propositionen sind eine wichtige Konzeption, wie man sich die „Sprache des Geistes", das heißt die vorsprachliche mentale Repräsentation von Sachverhalten vorstellt. Das Buch gibt eine instruktive Einführung und eine kritische Diskussion der propositionalen Darstellung von Bedeutungen und ihrer Verwendung in Modellen des Sprachverstehens.*

Harras, Gisela, Hass, Ulrike & Strauß, Gerhard. (1991). *Wortbedeutungen und ihre Darstellung im Wörterbuch* (= Schriften des Instituts für deutsche Sprache, 3). Berlin: de Gruyter. – *Dieses Buch ist das wissenschaftliche Begleitwerk zum unten aufgeführten Lexikon der „Brisanten Wörter" von Strauß, Hass & Harras und behandelt die lexikographischen Grundlagen der verwendungsbasierten Wörterbuchkonzeption.*

Herrmann, Theo. (1990). Sprechen und Sprachverstehen. In Hans Spada (Hrsg.), *Lehrbuch Allgemeine Psychologie* (S. 281–322). Bern: Huber. – *Dieser Lehrbuchaufsatz beschreibt die Prozesse des Sprechens und Hörens im Rahmen der allgemeinpsychologischen Konzepte der Wahrnehmung, des Denkens, des Lernens und des Gedächtnisses.*

Hörmann, Hans. (1977). *Sprache* (2., überarbeitete Auflage). Heidelberg: Springer. – *In diesem klassischen Lehrbuch gibt der Autor eine sehr umfassende Übersicht über die philosophischen, psychologischen und linguistischen Ansätze zur wissenschaftlichen Beschäftigung mit „Sprache an sich".*

Linke, Angelika, Nussbaumer, Markus & Portmann, Paul R. (1991). *Studienbuch Linguistik*. Tübingen: Niemeyer. – *Dieses Lehr- und Studienwerk gibt eine sehr gute Einführung in alle Aspekte der heutigen (synchronen) Sprachwissenschaft.*

Strauß, Gerhard, Hass, Ulrike & Harras, Gisela. (1989). *Brisante Wörter von Agitation bis Zeitgeist* (= Schriften des Instituts für deutsche Sprache, 3). Berlin: de Gruyter. – *In diesem Lexikon wird anhand einer Reihe „schwerer Wörter" gezeigt, daß die kompetente Verwendung von Wörtern in einer Sprache sich nicht allein aus einfachen „Bedeutungen" erschließen läßt, sondern die Kenntnis der geeigneten Verwendungszusammenhänge erfordert. Das Werk vermittelt einen guten Einblick in die heutige, psychologischen Ansätzen nahestehende Praxis der Lexikographie.*

Szagun, Gisela. (1991). *Sprachentwicklung beim Kind* (4., überarbeitete und erweiterte Auflage). Weinheim: Psychologie Verlags Union. – *Dieses Lehrbuch zur Psychologie der Sprachentwicklung zeichnet vor allem die Einflüsse der Generativen Transformationsgrammatik und der psychologischen Arbeiten zur Semantik auf die*

*Vorstellungen zum Erwerb morphologischer, syntaktischer, seman-
tischer und pragmatischer Komponenten der Sprachbeherrschung
nach. Die Darstellung ist exakt und weitgehend vollständig, allerdings hat es der Leser mit der etwas spröden Art der Darstellung
nicht immer leicht.*

Zimmer, Dieter E. (1986). *So kommt der Mensch zur Sprache. Über
Spracherwerb, Sprachentstehung, Sprache und Denken.* Zürich:
Haffmans-Verlag. *— In diesem — im übrigen sehr preiswerten —
Buch findet man sehr allgemeinverständlich gehaltene, leicht zu le-
sende Essays zur Psychologie der Sprachentwicklung, die im Detail
allerdings nicht immer frei von Mißverständnissen sind.*

Bildnachweise

E.7.1.2 S. E. Petersen et al., Positron emission tomographic studies of the processing of single words, *J. Cognitive Neuroscience*, 1 (2).

E.7.2.1 Deutsche Fotothek Dresden, Nr. 156.166.

E.7.3.1 Westermann Schulbuchverlag, Braunschweig.

8.1 K. M. Elisabeth Murray.

8.2 Oxford University Press: The Oxford Dictionaries.

E.8.1.1 Bettman Archive.

E.8.1.2 Bettman Archive.

E.8.1.3 Österreichische Ludwig-Wittgenstein-Gesellschaft.

8.5 National Portrait Gallery, London.

8.6 Bettman Archive.

8.7 Linda Krause.

E.8.2.1 Bettman Archive.

8.8a Nach J. D. Bransford und N. S. McCarrell, A sketch of a cognitive approach to comprehension: Some thoughts about understanding what it means to comprehend, in W. B. Weimer und D. S. Palermo (eds.). *Cognition and the Symbolic Processes*, Erlbaum, 1974.

8.8b Nach J. D. Bransford und N. S. McCarrell, A sketch of a cognitive approach to comprehension: Some thoughts about understanding what it means to comprehend, in W. B. Weimer und D. S. Palermo (eds.). *Cognition and the Symbolic Processes*, Erlbaum, 1974.

8.9 Nach J. D. Bransford und N. S. McCarrell, A sketch of a cognitive approach to comprehension: Some thoughts about understanding what it means to comprehend, in W. B. Weimer und D. S. Palermo (eds.). *Cognition and the Symbolic Processes*, Erlbaum, 1974.

E.8.3.1 Aus *Language, Thought and Reality, Selected Writings of Benjamin Lee Whorf*, MIT Technology Press and Wiley, 1956.

9.1 Michel Viard/Peter Arnold.

9.3 Harvey Lloyd/Peter Arnold.

9.4 Grafik von Precision Graphics. Besonderer Dank gilt Jim Dennison.

E.9.1.1 Deutsches Museum, München.

E.9.1.2 Carlyn Iverson.

9.4 Linda Krause.

9.6 Linda Krause.

9.7 Linda Krause.

9.8 Nach Miller, *Language and Speech*.

10.1 John Garett/Tony Stone Worldwide.

10.3 D. Cavagnaro/Peter Arnold.

10.4 Ann Neumann.

E.10.1.1 Bettman Archive.

10.6 Ernst Haas/Magnum.

10.7 Ann Neumann.

11.1 Bruce Curtis/Peter Arnold.

11.3 Ernst Haas/Magnum.

E.11.1.1 Deutsches Museum, München.

E.11.2.1 Jerry Brendt.

E.11.3.1 Bettman Archive.

11.8 Bruce Curtis/Peter Arnold.

E.11.4.1 Bettman Archive.

11.9 Globus Brothers/Stock Market.

12.1 Hyman Brand Hebrew Academy, Classroom Kansas City, Mo.; Photo: Catherine Wagner; Fraenkel Gallery, San Francisco.

12.2 Cordelia Johnson.

12.3 Ann Neumann.

12.4 Ann Neumann.

12.5 Linda Krause.

12.6 Linda Krause.

12.7 Erika Stone.

12.8 John Eastcott und Yua Momatiuk/Woodfin Camp.

E.12.1.1 Nach M. Kutas und S. Hillyard, Event-related brain potentials to semantically inappropriate and surprisingly long words, *Biological Psychology*, 11, 1980.

S. 296 Uppsala Universitet Bibliotecket.

S. 302 Bridgeman Art Library/Art Resource.

S. 306 Photo: Antonia Reeve.

Namensregister

Sachregister